FOURTH EDITION

¡En camino!

A Cultural Approach to Beginning Spanish

Robert L. Nicholas
University of Wisconsin, Madison

Alain Swietlicki
University of Wisconsin, Madison

María Canteli Dominicis
St. John's University, New York

Eduardo Neale-Silva
Deceased

McGraw-Hill Publishing Company
New York St. Louis San Francisco Auckland Bogotá Caracas Hamburg Lisbon
London Madrid Mexico Milan Montreal New Delhi Oklahoma City
Paris San Juan Sao Paolo Singapore Sydney Tokyo Toronto

This is an ⎡B⎤ book.

¡En Camino!
A Cultural Approach to Beginning Spanish

1 2 3 4 5 6 7 8 9 0   DOC DOC   9 5 4 3 2 1 0

ISBN 0-07-046189-9

This book was set in 10/12 Palatino by Jonathan Peck Typographers
The editor was Elizabeth Lantz;
the project editor was Stacey C. Sawyer;
the text designer was Michael Rogondino;
the production supervisor was Fred Martich;
the copyeditor was Toni Murray;
the illustrators were Mary Burkhardt and Jerry McDaniel;
the photo researcher was Judy Mason;
the cover designer and color section designer was Michael Rogondino.
R.R. Donnelley & Sons Co. was printer and binder.

Cover illustration: Museum of Modern Art of Latin America, *San Antonio de Oriente*,
by Jose Antonio Velasquez

Library of Congress Cataloging-in-Publication Data

¡En camino!: a cultural approach to beginning Spanish / Robert L. Nicholas ... [et
al.]. — 4th ed.
    p.   cm.
  Rev. ed. of: ¡En camino! / Eduardo Neale-Silva, Robert L.
Nicholas, María Canteli Dominicis. 3rd ed. ©1985.
  ISBN 0-07-046189-9
  1. Spanish language—Grammar—1950- 2. Spanish language—Textbooks for
foreign speakers—English.   I. Nicholas, Robert L. II. Neale-Silva, Eduardo. ¡En
camino!
PC4112.N39   1990   89-13861
468.2'421--dc20   CIP

Contents

Preface

¡En camino!, Fourth Edition, is a beginning textbook for students of Spanish at the college level. It presents the fundamentals of Spanish grammar, provides for systematic presentation of vocabulary, encourages creativity in Spanish, and enhances students' knowledge of Hispanic cultures. The cultural emphasis and philosophy of *¡En camino!* can be continued in the second year with *¡Adelante!, Third Edition* (Random House, 1985) by Neale-Silva, Nicholas, and Dominicis (Fourth Edition in progress).

The fourth edition of *¡En camino!* continues the basic organization that proved so successful in the third edition:

* The text still has 20 lessons, but they have been trimmed and the three brief preliminary lessons reduced to two.
* An **Examen de repaso** follows every even-numbered lesson. Students can check their answers to these self-tests in Appendix 2.
* A reading selection, with prereading notes and reading hints, follows every odd-numbered lesson.
* **Otras vistas**, a brief photo essay that expands the cultural scope of the text, follows every four lessons.
* The cultural and grammatical facets of the text are integrated through many photographs and pieces of realia that are linked to exercises, dialogues, and short narrative texts.
* Appendix 1 contains a complete presentation of verb forms; Appendix 2 lists the answers for the self-tests; Appendix 3 provides Spanish rules for punctuation, capitalization, and syllabication.
* Spanish-English and English-Spanish vocabularies are provided, as well as an index of grammatical points.
* Maps of Spain, Mexico, and Central and South America appear on the inside of each cover.

The lesson structure remains essentially unchanged:

* An introductory **Enfoque cultural** (in Spanish beginning with **Lección 11**) establishes the thematic/cultural focus of each lesson.

- **Vida y costumbres I** follows with its **Vocabulario activo I** (list of active vocabulary), photographs and visuals of cultural interest and accompanying captions, and dialogues and short narratives. **Vida y costumbres I** also contains exercises that illustrate and practice the new vocabulary in context. **Gramática I** presents three or four grammar points with exercises.
- **Vida y costumbres II** introduces other related new words in **Vocabulario activo II**, additional photographs and visuals and captions, dialogues, and narratives with exercises. Two or three grammatical items follow in **Gramática II**.
- Each lesson concludes with **Comunicación**, containing a longer text (dialogue or narrative segment) with exercises, a section called **Expresión personal** featuring a wide variety of communicative activities, and **Otra vez**, an exercise based on realia and visuals that reviews key grammatical concepts, forms, and vocabulary from earlier lessons.
- Special sections on word study and pronunciation appear in the first six lessons.

Changes in the Fourth Edition

The Fourth Edition is based on many valuable suggestions from instructors across the country who used the Third Edition. Among the changes in this edition are the following:

- The vocabulary lists have been revised. New cultural developments often require new words; we try to introduce a number of these.
- Many photo captions, dialogues, and narratives in **Vida y costumbres** have been modified or completely rewritten. Naturalness of expression has been our constant aim.
- Many new photographs present multiple aspects of the Hispanic world, the new and the traditional, the urban and the rural, and so on.
- More realia-based activities have been included. All **Otra vez** sections are now visually based; most are linked to realia, as are a number of other exercises in most lessons.
- Communicative exercises have been strengthened in each lesson.
- More exercises have been contextualized to allow a more situational treatment by students.
- Cultural information has been updated, expanded, and modernized.
- U.S. Hispanics are featured more prominently.
- Grammatical explanations have been revised and simplified.

- Reading selections now feature more detailed strategies on improving reading techniques and developing the ability to guess the meanings of new words.

Statement of Philosophy

¡En camino! attempts to help students achieve fluency in Spanish by making their study an exercise both in self-expression and in understanding other peoples and cultures. By using this emphasis, the authors hope that students will look on even the first stages of language learning as something more than the manipulation of words and phrases. *¡En camino!* involves students totally; the various textual materials have real human significance and the exercises challenge students to participate creatively in the classroom and in independent study situations.

¡En camino! aims to provide teachers with an instrument for language instruction that is at once simple and sophisticated. To achieve this balance, the book's dialogues, narratives, exercises, and grammar explanations are refreshingly straightforward. Forty integrated units (two per lesson), promote systematic language acquisition through measured amounts of material and levels of difficulty. The carefully planned progression of cultural, thematic, and grammatical content, although not "flashy" in jargon or in design, provides a surprising range of personalized, communicative activities. This facilitates the students' rapid mastery of basic forms and concepts while providing situational exercises to expand their creative capacity to think in Spanish.

¡En camino! provides a framework for language teaching that encourages the development of creativity, talent, and motivation without the constraints of a methodological straight jacket. Such an approach reminds us that as an instrument is played, so will it sound. Just as a musician must develop a technique that maximizes an instrument's musicality and range, a language teacher must develop a technique for using a text so as to get the most out of it. Effective interaction between musician and instrument is essential to a successful performance, although it is not easily achieved. But the authors of *¡En camino!* want teachers to know that such a goal is attainable and want to help them attain it.

Supplementary Materials

The *Workbook/Laboratory Manual* to accompany *¡En camino!* provides additional exercises on grammar and vocabulary. It is designed for independent study. Students may check their answers against those given in the answer key in back of the workbook to assess their progress. The tape program

xiv   PREFACE

offers additional practice with basic vocabulary and structures, and with listening comprehension and pronunciation as well. A range of voices has been used on the tapes to give students varied exposure to native speakers of Spanish.

The *Instructors' Manual* for *¡En camino!* contains sample lesson plans, supplementary explanations, teaching hints, sample quizzes, and optional exercises including dictations and conversation capsules, as well as suggestions for paired/small-group work. The *Instructor's Manual* also includes the complete tapescript.

A computer software package and a video program are also available from the publisher for integration into the basic first-year program of language instruction.

Acknowledgments

The authors would like to express their gratitude to the instructors whose criticism and advice contributed to the preparation of this revised edition, especially those who completed the initial revision questionnaire. Special thanks are due to the following instructors, who participated in an in-depth review of a number of aspects of the revision plan. (The mention of their names here does not constitute an endorsement of this text or of its methodology.)

Charles Caputo
Massasoit Community College

Irma Casey
Marist College

Margaret V. Ekstrom
St. John Fisher College

Norman Garrett
South Mountain Community College

Edward Malinak
Nazareth College of Rochester

Judith B. Maxwell
Tompkins-Cortland Community College

Norma Pringle
Columbia College, Missouri

George Ramsey
El Centro College

Duante Rhoades
University of Wyoming

Robert L. Surles
University of Idaho

Francisco Zermeño
Chabot College

Finally, the authors would like to thank the following members of the editorial and production staff at McGraw-Hill who assisted in various aspects of the preparation of the fourth edition: Elizabeth Lantz, Thalia Dorwick, Fred Martich, Stacey Sawyer, Laura Chastain, Lois Grossman, Elisa Stoykovich, Judy Mason, and Mary Burkhardt.

This edition is dedicated to the memory of Professor Eduardo Neale-Silva, our colleague who died June 15, 1989.

To the Student

¡En camino! wants you to use Spanish actively from the very beginning of your study. Here are some simple suggestions to help you become a good language learner.

1. There may be a few grammar terms in *¡En camino!* with which you are not yet familiar. These terms are explained in the lessons in which they first appear. Learn them as you go along in order to understand the grammatical explanations.

2. You may want to write the answers to specific exercises in a notebook, rather than in the text itself. That way, when you begin to review, you can get a better idea of what you actually know (since the answers won't be right in front of you).

3. Whenever any written work is corrected in class, be sure to note at that time any corrections you need to make. By immediately correcting yourself, you eliminate any possibility of learning incorrect patterns or forgetting what the correct responses were.

4. It's important to check your work to be sure that it's accurate. Be careful with such details as spelling and the use and placement of accents. A change of a single letter, or one wrong accent, can make a big difference in the meaning of a word. **Hablo** (*I speak*) does not convey the same meaning as **habló** (*he spoke*), and **pero** (*but*) is quite different from **pera** (*pear*).

5. Be careful with sentence structure as well. Check to see that the verb agrees with the subject, that adjectives have the same form (in number and gender) as the nouns they modify, and so on.

6. You can not learn to speak Spanish simply by memorizing grammar rules. Learning a foreign language is a skill that must be practiced, just like a sport. It's important to learn the rules of the game (that is, to develop the grammatical foundation), but it's equally important to *play* the game (that is, to practice speaking and using what you have learned) in order to become proficient.

7. Mastering another language is like building a new house—each part is built onto or in some way relates to another. So if you miss a lesson,

go back and study it, as you will need that knowledge later.

8. In addition to the basic text, there are several other tools that will help you become proficient in Spanish. They are:

(a) The *Workbook/Laboratory Manual*. Its exercises (along with the correct answers) will serve as an invaluable aid in reviewing.

(b) The accompanying tapes. Here you will have ample opportunity not only to practice your listening comprehension, but to review orally the grammar you've covered and to check your pronunciation.

(c) The self-tests (**Exámenes de repaso**). These tests, which appear after every other lesson, contain the essential grammar covered in the preceding chapters. After taking the tests, you can check your answers against those in Appendix 2.

Un cabaret para jóvenes en Madrid, España. (© Peter Menzel)

Los mariachis en la terraza de un hotel en la Ciudad de México. (© Russell Dian/Monkmeyer Press)

Centro Comercial Ciudad Satélite, Ciudad de México. (© Robert Frerck)

La cosecha del maíz en Guatemala. Al fondo, varios volcanes. (© David Kupferschmid)

Cuzco, Perú. (© Grant LeDuc/Monkmeyer Press)

El Canal de Panamá. (© Robert Frerck)

Preliminares

¡En camino! begins with a two-part section called **Preliminares**. The purpose of this section is to introduce basic Spanish sounds and words so that you can begin to speak Spanish right away. The vocabulary and grammar presented here will prepare you for **Lección uno**. For this reason, it is important to study this section carefully. **¡En camino!** means *We're on the way!* So, good luck! . . . and **¡En camino!**

Estudiantes de Cali, Colombia

Victor Englebert/Photo Researchers, Inc.

1

1 Preliminares

Nombres y personas (Names and Persons)

Me llamo…
¿Cómo te llamas tú?
¿Cómo se llama usted?
¿Cómo se llama él/ella?

My name is . . .
What is your name? (familiar [fam.])
What is your name? (formal [form.])
What is his/her name?

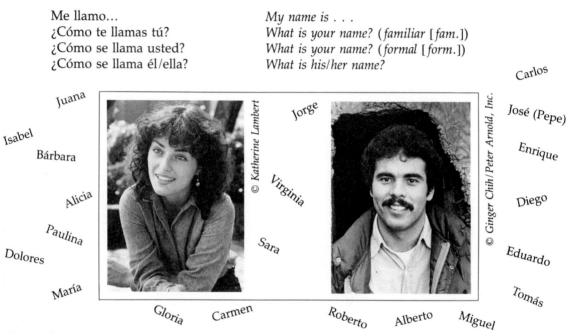

Carlos
Juana
José (Pepe)
Isabel
Enrique
Bárbara
Jorge
Alicia
Virginia
Diego
Paulina
Sara
Dolores
Eduardo
María
Tomás
Gloria   Carmen   Roberto   Alberto   Miguel

© Katherine Lambert

© Ginger Chih/Peter Arnold, Inc.

Tú and usted

In Spanish it is important to distinguish between **tú** and **usted**. Both mean *you*, but the familiar form **tú** is used with people with whom you have an informal relationship, such as family and friends, and with people your age or younger. The **usted** form is used when speaking with older persons, casual acquaintances, and anyone whose social or professional status requires more formal address.

NOTA CULTURAL*

A Hispanic person has two last names: the first is the father's family name and the second the mother's. If María *Gómez* Contreras married Ricardo *Plaja* Pelegrín, their son José would be called José *Plaja Gómez*, because the grandfather's name on each side is passed on.

*Cultural information will be given in the **Notas culturales** throughout the text.

PRÁCTICA

With several classmates take turns asking one another's names.

Cognados (*Cognates*)

Words that are identical or similar in two languages are known as *cognates*. Because of the numerous cognates shared by Spanish and English, you can begin your study of Spanish with a large "passive" vocabulary. However, be careful with the pronunciation of these cognates. While they look alike, they don't sound alike!

All Spanish nouns have gender; that is, they are either masculine or feminine. **El** is used before singular masculine nouns and **la** before singular feminine nouns to mean *the*. The plural forms for *the* are **los** and **las**. You will learn more about these forms in **Lección uno**; for now, just learn to recognize them and practice the forms given. Note that adjectives that end in **-o** (to correspond to masculine nouns) have a feminine form ending in **-a** (to correspond to feminine nouns). Other adjectives keep the same ending for both masculine and feminine forms. Pronounce the following words and make sure you know what each word means.

SUSTANTIVOS (*NOUNS*)

la institución
el capitalismo
el comunismo
la democracia
el socialismo
la educación
el arte
la clase
la geografía
la gramática
la literatura
la persona
el actor (la actriz)
el estudiante (la estudiante)
el presidente (la presidenta)
el profesor (la profesora)
el senador (la senadora)

ADJETIVOS (*ADJECTIVES*)

o/a	No Change
americano/a	admirable
estupendo/a	ideal
famoso/a	idealista
magnífico/a	importante
mexicano/a	imposible
necesario/a	improbable
práctico/a	inevitable
religioso/a	inteligente
romántico/a	interesante
sincero/a	popular
	posible
	probable
	realista
	responsable

Asking Questions

One way to form a question in Spanish is to invert the word order of the sentence, placing the verb before the subject.

STATEMENT: Ella se llama Virginia.   *Her name is Virginia.*
QUESTION: ¿Cómo se llama ella?   *What is her name?*

Note that an inverted question mark is placed at the beginning of the question. This informational courtesy is an advantage we do not enjoy in English.

When asking a question that anticipates a yes-or-no answer, Spanish speakers often keep the normal word order and simply raise their intonation at the end of the sentence.

STATEMENT: **María es de Madrid.**   *María is from Madrid.*

QUESTION: **¿María es de Madrid?**   *María is from Madrid?*

PRÁCTICA

A. Responda según los dibujos. (*Answer the questions based on the drawings.*)

MODELO: ¿Es popular Elena? →
Sí, Elena es popular.

1. ¿Es idealista Juan?
2. ¿Es religiosa Isabel?
3. ¿Es importante el señor Rivera?
4. ¿Es inteligente la profesora Franco?
5. ¿Es romántico Alberto?

B. Responda según los modelos. (*Answer according to the models.*)

MODELOS: ¿Es inteligente el estudiante? →
Sí, señor, el estudiante es inteligente.

¿Es usted inteligente? →
No, señora, no soy* inteligente.

1. ¿Es generoso el profesor?
2. ¿Es estupendo el actor?
3. ¿Es importante el presidente?
4. ¿Es necesaria la educación?
5. ¿Es famoso el café colombiano?
6. ¿Es usted popular?
7. ¿Es usted sincero/a?
8. ¿Es usted mexicano/a?
9. ¿Es usted famoso/a?
10. ¿Es usted inteligente?

*To make a sentence negative, place **no** immediately before the verb.

Es estudiante. → **No** es estudiante.
¿Es usted doctor? → No, **no** soy doctor.

Saludos y conversaciones (*Greetings and Conversations*)

1. —Hola, me llamo Juan. ¿Y usted?*
    —Me llamo María.
    —¿De dónde es usted, señora?
    —Soy de Madrid. ¿Y usted?
    —Soy de la Argentina.

2. —Buenos días, señorita.
    —Buenos días, don Antonio.
    —¿Cómo está usted?
    —Bien, gracias, ¿y usted?
    —Muy bien, gracias.

3. —Buenas tardes. Me llamo Arturo, y mi amigo se llama Pedro.
       ¿Cómo te llamas tú?
    —Me llamo Alicia.
    —¿De dónde eres tú, Alicia?
    —Soy de la Ciudad de México, ¿y tú?
    —Soy de Los Ángeles, y Pedro es de Los Ángeles también.

PRÁCTICA

DIÁLOGO 1

1. ¿Cómo se llama el señor?
2. ¿Cómo se llama la señora?
3. ¿De dónde es la señora? ¿y el señor?

DIÁLOGO 2

1. ¿Cómo se llama el señor?
2. ¿Cómo está la señorita?
3. ¿Cómo está el señor?

DIÁLOGO 3

1. ¿Cómo se llama el amigo de Arturo?†
2. ¿De dónde es Alicia?
3. ¿De dónde es Arturo?

Tres estudiantes de la Universidad de Puerto Rico en San Juan.
—Hola, ¿qué tal?

Stuart Cohen/Comstock

---

*Direct dialogue is indicated by dashes.
   1. —Hello, my name is Juan. And yours? —My name is María. —Where are you from, madam? —I am from Madrid, and you? —I am from Argentina. **2.** —Good morning, miss. —Good morning, don Antonio. —How are you? —Well, thank you, and you? —Very well, thank you. **3.** —Good afternoon. My name is Arturo and my friend's name is Pedro. What is your name? —My name is Alicia. —Where are you from, Alicia? —I'm from Mexico City, and you? —I'm from Los Angeles and Pedro is from Los Angeles too.
†Spanish does not have an apostrophe. The preposition **de** is used to show possession: **el amigo de Carlos** means *Carlos's friend* (*the friend of Carlos*).

2 *Preliminares*

Me gusta/te gusta/le gusta

These phrases can be used to talk about likes and dislikes.

Profesor, ¿le gusta la música moderna? —Sí, me gusta mucho.	*Professor, do you like modern music? —Yes, I like it a lot.*
Pepe, ¿te gusta el coche? —No, no me gusta nada.	*Pepe, do you like the car? —No, I don't like it at all.*

To talk about more than one item, use **gustan**.

Me gustan los actores italianos.	*I like Italian actors.*
¿Te gustan las novelas de Agatha Christie?	*Do you like Agatha Christie's novels?*

Note in several of the preceding examples that Spanish sometimes uses the definite article (**el**, **la**, **los**, **las**) when English omits it.

PRÁCTICA

A. ¿Qué (*What*) te gusta? Responda en español. *Ask a classmate what he or she likes.*

MODELO: ¿Te gusta el socialismo? → Sí, me gusta el socialismo mucho.
No, no me gusta mucho.

1. ¿Te gusta la universidad?
2. ¿Te gusta la televisión? ¿el teatro?
3. ¿Te gusta la música popular? ¿la música clásica?
4. ¿Te gusta el tenis? ¿el golf?
5. ¿Te gustan los deportes (*sports*)?
6. ¿Te gustan las discotecas?
7. _¿?_

Posibilidades: las matemáticas, la biología, la filosofía, la arquitectura clásica o (*or*) moderna, el comunismo, el capitalismo, el vólibol, las comedias o tragedias

B. ¿Qué le gusta? *Ask your instructor about his or her likes and dislikes.*

1. ¿Le gusta el fútbol? ¿el béisbol?
2. ¿Le gusta la literatura?
3. ¿Le gusta la Coca-Cola?
4. ¿Le gusta el chile con carne?
5. ¿Le gustan los restaurantes McDonald's?
6. ¿Le gustan los tacos?
7. _¿?_

The Spanish Alphabet

a	a	Álava	n	ene	Nicaragua	
b	be	Bogotá	ñ	eñe	España	
c	ce	Celaya, Cuba	o	o	Orinoco	
ch	che	Chile	p	pe	Paraguay	
d	de	Durango	q	cu	Quito	
e	e	Ecuador	r	ere	Guadalajara	
f	efe	Florida	rr	erre	Sierra Madre	
g	ge	Guatemala, Génova	s	ese	San Salvador	
			t	te	Tegucigalpa	
h	hache	Honduras	u	u	Uruguay	
i	i	Iguazú	v	ve	Venezuela	
j	jota	Jerez	w	doble ve, ve doble	whisky	
k	ka	kilómetro				
l	ele	Lima	x	equis	examen	
ll	elle	Callao	y	i griega	Yauco	
m	eme	Maracaibo	z	zeta	Zaragoza	

The Spanish Vowels

There are five basic vowel sounds in Spanish. Unlike their English counterparts, Spanish vowel sounds are crisp and do not "glide." For example, the *o* in English *hello* sounds like the *ow* in *crow*; Spanish would cut the **o** shorter and would add no second vowel sound. Try to say the Spanish **aló** crisply, with no **u** sound at the end.

Repeat the following sounds after your instructor.

a: approximately like *a* in *father*

    a   **ama**   da   sala   la   casa

e: approximately like *e* in *they*

    e   **Elena**   de   elemento   me   Venezuela

i: approximately like *i* in *marine*

    i (y)*   Silvia   mi   Lima   ti   Misisipí

o: approximately like *o* in *Coca* but without the glide of *Cola*

    o   oro   lo   todo   yo   modo

u: approximately like *u* in *Julie*

    u   un   tu   luna   su   mucho

*The letter **i** is written **y** when it stands alone. It then means *and*.

Some Spanish Consonants

Most Spanish consonants will be presented and practiced before **Lección cinco**. However, pay special attention to the following consonants at this time.

Spanish *ch, ll, rr, ñ*

In Spanish, **ch**, **ll**, and **rr** are considered single letters having a distinctive sound of their own. **Ch** is pronounced as in English *church*; **ll** resembles the sound of *lli* in *million*; **rr** has a strong trill. The letter **ñ** sounds like the *ni* in *onion*.

coche	se llama	burro	niño
chocolate	ella	perro	enseña

Spanish *k, w, h, q*

In Spanish, the letters **k** and **w** appear only in words of foreign origin. **H** is always silent. **Q** is always followed by a silent **u**; the **qu** combination is pronounced like English *k*.

hablar (*pronounced* **ablar**)
Héctor (*pronounced* **éctor**)
honor (*pronounced* **onor**)
kilogramo
kilómetro
water-closet
Albu**querque**
a**quí**
quíeso

PRÁCTICA

Pronuncie.

1. El niño se llama Sancho Hernández.
2. Ella se llama Hortensia Quintero.
3. El hotel es maravilloso.
4. La señora Chávez es de Albuquerque.

El calendario

Los días de la semana (*Days of the Week*) y los números 1 a 31

OCTUBRE						
lunes	martes	miércoles	jueves	viernes	sábado	domingo
1 primero (uno)*	2 dos	3 tres	4 cuatro	5 cinco	6 seis	7 siete
8 ocho	9 nueve	10 diez	11 once	12 doce	13 trece	14 catorce
15 quince	16 diez y seis	17 diez y siete	18 diez y ocho	19 diez y nueve	20 veinte	21 veinte y uno
22 veinte y dos	23 veinte y tres	24 veinte y cuatro	25 veinte y cinco	26 veinte y seis	27 veinte y siete	28 veinte y ocho
29 veinte y nueve	30 treinta	31 treinta y uno				

Compound numerals from sixteen through nineteen and twenty-one through twenty-nine can be written as one word: **diecisiete**, **veintiuno**, **veintiocho**, and so on. Those ending with a monosyllabic number (**dos**, **tres**, **seis**) carry a written accent when written as one word: **dieciséis**, **veintidós**, **veintitrés**, **veintiséis**. Note also the **z → c** change before **i** in **dieciséis**, **diecisiete**.

VOCABULARIO IMPORTANTE

Si hoy es lunes, mañana es martes y ayer fue domingo.

If today is Monday, tomorrow is Tuesday and yesterday was Sunday.

---

*As shown in this calendar, cardinal numbers are used for all dates except the first of the month, which is expressed with the ordinal number **primero** instead of **uno**.

NOTA CULTURAL

Hispanic calendars generally show Monday (**lunes**) as the first day of the week.

ESTACIONES Y MESES (*SEASONS AND MONTHS*)

invierno (*winter*): diciembre, enero, febrero
primavera (*spring*): marzo, abril, mayo
verano (*summer*): junio, julio, agosto
otoño (*autumn*): septiembre, octubre, noviembre

PRÁCTICA

A. *Practice counting with a classmate; continue the sequences logically.*

1. 1, 2, 3...	4. 1, 3, 5...	6. 4, 8, 12...
2. 31, 30, 29...	5. 3, 6, 9...	7. 5, 10, 15...
3. 2, 4, 6...		

B. Matemáticas. *Do these problems and create others. Pronounce all numbers.*

MODELOS: $2 + 4 =$ _____ . $\rightarrow$
«Dos más cuatro son* seis» o «Dos y cuatro son seis».

$8 - 3 =$ _____ . $\rightarrow$
«Ocho menos tres son cinco.»

1. $2 + 3 =$ _____ .	7. $15 - 4 =$ _____ .
2. $4 + 5 =$ _____ .	8. $10 + 11 =$ _____ .
3. $7 + 1 =$ _____ .	9. $17 - 4 =$ _____ .
4. $6 + 1 =$ _____ .	10. $31 - 3 =$ _____ .
5. $30 - 13 =$ _____ .	11. $29 - 6 =$ _____ .
6. $18 + 12 =$ _____ .	12. $14 + 16 =$ _____ .

C. Días y números. *Practice days and numbers with a classmate, using the calendar shown earlier.*

1. Choose a date on the calendar and your classmate will state which day of the week it is.
2. Your classmate will call out the name of a day and you will give all the dates that fall on it.

CH. Conteste. *Practice the following questions with a classmate. Refer to the calendar for other days of the week and dates.*

DÍAS DE LA SEMANA

1. Si hoy es el 14, ¿qué día es?
2. Si mañana es el 5, ¿qué día es?
3. Si ayer fue (*yesterday was*) el 19, ¿qué día es hoy?

---

*Son (*Are*) is the plural of **es** (*is*).

FECHAS (*DATES*)

4. Si mañana es sábado 3, ¿qué fecha es hoy?
5. Si ayer fue el 29, ¿qué fecha es hoy?
6. Si ayer fue el 9, ¿qué fecha es hoy?

D. Estaciones y meses. Complete.

1. Los meses de la primavera son _____ , _____ y _____ .
2. Mi (*My*) estación favorita es _____ .
3. Mis (*My*) meses favoritos son _____ , _____ , _____ .
4. Hay _____ días en noviembre/agosto/febrero.
5. Hay tres _____ en una estación.

Estudio de palabras

Here are several commands and interrogative words that you will hear in the classroom and see in the exercises of this text. Pronounce them after your instructor.

MANDATOS (*COMMANDS*)

cambie *change*
complete *complete*
conteste/responda *answer*
dé *give*

invente *invent*
prepare *prepare*
pronuncie *pronounce*
repita *repeat*

INTERROGACIONES (*QUESTIONS*)

¿cómo? *how? what?*
¿dónde? *where?*

¿qué? *what? which?*
¿quién(es)? *who? whom?*

Note that all these interrogative words have an accent mark.

PRÁCTICA

Encuesta (*Opinion poll*). *Try to find out as much as you can from your classmate. Use as many of the question-and-answer cues as possible.*

MODELO: ¿Quién es sentimental?
yo (*I*), mi (*my*) actor favorito →
Yo soy sentimental.
Mi actor favorito, Harrison Ford, es sentimental.

1. ¿Quién es generoso/a (estupendo/a, importante, sincero/a, mexicano/a)?
el presidente, yo, el estudiante, usted, el profesor (la profesora)
2. ¿Qué es necesario/a?
la educación, la universidad, el café colombiano, la televisión
3. ¿Cómo es el profesor (la profesora) (el presidente, usted, su [*your*] actor favorito, su amigo/a)?
inteligente, liberal, religioso/a, excelente, popular, sentimental
4. ¿De dónde es usted (su actriz favorita, el profesor [la profesora])?
Hispanoamérica, los Estados Unidos, California, España, el Canadá

Conversación

Pronuncie y aprenda de memoria. (*Pronounce and memorize.*)

1. —Buenas noches, señora Gómez Contreras. ¿Cómo está usted?
   —Bien, gracias. ¿Y usted?
   —Muy bien.

2. —Buenas tardes, Julia.
   —Hola, ¿qué hay?*
   —Pues… nada de nuevo. ¿Y cómo estás tú?
   —Así así. Ahora, a la clase de español.
   —Adiós. Hasta mañana.
   —Hasta luego. Buenas tardes.

PRÁCTICA

With a classmate, take turns greeting each other, asking how you are, and saying good-bye.

Vocabulario activo

Before going on to **Lección uno**, you should know all the following words from **Preliminares 1** and **2**, as well as all the cognates and commands studied in those sections.

Sustantivos (*Nouns*)

el/la amigo/a	friend	**la señorita**	young lady, miss
el/la estudiante	student	**el día**	day
el/la profesor/a	professor, instructor	**la estación**	season
el señor	man, gentleman, sir	**el mes**	month
la señora	woman, lady, madam	**la semana**	week

---

*Hay means *there is, there are.* For example, **hay un estudiante en la clase** means *there is one student in the class;* **hay dos estudiantes** means *there are two students.* ¿Hay? means *is there?* or *are there?*

1. —Good evening, Mrs. Gómez Contreras. How are you? —Fine (Well), thanks. And you? —Very well (Great). 2. —Good afternoon, Julia. —Hello, how are you (what's up)? —Well . . . nothing new. And how are you? —So-so. Now (I'm off) to Spanish class. —Good-bye. Until (See you) tomorrow. —See you later. Good afternoon.

Adverbios

¿cómo?	how? what?	**mañana**	tomorrow
¿dónde?	where?	**mucho**	a lot, much
¿qué?	what? which?	**muy**	very
¿quién(es)?	who? whom?	**pues**	well
ayer	yesterday	**sí**	yes
hoy	today	**no**	no

Verbos

(yo) soy	I am	**te gusta(n)**	you (*fam.*) like
(tú) eres	you (*fam.*) are	**le gusta(n)**	you (*form.*) like;
(usted/él/ella) es	you (*form.*) are;		he/she likes
	he/she is	**hay**	there is, there are
me gusta(n)	I like	**¿hay?**	is there? are there?

Otras palabras y expresiones

a	to	**nada de nuevo**	nothing new
de	of, from	**¿De dónde es usted?**	Where are you from? (*form.*)
si	if		
y	and	**¿De dónde eres tú?**	Where are you from? (*fam.*)
buenos días	good morning		
buenas tardes	good afternoon	**Soy de...**	I'm from . . .
buenas noches	good evening, good night	**Me llamo...**	My name is (I call myself) . . .
hola	hello		
adiós	good-bye	**¿Cómo se llama usted?**	What's your name? (*form.*)
hasta luego	until (I see you) later		
hasta mañana	until (I see you) tomorrow	**¿Cómo te llamas (tú)?**	What's your name? (*fam.*)
¿Cómo está usted?	How are you? (*form.*)		
¿Cómo estás (tú)?	How are you? (*fam.*)	**¿Cómo se llama él/ ella?**	What's his/her name?
¿Qué hay?	What's up? What's new?		
(muy) bien, gracias	(very) well (fine), thanks		
así así	so-so		

Números

uno, dos, tres, cuatro, cinco, seis, siete, ocho, nueve, diez, once, doce, trece, catorce, quince, diez y seis (dieciséis), diez y siete (diecisiete), diez y ocho (dieciocho), diez y nueve (diecinueve), veinte, veinte y uno (veintiuno), veinte y dos (veintidós), veinte y tres (veintitrés), veinte y cuatro (veinticuatro), veinte y cinco (veinticinco), veinte y seis (veintiséis), veinte y siete (veintisiete), veinte y ocho (veintiocho), veinte y nueve (veintinueve), treinta, treinta y uno

Días de la semana

lunes, martes, miércoles, jueves, viernes, sábado, domingo

Meses

enero, febrero, marzo, abril, mayo, junio, julio, agosto, septiembre, octubre, noviembre, diciembre

Estaciones

invierno, primavera, verano, otoño

Clases y compañeros

1. Gender of nouns and singular articles
2. Plurals of articles and nouns
3. Negative sentences
4. Subject pronouns
5. Present tense of regular **-ar** verbs

Estudiantes de la Universidad de Madrid

Ulrike Welsch / Photo Researchers, Inc.

Enfoque cultural (Cultural Focus)

Students at Hispanic universities generally take a prescribed course of study in their major area, with few electives. The school year is often a single unit, not divided into semesters or quarters. Usually students take the final examination for each course three or four weeks after the end of classes.

Programs of study vary throughout the Spanish-speaking world. The common pattern in Spain, for example, is six years of elementary school followed by six years of high school. College education may last from four to six years, depending on the specialization. Normally all university work is of a specialized nature, since the general studies offered in the first two years at a U.S. university are part of the Hispanic high-school curriculum.

Vida y costumbres I (Life and Customs I)

Vocabulario activo I

Note: *Very important!* The active vocabulary of a lesson includes all words presented in each lesson's two vocabulary lists (**Vocabularios activos**). The new forms and constructions given in each lesson's grammar section (**Gramática**) are also considered active vocabulary. Once an active word is presented, it is used immediately in the readings, dialogues, and exercises. Try to learn all new words as quickly as possible and to use them actively throughout the lesson.

Sustantivos

el/la alumno/a	student	el libro	book
el bolígrafo	ballpoint pen	el mapa	map
la clase	class	la mesa	table
la cosa	thing	la palabra	word
el cuaderno	notebook	el papel	paper
el dibujo	drawing	la pizarra	chalkboard
el español	Spanish (language)	la pregunta	question
el/la español(a)	Spaniard	la puerta	door
el joven	young man	la sala de clase	classroom
la joven	young woman	la silla	chair
el lápiz	pencil	la tiza	chalk
la lección	lesson	la ventana	window

Verbos

contesta	he/she answers	**mira**	he/she looks at
conversa	he/she converses	**pregunta**	he/she asks (questions)
enseña	he/she teaches	**pronuncia**	he/she pronounces
estudia	he/she studies	**usa**	he/she uses
examinan	they examine		

Adjetivos

nuevo/a	new	**todo/a**	all; every
otro/a	other, another	**varios/as**	several; various
simpático/a	nice, likable, pleasant		

Palabras adicionales

ahora	now	**en**	in; at; on
a sus órdenes	at your service	**sobre**	about, on
con	with	**¿verdad?**	right? isn't that true? really?
de	about; in		

En la clase

La clase de español estudia el libro *¡En camino!*. Hoy la profesora Alvarado enseña la Lección uno. Juanita, una alumna de Toronto, conversa con Armando, otro alumno de la clase. Es un joven simpático. Elena y Alberto examinan un mapa y un dibujo. Roberto usa tiza en la pizarra. Ahora Carmen mira* y pronuncia las palabras nuevas: **puerta, ventana, lápiz, tiza, bolígrafo, cuaderno, papel, mesa, silla,** y...

---

*Because **mira** means *he/she looks **at***, no additional Spanish word is required to express *at*.

Un diálogo

Ulrike Welsch / Photo Researchers, Inc.

La profesora Alvarado pregunta sobre varias cosas y Carlos contesta todas las preguntas.*

PROFESORA: Buenos días. ¿Cómo se llama usted?
CARLOS: Carlos Suárez, a sus órdenes.
PROFESORA: Usted es de Colombia, ¿verdad?
CARLOS: Sí, yo soy de Bogotá. ¿De dónde es usted?
PROFESORA: Soy de Medellín.

PRÁCTICA

A. La clase de español. *Complete these sentences logically, based on the information given in* **En la clase** *and* **Un diálogo**.

1. La clase de español estudia...
2. Hoy la profesora Alvarado enseña...
3. Juanita conversa...
4. Es un joven...
5. Elena y Alberto examinan...
6. Roberto usa...
7. Carmen mira y pronuncia...
8. La profesora Alvarado pregunta...
9. Carlos contesta...
10. —Buenos días. ¿Cómo...?
11. —Carlos Suárez,...
12. —Usted es de...
13. —Sí, yo... ¿De dónde...?
14. —... de Medellín.

B. Asociaciones. *Relate the following words to the verbs in* **En la clase** *and* **Un diálogo**.

EN LA CLASE

1. el libro ¡*En camino!*
2. la Lección uno
3. Juanita
4. un joven simpático
5. un mapa y un dibujo
6. la pizarra
7. las palabras nuevas

UN DIÁLOGO

8. sobre varias cosas
9. Carlos
10. Bogotá
11. Medellín

*Note that here the word **pregunta** is a verb (*she asks*) and **preguntas** is a noun (*questions*).

C. Repita. *Repeat the new words that Carmen pronounces and identify them in the classroom.*

1. puerta	4. tiza	7. papel
2. ventana	5. bolígrafo	8. mesa
3. lápiz	6. cuaderno	9. silla

Pronunciación: Spanish *b, v, d*

Note that in Spanish the letters **b** and **v** have the same pronunciation; the English *v* sound, as in *voice* or *very*, does not exist in Spanish.

At the beginning of a word, after a pause, and after **m** or **n**, the consonants **b**, **v**, and **d** are pronounced as "hard" (explosive) sounds.

b, v: **b**uenas tardes	con**v**ersación*	con **v**itaminas*	**v**italidad	**b**ien
d: **d**ar	**d**os	**d**onde	**D**aniel	

The **d** sound is also hard after **l**: **el *d*ía, el *d*isco, fal*d*a.**

In all other positions, particularly between vowels, these consonants are pronounced as "soft" (fricative) sounds.

b, v: favorito	amable	Roberto	Isabel
d: adiós	usted	estudiar	ciudad

PRÁCTICA

A. Pronuncie. *Read the following sentences aloud, linking the words together as indicated.*

1. Hard **b**: Vamos a invitar a Humberto. (*We are going to . . .*)
2. Soft **b**: Isabel Maraval no es cubana.
3. Hard **d**: ¿Dónde está Andalucía? (*Where is . . .*)
4. Soft **d**: Él es de la Ciudad de México.
5. Hard **b** and hard **d**: Andrés conversa con don Basilio.
6. Soft **b** and soft **d**: Mis padres no viven en Montevideo. (*My parents do not live . . .*)

B. *Identify the "soft" consonants and then pronounce the following.*

1. Gertrudis Jiménez practica dos lenguas.
2. Elvira estudia geografía y biología.
3. Don Jaime es un ingeniero venezolano.
4. Benito es de San Diego.

---

*The **nv** combination is always pronounced **mb** in Spanish.

Estudio de palabras

The Spanish cognates of many English words can be identified according to several frequently occurring patterns. Here are three such patterns for nouns and adverbs.

ENGLISH SUFFIX	SPANISH SUFFIX	ENGLISH WORD	SPANISH WORD
-ty	→ **-dad/-tad**	faculty	→ **la facultad**
		identity	→ **la identidad**
-tion/-sion	→ **-ción/-sión**	education	→ **la educación**
		occasion	→ **la ocasión**
-ly	→ **-mente**	really	→ **realmente**
		probably	→ **probablemente**

Note: The English adverbial ending *-ly* corresponds to **-mente** in Spanish, as shown in the preceding examples. If the Spanish adjective ends in **-o**, the o is changed to **a** before adding **-mente**: **generoso** → **generosa** → **generosamente**; **sincero** → **sincera** → **sinceramente**.

PRÁCTICA

A. Exprese en español.

1. intensity
2. reality
3. university
4. clarity

5. passion
6. conversation
7. identification
8. simplification

B. Cambie los adjetivos a adverbios. (*Change the adjectives to adverbs.*)

1. normal
2. posible

3. natural
4. rápido

5. necesario
6. completo

Gramática I

The grammar points presented in grammar sections 1, 2, and 3 are used in context in the dialogues and readings in **Vida y costumbres I**. Refer back to that section as you study this part of the lesson.

1. Gender of Nouns and Singular Articles

All nouns in Spanish are either masculine or feminine. Most nouns ending in **-o** and all those referring to a male being are masculine. Most nouns ending in **-a** and all those referring to a female being are feminine. Definite and indefinite articles must agree with the nouns they accompany.

	DEFINITE ARTICLE	INDEFINITE ARTICLE
MASCULINE	**el** *the*	**un** *a*
FEMININE	**la** *the*	**una** *a*

MASCULINE	FEMININE
el amigo **un amigo** **el profesor** **un profesor**	**la amiga** **una amiga** **la señora** **una señora**

A few nouns ending in **-a** are masculine: **el día, el mapa**. Most nouns ending in **-d** or **-ción** (**-sión**) are feminine.

la ciu**dad** (*city*)   una lec**ción**   una universi**dad**   la conversa**ción**

Since the gender of nouns is not always predictable, learn nouns along with their definite article, **el** or **la**: **el lápiz, la clase, el papel, el inglés** (*English*).

PRÁCTICA

A. *¿El o la?*

1. profesora
2. universidad
3. clase
4. papel
5. tiza
6. lápiz
7. bolígrafo
8. conversación
9. cuaderno
10. silla
11. mapa
12. pizarra

B. *¿Un o una?*

1. profesor
2. día
3. persona
4. señor
5. ventana
6. ciudad
7. ocasión
8. español
9. lección
10. puerta

C. Complete según (*according to*) los modelos.

Identify these people.

MODELO: Carmen es __una__ alumna inteligente.

1. Tomás es _____ alumno extraordinario.
2. Elena es _____ joven española.
3. La señora Díaz es _____ profesora famosa.
4. Martín es _____ joven italiano.
5. Carmen es _____ amiga generosa.

Describe these people.

MODELO: <u>El</u> joven es <u>un</u> alumno argentino.

6. _____ señorita es _____ persona simpática.
7. _____ señora es _____ profesora mexicana.
8. _____ joven es de _____ ciudad colombiana.
9. _____ profesor es _____ señor español.
10. _____ alumna es _____ señorita de Toronto.

2. Plurals of Articles and Nouns

	DEFINITE ARTICLE	INDEFINITE ARTICLE
MASCULINE	**los** *the*	**unos** *some*
FEMININE	**las** *the*	**unas** *some*

Always use a plural article with a plural noun. Remember the following rules when making nouns plural.

- Add **-s** to nouns ending in a vowel.

   el alumn**o** → **los** alumn**os**   la mesa → **las** mes**as**

- Add **-es** to nouns ending in a consonant.

   la ciudad → **las** ciuda**des**   el profesor → **los** profesor**es**

- A noun that ends in **-z** changes the **z** to **c** before adding **-es**.

   el lápiz → **los** lápi**ces**   la voz (*voice*) → **las** vo**ces**

- A noun that ends in **-n** or **-s** with an accent mark on the last syllable must drop the accent mark in the plural.

   la conversa**ción** → **las** conversa**ciones**   el francés → **los** franceses
                                                       (*Frenchman*)   (*French people*)

PRÁCTICA

A. Cambie al singular. (*Change to the singular.*)

1. los franceses
2. los profesores
3. unos días
4. las clases
5. unos señores
6. los lápices
7. unas lecciones
8. las puertas

B. Cambie al plural. *Change to the plural, giving the correct definite or indefinite article. Then relate each numbered noun to one or more of the lettered categories.*

1. una nación
2. el mapa
3. el libro
4. la novela
5. un lápiz
6. el dibujo
7. un papel
8. la mesa

a. la educación
b. la biblioteca (*library*)
c. la geografía
ch. el arte
d. la literatura

3. Negative Sentences

To make a sentence negative in Spanish, place **no** immediately before the conjugated verb or **hay**.

Martín **no estudia** en la biblioteca.	*Martín does not study in the library.*
No hay examen hoy.	*There is no test today.*

Don't be confused when there are two **no**'s in the same sentence. The first **no** is a general reaction to a question or statement. The second **no** negates the verb and is equivalent to English *not* (*don't, won't, can't*).

No, no hablo español... todavía.	*No, I don't speak Spanish . . . yet.*

Remember that English *do* or *does* is not expressed in Spanish.

In later lessons you will learn pronouns that are placed between **no** and the verb. An example you already know involves the **me/te/le gusta(n)** construction.

No me gusta el béisbol.	*I don't like baseball.*

PRÁCTICA

A. Exprese en forma negativa. (*Express in the negative.*)

1. Elena es de Toronto.
2. ¿Estudia Pedro el mapa?
3. La señora Díaz enseña la clase.
4. Me gusta la silla nueva.
5. ¿Qué nombre le gusta mucho?

B. Responda negativamente, usando oraciones completas. (*Answer negatively, using complete sentences.*)

1. ¿Es usted de la Ciudad de México?   2. ¿Enseña el profesor (la profesora) la Lección dos hoy?   3. ¿Hay veinte profesores en la clase de español?   4. ¿Mira Armando la pizarra?   5. ¿Examina Carmen un mapa? 6. ¿Le gustan los exámenes?

Vida y costumbres II

Vocabulario activo II

These words are presented in the dialogues that follow. Study them as you did the new words in **Vida y costumbres I**.

Sustantivos

la biblioteca	library	**la francesa**	Frenchwoman
la cafetería	restaurant, coffee shop	**el inglés**	English (language); Englishman
la ciudad	city		
el/la compañero/a	companion	**la inglesa**	Englishwoman
el/la compañero/a de clase	classmate	**la lengua**	language
		la tarea	homework
el desayuno	breakfast	**la universidad**	university
el examen	exam, test		
el francés	French (language); Frenchman		

Verbos

charla/charlan	he/she chats, you (*form.*) chat; they chat
deseo	I want; I desire
entra	he/she enters, you (*form.*) enter
escuchamos	we listen (to)
habla	he/she speaks, you (*form.*) speak
practicas; practicar	you (*fam.*) practice; to practice
preparas	you (*fam.*) prepare
trabajas	you (*fam.*) work

Adjetivos

amable	friendly, nice	**muchos/as**	many
extranjero/a	foreign	**viejo/a**	old

Palabras adicionales

aquí	here	**¿por qué?**	why?
cuando	when	**¡qué suerte!**	what luck!
igualmente	equally, the same	**siempre**	always
mucho gusto	pleased to meet you	**también**	also
pero	but	**todos los días**	every day
porque	because		

En la biblioteca

Juana entra en la biblioteca y charla con David.

Stuart Cohen/Comstock

JUANA: Tú siempre trabajas aquí. ¿Qué preparas ahora?

DAVID: La tarea de español, porque mañana hay un examen.

JUANA: ¿Verdad? ¿Por qué no practicas con Roberto García?

DAVID: ¿Con quién?

JUANA: Un nuevo compañero. Es muy amable y habla español.

En la cafetería

Todos los días cuando tomamos (*we eat*) el desayuno en la cafetería de la universidad escuchamos inglés, francés, español y muchas otras lenguas extranjeras. Aquí charlan las viejas y nuevas amigas.

Owen Franken/Stock, Boston

LINDA: Linda Smith, mucho gusto.

RAQUEL: Raquel García, igualmente.

LINDA: ¿De dónde es usted?

RAQUEL: Soy de la Ciudad de México.

LINDA: ¿Qué estudia usted?

RAQUEL: Estudio ingeniería (*engineering*), pero también deseo practicar el inglés.

LINDA: ¡Qué suerte! ¡Yo deseo practicar el español!

PRÁCTICA

A. Complete.

LINDA: Linda Smith, _____ gusto.

RAQUEL: Raquel García, _____.

LINDA: ¿De dónde _____ usted?

RAQUEL: Soy de la _____ _____ _____.

LINDA: ¿Qué _____ usted?

RAQUEL: Estudio ingeniería, pero _____ _____ practicar _____ _____.

LINDA: ¡Qué _____! ¡Yo deseo _____ _____ _____!

B. Conteste.

En la biblioteca

1. ¿En dónde entra Juana?
2. ¿Con quién charla?
3. ¿Qué prepara David ahora?

4. ¿Qué pregunta Juana?
5. ¿Quién es Roberto García?

En la cafetería

6. ¿Qué tomamos en la cafetería?
7. ¿Qué escuchamos allí (*there*)?
8. ¿Quiénes charlan allí?

9. ¿De dónde es Raquel?
   ¿Qué estudia?
10. ¿Qué desea practicar?

C. Complete. *Complete the sentences with the correct word.*

1. Hay muchos libros en la _____.
2. Julio charla con los amigos en la _____.
3. Raquel desea hablar varias lenguas _____.
4. Estudio ingeniería en la _____.
5. —Mucho gusto. — _____.
6. ¿Trabajas aquí todos los _____?
7. Prepara la lección porque mañana hay un _____.

a. universidad
b. extranjeras
c. igualmente
ch. días
d. biblioteca
e. examen
f. cafetería

Gramática II

The grammar points presented in this section are used in context in **Vida y costumbres II.**

4. Subject Pronouns

	SINGULAR	PLURAL
FIRST PERSON	**yo** *I*	**nosotros** (*masculine* [*m.*]) **nosotras** *we* (*feminine* [*f.*])
SECOND PERSON	**tú** *you (fam.)*	**vosotros** (*m.*) **vosotras** (*f.*) *you (fam.)*
THIRD PERSON	**usted** *you (form.)* **él** *he* **ella** *she*	**ustedes** *you (form.)* **ellos** (*m.*) *they* **ellas** (*f.*) *they*

A. Note that Spanish has no word for *it* as the subject of a sentence.

Es importante.   *It is important.*

B. Except for **ustedes**, the plural pronouns have either masculine or feminine endings, according to the gender of the group they refer to. If the group includes both males and females, the masculine form is used.

Isabel y Elena→ **ellas**
Marta, Carlos y Tomás→ **ellos**
usted y la profesora→ **ustedes**
usted y yo ⎫
ustedes y yo ⎭ → **nosotros, nosotras**
tú (Carlos) y Roberto→ **vosotros, ustedes**
tú (Juana) y Carmen→ **vosotras, ustedes**

C. You already know that the choice of **tú** or **usted** to express *you* (singular) depends on the formality required for a given situation. **Vosotros/vosotras** expresses *you* (plural) in informal situations; it is used in Spain. In Hispanic America, however, **ustedes** expresses *you* (plural) in both formal and familiar situations.

D. The forms **usted/ustedes** are frequently abbreviated as **Ud./Uds.** or **Vd./Vds.** The **Ud./Uds.** abbreviations will be used in *¡En camino!*.

PRÁCTICA

A. ¿De quién habla Ud.? *What subject pronouns would you use to refer to these people?*

1. una amiga
2. un cliente
3. las profesoras
4. tú mismo (tú misma) (*yourself*)
5. un amigo y tú mismo/a

6. los señores García (*the Garcías*)
7. dos amigos
8. el presidente
9. un doctor

B. ¿A quién habla Ud.? *Would you use* **Ud., Uds., tú,** *or* **vosotros** *when speaking to these people?*

1. la profesora Jiménez
2. un compañero de clase
3. tres amigas íntimas (en España)
4. el director de la biblioteca
5. papá y mamá (en Hispanoamérica)
6. el profesor Pérez y la profesora Franco

Peter Menzel / Stock, Boston

5. Present Tense of Regular *-ar* Verbs

Spanish verbs are divided into three conjugations, according to the ending of the infinitive.* Verbs ending in **-ar** belong to the first conjugation; those ending in **-er** and **-ir** to the second and third, respectively. Examples of verbs in each of these conjugations are **estudi*ar*** (*to study*), **comprend*er*** (*to understand*), and **viv*ir*** (*to live*).

The present tense of first-conjugation verbs is formed by dropping the **-ar** ending of the infinitive and adding the following endings:

SINGULAR	PLURAL
-o	**-amos**
-as	**-áis**
-a	**-an**

The majority of **-ar** verbs are regular; that is, they follow this general pattern.

		habl*ar*	*to speak*
SINGULAR	(yo) habl**o** (tú) habl**as** (Ud., él, ella) habl**a**		*I speak* *you speak* *you speak, he/she speaks*
PLURAL	(nosotros, -as) habl**amos** vosotros, -as) habl**áis** (Uds., ellos, ellas) habl**an**		*we speak* *you speak* *you speak, they speak*

The Spanish present tense has three possible English equivalents: **hablo** → *I speak, I am speaking, I do speak.*

Here are the first-conjugation (**-ar**) verbs presented in this lesson:

contestar *to answer*
conversar *to converse*
charlar *to chat*
desear *to desire; to want*
enseñar *to teach*
entrar *to enter*

escuchar *to listen to*
estudiar *to study*
examinar *to examine*
hablar *to speak*
mirar *to watch, to look at*
practicar *to practice*

---

*The infinitive is the form of the verb listed in dictionaries as the main entry. Its equivalent in English is the form preceded by *to*: *to* speak, *to* study, *to* work.

preguntar *to ask*   trabajar *to work*
preparar *to prepare*   usar *to use*
pronunciar *to pronounce*

Subject pronouns are usually omitted in Spanish since the verb endings indicate the subject.

Estud**io** español.   *I study Spanish.*
Hab**las** inglés.   *You speak English.*

Ud. and **Uds.**, however, are often used as a matter of politeness. Otherwise, use subject pronouns only:

• For clarity, if the same verb can refer to more than one subject

Ella estudia y **Ud.** estudia   *She's studying, and you're*
    también.   *studying too.*

• For emphasis

Él estudia español, pero **yo** no.   *He studies Spanish, but I don't.*

PRÁCTICA

A. Actividades en la universidad. *Substitute the subjects indicated and change the verbs accordingly.*

MODELO: Mario prepara la lección de español... (yo) →
(Yo) Preparo la lección de español...

1. La profesora Jiménez enseña la clase de español básico. Ahora ella entra en la sala de clase. Pregunta a los alumnos sobre varias cosas, usa la pizarra y practica con ellos las palabras nuevas.
(yo, tú, los profesores, nosotras)

2. Examino el mapa de España que hay en la pared y estudio los nombres de las ciudades y regiones. Pronuncio los nombres de las ciudades y también converso con los compañeros de clase sobre España y los españoles.
(los alumnos, Julia y Ud., tú, Ud.)

B. Conversaciones entre (*between*) estudiantes. *With a classmate, present these dialogues in class, giving the correct form for the infinitive in each case.*

1. —Soy una persona muy ocupada (*busy*). Por la mañana (trabajar), por la tarde (estudiar) historia y biología y por la noche (practicar) el español.
—Yo también soy una persona ocupada. Por la tarde (preparar) las lecciones para mis clases y por la noche (enseñar) inglés a un compañero argentino.

2. —Julia, ¿por qué no (contestar) Ud. cuando la profesora (preguntar) las palabras nuevas?
—Porque soy tímida y a veces (*at times*) no (estudiar) mucho. Los compañeros de clase (pronunciar) el español correctamente, pero yo no.

C. Preguntas personales.

1. ¿Qué lengua estudia Ud.?
2. ¿Dónde prepara Ud. la lección?
3. ¿Dónde practica Ud. el español?
4. ¿Con quién conversa Ud. en español?
5. ¿Qué usa Ud. en la clase?
6. ¿Cómo se llama el profesor (la profesora) de la clase de español?
7. ¿Qué lengua(s) habla el profesor (la profesora)?
8. ¿Qué tarea prepara Ud. hoy?

Comunicación

Texto: Compañeros de clase

Note: New words in the **Texto** in **Comunicación** are glossed in the right-hand margin, and they appear in the exercises that follow. As these words may be considered inactive at this time, it is not necessary to memorize them. However, since only a small number of new words are introduced here, most will become part of your active vocabulary within a few lessons, and you may want to learn them now.

Isabel y Tomás entran en la biblioteca y charlan con Carlos.

TOMÁS: Buenas tardes, Carlos.
CARLOS: Hola, Tomás... ¿Qué hay? Tú eres Isabel Maraval, ¿no? Yo me llamo Carlos Romero.
ISABEL: Mucho gusto.
CARLOS: Igualmente. ¿De dónde eres?
ISABEL: Soy de la Ciudad de México. ¿Y tú?
CARLOS: Soy de aquí, de Los Ángeles, pero mi familia es de Guadalajara originalmente. ¿Qué estudias?
ISABEL: Inglés, matemáticas y también una lengua extranjera, el francés.
CARLOS: ¿Por qué estudias dos lenguas?
ISABEL: Porque deseo enseñar lenguas en la universidad.
CARLOS: ¿Cómo preparas la tarea de francés?
ISABEL: Siempre estudio con un libro de texto y varios diccionarios.
CARLOS: ¿Con quién practicas el inglés?
ISABEL: Practico todos los días con Tomás. Es un amigo muy amable.

PRÁCTICA

A. Invente oraciones. (*Invent sentences.*) *Select the verb form that goes with the subject given and* **any** *phrase from the right that correctly completes the sentence.*

MODELO: él converso / conversa con el profesor→
Él conversa con el profesor.

1. Isabel y Tomás	entro / entran	Isabel Maraval, ¿no?
2. los dos	charlas / charlan	lenguas extranjeras
3. tú	eres / es	enseñar lenguas
4. yo	me llamo / se llama	en la biblioteca
5. yo	estudio / estudia	todos los días
6. la joven	deseo / desea	con Tomás?
7. ¿tú	hablas / hablan	(con) varios diccionarios
8. yo	estudio / estudia	Carlos Romero

B. Asociaciones. *Join the interrogatives in the left column with the phrases in the right column; then answer each question.*

1. ¿Qué...	practicas?
2. ¿De dónde...	hablas español?
3. ¿Por qué...	preparas las lecciones?
4. ¿Dónde...	lengua(s) estudias?
5. ¿Cómo...	estudias lenguas extranjeras?
6. ¿Con quién...	eres tú?

C. Entrevista. (*Interview.*) Pregúntele a otro alumno (otra alumna) si... (*Ask another student if . . .*)

1. estudia español todos los días
2. prepara bien las lecciones
3. charla con los compañeros de la clase
4. pronuncia claramente el inglés
5. habla francés

EXPRESIÓN PERSONAL

A. Prepare monólogos. *Use the questions as a guide.*

1. a. ¿Quién es Ud.?   b. ¿De dónde es Ud.?   c. ¿Qué estudia Ud.? ch. ¿Con quiénes practica Ud. el español?   d. ¿Desea Ud. hablar bien el español?
2. a. ¿Entras tú en la clase con el profesor?   b. ¿Con quiénes charlas en la clase?   c. ¿Dónde preparas las lecciones?   ch. ¿Qué lenguas estudias?   d. ¿Qué usas en la clase?

B. Entrevistas. *Interview several of your classmates, using these questions and any others you can think of.*

1. ¿Cómo te llamas tú?
2. ¿Siempre trabajas mucho?
3. ¿También estudias mucho?
4. ¿Cómo se llama un amigo (una amiga) muy simpático/a?
5. ¿Eres extranjero/a o norteamericano/a?
6. ¿Eres siempre amable?

C. Descripciones. *Working with your classmates, take turns making complete statements about the drawing.*

CH. En la biblioteca. *Bookstacks are closed in many Hispanic libraries; that is, users must fill out book request cards similar to the following one. Study it as if you were requesting a book and fill out as much of the card as you can.*

Biblioteca Universitaria de Madrid

PRESTAMO DE LIBROS

Sig.ª................Regr.º.....................

Autor ....

AUTOR..

Titulo ....

Regr.º.................. Vol...................

Nombre..

Sig.ª..................................

Fecha ....

TITULO

....

Nombre del lector...

Domicilio..

Núm. del carnet.................................   Firma.

Fecha. { Recibido.........................

Devuelto ....

Pago de multa.

Before proceeding to **Lección dos**, be sure you have learned the two **Vocabulario activo** lists and the articles, subject pronouns and **-ar** verbs presented in **Gramática I** and **II** in this lesson. Remember to follow this self-checking procedure in every lesson.

■ *OTRA VEZ*

A. Examine el calendario y conteste.

lunes		miércoles		viernes		domingo
		1	2	3	4	5
6	7	8	9	10	11	12
13	14	15	16	17	18	19
20	21	22	23	24	25	26
27	28					

1. Cuatro días de la semana se llaman lunes, miércoles, viernes y domingo. Los otros tres días se llaman (a) _____, (b) _____ y (c) _____.

2. Si hoy es el $\begin{cases} \text{diez,} \\ \text{catorce,} \\ \text{veinte y ocho,} \end{cases}$ mañana es el $\begin{cases} \text{(a)} \ \_\_\_. \\ \text{(b)} \ \_\_\_. \\ \text{(c)} \ \_\_\_. \end{cases}$

3. Si mañana es $\begin{cases} \text{viernes,} \\ \text{lunes,} \\ \text{jueves,} \end{cases}$ ayer fue $\begin{cases} \text{(a)} \ \_\_\_. \\ \text{(b)} \ \_\_\_. \\ \text{(c)} \ \_\_\_. \end{cases}$

4. Los cuatro domingos son (a) el _____, (b) el _____, (c) el _____ y (ch) el _____.

5. Este (*This*) mes se llama _____ .

6. ¿Qué mes te gusta mucho? ¿Qué mes no te gusta mucho?

B. Identifique las estaciones y conteste.

1. _____   2. _____   3. _____   4. _____

5. Los meses del número 2 son (a) _____ , (b) _____ y (c) _____ .

6. Los meses del número 3 son (a) _____ , (b) _____ y (c) _____ .

Lectura 1 (Reading 1)

The **Lectura** section, appearing after every odd-numbered lesson in *¡En camino!*, develops your ability to work with longer, more difficult readings. The selections are accompanied by prereading strategies, notes, and post-reading activities to facilitate your recognition of the new words, to help you understand the reading, and to make logical associations between related forms.

The numbered items in the Spanish text are new words for which translations are given at the end of the reading. Try to guess their meanings from context before you consult the translations.

Antes de comenzar (*Before Beginning*)

One way to boost your comprehension of a reading in Spanish is to try to develop an expectation of what it is about before you start reading. Approaching a passage with even a general notion of its focus will facilitate your understanding of it. Among the elements of the reading that you can glance at for this purpose are the title, any accompanying drawings or photos, and the first sentence of each paragraph.

Examine the map on page 36 and the reading title that follows. Then read the brief introduction and the first marginal note on cognates.

This dialogue develops as a series of questions and answers between instructor and student; therefore, try to put yourself in Mario's place. As you read the selection, be creative in associating Spanish cognates with their English counterparts, try to guess the parts of speech of new words, and examine their contexts carefully.

Una lección de geografía

La profesora Jiménez enseña una lección sobre la geografía° hispanoamericana. Ahora habla de los transportes en uno de los países[1] del° hemisferio occidental.

Some cognates are easy to recognize: **geografía, hemisferio, occidental, creación, exporta, esmeraldas, produce,** and so on. Others may be less obvious: **transportes, línea aérea, antigua, costa, extenso.**

del: de + el → del

PROFESORA: ¿Cuál[2] es la línea aérea más[3] antigua del continente americano?

MARIO: Ummm. ¿Una línea aérea de los Estados Unidos?

PROFESORA: No. La primera línea aérea es creación de otro país.

JOSÉ: El Ecuador, posiblemente.

---

[1]countries [2]What [3]most

PROFESORA: No. Es un país que[4] exporta esmeraldas a todo° el mundo.°

MARIO: ¿El Perú?

PROFESORA: No, no, no. Es un país que produce un café excelente.

RAÚL: ¡El Brasil!

PROFESORA: No. No es el Brasil.

JOSÉ: Entonces,° ¿qué país es?

PROFESORA: Tiene° dos costas, una en el Océano Pacífico y otra en el Mar Caribe.

¿De qué país habla la profesora Jiménez?

Nota: La profesora habla de Colombia, un país que tiene tres enormes cordilleras° y un territorio muy extenso en la región amazónica. Su° capital es Bogotá.

todo: Knowing a word's part of speech can help you guess its meaning; is **todo** a noun, adjective, or verb? Remember **todos los días.**

mundo: Again, be creative. Think of English *mundane.*

Entonces: If you can't guess the meaning of this connecting word immediately, skip over it.

Tiene: This is a verb form. Does context provide a clue to its meaning?

cordilleras: Examine the context; Colombia has three of these, and they are part of the larger **Cordillera de los Andes.** Can the map provide some clues?

Su: This adjective is not a key word, but can you guess its meaning?

---

[4]that

NOTA CULTURAL

Because of its mountainous terrain, Colombia was the first country to realize fully the advantages and convenience of commercial air travel. The elevation of Bogotá is 2,660 meters (8,660 feet). Despite the mountains, cycling is an important pastime.

Victor Englebert/Photo Researchers, Inc.

Después de leer (*After Reading*)

A. Invente oraciones. *Invent a brief sentence in Spanish based on the following phrases.*

1. línea aérea
2. esmeraldas
3. café

4. dos costas
5. la capital

B. Identifique. *Identify the following features of Colombia by studying the accompanying map.*

1. tres cordilleras
2. un río (*river*)
3. la capital

4. un océano
5. una región tropical

Challenge: Close your book and give the preceding information about Colombia from memory.

C. Responda en español.

1. ¿Cuáles son (*What are*) las ciudades principales de Colombia?
2. ¿Qué exporta Colombia?
3. ¿Cómo se llama la capital de Colombia?
4. ¿Cuántas (*How many*) cordilleras hay en Colombia?
5. Colombia tiene costas en un océano y un mar. ¿Cómo se llaman?
6. ¿Qué otros países hay en el mapa?

Otras vistas 1

El mundo hispánico

Otras vistas means *Other views.* The purpose of this section, which appears after every fourth lesson, is to offer you as many views as possible of the cultural content of the preceding lesson.

Klaus D. Francke/Peter Arnold, Inc.

Viaducto romano en Cangas de Onís, España.

Nat Norman/Rapho/Photo Researchers, Inc.

La cosecha (*crop*) de henequén de una finca (*farm*) en Yucatán, México.

Abbas/Magnum

Barcos (*Boats*) y pájaros (*birds*) en el puerto de Talcahuano, Chile.

David Mangurian

Una mujer lava (*washes*) la ropa en el Lago Nicaragua en Nicaragua. Al fondo, el volcán Concepción.

LECCIÓN DOS

Plazas y calles

Paseando en una plaza muy bonita de Santiago, Chile

Beryl Goldberg

Enfoque cultural

The various neighborhoods of a large city are called **barrios** in Spanish. Hispanics the world over take great delight in seeing friends and acquaintances in the shops or cafés of the **barrio**. In Spain many people regularly take an evening stroll along the main streets or around a central **plaza** or park to chat with friends and, occasionally, to have coffee or a drink at a sidewalk café. This custom, known as the **paseo**, is such an integral part of the everyday social life of the community that the sidewalks may be jammed with people every evening.

The more fashionable streets of a city are the favorite areas for the **paseo**. People from all parts of the city may get dressed up and go there in order to see and be seen. **La calle Florida** in Buenos Aires is such a street. It is a popular mall, paved with artistic tiles and lined with elegant shops, and people go there to be associated with its glamour and social status.

Vida y costumbres I

Vocabulario activo I

Sustantivos

el almacén	department store	el/la muchacho/a	boy, girl
el barrio	district (of a city)	la mujer	woman
el café	coffee; café	la noticia	news item
el café con leche	coffee with milk	las noticias	the news
la cámara	camera	el periódico	newspaper
la carta	letter	la plaza	(town) square, plaza, marketplace
el centro	downtown		
el/la cliente/a	client	el queso	cheese
el cuadro	picture, painting	el refresco	refreshment, soft drink
el/la dependiente/a	clerk, salesperson	el regalo	gift
el hombre	man	el reloj	watch
el jamón	ham	la tienda	store
el jugo	juice	el vino	wine
el jugo de naranja	orange juice		

Verbos*

abre	he, she opens	come	he, she eats
bebe	he, she drinks	comentar	to comment; to discuss

*The **-ar** verbs are given here in the infinitive form only.

comprar	to buy	**tomar**	to take; to drink
escribe	he, she writes	**vendo**	I sell
lee	he, she reads	**vive**	he, she lives
pasear	to stroll		

Adjetivos

barato/a	inexpensive	**joven**	young
bueno/a	good	**malo/a**	bad
caro/a	expensive	**pequeño/a**	small
grande	large		

Palabras adicionales

entonces	then	**por fin**	finally
para	for; in order to	**quisiera**	I would like
poco	little, not very (much)	**un poco (de todo)**	a little (bit of
por	for; along; through; by		everything)

En el almacén

Peter Menzel

Marisa pasea por la plaza central. Mira varias tiendas y por fin entra en «El Gigante», un almacén muy grande del* centro.

EL DEPENDIENTE: Buenos días, señorita. ¿Qué desea Ud.?

LA CLIENTA: Quisiera comprar un regalo bueno, barato y pequeño... para una persona que (*who*) vive en otra ciudad.

EL DEPENDIENTE: Aquí vendo un poco de todo. ¿Le gusta el cuadro? ¿el reloj? El reloj no es caro.

LA CLIENTA: No, un reloj, no. No es malo, pero no me gusta.

EL DEPENDIENTE: ¿Un perfume francés?

LA CLIENTA: Es para un joven; no es para una muchacha.

EL DEPENDIENTE: ¡Aaaah! Entonces, ¿por qué no mira los bolígrafos, los radios y las cámaras?

---

*del → de + el. See grammar section 6.

En el café

En el café un hombre abre un periódico, lee el editorial y bebe vino.
Una mujer escribe una carta y toma un café con leche. Un señor viejo
toma un refresco y comenta las noticias del día con un joven amigo
del barrio. El joven come un sándwich de jamón y queso y toma jugo
de naranja.

PRÁCTICA

A. Complete.

En el almacén

1. Marisa pasea por _____.
2. Por fin entra en _____.
3. El dependiente pregunta: —¿_____?
4. Marisa contesta: —Quisiera _____.
5. El dependiente responde: —Vendo _____.

En el café

6. Un hombre abre _____ , lee _____ y bebe _____.
7. Una mujer _____ y _____.
8. Un señor viejo _____.
9. Comenta _____.
10. El joven come _____ y toma _____.

B. Conteste.

En el almacén

1. ¿Cómo se llama la clienta?
2. ¿Qué quisiera comprar?
3. ¿Le gusta el reloj?
4. ¿Es un regalo barato el perfume?
5. ¿Qué otros regalos mira?

En el café

6. ¿Quién toma café con leche? ¿vino? ¿jugo de naranja?
7. ¿Qué bebe la mujer? ¿el señor viejo?
8. ¿Quién lee el editorial?
9. ¿Qué comenta el señor viejo? ¿Con quién?
10. ¿Quién escribe una carta?

C. Antónimos. *Give a word that has the opposite meaning.*

1. bueno 2. grande 3. barato 4. (ella) pregunta 5. compro

CH. El dependiente (La dependienta) y el cliente (la clienta). *You are the clerk; explain why your customer (a classmate) should buy these gifts. Your customer explains why he or she doesn't want to buy them.*

MODELO: el perfume: muy bueno → El perfume es muy bueno.
muy caro → No compro el perfume porque es muy caro.

1. el cuadro pequeño: bonito y barato
no me gusta
2. el cuadro grande: no... caro
no es muy bueno
3. un reloj: pequeño, bonito y práctico
es caro
4. la cámara: práctica y pequeña
es mala
5. el bolígrafo: bonito, práctico, pequeño y barato
¿?

Pronunciación: Spanish *g, j, x*

At the beginning of a word or breath group and after **n**, Spanish **g** is pronounced as a hard sound.

Gómez   Góngora   **ganga**   González   Durango   Gusta

In all other positions, particularly between vowels, **g** is pronounced as a soft sound.

amigo   agua   laguna   lago   digo   pago

Spanish **j** appears primarily before the vowels **a, o,** and **u**; it sounds like the harshly aspirated *h* in English *hiss*. The Spanish **g** has the same sound before **e** and **i**.

Jorge   Gilberto   jamón   Los Ángeles
jota   juntos   jarra   Gijón

Before a consonant, **x** is pronounced like *ss* in English *hiss*.

experto   extraordinario   excursión   extraño

Some Spaniards pronounce the **x** between vowels like English *s*; most others in the Hispanic world pronounce the **x** between vowels like **gs** or **ks**.

| taxi | examen | exageración | éxito |
| flexible | máximo | próximo | excelente |

Important exceptions are words like **México**, **mexicano** and **Oaxaca** in which **x** is pronounced like the Spanish **j**.

PRÁCTICA

Pronuncie.

1. Es un éxito extraordinario.
2. Ud. exagera; es mejor ser exacto.
3. Gertrudis estudia geografía y geología.
4. *José* es un nombre español.
5. Julián no es de la Argentina.

Estudio de palabras

Some English adjectives ending in *-ic* have Spanish counterparts ending in **-ico** (**-ica**). Note that these words have an accent on the third-from-the-last syllable. Many adjectives ending in *-ive* in English end in **-ivo** (**-iva**) in Spanish.

ENGLISH	SPANISH	ENGLISH	SPANISH
scientific	**científico**	active	**activo**
dramatic	**dramático**	passive	**pasivo**
electric	**eléctrico**	subjective	**subjetivo**

PRÁCTICA

Exprese en español.

1. artistic
2. pacific
3. historic
4. metric
5. poetic
6. festive
7. negative
8. positive
9. relative
10. native

Gramática I

6. More on the Definite Article

A. There are only two contractions in Spanish: **a** (*to*) + **el** → **al**; **de** + **el** → **del**. But:

a la	de la
a los	de los
a las	de las

Unlike contractions in English, contractions in Spanish are not optional.

Examinan **al** estudiante.	*They examine the student.*
Conversan sobre las noticias **del** día.	*They're talking about the news of the day.*

But:

Estudian el mapa **de las** Américas.	*They're studying the map of the Americas.*

B. Nouns used in a general sense or referring to abstract concepts are preceded by the definite article.

Me gustan **los** autos (carros) modernos.	*I like modern cars.*
El amor hace hermosa la vida.	*Love makes life beautiful.*

Note: The definite article is omitted when only part of something is designated. Compare:

No me gusta **el** queso.	*I don't like cheese (in general).*
¿Desea Ud. queso?	*Do you want (some) cheese?*

C. There is no standard practice regarding the use of the definite article with the names of certain countries. Following the example of many native speakers of Spanish, *¡En camino!* uses the article with the names of these countries:

la Argentina	**el** Ecuador	**el** Paraguay
el Brasil	**los** Estados Unidos	**el** Perú
el Canadá	**el** Japón	**el** Uruguay

But: España, Francia, Italia, etc.
Note that the definite article is part of the name of **El Salvador**.

D. The definite article is used with titles except in direct address.

El profesor Sánchez es de México.	*Professor Sánchez is from Mexico.*
El señor García es un amigo muy bueno.	*Mr. García is a very good friend.*

But:

Señorita López, ¿de dónde es Ud.?	*Miss López, where are you from?*

Exception: The definite article is *not* used with **don** and **doña**, untranslatable titles of respect preceding a man or woman's first name.

Don Luis es el padre del muchacho.	*Don Luis is the boy's father.*

PRÁCTICA

A. Complete según (*according to*) los modelos.

MODELO: El profesor habla a __los__ alumnos.

1. _____ amigos
2. _____ clase
3. _____ hombre

4. _____ mujer
5. _____ señoritas
6. _____ joven

MODELO: Hablan __del__ alumno.

1. _____ cámara
2. _____ regalo
3. _____ clases

4. _____ tienda
5. _____ cuadros
6. _____ café

B. El doctor Fernández visita el centro. ¿Con o sin (*without*) el artículo definido?

_____[1] doctor Fernández es de _____[2] Argentina. Vive (*He lives*) en _____[3] San Martín en Buenos Aires. Todos _____[4] días visita _____[5] centro de _____[6] ciudad. Entra en _____[7] café para tomar café, vino o cerveza. Le gusta _____[8] cerveza mucho.

C. ¿Cómo se dice en español? (*How do you say in Spanish?*)

1. It's the woman's pen.
2. It's Mr. Sánchez's watch.
3. She's from Peru.
4. French perfume is expensive.
5. It's a camera from Japan / Canada / Spain / the United States.

7. Present Tense of Regular -*er* and -*ir* Verbs

The present indicative of second- and third-conjugation verbs (-**er** and -**ir** verbs, respectively) is formed by dropping the endings of the infinitive and adding the following endings:

-**er** VERBS		-**ir** VERBS	
SINGULAR	PLURAL	SINGULAR	PLURAL
-**o**	-**emos**	-**o**	-**imos**
-**es**	-**éis**	-**es**	-**ís**
-**e**	-**en**	-**e**	-**en**

The only difference between the two sets of endings is in the first and second persons plural.

comer *to eat*		vivir *to live*	
como	*I eat*	vivo	*I live*
comes	*you eat*	vives	*you live*
come	*you eat, he/she eats*	vive	*you live, he/she lives*
comemos	*we eat*	vivimos	*we live*
coméis	*you eat*	vivís	*you live*
comen	*you/they eat*	viven	*you/they live*

Here are the second- and third-conjugation verbs presented so far in this lesson.

-er

beber *to drink*
comer *to eat*
leer *to read*
vender *to sell*

-ir

abrir *to open*
escribir *to write*
vivir *to live*

PRÁCTICA

A. Mis amigos y yo en la ciudad. Use los verbos con los sujetos indicados. (*Use the verbs with the subjects given.*)

MODELO: ellas, Ud. leer el periódico → Ellas leen el periódico.
Ud. lee el periódico.

Ud., nosotras
1. abrir un periódico
2. leer el editorial
3. comentar las noticias del día

él, yo
4. comer un sándwich de jamón y queso
5. tomar jugo de naranja
6. beber vino

tú, ellos
7. no vivir en el centro de la ciudad
8. pasear por la plaza central
9. mirar varias tiendas

B. Complete.

En el centro

1. Elena y yo pase_____ por la plaza central.
2. Nosotros no viv_____ aquí porque es un barrio comercial.
3. Ellos mir_____ todas las tiendas.

En «El Gigante»

4. Una muchacha vend_____ perfumes.
5. ¿En qué sección trabaj_____ tú?
6. Él compr_____ dos regalos hoy.

En el café

7. (Yo) escrib_____ una carta.
8. (Ellos) abr_____ los libros.
9. (Nosotros) beb_____ jugo de naranja.

C. **¿Qué te gusta?** *Ask a classmate these questions.*

1. ¿En qué restaurante te gusta comer? ¿Comes allí (*there*) todos los días? ¿Qué te gusta comer allí?
2. ¿En qué tiendas entras generalmente cuando necesitas (*you need*) comprar cosas? ¿En qué tiendas te gusta mirar y no comprar?
3. ¿Qué periódico lees? ¿Es un periódico republicano o demócrata? ¿Lees noticias de otros países (*countries*)?

8. More Interrogative Words

You have already learned a few interrogative words. Here is a more complete list:

¿cómo? *how? what?*   **¿dónde?** *where?*
¿cuál(es)? *which?*   **¿por qué?** *why?*
¿cuándo? *when?*   **¿qué?** *what?*
¿cuánto/a?* *how much?*   **¿quién(es)?** *who? whom?*
¿cuántos/as?* *how many?*

Several of these interrogative words can be used with a variety of prepositions. Note the following examples:

¿A (Con, De) quién hablas?   *To (With, About) whom are you speaking?*

¿De dónde es Ud.?   *Where are you from?*

PRÁCTICA

Exprese en español. *Don't forget the accent marks!*

1. ¿(*When*) trabajan ellos?
2. ¿(*What*) mira Ud.?
3. ¿Con (*whom*) viven Uds.?
4. ¿(*What*) lee Ud. en el periódico *El País*?
5. ¿(*Where*) hay muchos regalos baratos?
6. ¿(*How*) prepara Ud. las lecciones?
7. ¿(*Why*) no estudia más ahora?
8. ¿(*Which*) es el libro de español?
9. ¿(*How much*) practicas todos los días?

---

*These forms agree with the nouns they modify. You will study this kind of agreement in grammar section 10.

Vida y costumbres II

Vocabulario activo II

Sustantivos

la aceituna	olive	la muerte	death
el autobús	bus	el país	country
el banco	bank	la patata*	potato
la calle	street	las patatas fritas	French fries
el carro	car, automobile	la política	politics
la cerveza	beer	el restaurante	restaurant
el coche	car, automobile	el tráfico	traffic
la hora	hour	la vida	life

Verbos

dice	he, she, it says	tiene	he, she, it has
hacen	you (*pl., form.*), they do, make	vienen	you (*pl., form.*), they come

Adjetivos

cada	each	largo/a†	long
corto/a	short	típico/a	typical
hispánico/a	Hispanic		

Palabras adicionales

a	to; at	pasando el rato	killing time
con frecuencia	frequently	pasar el rato	to pass (spend) the time (of day)
mientras	while		
o	or	por la mañana (tarde, noche)	in the morning (afternoon, evening)
otros/as	others		

---

*Patata is the term preferred in Spain; papa is more common in Spanish America.
†Largo is a *deceptive* cognate; it means *long*, not *large*.

El barrio

Stuart Cohen/Comstock

Cada barrio de una típica ciudad hispánica tiene varios bares o restaurantes favoritos. Los buenos amigos vienen aquí con frecuencia para charlar y tomar café, vino o cerveza. Otros comen patatas fritas o aceitunas, mientras escuchan discusiones sobre la política del país o sobre el horrible tráfico de coches, taxis y autobuses en las calles de la ciudad.

Un bar típico

Peter Menzel

Los Tres Bandidos es un bar típico donde dos o tres amigos pasan el rato, por la tarde, a la hora de la siesta.

Una tarde entra don Enrique, un señor viejo que trabaja en un banco.

—¿Uds. aquí?— dice. —Pero, ¿cuándo trabajan Uds.?

—Por la mañana... y por la noche.

—Y ¿qué hacen Uds. ahora?

Un muchacho contesta: —Pasando el rato.

—Sí...— dice otro compañero, —porque la vida es corta... y la muerte, larga.

NOTAS CULTURALES

1. "Taking a siesta" is one of the oldest Hispanic customs. In Spain some stores and businesses still close from 1:00 or 1:30 P.M. to 4:00 or 4:30 P.M. every day, thus allowing the employees time for a leisurely family meal and, perhaps, a nap. To compensate, businesses often stay open late, until 7:00 or 8:00 P.M. Some businesses, however, allow their employees only a short lunch break, and many large department stores are open all day. In other parts of the Hispanic world, stores are open from 9:00 to 12:00 and from 2:00 to 6:00, with a long lunch break from 12:00 to 2:00.
2. A Spanish **bar** is often a coffee shop or restaurant, since in Spain wine is frequently part of the meal. However, many bars serve primarily wine and **tapas** (a variety of hot and cold hors d'oeuvres) because Spaniards like to snack with friends between meals. A **cafetería** is a coffee shop, not a *cafeteria* in the English sense. Other terms for hors d'oeuvres are **pasabocas** (Colombia), **saladitos** (Cuba), **bocadillos** (Puerto Rico), and **antojitos** (Mexico).
3. The Spanish sense of humor can be philosophical and meditative, as illustrated by the young man who has the last word in the dialogue.

PRÁCTICA

A. Complete según *El barrio* y *Un bar típico.*

1. Cada barrio tiene _____.
2. Los buenos amigos _____.
3. En el bar hay dos o tres amigos que _____.
4. Un señor viene y pregunta: —¿_____?
5. Un muchacho contesta: —_____.
6. Y otro compañero dice: —_____.

B. Preguntas personales.

1. ¿Toma Ud. café?
2. ¿Tiene Ud. un restaurante favorito?
3. ¿Cómo se llama el restaurante?
4. ¿Qué come Ud. allí (*there*)?
5. ¿Con quiénes charla Ud. allí?
6. ¿Qué refrescos toma Ud.?

C. ¿Qué hace Ud.? (*What are you doing?*)

1. ¿Qué lee Ud. (en el carro, en el autobús)?
2. ¿Qué compra Ud. (en una tienda, en la plaza del centro)?
3. ¿Qué come Ud. (en un café, en un restaurante)?
4. ¿Qué bebe Ud. (en casa [*at home*], en un bar)?

CH. Conversación. *With a classmate, take turns asking these questions. Only the questioner's book should be open. You should recognize new* **tú** *verb forms in the questions.*

1. ¿Dónde trabajas?
2. ¿Qué tomas en un café?
3. ¿Qué necesitas hoy?
4. ¿Qué comes en un restaurante?
5. ¿Qué lees en un periódico?
6. ¿Qué escribes ahora?
7. ¿De qué hablas con los amigos?
8. ¿Qué abres en la clase?

 *Gramática II*

9. Irregular Presents: *hacer, decir, tener, venir*

These verbs do not follow the patterns of regular **-er** and **-ir** verbs, so it is necessary to memorize them. Note that all four have a common feature, the **g** in the first person singular.

-er: hacer *to make; to do*	-ir: decir *to tell, say*	-er: tener *to have*	-ir: venir *to come*
ha**g**o haces hace	di**g**o dices dice	ten**g**o t**ie**nes t**ie**ne	ven**g**o v**ie**nes v**ie**ne
hacemos hacéis hacen	decimos decís dicen	tenemos tenéis t**ie**nen	venimos venís v**ie**nen

PRÁCTICA

A. En un restaurante. Complete.

1. (tener) Yo / Tú / Ellos _____ un restaurante favorito.
2. (decir) ¿Qué _____ él / tú / Uds.?
3. (venir) ¿_____ tú / ella / ellos hoy?
4. (hacer) Nosotros / Vosotros / Yo _____ el café hoy, ¿no?
5. (tomar) Ellos / Nosotros / Yo _____ vino.
6. (leer) Él / Nosotras / Uds. _____ la lección.
7. (comer) Juanita y Alberto / Yo / Nosotras _____ en una cafetería.

B. En un bar favorito. Invente oraciones con estas (*these*) palabras.

1. Yo / tener / tienda favorita
2. Ella / charlar / amigos
3. Uds. / pasar / el rato / aquí
4. Nosotros / tomar / cerveza
5. Él / preguntar / —¿Qué hacen…?
6. Yo / decir / —La vida es…

C. Actividades de todos los días. Conteste. *Note that questions with* **hacer** *usually require a different verb in the answer.*

1. ¿Qué hacemos en la clase?
2. ¿Qué hacen Uds. en una tienda?
3. ¿Qué hace Ud. en el centro?
4. ¿Qué haces tú ahora?
5. ¿Qué hacen los estudiantes en la biblioteca?

10. Agreement and Position of Adjectives

A. All adjectives in Spanish agree in gender with the nouns they modify. Adjectives ending in **-o** change the **-o** to **-a** when they modify a feminine noun.

un barrio hispánic**o**   **una** ciudad hispánic**a**

Adjectives not ending in **-o** remain the same when modifying a singular noun, whether masculine or feminine.

un libro **especial**   **una** clase **especial**
un bar **interesante**   **una** lección **interesante**

Adjectives of nationality are an exception. If they end in a consonant, an **-a** is added for the feminine form.

el muchacho **español** → **la** muchacha **española**
un señor **francés** → **una** señora **francesa**

B. All adjectives must also agree in number with the nouns they modify. To make an adjective plural, add **-s** if the adjective ends in a vowel and **-es** if it ends in a consonant.

el alumno **inteligente** → **los** alumnos **inteligentes**
una lección **especial** → **unas** lecciones **especiales**

To form the masculine plural of adjectives of nationality ending in a consonant, add **-es**; add **-as** to form the feminine plural.

muchos amigos portugues**es**   varias universidades español**as**

Note that all articles precede the nouns they modify. Similarly, adjectives indicating quantity and number (**muchos, varias**) also precede the noun. Most descriptive adjectives (**interesante, francés, inteligente**) follow the noun.

C. The adjectives **bueno** and **malo** may precede or follow the noun. However, if they precede a masculine singular noun, drop the final **-o**. This shortening does not take place with the feminine form.

un muchacho **bueno**   un **buen** muchacho
un hotel **malo**   un **mal** hotel
una amiga **buena**   una **buena** amiga

D. Grande, which means *large* when following a noun, is shortened to **gran** when it precedes a noun; it then means *great* or *famous*. Compare:

Es un almacén **grande**.   *It is a large department store.*
Es una **gran** profesora.   *She is a great teacher.*

PRÁCTICA

A. Cambie según el modelo. *Describe these people and places.*

MODELO: Es _____ señorita _____. (francés) →
Es una señorita francesa.

1. Con el adjetivo **generoso**:

   a. Es _____ amiga _____.
   b. Es _____ alumno _____.
   c. Es _____ señora _____.
  ch. Es _____ profesor _____.

2. Con el adjetivo **francés**:

   a. Es _____ universidad _____.
   b. Es _____ amigo _____.
   c. María es _____ señorita _____.
  ch. Es _____ ciudad _____.

B. Cambie según el modelo.

MODELO: Los *alumnos* son (*are*) inteligentes. (alumnas) →
Las alumnas son inteligentes.

1. Los *lápices* son nuevos. (sillas, mapas, cámaras, dibujos)
2. Los *clientes* son argentinos. (amigas, señores, señoras, profesores)
3. Los *actores* son españoles. (palabras, cuadernos, libros, papeles)
4. Las *lecciones* son interesantes. (preguntas, universidades, compañeros, clases)

C. Use la forma correcta de los adjetivos indicados.

1. (malo) a. Tengo dos alumnos _____.
          b. No es un _____ estudiante.
2. (grande) a. Es un _____ hombre.
          b. Tiene un restaurante muy _____.
3. (bueno) a. Rosa hace un _____ café.
          b. También prepara _____ sándwiches.
4. (malo) a. Juan no es un _____ dependiente.
          b. No vende productos _____.
5. (bueno) a. Tienen un _____ periódico.
          b. El editorial de hoy es muy _____.

11. Possession with *de*

Remember that Spanish uses the preposition **de** to express possession.
There is no 's in Spanish.

la amiga **de** Elena	*Elena's friend (the friend of Elena)*
los cuadernos **de** las muchachas	*the girls' notebooks (the notebooks of the girls)*

PRÁCTICA

Exprese según el modelo.

MODELO: amigo / muchacho → el amigo del muchacho

1. noticias / día
2. calle principal / ciudad
3. conversación / estudiantes
4. clases / señoritas
5. regalos / muchacho

6. perfume / señora
7. coche / señor
8. cerveza / mujer
9. tráfico / coches

Comunicación

Texto: Una calle interesante de Buenos Aires

No vivo en la calle Florida porque es un centro comercial, pero me gusta pasear por allá° con frecuencia. Generalmente compro el periódico y leo o comento con varios amigos las noticias del día: la crisis económica, la guerra° en... o el escándalo de... Después° tomo un refresco o como en un restaurante no muy caro. Me encanta° comer en «La Cabaña», donde la comida° es siempre sabrosa.° Me gusta la parrillada, y especialmente el buen bistec.

there

war / Later
Me... I love
food / delicious

También me gusta mirar la enorme variedad de artículos que venden en las tiendas: cámaras, relojes, joyas,° etcétera. Hay de todo. Frecuentemente voy° a esas° tiendas para comprar regalos.

jewels
I go / those

Bueno, entonces tomo un delicioso café brasileño en mi cafetería favorita. ¡Siempre me gusta pasar un rato en la calle Florida!

PRÁCTICA

A. Conteste.

1. ¿Qué es la calle Florida?
2. ¿Qué hace el narrador (*narrator*) en la calle Florida?
3. ¿Qué comenta con los amigos?
4. ¿Dónde come con frecuencia? ¿Qué le gusta especialmente?

5. ¿Qué artículos venden en las tiendas?
6. ¿Por qué viene aquí el narrador?
7. ¿Qué compra el narrador en esas tiendas?
8. ¿Qué toma él en una cafetería?

B. Complete. *Imagine you are the narrator and are telling someone about your activities on Florida Street. Use the following verb cues.*

1. a. No vivo…,   b. pero me gusta…
2. a. Generalmente compro…   b. y leo o comento…
3. a. Tomo…   b. o como…
4. a. En «La Cabaña» me gusta…   b. También me gusta mirar…

1. ¿Quiénes son los dos hombres?
2. ¿De qué países son?
3. ¿Qué día fue el martes?

INTERNACIONAL

LA 'PERESTROIKA' VIAJA AL CARIBE Y A LONDRES

EL PAÍS, lunes 10 de abril de 1989

El miércoles 5 terminó el viaje del líder soviético, Mijail Gorbachov, a Cuba, donde durante tres días explicó el nuevo rumbo político de la Unión Soviética. Las diferencias entre los dos países se han puesto de manifiesto en las declaraciones de ambos líderes; así, mientras Mijail Gorbachov explicaba la importancia de la *perestroika* en la Unión Soviética, Fidel Castro pedía que les dejen seguir con el socialismo. Asimismo, Mijail Gorbachov ha elogiado el proceso democrático que vive América Latina, zona de la que dijo que tiene un "tremendo futuro". En cuanto a Nicaragua, el líder soviético respaldó las medidas democratizadoras puestas en marcha por este país y pidió a Estados Unidos que cese su ayuda a la *contra*. En su viaje a Londres, Gorbachov y Margaret Thatcher revisaron los temas tratados en su primer encuentro; asimismo, la primera ministra elogió la "revolución pacífica" impulsada por Gorbachov en la URSS. La ola se simpatía que suscita el líder soviético llegó en esta ocasión a los empresarios, que firmaron acuerdos para colaborar en Moscú.

Fidel Castro (a la izquierda) y Mijail Gorbachov saludan después del discurso del líder soviético ante la Asamblea Nacional cubana, el martes 4.

TASS

C. Pregúntele Ud. a otro alumno (otra alumna)…

1. en qué calle vive
2. dónde pasea con frecuencia
3. qué toma por la mañana (por la tarde)
4. qué periódico(s) compra
5. qué noticias lee
6. cuándo lee el periódico
7. qué comenta con los amigos
8. qué mira en el centro de la ciudad
9. dónde come por la tarde (por la noche)
10. qué compra en las tiendas

EXPRESIÓN PERSONAL

A. Conteste las preguntas. *Use your imagination to expand the answers.*

1. a. ¿Quién habla?
    b. ¿Qué hacen los estudiantes?
    c. ¿Cuántas personas hay aquí?
    ch. ¿Qué escriben en la pizarra?

2. a. ¿Quiénes son?
    b. ¿Qué miran las mujeres?
    c. ¿Qué compran?
    ch. ¿Qué quisiera comprar Ud.?

3. a. ¿Qué hacen?
    b. ¿Toman café, vino o cerveza?
    c. ¿Cómo se llama el restaurante?
    ch. ¿Qué quisiera tomar Ud.?

4. a. ¿Es típico el tráfico aquí?
    b. ¿Cómo se llama la ciudad?
    c. ¿Quisiera Ud. vivir aquí?
    ch. ¿Por qué sí o por qué no?

B. Hablando con mis amigos. Invente diálogos con un compañero (una compañera) de clase.

1. You and another person introduce yourselves to each other and explain where you live, what you like to do in your **barrio**, and so on.
2. You are sitting in a café with a friend. Each of you explains to the other what various people are doing at their respective tables (reading, writing, studying, eating, drinking, and so on).
3. You enter a department store in search of a special gift. You want to buy something that is good but small and inexpensive. You speak to a clerk.
4. You enter a café or bar and chat with several friends. You ask them what they are doing, and they respond.

C. Construya (*Construct*) oraciones originales con los sustantivos (*nouns*) y los adjetivos.

MODELOS: la(s) ciudad(es): mexicano →
Es una ciudad mexicana.

la(s) ciudad(es): famoso →
Hay dos ciudades famosas en el país.

1. la(s) calle(s)   simpático   amable
2. la(s) tienda(s)   bueno   largo
3. la(s) profesora(s)   interesante   comercial
4. el/los restaurante(s)   favorito   grande
5. la(s) clase(s)   corto   caro
6. la(s) cerveza(s)   hispánico   barato
7. el/los periódico(s)   francés   extranjero
8. la(s) cámara(s)   famoso   malo

CH. *Examine the following photos. What can you say or write in Spanish about the various individuals depicted there? Here are some suggestions.*

Page 25, *En la cafetería*

1. Are the young people studying?
2. What are they drinking?
3. Where are they?

Page 49, *Un bar típico*

1. Who are the people in the picture?
2. What are they doing?
3. What time of day is it?

■ *OTRA VEZ*

A. Una descripción. *Name as many objects as possible on this student's desk. Use indefinite articles.*

MODELO: Hay un/una/unos/unas _____ en la mesa.

B. Una descripción negativa. *Now state five objects that are not in the drawing. Again, use indefinite articles.*

MODELO: No hay un/una/unos/unas _____ en la mesa.

Examen de repaso 1

A self-test appears after every second lesson in *¡En camino!* Take these tests before proceeding to the next lesson. You can check your answers in Appendix 2. Each self-test includes 50 items; you can assign a percentile ranking to your test performance by subtracting from 100, the perfect score, 2 points for each item you missed.

A. ¿**El** o **la**?

1. clase   2. mapa   3. papel   4. mujer   5. ciudad

B. Cambie al plural.

1. inglés	3. lápiz	5. profesor
2. español	4. lección	6. calle

C. Dé el pronombre que corresponde a cada verbo.

1. _____ comes en un restaurante.
2. _____ trabajáis mucho, ¿no?
3. _____ practico en clase.
4. _____ no tenemos libros.

CH. Dé la forma correcta del verbo.

1. (venir) ¿A qué hora _____ (yo) a la universidad?
2. (comentar) ¿Con quién _____ (nosotros) las noticias?
3. (estudiar) ¿_____ (ellas) mucho?
4. (contestar) En clase Uds. _____ en español.
5. (escribir) Los dos estudiantes _____ los ejercicios.
6. (decir) Cuando entro, ¿qué _____ yo a los alumnos?
7. (comer) Yo _____ un sándwich.
8. (trabajar) Juan y Carlos _____ en Los Ángeles, ¿no?
9. (charlar) Tú y Elena _____ en el bar.
10. (hacer) ¿Qué _____ tú?

D. Exprese en español.

1. What is your (*form.*) name?
2. Good-bye! Until tomorrow!
3. Good afternoon, madam.

E. Conteste.

1. ¿Tiene Ud. clases todos los días?
2. ¿Dónde lee Ud. las noticias?
3. ¿Qué hace Ud. en la clase?
4. ¿Dónde le gusta charlar con los amigos?

F. Complete las oraciones con la forma apropiada del adjetivo.

1. (famoso) «La Cabaña» es un restaurante _____ de Buenos Aires.
2. (mucho) Hay _____ señoritas en la clase.
3. (mexicano) La señora Ortiz es una profesora _____.

G. Exprese en español.

1. Tengo (*my sister's book*).
2. Él habla (*to the instructor* [*m.*]).
3. ¿Es él (*a good*) estudiante?

H. Exprese en español.

1. a watch
2. a letter
3. the painting
4. the notebooks
5. a man
6. with
7. I would like
8. to read
9. one thing
10. short
11. she
12. four gifts

LECCIÓN TRES

La ropa

12. Irregular presents: **estar**, **ser**; **dar**, **ir**
13. **Ser** used to express identification, origin, and possession
14. **Estar** used to express location
15. The numbers: 30 to 100
16. **Ser** and **estar** with adjectives

Un almacén de Barcelona, España. —¿Te gusta el jersey?

Peter Menzel

Enfoque cultural

Clothing is very important in Hispanic life because it is considered an index of a person's social position. In large cities the popular fashions tend to be European in style. Many people are very style conscious even though they have only small wardrobes. They may prefer to buy a few well-made garments in a fashionable boutique or from a tailor. There are, of course, many large department stores that offer ready-made items at a wide range of prices.

Traditionally, Hispanic students dressed very formally. Years ago, for example, male students were expected to wear a suit and tie to classes and even to occasions like picnics. In recent years, however, dress codes have relaxed considerably. Today many college students attend classes in jeans and T-shirts, much like their North American counterparts.

In the countryside and in small towns, one can still occasionally see picturesque handmade clothes, particularly in nations with large Indian populations such as Bolivia, Ecuador, Peru, and Guatemala.

Vida y costumbres I

Vocabulario activo I

Sustantivos: La ropa

el abrigo	overcoat	**el sombrero**	hat
la camisa	shirt	**el suéter**	sweater
la chaqueta	jacket	**el traje**	suit
los pantalones	pants		

Otros sustantivos

el centavo	cent
el/la chico/a	boy, young man; girl, young woman
el dinero	money
el dólar	dollar
la ganga	bargain
el precio	price
la provincia	province
la venta	sale

Números

30 **treinta**	60 **sesenta**	90 **noventa**
40 **cuarenta**	70 **setenta**	100 **cien**
50 **cincuenta**	80 **ochenta**	

Verbos*

cruzar	to cross	**ir** (*irreg.*)	to go
dar (*irreg.*)	to give	**llegar**	to arrive
dar un paseo	to stroll, to take a walk	**llevar**	to wear
estar (*irreg.*)	to be	**necesitar**	to need
ganar	to earn	**pagar**	to pay
gastar	to spend	**ser**	to be

Adjetivos

alto/a	high; tall	**diferente**	different
azul	blue	**hermoso/a**	beautiful, attractive
bonito/a	pretty	**poco/a**	little
contento/a	happy, satisfied	**rojo/a**	red

Palabras adicionales

allí	there	**sólo**	only
después	afterward; later	**va a estar**	you (*form.*) are going to be
durante	during		
(un) poco	(a) little (*adverb*)	**va a gastar**	you (*form.*) are going to spend
primero	first		
pronto	soon		

Miguel lleva una chaqueta vieja

Miguel es un chico de provincia, pero hoy está en la ciudad porque necesita comprar una chaqueta nueva. Primero da un paseo por la calle Ochoa. Allí mira abrigos, camisas, pantalones, sombreros, trajes, suéteres y otras cosas caras y hermosas en diferentes tiendas. Después, cruza la calle y pronto llega al Almacén Neptuno.

Beryl Goldberg

---

*From **Lección tres** on, infinitives (unconjugated verb forms) are included in vocabulary lists. First-person irregularities will be noted, and the notation (*irreg.*) means that the forms of a verb are irregular.

En el Almacén Neptuno

Peter Menzel

LA DEPENDIENTA: La chaqueta roja es bonita, ¿no?

MIGUEL: Sí, pero me gusta llevar chaquetas azules. ¿Cuál es el precio de la chaqueta azul?

LA DEPENDIENTA: $99,00 dólares* es el precio normal, pero durante la venta especial es $82,98.

MIGUEL: ¿Cuánto?

LA DEPENDIENTA: Sólo $82,98.

MIGUEL: Es un precio un poco alto, ¿no? Yo gano poco dinero...

LA DEPENDIENTA: No, señor. Es una ganga. ¡Ud. va a gastar poco, pero va a estar muy contento y elegante!

MIGUEL: ¿Elegante, yo?...

Finalmente Miguel paga los $82,98.

LA DEPENDIENTA: Muchas gracias, señor, y hasta luego.

MIGUEL: Hasta luego.

PRÁCTICA

A. Conteste.

Miguel lleva una vieja

1. ¿De dónde es Miguel?
2. ¿Dónde está hoy?
3. ¿Qué necesita comprar? ¿por qué?
4. ¿Por dónde da un paseo?
5. ¿Qué mira en las tiendas?
6. ¿Qué hace después?

---

*Note that in Spain and in most of Latin America, a comma is used in numbers where English uses a decimal point and vice versa.

En el Almacén Neptuno

7. ¿Qué dice de la chaqueta roja la dependienta?
8. ¿Cuál es el precio de la chaqueta azul?
9. ¿Dónde hay una venta especial hoy?
10. ¿Compra Miguel la chaqueta azul?
11. ¿Qué dice la dependienta finalmente?

B. Conteste.

1. ¿Le gusta gastar dinero? ¿Compra Ud. mucha ropa?
2. ¿Le gusta más (*more*) dar un paseo por la mañana o por la tarde?
3. ¿Cuánto dinero gana un dependiente en una hora? ¿en un día?
4. ¿Le gusta llevar ropa de color rojo o azul?
5. El precio de una chaqueta es $52,00. ¿Es cara?

C. Antónimos. *Give the opposites of the following words.*

1. ayer
2. barato
3. comprar
4. malo
5. mucho
6. grande

CH. Invente una conversación. *Complete the dialogue with a classmate. Use different objects of clothing, varying the prices and your comments.*

EL DEPENDIENTE: La (camisa/blusa) es…
UD.: Sí, pero no me gusta… ¿Cuál…?
EL DEPENDIENTE: …es el precio normal, pero durante la venta especial es…
UD.: ¿Cuánto?
EL DEPENDIENTE: Sólo…
UD.: Es un precio un poco alto, ¿no? Yo gano… y deseo…
EL DEPENDIENTE: No, señor (señora, señorita)…
UD.: …

Pronunciación: Spanish *c, z*

Before **a**, **o**, and **u**, Spanish **c** has a hard sound.

camisa   cosa   cuál   cuánto

Before **e** and **i**, the **c** is pronounced like English *th* in *thin* in Spain, and like *ss* in the English word *hiss* in Spanish America.

almacén   necesitar   precio   provincia

The **z** is pronounced like English *th* in Spain. In Spanish America it is pronounced like English *ss*.

azul   cruzar   zapato   La Paz

PRÁCTICA

Pronuncie.

1. Necesito camisas, zapatos, una chaqueta y calcetines.
2. ¿Desea un sombrero también?
3. No uso sombrero.
4. ¿Cuál es el precio de la chaqueta azul?
5. Veinticinco dólares.
6. Es un poco cara.
7. Pero es hermosa y... superelegante.

Estudio de palabras

Países, capitales y habitantes

PAÍS	CAPITAL	HABITANTE
México	(Ciudad de) México	mexicano/a
Cuba	La Habana	cubano/a
la República Dominicana	Santo Domingo	dominicano/a
Puerto Rico	San Juan	puertorriqueño/a
Portugal	Lisboa	portugués, portuguesa
España	Madrid	español, española
Guatemala	(Ciudad de) Guatemala	guatemalteco/a
Honduras	Tegucigalpa	hondureño/a
El Salvador	San Salvador	salvadoreño/a
Nicaragua	Managua	nicaragüense
Costa Rica	San José	costarricense
Panamá	(Ciudad de) Panamá	panameño/a
Venezuela	Caracas	venezolano/a
Colombia	Bogotá	colombiano/a
el Ecuador	Quito	ecuatoriano/a
el Perú	Lima	peruano/a
Bolivia	La Paz	boliviano/a
Chile	Santiago	chileno/a
la Argentina	Buenos Aires	argentino/a
el Paraguay	Asunción	paraguayo/a
el Uruguay	Montevideo	uruguayo/a
el Brasil	Brasilia	brasileño/a

NOTA CULTURAL

Puerto Rico, included here with the major countries associated with
the Spanish-speaking world, is actually a self-governing common-
wealth associated with the United States. Many Puerto Ricans favor
statehood or independence, and the issue is an important question in
island politics.

PRÁCTICA

A. Pronuncie la lista de nombres de países, capitales y habitantes.

B. Identificaciones. *Give the names of the countries and capital cities, referring
only to the map.*

Gramática I

12. Irregular Presents: *estar, ser; dar, ir*

estar *to be*	ser *to be*	dar *to give*	ir *to go*
estoy	soy	doy	voy
estás	eres	das	vas
está	es	da	va
estamos	somos	damos	vamos
estáis	sois	dais	vais
están	son	dan	van

1. The construction **ir** + **a** + *infinitive* is a way to express the future in Spanish.

   Voy a estudiar.   *I'm going to study.*
   Van a trabajar.   *They're going to work.*

2. **¡Vamos!** alone means *Let's go!*

3. **Vamos** + **a** + *infinitive*, therefore, means *Let's* or *We're going to* (*do something*).

   Vamos a leer. $\begin{cases} Let's\ read. \\ We're\ going\ to\ read. \end{cases}$

The context will reveal which meaning is intended.

PRÁCTICA

A. Exprese oraciones nuevas según el sujeto indicado.

Diferentes clases de personas

1. *Las alumnas* son simpáticas. (nosotros, Uds., tú, Luis y Alina, yo)
2. *La dependienta* está contenta. (yo, vosotras, tú, Amalia y Alfredo, nosotras)

En el Almacén Neptuno

3. *Miguel* va al Almacén Neptuno. (ellas, Alina y yo, Uds., tú, vosotros)
4. *Mamá* da el dinero a la dependienta. (los clientes, yo, Uds., tú y Rodrigo, nosotros)

B. Cambie según el modelo.

MODELO: Hablas español. → Vas a hablar español.

1. El periódico da las noticias.
2. Vivimos en otro barrio.
3. Charlamos en la calle.
4. ¿Haces el café?
5. Dan un paseo.

C. Preguntas rápidas. *Ask a classmate the following questions and check the answers your partner gives. Your partner should answer with his or her book closed. Later, reverse roles. Try to change from one verb form to another as quickly as possible.*

PREGUNTAS	RESPUESTAS
1. ¿Eres estudiante?	Sí, soy estudiante.
2. ¿Dan Uds. lecciones de español?	No, no damos lecciones de español.
3. ¿Vienes a la clase de español todos los días?	No, no vengo a la clase de español todos los días.
4. ¿Tienes muchas clases hoy?	Sí, tengo (No, no tengo) muchas clases hoy.
5. ¿Están Uds. en México ahora?	No, no estamos en México ahora.
6. ¿Son Uds. mexicanos?	No, no somos mexicanos.
7. ¿Tienes amigos mexicanos?	Sí, tengo (No, no tengo) amigos mexicanos.
8. ¿Va Ud. al café?	Sí, (No, no) voy al café.
9. ¿Van Uds. al almacén después?	Sí, (No, no) vamos al almacén después.
10. ¿Das un paseo con Carmela?	Sí, (No, no) doy un paseo con Carmela.

CH. Una conversación telefónica. Complete la conversación con la forma apropiada de los verbos en paréntesis.

MIGUEL: ¡Hola! Habla Miguel. ¿(Estar)[1] Juanita en casa (*at home*)?
JUANITA: Sí, Miguel. (Ser)[2](*I am*) Juanita.
MIGUEL: Juanita, ¿(dar)[3] tú una fiesta el sábado?
JUANITA: No, yo no (dar)[4] una fiesta, pero Jaime sí (dar)[5] una. ¿(Ir)[6] tú a la fiesta de Jaime?
MIGUEL: Sí, Luis y yo (ir)[7] en mi coche.
JUANITA: ¡Ah! ¿Tú (ser)[8] amigo de Luis?
MIGUEL: Sí, Luis y yo (ser)[9] muy buenos amigos. ¿Quién más (ir)[10] a la fiesta?
JUANITA: A ver (*Let's see*)… Alina y Laura (ir)[11] y también nuestro profesor de español.
MIGUEL: ¡Estupendo! Entonces, nos vemos (*we'll see each other*) el sábado.
JUANITA: ¡Perfecto!

13. *Ser* Used to Express Identification, Origin, and Possession

The verb **ser** is used to indicate that one noun (the name of a thing, person, concept, or event) or pronoun is equal to another noun or pronoun.

México

José **es** alumno.   (José = alumno)
Yo **soy** dependiente.   (yo = dependiente)

Note in the examples that the noun or pronoun that precedes the verb and the one that follows the verb refer to the same person (**José = alumno, yo = dependiente**).

When **ser** is used to tell where a person or thing is from, it is followed by the preposition **de**.

Panama

Carmela **es de** Toluca.   *Carmela is from Toluca.*
Nosotros **somos del** Canadá.   *We're from Canada.*

Remember that a form of **ser** with the preposition **de** also expresses possession in Spanish. (See grammar section 11.)

Paraguay

El cuaderno **es de** María.   *The notebook is María's.*
¿Las botas? **Son de** la señora   *The boots? They are Mrs. Andú-*
   Andújar.   *jar's. (They belong to Mrs.*
                 Andújar.)

Perú

14. *Estar* Used to Express Location

The verb **estar** (often followed by the preposition **en**) is used to express location.

Ernesto **está en** la calle.   *Ernesto is in the street.*
¿Dónde **está** el Cine Valentino?   *Where is the Valentino Movie*
                                   Theater?

PRÁCTICA

A. ¿De dónde son? ¿Qué son? *Using the lists given, state where these people are from and describe what they do. If you don't know, guess!*

PERSONA	PAÍS	PROFESIÓN
1. Carlos Salinas de Gortari	Inglaterra (*England*)	atleta
	Puerto Rico	líder político/a
2. Juan Carlos I (Primero)	Cuba	presidente
	España	primer(a) ministro/a
3. Rita Moreno	México	actriz
4. Fernando Valenzuela		rey (*king*)
5. Margaret Thatcher		
6. Fidel Castro		

B. Situación. *Answer the questions based on the situation described. You will have to invent some of the answers.*

Un amigo (Una amiga) da una fiesta y todos los invitados (*guests*) van a llevar ropa muy «diferente».

1. ¿Quién es la persona que da la fiesta? ¿De dónde es? ¿Es inteligente? ¿alto/a?
2. ¿En qué ciudad está la casa de su amigo? ¿En qué calle está?
3. Generalmente cuando Ud. va a una fiesta, ¿es su ropa elegante?
4. ¿Qué ropa «diferente» va a llevar Ud. a esta (*this*) fiesta? (¡Una descripción completa, por favor!)
5. Generalmente, ¿está Ud. contento/a en una fiesta?

C. ¡Adivine Ud.! (*Guess!*) *One student will think of an article of clothing that someone in the class is wearing; the others will try to guess the garment and its owner by asking questions. The person who guesses correctly then gets to pick another article.*

MODELO: ¿Es bonito/a o feo/a (*ugly*)?
¿Es nuevo/a o viejo/a?
¿Es grande o pequeño?
¿De qué color es? Etcétera.

15. The Numbers: 30 to 100

The multiples of ten, beginning with **treinta** and up to **cien**, are given in **Vocabulario activo I**. Review them at this time and note the following rules:

A. Beginning with **treinta**, all the multiples of ten except **cien** end in **-a**.

cuarenta   cincuenta   sesenta...

B. The combined forms do not exist after **veinte y nueve** (**veintinueve**).

setenta y seis   ochenta y ocho   noventa y uno

C. **Cien** becomes **ciento** when referring to all numbers from 101 to 199.

Ellos sólo tienen **cien** libros.	*They have only one hundred books.*
Yo tengo **ciento cuarenta** dólares y sesenta centavos.	*I have a hundred and forty dollars and sixty cents.*
—¿Cuántas muchachas vienen? —**Cien**.	*How many girls are coming?* —*One hundred.*

PRÁCTICA

A. Lea en español.

MODELOS: 22 + 14 = _____. →
Veinte y dos más catorce son treinta y seis.
Veinte y dos y catorce son treinta y seis.

88 − 23 = _____. →
Ochenta y ocho menos veinte y tres son sesenta y cinco.

1. 59 + 41 = _____.   3. 80 − 13 = _____.   5. 92 − 19 = _____.
2. 33 + 15 = _____.   4. 74 − 67 = _____.   6. 64 + 21 = _____.

B. Conteste.

Usted

1. ¿Cuántas personas hay en su (*your*) familia?
2. ¿Cuál es el número de su teléfono?
3. ¿Cuál es el número de su casa?

El dinero

4. ¿Cuál es el precio de una buena cámara?
5. ¿Cuánto paga Ud. por un periódico?
6. ¿Cuánto dinero necesita Ud. para comprar un abrigo?

C. Estudie el dibujo y conteste las preguntas.

1. ¿Cuál de las chaquetas es una ganga?
2. ¿Es $25,00 un precio muy alto?
3. ¿Le gusta la chaqueta de $50,00?
4. ¿Es siempre elegante una chaqueta de $100,00?
5. ¿Desea Ud. comprar ahora una chaqueta cara o un abrigo?
6. ¿Dónde venden chaquetas de varios precios?

CH. De compras (*Shopping*). *How much do you expect to pay for these items? Give your answers in dollars* (**dólares**).

1. un radio
2. un reloj
3. un sándwich de jamón
4. una chaqueta
5. una cámara barata
6. *¡En camino!*

Vida y costumbres II

Vocabulario activo II

Sustantivos: La ropa

la blusa	blouse	las sandalias	sandals
el bolso	purse	el vestido	dress
la bota	boot	los zapatos	shoes
los calcetines	socks	los zapatos de tenis	tennis shoes
la camiseta	T-shirt		
la corbata	necktie		
la falda	skirt		
las medias	stockings		

Otro sustantivo

la cena	dinner, supper

Verbos

buscar	to look for
cenar	to eat dinner, to eat supper

Adjetivos

aburrido/a	bored; boring	negro/a	black
amarillo/a	yellow	pobre	poor
bajo/a	short	preocupado/a	worried, preoccupied
blanco/a	white	razonable	reasonable
cansado/a	tired; tiresome	rico/a	rich
difícil	difficult	rosado/a	pink
enfermo/a	sick	triste	sad
fácil	easy		
feliz	happy, joyful		
listo/a	ready; sharp (intelligent), clever		

Palabras adicionales

a crédito	on credit
de compras	shopping
ir de compras	to go shopping
mi(s)	my
no importa	it does not matter
tan	so
tu(s)	your (*fam.*)

Una buena amiga

MARTA: ¿Cómo estás? ¿Estás triste?

SUSANA: No, estoy preocupada porque voy a cenar con Víctor hoy. Va a ser una cena muy elegante y no deseo ir con un vestido tan viejo.

MARTA: ¿Por qué no llevas mi falda blanca con tu nueva blusa rosada?

SUSANA: Pero tú eres alta, y yo soy un poco baja.

MARTA: Entonces, ¿por qué no usas tus pantalones negros y mi suéter amarillo?

SUSANA: ¡Excelente idea! ¡Eres una buena amiga… y muy lista!

Arthur Glauberman/Photo Researchers, Inc.

Ventas

Robert Rattner/Kay Reese & Assoc.

¿Está Ud. aburrida, cansada o enferma? ¡Es muy fácil ser feliz!
¿Por qué no lleva Ud. zapatos Fontana?

¿No le gusta ir de compras? ¿Desea comprar a crédito?
No es difícil en Tiendas Marfil. Si Ud. es rica o pobre y él alto o bajo...
no importa, porque aquí tenemos de todo: bolsos y botas, calcetines y
corbatas, camisas, camisetas, zapatos de tenis y sandalias, medias,
trajes elegantes y vestidos de variados colores a precios razonables.
Ahora, ¿qué busca Ud.?

PRÁCTICA

A. La ropa que me gusta. *Tell your classmates what you are wearing now* (**Ahora llevo...**). *Then explain what you like to wear* (**Me gusta llevar/ usar...**) *in the following situations.*

1. por la tarde en agosto
2. por la mañana en febrero
3. en un concierto de Bruce Springsteen
4. en la iglesia (*church*) en octubre
5. en una entrevista de trabajo (*job interview*)
6. en la clase de español

B. Cien dólares. *You are going shopping with the $100 you have just been given as a gift. Explain what you are buying and how much each item costs. Stop when you have spent all your money.*

MODELO: Compro un sombrero; gasto (*I spend*) $18.

C. Preguntas personales. Pregunte a un compañero (una compañera).

1. ¿Hay muchas tiendas de ropa en la ciudad donde vives? ¿Venden ropa cara o barata, bonita o fea? ¿Te gusta ir de compras (*go shopping*) allí? ¿Qué compras, generalmente?
2. ¿Qué ropa nueva necesitas ahora?
3. ¿Qué usas más frecuentemente: botas, sandalias o zapatos de tenis? ¿Cuántos pares (*How many pairs*) de zapatos de tenis y botas tienes?

CH. Colores. *How many colors can you name? What colors are associated with these things?*

1.   2.   3.   4.   5.   6.

Gramática II

16. *Ser* and *estar* with Adjectives

In contrast to sections 13 and 14, in which the uses of **ser** and **estar** are strictly stipulated, their use with many adjectives varies according to the interpretation of the speaker. A speaker of Spanish employs a form of **ser** with an adjective when reacting to an expected circumstance, and a form of **estar** if that circumstance is unexpected. Two speakers observing the same condition or circumstance might react differently.

ser: THE EXPECTED	***estar***: THE UNEXPECTED
El muchacho es alto.	El muchacho está alto.
The boy is tall.	*The boy is/looks tall.*
	(He's taller than the observer expected.)
Él es viejo.	Él está viejo.
He is old.	*He is/looks old.*
	(He's older than the observer expected.)
Ella es pobre.	Ella está pobre.
She is poor.	*She is poor.*
	(Her poverty is unexpected to this observer.)
Carmen es bonita.	Carmen está bonita.
Carmen is pretty.	*Carmen is pretty.*
	(From the observer's point of view, she looks prettier than usual.)
El cielo es azul.	El cielo está azul.
The sky is blue.	*The sky is blue.*
	(It's bluer than the observer expected.)

1. **¿Cómo es?** inquires about the essential nature of someone or something.

    ¿Cómo es el profesor?   *What is the teacher like (usually)?*

2. **¿Cómo está?** inquires about the condition of someone or something. It implies a change from the usual.

    ¿Cómo está el muchacho?   *How is the boy feeling?*

3. The adjective **contento/a** always expresses a change from the expected; it can only be used with **estar**, even when used with the adverb **siempre**.

PRÁCTICA

A. Descripciones. *Use* **ser** *or* **estar** *as appropriate to describe these scenes. Choose from these adjectives:* **bueno/a, cansado/a, delgado/a** (*thin*), **elegante, enfermo/a, gordo/a** (*fat*), **nuevo/a, pobre, rico/a, triste.**

1. Don Andrés   2. María, 1990   3. María, 1980   4. Paquito   5. Mis amigos

B. Sus compañeros de clase. *Take turns describing different classmates.*

1. ¿Quién es?   4. ¿Cómo está hoy?
2. ¿De dónde es?   5. ¿Qué ropa lleva?
3. ¿Cómo es?   6. ¿Cuáles son sus colores favoritos, probablemente?

C. Excusas. *Give several reasons why you must refuse.*

¿Quisieras ir a la fiesta de Jaime?

1. estar, cansado/a   3. mis pantalones nuevos, manchados (*stained*)
2. estar, enfermo/a

¿Por qué no llevas mis pantalones?

4. Tú eres... y yo...   5. Son...   6. El color...

CH. ¿**Ser** o **estar**?

Yo siempre voy de compras a «El Gigante» que (*that*) _____¹ en el centro
porque _____² un almacén muy grande. Casi (*Almost*) todos los depen-
dientes _____³ simpáticos. Me gusta charlar con una dependienta en particular porque _____⁴ muy lista. _____⁵ de Mazatlán. Hablamos de la plaza
donde _____⁶ los hoteles. En la tienda hay un dependiente que no me
gusta. _____⁷ de la capital y ¡no _____⁸ muy amable!

JERSEYS 1.775

PANTALON 1.775

MODA PARA LOS QUE TIENEN CLASE

A precios muy estudiados

El Corte Inglés

Comunicación

Texto: De compras

Carmela y Marisa, su° compañera de clase, están en la calle Bolívar. Van a   *her*
tomar el autobús para ir al centro de la ciudad. Hablan mientras cruzan la
calle.

CARMELA: ¿Qué te pasa?° ¿Estás enferma?   *¿Qué... What's wrong with you?*

MARISA: No, sólo estoy un poco cansada hoy. Pero siempre me gusta ir de
compras.

CARMELA: ¿Adónde vamos primero?

MARISA: Vamos a la tienda Marbella. Es pequeña, pero elegante. Hoy
tienen una venta especial de suéteres, faldas, bolsos y blusas allí.

CARMELA: ¿Por qué no visitamos los Almacenes Ruiz? Son más grandes° y la   *más... larger*
ropa es menos° cara... los precios son muy razonables. Necesito   *less*
comprar una chaqueta blanca, pantalones vaqueros° y botas   *pantalones... blue jeans*
negras.

MARISA: En Marbella hay zapatos de varios colores. Son muy hermosos.
¡Y los vestidos!

CARMELA: No, no, no. Los vestidos, para otro día. Hoy tengo muy poco
dinero.

MARISA: ¿Por qué no usas el plan Marbella? Es más fácil pagar a crédito.

CARMELA: ¡Nooo! Es mucho más caro.

PRÁCTICA

A. ¿Sí o no? *Do **not** refer to the* **Texto** *as you check your comprehension of it;
these statements are purposely out of order.*

1. La Tienda Marbella vende ropa muy cara.
2. Carmela no va de compras hoy porque está cansada.
3. Carmela y Marisa hablan mientras cruzan la calle.
4. Los Almacenes Ruiz son muy grandes.
5. Las dos señoritas van al centro en taxi.
6. Carmela necesita comprar una chaqueta rosada, pantalones vaqueros y
botas negras.
7. En Marbella hay zapatos de varios colores.
8. Es más barato pagar a crédito.

Can you correct the false statements?

B. Preguntas personales.

1. ¿Tiene Ud. una tienda favorita? ¿Cómo se llama? ¿Dónde está?
2. ¿Venden vestidos (trajes) muy elegantes allí?
3. ¿Va Ud. allí cuando desea comprar ropa barata? Si no, ¿adónde va?
4. ¿Gasta Ud. mucho o poco en los almacenes de la ciudad?

5. ¿Qué lleva Ud. cuando va a clase? ¿cuando va a una fiesta? ¿cuando hay un picnic?
6. ¿Cuándo usa Ud. zapatos caros?
7. ¿Usa Ud. sombrero? ¿Cuándo?
8. ¿Qué ropa quisiera Ud. comprar ahora?

C. Ahora Carmela y Marisa están en el centro. Hablan con una dependienta en los Almacenes Ruiz. ¿Qué hacen y dicen las tres personas del dibujo? Invente oraciones completas y use los verbos **llevar, pagar, mirar, necesitar** y **tener.**

EXPRESIÓN PERSONAL

A. Conversación. Invente preguntas con las palabras indicadas. Otro/a estudiante contesta.

1. ¿Quisiera mirar / Carmela / elegantes?
2. ¿Quién / comprar / una chaqueta?
3. ¿…visitar / almacén / buenos precios?
4. ¿Qué / llevar / ahora?
5. ¿Quiénes / tener / venta?
6. ¿Le gusta / ir / centro?
7. ¿Miras / ropa…?
8. ¿Quién / gastar / poco?
9. ¿Por qué / gastar / poco?
10. ¿Dónde / zapatos / medias?

B. Preguntas y respuestas con **ser** y **estar**. *When you answer the questions, try to add more information.*

MODELO: rico → 　　UD.: ¿Eres rica (rico)?
　　　　UN(A) COMPAÑERO/A: No, no soy rico (rica). Gano poco dinero.

1. triste
2. cansado
3. enfermo
4. simpático
5. contento
6. listo
7. aburrido
8. inteligente
9. feliz
10. alto

C. El Corte Inglés es un almacén muy popular de Madrid. Conteste Ud. a base del anuncio.

1. ¿Qué vende El Corte Inglés, según el anuncio?
2. ¿Cómo son los trajes?
3. ¿Cuál es el precio de los trajes en pesetas?
4. ¿Cuántos hombres hay en la foto?
5. ¿Qué ropa llevan?

CH. Situaciones. Ud. desea ir de compras y le pregunta a un amigo (una amiga)…

1. Where is there a good, large department store in the city?
2. Where is there a sale today?
3. Do they sell clothes on credit?
4. What stores are expensive?
5. What do you need to buy now?

cómodo *comfortable*
desde *from*
más ligero *lightest (weight)*
pts. (pesetas) *Spanish currency*
suelto *loose (fitting)*

Los trajes más ligeros del verano, desde 16.500 pts.

Libertad total

Flexibles, sueltos, cómodos.

El Corte Inglés

■ *OTRA VEZ*

A. Examine la información y conteste.

1. ¿Le gusta el café? ¿y el té?
2. ¿Bebe Ud. café con cafeína o descafeinado (*decaffeinated*)?
3. ¿Lee el periódico cuando bebe café? ¿cuál?
4. ¿Come o bebe Ud. mucho chocolate?
5. ¿Cuántos miligramos de cafeína hay en 12 onzas de cola? ¿en un capuchino? ¿en dos cucharadas de sirope?
6. ¿Cuándo bebe Ud. expreso? ¿por la noche? ¿por la mañana?

La adicción a la cafeína

La única cafeína que se
toma conscientemente es la del café
mañanero. Pero otras cosas la
contienen, y mucha puede ser dañina.

cantidad de cafeína
CAFE, TE Y ¡ALGUNAS SORPRESAS!

Bebidas	Cafeína (mg)	Bebida	Cafeína (mg)
Expreso	60-150	Cocoa (6 oz)	9
Americano	60-150	Cola (12 oz)	42
Capuchino	60-150	Chocolate:	
Instantáneo	40-100	barra de 1.65 oz	10
Té (6 oz)	40	sirope, 2 cdas	5

dañina *harmful*
cantidad *quantity*
sorpresa *surprise*
mgs. (miligramos) *milligrams*
oz. (onza) *ounce*
sirope *syrup*
cdas. (cucharadas) *tablespoons*

B. ¿Qué hacen estas personas? Dé los verbos que corresponden a las acciones.

1. yo _____

2. ellos _____

3. nosotros _____

4. Uds. _____

5. vosotras _____

6. tú _____

Lectura 2

Antes de comenzar

Always be sure you understand every word in the title before starting to read a passage. For example, once you realize that this reading is a letter, you should be able to guess the salutation (initial greeting) and the closing. Also, you should then be prepared for the personal content and tone of this selection. Note the short sentences, the frequent use of personal pronouns and possessives (**mi**, **yo**, **me**), the references to family members and to the writer's favorite places and activities.

As you read the letter, you will see that each of the four paragraphs features three words or expressions in boldface. Use those terms as memory guides—that is, as key associations for remembering the content of each paragraph.

Beryl Goldberg

Diversiones en el Parque de Chapultepec, de la Ciudad de México

Carta a un estudiante norteamericano

Querido° Jim:

 Mi nombre es Carmela Alonso. Soy mexicana. Mi padre° trabaja en un **periódico**, mi madre° es ama de **casa**,[1] y mis dos hermanas° y yo somos **estudiantes**.

 Mi familia es de Toluca, pero ahora vivimos en la Ciudad de México. Me gusta la **capital** porque es muy grande; hay mucho que° hacer aquí. Si estoy cansada o aburrida, voy al **cine**° con mi amiga Elena Barrios. Ella está siempre contenta. Es una **muchacha** amable y muy lista.

 Con frecuencia voy al **centro** con Elena para visitar las tiendas que están cerca del[2] Zócalo. Nos gusta pensar° que vamos a comprar **vestidos** fantásticos, zapatos elegantes, medias, bolsos... y muchas otras cosas, para ir a las **fiestas**.

 Los domingos voy con mi familia al **Parque** de Chapultepec para almorzar,[3] pasear y escuchar el concierto **al aire libre**.° Es **gratis**.° Allí pasamos toda la tarde y somos **felices**.

Cordialmente,

Carmela

Querido: Salutation in a letter. What does it mean?

padre and **madre**: These words refer to people; think of Latin *pater* and *mater* or of English *paternal* and *maternal*.

hermanas: In a family context, what relatives might this term refer to?

hay... : Supply the missing word: *there is much . . . do here.*

cine: Relate this word to *cinema*.

pensar: Think of the English word *pensive*.

al aire libre: You should recognize **aire**; relate **libre** to *liberty*. What would be the idiomatic English equivalent of *in the free air*? / **gratis**: This is the same in both English and Spanish.

---

[1]ama... *housewife*   [2]cerca... *near*   [3]*to eat lunch*

NOTAS CULTURALES

1. **Toluca**, a city located about 30 miles west of Mexico City, is famous for its market. A great variety of clothing, tablecloths, pottery, and other products is available there. On market day the atmosphere is lively and picturesque.
2. The **Zócalo** is the famous central square in Mexico City, where the Presidential Palace, the Cathedral, and other government buildings are located.
3. Chapultepec Park is a spacious park near the **Avenida de la Reforma**. It contains the renowned Museum of Anthropology, two zoos, several bodies of water, and miles of walkways. The hill in the center of the park was originally a summer retreat for the Aztec rulers.
4. Most public parks in Mexico City offer free concerts and variety programs every Sunday afternoon. These and other cultural events are parts of a typical Mexican lifestyle.

Después de leer

A. Here are the key words from each of the four paragraphs. Using each word, try to create sentences in Spanish that summarize the key points of each paragraph.

1. periódico / casa / estudiantes
2. capital / cine / muchacha
3. centro / vestidos / fiestas
4. parque / al aire libre / felices

B. Responda en español.

1. ¿Cómo se llama la muchacha?
2. ¿Dónde trabaja su (*her*) padre?
3. ¿De dónde es la familia?
4. ¿Por qué le gusta la capital?
5. ¿Qué hace si está cansada o aburrida?
6. ¿Adónde va Carmela con frecuencia?
7. ¿Qué visita Carmela?
8. ¿Qué dice ella de su familia?

C. ¿Quién soy yo? *Describe yourself, using cues as if you were the person writing this letter.*

1. me llamo	6. vivimos
2. soy	7. si estoy cansado/a
3. mi padre	8. visitar
4. mi madre	9. los domingos
5. mis hermanos	10. mi vida

Tiempo y fechas

17. Present participle
18. Progressive forms
19. Telling time

20. Demonstrative adjectives and pronouns
21. Idioms with **hacer** and **tener**

El esquí en los Piri-
neos, España.
—¿Tienes mucho
frío?

Peter Menzel / Stock, Boston

Enfoque cultural

In the Hispanic American countries that are south of the equator, the seasons are the reverse of those in countries north of the equator. It is actually summertime in late December, and soon after the New Year, people go to the beaches. January, February, and March are the warmest months. In many countries, however, altitude is an important factor in determining the climate. Bogotá and Quito, two of the highest capitals, enjoy good weather practically all year round. There, even in winter, flowers bloom in parks and private gardens. Mexico City, about 7,800 feet above sea level, also has a pleasant climate. In contrast, the lowlands of countries in the equatorial zone are hot and humid.

Vida y costumbres I

Vocabulario activo I

Sustantivos

el aguacero	rainstorm
el arroz	rice
el calendario	calendar
la casa	house
el cumpleaños	birthday
la ensalada	salad
el/la esposo/a	husband; wife
la fecha	date (calendar)
el fin de semana	weekend
el gusto	pleasure
el impermeable	raincoat
el/la jefe/a	boss
el paraguas	umbrella
el pollo	chicken
el/la secretario/a	secretary

Verbos

aceptar	to accept	esperar	to wait (for); to expect; to hope
admitir	to admit; to allow		
creer	to believe	explicar	to explain
deber	to be obligated, to have to, must, ought to	invitar	to invite
		llamar	to call

Participios de presente

buscar → **buscando**   looking (for)
hacer → **haciendo**   doing, making
llover → **lloviendo**   raining

Adjetivo

próximo/a   next

Palabras adicionales

a casa	(to) home (*after verbs of motion*)	**por teléfono**	by (on the) telephone
así es la vida	that's life, such is life	**que**	that, who (*relative pronoun*)
¡bien!	fine!	**tarde**	late
lo siento	I'm sorry (about it)	**temprano**	early
más	more	**¡ya lo sé!**	I know it (that)!

Una fecha importante

Beryl Goldberg

EL JEFE: ¿Qué día de la semana es el veinte y seis del mes?

LA SECRETARIA: Yo creo que es el lunes próximo o el martes... (Mira el calendario.) Pues, sí, es el lunes.

EL JEFE: ¡Bien! El lunes vamos a tener una fiesta en casa.

LA SECRETARIA: ¿Sí?

EL JEFE: Es el cumpleaños de mi esposa. No vamos a trabajar aquí porque va a ser un día muy especial. ¿Por qué no viene Ud. a casa?

LA SECRETARIA: ¡Ah! Gracias por la invitación. Me gustan mucho las fiestas. Acepto con gusto.

Una invitación

ELIO: ¿Qué estás haciendo?

PABLO: Busco* el impermeable y el paraguas. Está lloviendo.

ELIO: ¡Ya lo sé!

PABLO: ¿Por qué siempre hay aguaceros los fines de semana?

ELIO: Así es la vida, hombre. ¿Por qué no esperas un poco más?

PABLO: Lo siento, pero es imposible. Mi familia va a cenar temprano hoy y no debo llegar tarde.

ELIO: Hay una solución muy fácil. ¿Por qué no llamas por teléfono y explicas que vas a cenar aquí. ¡Yo invito!

PABLO: Pero…

ELIO: No admito excusas. Voy a preparar arroz con pollo y una ensalada especial.

PRÁCTICA

A. Conteste.

Una fecha importante

1. ¿Qué pregunta el jefe?
2. ¿Qué contesta la secretaria?
3. ¿Por qué es el 26 una fecha importante?
4. ¿Acepta la invitación la secretaria?

Una invitación

5. ¿Qué está haciendo Pablo?
6. ¿Por qué necesita el impermeable?
7. ¿Por qué no espera un poco?
8. ¿Qué dice Elio?

B. Complete.

Una fecha importante

1. ¿Qué día de la semana…?
2. Vamos a tener una fiesta…
3. Va a ser un día…
4. ¿Por qué no viene…?
5. Gracias por…
6. Acepto con…

Una invitación

7. Los fines de semana siempre…
8. ¡Así es…!
9. ¿Por qué no esperas…?
10. Mi familia va a…
11. No debo…
12. Hay una solución muy…

---

*Remember that **buscar** means *to look for*; no preposition is needed before **el impermeable**. **Busco el impermeable** means *I'm looking for my raincoat*.

C. Conteste.

1. ¿Cuál es la fecha de hoy?
2. ¿Cuándo es el cumpleaños de Ud.?
3. ¿Le gustan las fiestas?
4. ¿Acepta Ud. siempre las invitaciones con gusto?
5. ¿Siempre cena Ud. en casa?
6. ¿Le gusta el arroz con pollo?
7. ¿Cuándo usa Ud. paraguas?
8. ¿Qué lleva Ud. cuando está lloviendo?

Pronunciación: Spanish *r, rr*

Spanish **r** is pronounced with a single flip of the tongue; **rr** (also **r** at the beginning of a word and after **l** or **n**) is trilled several times. Review these sounds by pronouncing these words.

r			**rr**		
pero	hora	para	guitarra	barrio	honra
persona	mira	corto	burro	zorro	rojo

When **s** precedes the **rr** sound, Spaniards may omit the **s** sound: **los *ratos* → lorratos**. Many Spanish Americans change the **s** into an aspirated **h**: **los *ratos* → lo(h) ratos**.

PRÁCTICA

Pronuncie.

1. Pasando el rato.
2. El bar del barrio se llama Las Dos Rosas.
3. Ramón es un muchacho argentino.
4. Don Rodolfo es de Costa Rica.
5. ¡Qué rápido corren los carros!

Estudio de palabras

Many adjectives ending in *-ary* and *-ous* in English end in **-ario/a** and **-oso/a** in Spanish.

ENGLISH	SPANISH
necessary	**necesario**
dictionary	**diccionario**
generous	**generoso**
famous	**famoso**

PRÁCTICA

Exprese en español.

1. furious
2. fabulous
3. salary
4. curious

5. primary
6. delicious
7. religious

Gramática I

17. Present Participle

In English the present participle is the verb form that ends in *-ing*. In Spanish the present participle has the following endings.

Regular Verbs

-ar verbs →**-ando**

esperar →**esper**ando	waiting (for)
explicar →**explic**ando	explaining

-er and **-ir** verbs →**-iendo**

comer →**com**iendo	eating
beber →**beb**iendo	drinking
escribir →**escrib**iendo	writing
abrir →**abr**iendo	opening

Note that when the stem of the verb ends in a vowel, the **i** of the present participle ending is changed to **y**.

creer cre- →**cre**y**endo**	believing
leer le- →**le**y**endo**	reading

Irregular Verbs

Some irregular verbs have irregular present participles as well.

decir →**diciendo**	saying, telling
ir →**yendo**	going
venir →**viniendo**	coming

18. Progressive Forms

The Spanish present tense can express progressive meaning.

Escribo una carta.   *I am writing a letter.*

To emphasize that an action is in progress, however, use a form of **estar** followed by the present participle.

Estoy (Está) explicando el precio.
     I am (He/She is) explaining the price.

Están (Estamos) escuchando la discusión ahora.
     They (We) are listening to the argument now.

The use of **estar** in progressive forms of verbs of motion (**ir, venir, llegar,** and **llevar**) is generally avoided in Spanish.

I am going. → **Voy.**
Are you coming? → **¿Vienes?**
He is arriving. → **Llega.**
She is wearing a blue hat. → **Ella lleva un sombrero azul.**

PRÁCTICA

A. Conteste según el modelo.

MODELO: ¿Qué practica Ud.? (los verbos) →
Estoy practicando los verbos.

Estudiando el español

1. ¿Qué leen Uds. en clase ahora? (los verbos irregulares)
2. ¿Qué estudia Ud. hoy? (el español)
3. ¿Con quiénes practican ellos el español? (compañeros de clase)
4. ¿Qué abren ellos? (los cuadernos y los libros)
5. ¿Qué explica la profesora? (la gramática)

Ganando y gastando dinero

6. ¿Qué miras tú en la tienda? (las cámaras)
7. ¿Qué otra cosa busca Ud.? (un cuadro)
8. ¿Qué explica el dependiente? (el precio)
9. ¿Qué venden en la tienda? (varias cosas caras)
10. ¿Qué compra Julia? (un paraguas)

B. Exprese en español.

1. They are not coming.
2. Are you going to the boss's house?
3. He is preparing the chicken.
4. They are arriving today.
5. What is she wearing?

C. ¿Qué hace Ud. en la clase ahora? Invente oraciones.

1. yo / escuchar / con mucha atención
2. escribir...
3. buscar...
4. y...

19. Telling Time

A. To express time in the present, use **es** with one o'clock and **son** with all other hours.

Es la una.   Son las nueve.

Note: The feminine definite article—**la** with one o'clock and **las** with all other hours—is used because **hora** (*hour*) and **horas** are understood.

B. To express *quarter* and *half hour*, Spanish uses **cuarto** and **media**, respectively. Use **y** to refer to fractions of time up to the half hour; after the half hour use **menos** with the next hour.

Es la una **y cuarto**.   Es la una **y media**.   Son las diez **menos** diez y ocho.

C. References to hours may be clarified by adding the phrases **de la mañana** (A.M.), **de la tarde** (P.M.), **de la noche** (P.M.), and **en punto** (*on the dot*).

Son las nueve **de la mañana** (**noche**).	*It is nine o'clock in the morning (at night).*
Son las cinco **de la tarde**.	*It is five o'clock in the afternoon.*
Son las doce **en punto**.	*It is twelve o'clock on the dot.*

Note: The phrase **por la mañana/tarde/noche** is used only when the hour is not specified. Compare:

Llegan *por* la mañana.	*They're arriving in the morning.*
Llegan **a las diez** *de* la mañana.	*They're arriving at ten in the morning.*

D. Use **a la...** or **a las...** to indicate *at* what time something will happen.

Vienen **a las** dos.   *They are coming at two o'clock.*
Como todos los días **a la** una   *I eat every day at one-thirty.*
   y media.

PRÁCTICA

A. ¿Qué hora es? Use Ud. **de la mañana, de la tarde** y **de la noche**, según las indicaciones.

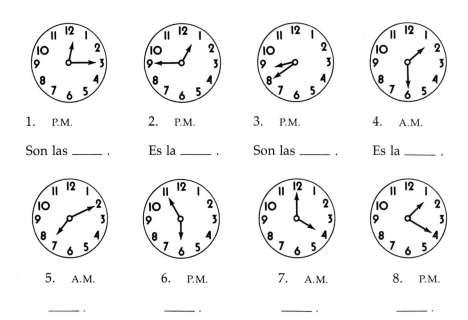

1. P.M.   2. P.M.   3. P.M.   4. A.M.

Son las _____ .   Es la _____ .   Son las _____ .   Es la _____ .

5. A.M.   6. P.M.   7. A.M.   8. P.M.

_____ .   _____ .   _____ .   _____ .

B. ¿A qué hora...?

1. ¿A qué hora come Ud.?
2. ¿A qué hora estudia Ud. todos los días?
3. ¿A qué hora le gusta tomar café?
4. ¿A qué hora entra Ud. en la clase de español?
5. ¿A qué hora le gusta leer el periódico?

C. Entrevista. *State an hour and ask a classmate what he or she does at that time. Your classmate can then respond, using the correct form of one or more of the cues given below.*

MODELO: UD.: Son las seis de la tarde.
                          ¿Qué haces a las seis de la tarde?
      SU COMPAÑERO/A: Como en la cafetería a las seis de la tarde.

de la noche

de la tarde

de la mañana

en punto

estudiar

trabajar

comer

preparar

comprar

leer

escribir

conversar

en la biblioteca

la lección de español

con unos amigos

un periódico

una carta

una cámara

un cuaderno y un
   bolígrafo

en el centro

con el dependiente

las noticias

 Vida y costumbres II

Vocabulario activo II

Sustantivos

el círculo	circle	**la Navidad**	Christmas
la época	era, epoch, time	**la nieve**	snow
la esfera	sphere	**la playa**	beach
el lugar	place	**el tiempo**	weather
el mundo	world		

Verbos

descansar	to rest
indicar	to indicate
ocupar	to occupy

Adjetivos

demasiado/a	too much	**inferior**	below
este/a	this	**superior**	above
estos/as	these		

Palabras adicionales

al contrario	on the contrary	**detrás de**	behind
debajo de	underneath	**encima de**	above, on top of
delante de	in front of	**esta noche**	tonight

hacer buen/mal tiempo	to be good/bad weather	**tener... años**	to be . . . years old
hacer calor	to be hot	**tener calor**	to be (feel) hot
hacer fresco	to be cool	**tener frío**	to be (feel) cold
hacer frío	to be cold	**tener hambre**	to be hungry
hacer sol	to be sunny	**tener razón**	to be right
hacer viento	to be windy	**no tener razón**	to be wrong
el mismo	the same (one)	**tener sed**	to be thirsty
por eso	for that reason, therefore	**tener sueño**	to be sleepy
		tener que + *infinitivo*	to have to (*do something*)
por supuesto	of course	**tomar el sol**	to sunbathe
¿Qué tiempo hace hoy?	What's the weather like today?		

Otro mapa del hemisferio occidental

En los mapas es tradicional ver a Norteamérica encima de Sudamérica. Por eso, México y los otros países latinos siempre están debajo de los Estados Unidos. Esta tradición ya tiene un importante efecto cultural, pues indica que el mundo inglés ocupa un lugar más alto en el hemisferio occidental. La verdad es, por supuesto, que en un círculo o esfera, un lugar superior o inferior no existe, físicamente.

¿El verano o el invierno?

Peter Menzel/Stock, Boston

En algunos (*some*) países de Sudamérica la Navidad es una fiesta del verano y no de la época de nieves y de frío. Al contrario, hace mucho calor en enero, febrero y marzo; no hace frío. Por eso, durante estos meses varios amigos y yo vamos a la playa con frecuencia. Allí tomamos el sol y descansamos.

ELVIRA: ¡Ay! Tengo calor.

ANDREA: Yo creo que hace fresco.

ROBERTO: Sí, tienes razón. Hace sol, pero también hace demasiado viento. Enrique, ¿vienes con nosotros esta noche o no?

ENRIQUE: No. Tengo que dormir (*to sleep*) un poco.

EDUARDO: ¡Este hombre! Siempre tiene sueño. Pero yo ya tengo hambre y sed. ¡Vamos a comer!

PRÁCTICA

A. El mapa tradicional y el mapa nuevo. *Tell which country would be above or below the other on a traditional map and on the new map, which has south at the top.*

MODELO: México y el Perú →
México está encima del Perú en el mapa tradicional.
México está debajo del Perú en el mapa nuevo.

1. Norteamérica y Sudamérica
2. Venezuela y el Brasil
3. Panamá y la Argentina
4. Honduras y México
5. Chile y el Canadá

B. Conteste.

1. ¿Qué forma tiene una esfera?
2. ¿Dónde está el lugar superior de un círculo?
3. ¿Qué indica, culturalmente, el mapa tradicional?
4. ¿Qué parte del hemisferio ocupa el lugar inferior en el mapa?

C. Preguntas personales.

¿En qué mes(es)…   ¿En qué estación (estaciones)…

1. no lleva Ud. abrigo?   6. toma Ud. el sol en la playa?
2. le gusta dar paseos?   7. es más difícil estudiar?
3. está Ud. triste?   8. gasta Ud. demasiado dinero?
4. hay aguaceros?   9. le gusta ir de compras?
5. es su cumpleaños?   10. está Ud. muy contento/a?

CH. Diga lo contrario.

MODELO: Yo soy pobre. →Al contrario, Ud. es rico.

1. Hace calor esta noche.
2. Su hermano (*Your brother*) es alto, ¿no?
3. Diciembre es un mes corto.
4. ¿No tiene Ud. sólo doce años?
5. El otoño es una estación alegre (*happy*).
6. ¿Tiene Ud. frío?
7. Hoy hace buen tiempo.
8. ¿Tengo razón?

Gramática II

20. Demonstrative Adjectives and Pronouns

A. There are three sets of demonstrative adjectives in Spanish.

	MASCULINE	FEMININE	
this	**este**	**esta** ⎫	*to refer to persons or*
these	**estos**	**estas** ⎭	*things near the speaker*
that	**ese**	**esa** ⎫	*to refer to persons or things at some distance*
those	**esos**	**esas** ⎭	*from the speaker or near the person spoken to*
that	**aquel**	**aquella** ⎫	*to refer to persons or things away from both*
those	**aquellos**	**aquellas** ⎭	*the speaker and the person spoken to*

Esta falda es muy barata.   *This skirt (near the speaker)*
                                       is very inexpensive.

Ese muchacho trabaja en el almacén.	*That boy (near the person spoken to) works in the department store.*
Voy a comprar **aquella** casa.	*I am going to buy that house (distant from both persons).*

Both the **ese** and **aquel** forms are also used to refer to things removed from the speaker in time. **Aquel** indicates a more distant time.

Ese muchacho no dio su nombre.	*That boy did not give his name.*
Aquellos tiempos fueron muy felices.	*Those times (long past) were very happy.*

B. The demonstrative pronouns take the place of nouns. They are like the adjective forms, except that they have a written accent. Compare:

DEMONSTRATIVE ADJECTIVE	DEMONSTRATIVE PRONOUN
Éste **traje es caro.**	*Éste* **es caro.**
This suit is expensive.	*This one is expensive.*

The demonstrative pronoun must agree with the understood noun in number and gender.

ese vestido → ése (*m. singular* [*sing.*])
aquellas clientas → aquéllas (*f. plural* [*pl.*])

C. The neuter demonstrative pronouns **esto**, **eso**, and **aquello** refer to an idea or a concept, not to a specific noun. They have no written accent.

No me gusta **esto (eso, aquello).**	*I don't like this (that, that).*

PRÁCTICA

A. Complete.

¿Este, esta, estos o estas?

1. Vengo mucho a _____ restaurante.
2. ¿Qué desean _____ clientes?
3. Ellos esperan _____ autobús.
4. El señor Juárez vive en _____ ciudad.
5. No estudio en la biblioteca mucho _____ días.

¿Ese, esa, esos o esas?

6. conversaciones   7. meses   8. café   9. paraguas   10. tienda

¿Aquel, aquella, aquellos o aquellas?

11. relojes   12. cuadro   13. mujer   14. hombre   15. medias

B. Identificaciones. *Identify the following items in the classroom, using* **este**, **ese**, *or* **aquel** *as appropriate, and describe each briefly.*

MODELO: pizarra → Esa pizarra es negra.

1. sillas
2. mesa
3. lápices
4. ventana
5. puerta
6. abrigo
7. libro
8. papeles

C. Cambie o complete según los modelos.

MODELO: Esta blusa es de Carolina. → Ésta es de Carolina.

1. Estos pantalones son muy caros.
2. Estos trajes son de Jorge.
3. Esas camisas son de los Almacenes Ruiz.
4. Aquellos almacenes son grandes.

MODELO: Este bolso es caro, pero _____ es barato. →
Este bolso es caro, pero ése es barato.

5. Estos regalos me gustan, pero _____ , no.
6. Estos jóvenes compran mucho, pero _____ sólo miran.
7. Estas faldas son muy modernas, pero _____ , no.
8. Este vestido no es elegante, pero _____ , sí.

CH. Exprese en español.

1. This is difficult.   2. What is that?   3. I don't like this.   4. that umbrella
5. tonight   6. those bosses   7. those dates   8. for that reason

21. Idioms with *hacer* and *tener*

Idiomatic expressions often do not seem to make sense when translated literally, word for word. Consider, for example, how the English expression *to rain cats and dogs* would sound to someone who did not know its idiomatic meaning. Similarly, literal translations of many of the following Spanish idioms sound strange in English: *to make heat* (**hacer calor**), *to have hunger* (**tener hambre**), and so on.

A. The following idioms with **hacer** describe the weather.

hacer (mucho) calor *to be (very) hot*

En verano hace calor aquí.   *In summer it's hot here.*

hacer fresco *to be cool*

En otoño hace fresco.   *In the fall it's cool.*

hacer (mucho) frío *to be (very) cold*

En invierno hace mucho frío.   *In winter it's very cold.*

hacer (mucho) sol *to be (very) sunny*

Hoy hace mucho sol.   *Today is a very sunny day.*

hacer (mucho) viento *to be (very) windy*

En primavera hace mucho   *In spring it is very windy.*
viento.

hacer... tiempo *to be . . . weather*

¿Qué tiempo hace allí?   *What's the weather like there?*
Hace (muy) buen (mal)   *The weather is (very) good (bad).*
tiempo.

Note that most of these idioms are intensified with the adjective **mucho/a**, since the second element in the expression is a noun: **calor** (*heat*), **frío** (*cold*), and so on.

B. Several idioms with **tener** describe physical sensations. All may be intensified with **mucho/a**.

tener (mucho) calor *to be (very) hot*

Tengo calor.   *I am hot.*

tener (mucho) frío *to be (very) cold*

¿Tienes frío?   *Are you cold?*

tener (mucha) hambre *to be (very) hungry*

Ahora tenemos hambre.   *Now we are hungry.*

tener (mucha) sed *to be (very) thirsty*

Tienen mucha sed.   *They are very thirsty.*

tener (mucho) sueño *to be (very) sleepy*

Tiene sueño.   *He (She) is sleepy.*

C. Here are several other common **tener** idioms.

tener... años *to be . . . years old*

¿Cuántos años tiene Ud.?   *How old are you?*

tener cuidado *to be careful*

Es necesario tener mucho   *It is necessary to be very careful.*
cuidado.

tener ganas (de + *infinitive*) *to feel like (doing something)*

No tengo ganas de estudiar.   *I don't feel like studying.*

tener que (+ *infinitive*) *to have to (do something)*

No tengo que hacer eso.   *I don't have to do that.*

tener razón, **no tener razón** *to be right, to be wrong*

Uds. tienen razón.	*You are right.*
Pues, no tenemos razón.	*Well, we're wrong.*

Tener que + *infinitive* is frequently used to express obligation.

Tenemos que ir.	*We have to go.*
¿Tienes que trabajar ahora?	*Do you have to work now?*

In a few instances the **que** can be separated from the verb.

Tengo mucho (poco) que hacer.	*I have a lot (little) to do.*
¿Tienen tres libros que leer todavía?	*Do they still have three books to read?*

PRÁCTICA

A. ¿Qué tienen? *Guess how these people feel, based on the information given below. Use idioms with* **tener**.

1. Doña Cecilia busca su abrigo.
2. Armando decide llevar hoy camiseta y pantalones cortos.
3. Deseo beber varios vasos de Coca-Cola.
4. Ernesto va a comer dos sándwiches y después una manzana y un plátano.
5. Me voy a la cama (*I go to bed*) inmediatamente después de comer.
6. Mi profesora dice la verdad.
7. Vamos por la calle caminando muy rápido.

B. ¿Qué tiempo hace en su ciudad...

1. el Día de la Independencia de los Estados Unidos?
2. en el mes de marzo?
3. el 22 de octubre?
4. en agosto?
5. en el aniversario de Martín Lutero King, Jr.?

C. Confesiones. Complete las oraciones de estas personas.

Irma, una chica que tiene diecisiete años

1. Tengo ganas de hablar con mis amigos, pero mi padre dice que tengo que...
2. Deseo mirar la televisión ahora, pero tengo que...

Doña Clara, una señora que tiene cuarenta años

3. Tengo cuarenta años, pero digo que...
4. Siempre tengo que lavar los platos (*wash the dishes*), pero tengo ganas de...

CH. Exprese en español.

1. We have to have dinner at 7:00.
2. You're right, but I don't feel like eating.
3. I have too much to do here.
4. She has to write a letter.
5. She has a letter to write.

D. Preguntas personales.

1. ¿Cuántos años tienes tú?
2. ¿Qué tenemos que hacer cuando hay un examen?
3. Cuando Ud. discute (*argue*) con el profesor, ¿tiene él siempre razón?
4. ¿Qué tiene Ud. que leer en esta lección?
5. ¿Tienes sueño en la clase de español?
6. ¿Qué tienes ganas de hacer esta noche?

Comunicación

Texto: La fiesta de San Fermín

Uno* de enero, dos de febrero,
tres de marzo, cuatro de abril,
cinco de mayo, seis de junio,
siete de julio, San Fermín...

Estos versos son parte de una canción° tradicional que celebra el comienzo° de la famosa fiesta de San Fermín, entre° el 7 y el 17 de julio en Pamplona, España. Durante estos diez días todos cantan,° bailan° y toman mucho vino con amigos y amigas, esposas° y esposos y... solos.°

    Todas las mañanas, a las siete en punto, seis o más toros° corren° por una calle en dirección a la plaza de toros.° Una enorme multitud de jóvenes corre delante de° los toros por la calle.

    Esta mañana miro el espectáculo en la plaza central. Un hombre pasa por la plaza y grita° alegremente:° «¡Viva° San Fermín! ¡Viva!... Estoy bien... pero muy bien. ¡Viva yooo!»

    Dicen que la fiesta de San Fermín tiene orígenes religiosos, pero ahora es principalmente una explosión de vitalidad personal.

song / beginning
between
sing / dance
wives / alone
bulls / run
plaza... bullring
delante... in front of

*shouts / happily / Long
   live*

---

*The rhythm of this song requires the use of **uno** in the first line, rather than **primero**.

La fiesta de San Fermín en
Pamplona, España. ¿Quién
corre más rápido?

Ducasse/Photo Researchers, Inc.

NOTAS CULTURALES

1. **San Fermín** is the patron saint of Pamplona, a city located not far
   from the Pyrenees Mountains in northeastern Spain. The festival,
   held annually in San Fermín's honor, was first popularized for
   English readers in Ernest Hemingway's novel *The Sun Also Rises.*

2. The running of the bulls through the streets of Pamplona, in front
   of boarded-up shops and just beneath balconies crowded with
   anxious spectators, is a dramatic way to move the bulls from the
   holding pens to the bullring for the bullfight that is the culmina-
   tion of the festive activities each day. Bullfighting in Spain rises
   and falls in popularity depending on the talents and daring of
   individual bullfighters. As Spain's role in the European Common
   Market grows, there is increasing opposition to this centuries-old
   tradition.

3. **Fiestas** are traditionally an important aspect of life in Spain's
   towns and villages. Everyone eagerly anticipates this joyous break
   from the hard work and tedium of everyday life. These festivals
   and most other holidays have their origins in religious celebrations: Christmas, Easter, All Souls' Day, and days set aside to
   honor individual saints. Every city and town generally has its
   own fiesta, lasting from one or two days to as many as ten. Few
   rival Pamplona's in terms of the entire public's daily participation.

PRÁCTICA

A. La fiesta de San Fermín. *This exercise and the ones that follow use some vocabulary that appears only in the* **Texto**. *Try to reconstruct the main points of the* **Texto** *on the basis of the following cues.*

1. canción / celebrar / fiesta
2. fiesta / diez días / alegría
3. cantar / bailar / tomar
4. todos los días / toros / correr
5. multitud / jóvenes / delante de
6. estoy mirando / espectáculo / plaza central
7. hombre / pasar / ¡Viva…!
8. San Fermín / orígenes / explosión

B. Conteste. *These questions are purposely out of order to test your comprehension of the* **Texto**. *Try to give answers as quickly as possible.*

1. ¿Qué ciudad celebra esta fiesta?
2. ¿Qué personas corren por las calles? ¿Por qué?
3. ¿Qué dice el hombre alegre que pasa por la plaza central?
4. ¿Qué hacen todos durante la fiesta?
5. ¿Cuál es la fecha de la fiesta de San Fermín?
6. ¿Es una fiesta religiosa?
7. ¿Es San Fermín una fiesta de sólo un día?
8. ¿Cuáles son los diferentes meses que menciona la canción?

C. ¿Qué hacen Uds. durante la fiesta de San Fermín? *Imagine that you and your friends are participating in the Pamplona festival. Describe your activities, using the present progressive when appropriate. Invent your own cues if you wish.*

> MODELO: escuchar / canción →
> Estoy (Estamos) escuchando las canciones tradicionales de la fiesta.

1. celebrar / julio
2. bailar / amigos (amigas)
3. mirar / toros
4. correr / plaza de toros
5. expresar / alegría

EXPRESIÓN PERSONAL

A. Una semana típica. *Tell what you do or a friend does in a typical week. Use the infinitives given below or any others you know to describe different activities.*

lunes	martes	miércoles	jueves
preparar	buscar	creer	esperar
estudiar	leer	hacer	comer

viernes	sábado	domingo
trabajar	gastar	ir
llegar	pagar	venir

B. Planes personales. *With a classmate discuss your personal plans in relation to the following periods of time. Your friend will make a comment on what you say.*

MODELO: ¿en invierno? →

UD : Este invierno voy a visitar a un amigo en California. Tiene una casa muy grande.

AMIGO/A: Tú y yo somos buenos amigos. Deseo ir también.

1. ¿en septiembre?
2. ¿en diciembre?
3. ¿en verano?
4. ¿en domingo?
5. ¿en primavera?
6. ¿en la semana de exámenes?

C. Teatro. *With a classmate, present one of the minidialogues (p. 86 or p. 87) to the class. Try to vary the details a little.*

CH. Entrevista. *With another student, ask and answer questions about what you are going to do at a given moment, hour, or day.*

■ *OTRA VEZ*

Examine el mapa y conteste.

1. ¿Dónde está Ud. si está en el país número 3 / 5 / 7 / 9 / 11 / 13 / 15?
2. ¿Cuáles son las capitales de esos países?
3. ¿Cómo se llama una persona que vive en Venezuela / el Ecuador / España / Nicaragua / el Perú?
4. ¿De dónde es un hondureño / un panameño / un portugués / un costarricense?
5. ¿Cuál es el país más grande de todos? ¿y el más pequeño?
6. ¿Es Ud. argentino / colombiano / español?
7. ¿Son sus padres (*parents*) mexicanos / puertorriqueños / salvadoreños?

Examen de repaso 2

A. Dé la forma de **ser** o **estar**.

1. ¿Por qué _____ contenta Marisa?
2. El automóvil _____ muy viejo.
3. Es viernes y nosotras _____ cansadas.
4. Ellas _____ doctoras famosas.
5. No es un libro muy difícil. Todas las lecciones _____ fáciles.
6. Uds. _____ del Canadá, ¿no?
7. ¿Dónde _____ los Almacenes Ruiz?
8. No tienen mucho dinero; _____ pobres.
9. ¿Cómo _____ los profesores? ¿simpáticos? ¿alegres?

B. Complete.

¿Este, esta, estos o estas?

1. Voy a trabajar con _____ hombre.
2. ¿Qué hacen Uds. _____ días?
3. ¿Por qué no vamos a _____ tienda?

¿Ese, esa, esos o esas?

4. _____ señores son famosos.
5. _____ traje es muy caro.
6. _____ señorita se llama Estela.

C. Escriba en español.

1. 41 + 17 = 58
2. 11 + 16 = 27
3. 69 + 14 = 83
4. 78 − 17 = 61

CH. Exprese en español.

1. (*I am hungry;*) deseo comer.
2. Estamos en invierno y (*we are very cold*).

3. Vamos al centro porque (*the weather is good*).
4. (*I have to study*) ahora.
5. ¿Qué estás (*doing*)?
6. ¿(*Is it raining*) en este momento?
7. Desea comprar una Coca-Cola porque (*he/she is thirsty*).
8. ¿(*Is it very windy*) allí hoy?
9. ¿Qué (*are looking at*) Uds. ahora?
10. (*It's cool*) aquí casi (*almost*) todos los días.

D. Dé las palabras que corresponden a los números.

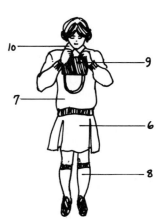

1. _____   6. _____
2. _____   7. _____
3. _____   8. _____
4. _____   9. _____
5. _____   10. _____

E. Exprese en español.

1. a bargain   2. the summer   3. the weekend   4. It doesn't matter.
5. It's 1:30.   6. at 4:00 in the morning   7. I know that!

F. ¿Qué hora es?

1.   2.   3.   4.

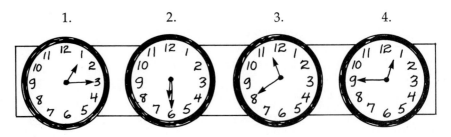

LECCIÓN CINCO

La familia

22. Irregular presents: **oír**, **poner**, **salir**, **traer**
23. Possessive adjectives
24. Numerals: hundreds, thousands, and millions

25. Irregular presents: **conocer**, **saber**, **ver**
26. Uses of the preposition **a**
27. Plural nouns

Una familia de Cali, Colombia.
—¿Cuántos años tiene?

Victor Englebert/Photo Researchers, Inc.

Enfoque cultural

Generally, the Hispanic family is a group consisting of the parents and their children. On occasion the grandparents and even other relatives may live in the same house. Traditionally, family relationships are very close. A few select friends are included in the family circle.

The children live in direct contact with many older persons and are trained by them in matters of attitudes, manners, duties, language, and so on.

Hispanic families have not traditionally employed baby-sitters (**niñeras por hora**). Frequently, it is the grandparents who look after the children if both parents work. Often, three- and four-year-olds attend schools called **maternales** from 9:00 A.M. to 3:00 or 4:00 P.M.

Vida y costumbres I

Vocabulario activo I

Sustantivos: La familia

el/la hermano/a	brother; sister	**el/la sobrino/a**	nephew; niece
los padres	parents	**el/la tío/a**	uncle; aunt
el/la pariente*	relative	**el/la viudo/a**	widower; widow

Otros sustantivos

el agua (*f.*)	water	**el pan**	bread
la comida	meal, dinner	**el plato**	plate
la farmacia	pharmacy, drugstore	**el remedio**	medicine; remedy
la flor	flower	**el vaso**	glass
la fruta	fruit	**la visita**	visit
el mantel	tablecloth		

Verbos

acompañar	to accompany	**poner**	to put, place; **pongo** I put, place
ayudar	to help		
lavar	to wash	**salir**	to leave, go out; **salgo** I leave, go out
limpiar	to clean		
oír	to hear; **oigo** I hear; **oye(s)** he/she/you hear(s)	**traer**	to bring; **traigo** I bring

*****Parientes** is a false cognate. It means *relatives*, not *parents*. *Parents* is expressed in Spanish with **padres**.

Adjetivos

limpio/a	clean	**menor**	younger
mayor	older	**sucio/a**	dirty

Palabras adicionales

a gritos	by shouting	**nada**	nothing
algo	something	**por favor**	please
a veces	at times	**¡qué desgracia!**	what (a) misfortune!
lo primero	the first thing; the most important thing	**ya no**	no longer

---

La familia de Luisa

David Mangurian

LUISA: En verano mis parientes vienen a casa con frecuencia. Durante su visita no salgo con los amigos.

OLGA: ¿Por qué no?

LUISA: Porque todos trabajamos para limpiar la casa. Mis padres preparan las comidas, mi hermana mayor pone un mantel limpio, los platos y los vasos en la mesa y Juanita, mi hermana menor, trae el pan, el agua, las frutas y las flores.

OLGA: ¿Y tú? No haces nada, ¿verdad?

LUISA: Yo siempre hago algo. A veces lavo los platos sucios, y... tengo que acompañar a* mi tía Mercedes, quien no oye bien.

OLGA: ¿Cómo conversas con tu tía si no oye?

LUISA: ¡A gritos!

---

*Note these uses of the preposition **a** before direct objects that refer to specific people. You will study this use of **a** in grammar section 26.

En la farmacia

Peter Menzel

Una muchacha de diez años entra en la farmacia del señor García.

CARMEN: Buenas tardes, señor García.

EL SEÑOR GARCÍA: ¡Hola, Carmencita! ¿Qué haces tú en nuestro barrio? ¿Necesitas un remedio?

CARMEN: Sí. Mejoril, por favor. Es para mi tía Elena que ahora está enferma. Es viuda; su esposo, mi tío Manuel, ya murió (*died*).

EL SEÑOR GARCÍA: Sí, sí. Lo siento mucho. ¡Qué desgracia!

CARMEN: Yo vengo ahora para ayudar a* mi tía.

EL SEÑOR GARCÍA: Haces muy bien, niña. Eres una sobrina muy buena. Por supuesto, la familia siempre debe ser lo primero.

PRÁCTICA

A. Conteste.

La familia de Luisa

1. ¿Quiénes vienen a casa de Luisa en verano?
2. ¿Por qué no sale Luisa entonces con los amigos?
3. ¿Qué hacen los padres y las hermanas en la casa?
4. ¿Y qué hace Luisa?
5. ¿A quién (*whom*) tiene que acompañar? ¿Por qué?

En la farmacia

1. ¿En dónde entra Carmen? ¿Cuántos años tiene?
2. ¿Qué necesita? ¿Es para ella?
3. ¿Cómo está la tía Elena?
4. ¿Qué va a hacer Carmen ahora?
5. ¿Qué debe ser siempre lo primero, según el señor García?

B. Grupos lógicos. ¿Qué palabra no forma un grupo lógico con las otras dos?

1. hermana / mantel / sobrina
2. lavar / limpiar / salir
3. parientes / vasos / platos
4. flores / casa / tienda
5. sobrina / oye / tía
6. bonito / menor / mayor
7. esposa / viuda / a veces
8. tío / pariente / sucio

C. Entrevista. Pregúntele a un compañero (una compañera).

¿Cómo ayudas en casa cuando vienen los parientes?

1. ¿Qué pones en la mesa?
2. ¿Qué traes a la mesa?
3. ¿Qué haces con los platos sucios?

¿Cómo hablas con otras personas?

4. ¿Cómo hablas con un pariente que no oye bien?
5. ¿Qué dices a otra persona cuando hay una desgracia?
6. ¿Qué dices a un muchacho (una muchacha) que ayuda mucho en casa?

¿Qué haces si estás enfermo/a?

7. ¿Adónde vas si necesitas un remedio?
8. ¿Qué tomas cuando estás enfermo/a?
9. ¿Trabajas si estás muy enfermo/a?

Pronunciación: Diphthongs

When a strong vowel, (**a**, **e**, **o**) and a weak vowel (**i**, **u**) appear together, they usually form one syllable. This combination is called a *diphthong*. Some examples are **ai**, **au**, **ei**, **ia**, **ie**, and **io**.

baile (bai-le)	estu**dia** (es-tu-dia)
auto (au-to)	tamb**ién** (tam-bién)
veinte (vein-te)	grac**io**so (gra-cio-so)

Two weak vowels together also form a diphthong.

ciudad (ciu-dad)   triunfo (triun-fo)

If the weak vowel carries a written accent, there is no diphthong.

María (Ma-rí-a)   dúo (dú-o)

Two strong vowels together do not form a diphthong.

Rafael (Ra-fa-el)   Bilbao (Bil-ba-o)

Estudio de palabras

Many words ending in -ure in English end in **-ura** in Spanish.

ENGLISH	SPANISH
adventure	**aventura**
agriculture	**agricultura**
architecture	**arquitectura**

PRÁCTICA

Exprese en español.

1. literature
2. caricature
3. figure
4. temperature
5. culture
6. posture

Many words that end in -ance, -ence in English end in **-ancia, -encia** in Spanish. The Spanish words are usually feminine.

ENGLISH	SPANISH	ENGLISH	SPANISH
abundance	**abundancia**	intelligence	**inteligencia**
distance	**distancia**	presence	**presencia**

PRÁCTICA

Exprese en español.

1. importance
2. elegance
3. ignorance
4. influence
5. difference
6. violence

Gramática I

22. Irregular Presents: *oír, poner, salir, traer*

oír *to hear*	poner *to put, place*	salir *to leave*	traer *to bring*
oigo **oyes** **oye**	**pongo** pones pone	**salgo** sales sale	**traigo** traes trae
oímos oís **oyen**	ponemos ponéis ponen	salimos salís salen	traemos traéis traen
oyendo	poniendo	saliendo	**trayendo**

All four of these verbs have the same irregularity as the verbs presented in grammar section 9: a **g** in the first person singular. In addition, **oír** has another change: the **y** in three of the six persons of the conjugation.

PRÁCTICA

A. Complete con las formas verbales necesarias.

	YO		ELLOS	TÚ
1.	No salgo de casa.		_____	_____
2.	Tengo mucho que hacer.		_____	_____
3.	No oigo bien.		_____	_____

	ELLAS		YO	NOSOTROS
4.	Ponen un mantel limpio.		_____	_____
5.	Traen los vasos.		_____	_____
6.	Lavan los platos.		_____	_____

	ELLA		UDS.	YO
7.	Sale de la farmacia.		_____	_____
8.	Viene para ayudar.		_____	_____
9.	Oye a la tía.		_____	_____

B. Viviendo en la ciudad. Conteste.

1. ¿Oye Ud. mucho tráfico desde (*from*) su casa o apartamento? ¿Es un problema para Ud.?
2. ¿Siempre trae Ud. un sándwich a la universidad, o sale a comer con los amigos? ¿Salen a comer Ud. y su familia frecuentemente? ¿A qué restaurante van?
3. Cuando sus parientes comen en su casa, ¿pone flores en la mesa su mamá? ¿Pone un mantel elegante? ¿Qué pone Ud. en la mesa?

23. Possessive Adjectives

mi, mis	my	nuestro, -a, -os, -as	our
tu, tus	your (*fam. sing.*)	vuestro, -a, -os, -as	your (*fam. pl.*)
su, sus	his, her, your, its	su, sus	their, your (*pl.*)

Possessive adjectives precede the nouns they modify and agree with the thing possessed, not with the possessor.

Mi padre es de Montevideo.   *My father is from Montevideo.*
Nuestra hermana es Julieta.   *Our sister is Julieta.*
Sus parientes son simpáticos.   *Your (His, Her, Their) relatives are nice.*

Su and **sus** have more than one meaning. When it is necessary to clarify who the possessor is, you may use the following constructions instead.

su amigo → el amigo de él (de ella, de Ud., de ellos, de ellas, de Uds.)
sus amigas → las amigas de él (de ella, de Ud., de ellos, de ellas, de Uds.)

PRÁCTICA

A. En el café del barrio. *Tell what these people are doing. Use logical verbs and possessive adjectives that correspond to the subjects.*

1. Laura y yo _____ _____ sándwiches.
2. La mujer _____ _____ vino.
3. Nosotros _____ _____ periódico.
4. Ellas _____ _____ cartas.
5. Tú _____ _____ leche.
6. Ud. _____ _____ jugo de naranja.

B. Al contrario. Conteste negativamente. Cambie los adjetivos posesivos si es necesario.

MODELO: *Tu* amigo se llama Julio, ¿no? (Ricardo) →
No, *mi* amigo se llama Ricardo.

1. *Nuestra* amiga es estudiante, ¿no? (dependienta)
2. El coche *de ustedes* es nuevo, ¿no? (viejo)
3. *Tu* profesora es francesa, ¿verdad? (española)
4. *Sus* manteles son caros, ¿no? (baratos)
5. La farmacia *del señor Ruiz* está en Lima, ¿verdad? (Quito)

C. Invente oraciones según los modelos. *Add a few words to complete the sentences.*

MODELO: her aunt → Su tía es muy amable.

1. their visits   2. her husband   3. your life   4. their family

MODELO: her aunt → La tía de ella es muy amable.

5. their brothers   6. your (*pl.*) relatives   7. her nephews   8. their parents

24. Numerals: Hundreds, Thousands, and Millions

100 cien	700 setecientos/as
200 doscientos/as	800 ochocientos/as
300 trescientos/as	900 novecientos/as
400 cuatrocientos/as	1.000 mil
500 quinientos/as	2.000 dos mil
600 seiscientos/as	

1.000.000 un millón
2.000.000 dos millones

Pay special attention to the following series:

5, 50, 500: cinco, cincuenta, quinientos/as
7, 70, 700: siete, setenta, setecientos/as
9, 90, 900: nueve, noventa, novecientos/as

- A period is often (but not always) used in Spanish in place of a comma to indicate thousands: **1.000; 17.361.210.** Remember that a comma is often used in Spanish where English uses a decimal point: **$3.036,41.**
- **Ciento** is used before numbers smaller than itself: **ciento uno, ciento veintidós.** But: **cien mil.**
- Numbers over 1,000 are never read in Spanish by hundreds; for example, the phrase for 1,700 is equivalent to *one thousand seven hundred,* not *seventeen hundred.* Thus, the year 1990 is said in Spanish as **mil novecientos noventa.**

- **Mil** is usually singular: **mil, dos mil, tres mil**, and so on. **Millón** has plural forms: **dos millones, tres millones,** and so on.
- **Millón** is followed by **de** in Spanish when used with a noun: **dos millones de discos.** But: **dos mil discos.**
- The English word *billion* is **mil millones (1.000.000.000).**

PRÁCTICA

A. Exprese en español según los modelos.

MODELOS: 22 + 14 = _____. →
Veinte y dos más catorce son treinta y seis.
Veinte y dos y catorce son treinta y seis.

88 − 23 = _____. →
Ochenta y ocho menos veintitrés son sesenta y cinco.

1. 3.000 + 23 = _____.   4. 59 + 41 = _____.   7. 800 − 600 = _____.
2. 15 + 17 = _____.   5. 500 + 25 = _____.   8. 42 − 22 = _____.
3. 700 + 401 = _____.   6. 90 − 19 = _____.   9. 2.000 + 10 = _____.

B. Lea en español.

1. 101   6. 1,914   11. 200 dollars
2. 317   7. 1,000,000 books   12. 400 pesetas
3. 569   8. 693   13. 600 flowers
4. 721   9. 1,977   14. 800 girls
5. 1,250   10. 1,776   15. 721 pesos

Vida y costumbres II

Vocabulario activo II

Sustantivos: La familia

el/la abuelo/a	grandfather; grandmother	**el/la niño/a**	boy; girl
		el/la novio/a	boyfriend; girlfriend
el/la hijo/a	son; daughter	**el padre**	father
la madre	mother	**el papá**	dad, papa
la mamá	mommy, mama	**el/la primo/a**	cousin
el/la nieto/a	grandson; granddaughter		

Otros sustantivos

la cama	bed	el mercado	market
la canción	song	la muñeca	doll
la escuela	school	la música	music
el gato	cat	el perro	dog

Verbos

aprender	to learn	llorar	to cry
cantar	to sing	saber	to know; **sé** I know
comprender	to understand	tocar	to touch; to play (a
conocer	to know; **conozco**		musical instrument)
	I know	ver	to see; **veo** I see
gritar	to shout; to cry out		

Adjetivos

alegre	happy
casado/a	married
responsable	responsible
soltero/a	single, unmarried

Un papá responsable

Peter Menzel

LORENA: ¿Conoces a ese joven? Es mi primo Ramón.

ELENA: No, no conozco a tu primo. ¿Es soltero? ¿Tiene novia?

LORENA: No, no. Es casado, ¿sabes?, y ya es padre. Tiene dos niñas. La niña mayor va a la escuela y aprende mucho. Por eso él viene al mercado los sábados. Siempre compra bananas, naranjas (*oranges*) y otras frutas para las niñas.

ELENA: Veo que es un papá muy joven pero muy responsable.

Parientes de tres generaciones

Peter Menzel/Stock, Boston

El abuelo toca el piano y canta una bonita canción a su nieta. Es una canción para niños. La pequeña es muy alegre; le gustan el perro y el gato, y siempre habla y grita cuando oye música. Pero hoy llora. ¿La solución? La mamá, el tren, la muñeca favorita y, por fin, la cama. La madre comprende que su hija tiene sueño.

PRÁCTICA

A. Estudie el dibujo y conteste las preguntas.

1. ¿Cómo se llama el abuelo de Paco y Julita?
2. ¿Quién es la esposa de don Tomás?
3. ¿Cuántos sobrinos tienen Pedro y María?
4. ¿Cómo se llama la prima de Paco y Julita?
5. ¿Cuántos hermanos tiene Susana?
6. ¿Quiénes son los tíos de Paco y Julita?
7. ¿Cuántos nietos hay en la familia?
8. ¿Qué esposos tienen más hijos?
9. ¿Cuántas generaciones hay en el dibujo?
10. ¿Hay más mujeres o más hombres en la familia?

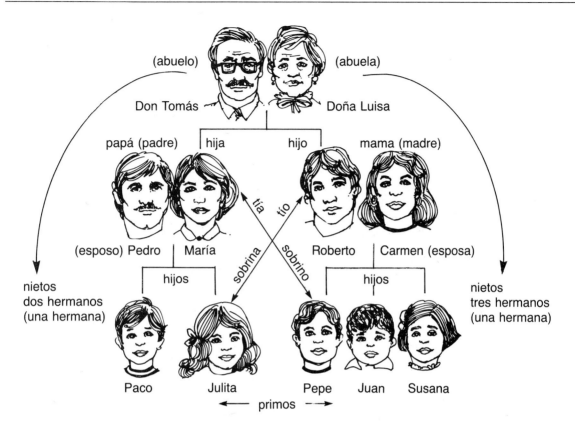

(abuelo)   (abuela)

Don Tomás   Doña Luisa

papá (padre)   hija   hijo   mama (madre)

tía   tío

(esposo) Pedro   María   Roberto   Carmen (esposa)

sobrina sobrino

nietos   hijos   nietos
dos hermanos   hijos   tres hermanos
(una hermana)   (una hermana)

Paco   Julita   Pepe   Juan   Susana

◄──── primos ──►

B. Preguntas personales.

1. ¿Cuántas hermanas tienes?
2. ¿Cómo se llaman?
3. ¿Cuántos primos tienes?
4. ¿Tienes parientes famosos?
5. ¿Cómo es tu abuela (abuelo)?
6. ¿Dónde vive ella (él)?
7. ¿Hay muchos nietos en tu familia?
8. Entre (*Among*) los nietos, ¿hay más niños o niñas?
9. ¿Cómo es tu padre (madre)?
10. ¿Tiene tu familia un perro o un gato?

Gramática II

25. Irregular Presents: *conocer, saber, ver*

conocer *to know*	saber *to know*	ver *to see*
conozco	sé	veo
conoces	sabes	ves
conoce	sabe	ve
conocemos	sabemos	vemos
conocéis	sabéis	veis
conocen	saben	ven
conociendo	sabiendo	viendo

Note that all three verbs are irregular in the first person singular only. **Co-nocer** means *to know* in the sense of *being acquainted or familiar with* a person, a city, and so on. **Saber** means *to know a fact* or *to know something by heart.*

¿**Conoces** a mi padre?	*Do you know my father?*
No, pero **sé** quién es.	*No, but I know who he is.*
No **conozco** tu calle.	*I don't know your street.*
¿**Sabes** mi número de teléfono?	*Do you know my telephone number?*

When followed by an infinitive, **saber** means *to know how to do something.*

Sé hablar dos lenguas.	*I know how to speak two languages.*

PRÁCTICA

A. Cambie según el modelo.

MODELO: Él viene a la una. (Yo / Nosotros) →
(Yo) Vengo a la una. (Nosotros) Venimos a la una.

1. Ud. sabe que la niña está enferma. (Él / Yo / Nosotros)
2. Él ve a sus abuelos los viernes. (Mis hijos / Yo / Elena)
3. (Yo) No conozco a sus primos. (Nosotros / Tú / Uds.)

B. Complete con la forma correcta de **conocer** o **saber**.

1. —Yo no _____ quién es la madre de María.
2. —¿No _____ Ud. a doña Luisa?
3. —_____ a don Tomás, su esposo, pero no _____ dónde viven.
4. —¿No _____ Ud. que viven en la calle Ochoa?
5. —Pues, no. No _____ ese barrio.
6. —La verdad es que mi esposo y yo no venimos por aquí mucho. Real-mente no _____ muy bien la ciudad.

C. Ana está enferma. *Retell the story, substituting the subjects indicated for* **la madre** *and changing the italicized verbs as needed.*

La madre trae leche para Ana, pero *ve* que Ana no bebe la leche. Después, *la madre oye* que la niña está llorando (*crying*), y *sabe* inmediatamente que está enferma. Como *conoce* al Dr. Jiménez, *pone* a Ana en el coche y *sale* con ella para la casa del doctor.

1. yo	3. los padres	5. nosotras
2. tú	4. vosotros	

Now answer these questions as if you were Ana's mother. Try to give an original twist to some of your answers.

6. ¿Qué traes?
7. ¿Qué ves?
8. ¿Qué oyes?
9. ¿Qué sabes inmediatamente?
10. ¿A quién conoces?
11. ¿Dónde pones a la persona enferma?

26. Uses of the Preposition *a*

A. The preposition **a** is used before direct objects that refer to specific persons or to animals or things for which the subject has feelings normally inspired by humans. This use of **a** is called the personal **a**.

Conocen **a** la hija de don Tomás.	*They know don Tomás's daughter.*
Están llamando **a** los abuelos.	*They're calling their grandparents.*
Cuando llamo **a** mi perro él viene inmediatamente.	*When I call my dog, he comes immediately.*
Amo **a** mi ciudad.	*I love my city.*

But:

No conozco la capital de Costa Rica.	*I don't know the capital of Costa Rica. (I've never been there.)*

The personal **a** is generally not used with **tener**.

Tengo tres hijos.   *I have three sons.*

Always use the personal **a** before **quien** when it is a direct object.
Compare:

¿Quién viene?   *Who (subject) is coming?*
¿**A** quién llamas?   *Whom (direct object) are you*
                                     calling?

B.   Certain verbs always take **a** when followed by an infinitive: **aprender**,
enseñar (*to teach*), **invitar**, and verbs of motion like **ir**, **venir**, and **salir**.

Ella aprende **a** hablar bien el   *She is learning to speak Spanish*
  español.   *well.*
Él no enseña a la clase **a** cantar   *He doesn't teach the class to sing,*
  porque no sabe cantar.   *because he doesn't know how to*
                                        sing.
Ellos van **a** estudiar ahora con   *They are going to study now with*
  dos compañeros de clase.   *two classmates.*

C.   Remember that the phrase **ir** + **a** + *infinitive* expresses the future in
Spanish.

Vamos a cantar.   *Let's sing. (We're going to sing.)*

¡Vamos! alone means *Let's go!*

D.   To ask the question *where?* meaning *where to?* remember to use
¿adónde?

¿Adónde vas?   *Where are you going?*

PRÁCTICA

A.   Exprese en español.

1.   ¿(*Where*) van los muchachos?   4.   ¿(*Where*) van las señoritas?
2.   ¿(*Where*) vive ella?   5.   ¿(*Where*) trabaja tu hermana?
3.   ¿(*Whom*) invitas?

B.   *Supply the preposition* **a** *if necessary.*

¿Qué veo y **a quién veo?**

En la sala de clase veo _____[1] la profesora y _____[2] mis compañeros. Miro
por la ventana y veo _____[3] la calle y _____[4] los automóviles. También veo
_____[5] el café Las Delicias. Un joven en la calle está invitando _____[6] su
amiga _____[7] tomar algo en el café.

¿Qué conozco y **a quién conozco?**

Conozco _____[8] Pedro y conozco _____[9] el barrio donde él vive con su familia. Sé que Pedro tiene _____[10] tres hermanas, pero sólo conozco _____[11] la
hermana que aprende _____[12] hablar francés en la universidad.

27. Plural Nouns

A few plural nouns in Spanish refer either to males or to a group that
includes both males and females.

los abuelos	*grandfathers; grandfather(s) and grandmother(s); grandparents*
los hermanos	*brothers; brother(s) and sister(s)*
los hijos	*sons; son(s) and daughter(s)**
los niños	*boys; boy(s) and girl(s); children**
los novios	*sweethearts; bridegrooms; bride(s) and bridegroom(s)*
los padres	*fathers; father(s) and mother(s); parents*
los señores	*men; Mr. and Mrs.*
los sobrinos	*nephews; niece(s) and nephew(s)*
los tíos	*uncles; aunt(s) and uncle(s)*

PRÁCTICA

Exprese en español.

Hoy vienen a casa todos nuestros (*relatives*) _____.[1] Mis (*parents*) _____[2]
tienen muchos (*brothers and sisters*) _____.[3] Por eso, yo tengo numerosos
(*uncles and aunts*) _____.[4] Todos ellos tienen muchos (*children*) _____.[5] Por
eso, yo también tengo muchos (*cousins*) _____.[6] Este año mis (*grandparents*)
_____[7] no vienen porque mi (*grandmother*) _____[8] está enferma.

Comunicación

Texto: *La familia es lo primero*

CARLOS: ¿Cuántas personas hay en tu familia?

ISABEL: ¿No lo° sabes?

CARLOS: Sólo conozco a tu padre.

it (the number of people in my family)

ISABEL: Es verdad. Pues, hay trece en casa: mis padres; Teresita, mi hermana menor; Julia, mi hermana mayor, y sus cinco hijos, que son
mis sobrinos; y yo. ¡Ah!, también mis abuelos y mi tía Mercedes.
Mi tía goza de° excelente salud.° Su problema es que no oye bien y

goza... enjoys / health

Hijos refers to a couple's children of any age; **niños** is generally used only with children
under twelve.

SEÑOR 1: ¿Tienen Uds. hijos?

SEÑOR 2: Sí, tenemos tres niños pequeños.

SEÑOR 3: Pues yo tengo sólo un hijo, y ya está casado.

habla a gritos. Pero es muy lista y alegre. Siempre tiene un chiste°   *joke*
nuevo.

CARLOS: ¿No tienes un hermano casado?

ISABEL: Casado, no. Mi hermano Ramón es soltero, pero tiene novia. Ella
trabaja en la Dirección General del Impuesto sobre la Renta.°   Dirección... *Income Tax
Bureau, IRS*

CARLOS: Y ¿por qué vive tu hermana Julia en tu casa?

ISABEL: Porque es viuda y, como° no tiene esposo, sus niños son la respon-   *as, since*
sabilidad de toda nuestra familia.

CARLOS: Comprendo. ¡Son tantos° tus parientes! Una familia grande y feliz,   *so many*
¿no?

ISABEL: Sí. La familia es lo primero.

CARLOS: De acuerdo.°   De... *Agreed*

PRÁCTICA

A. La familia de Isabel. Presente a la clase comentarios originales sobre los
siguientes aspectos de la escena. *This is the family discussed in the* **Texto**.
When possible, invent additional details about the family.

1. los padres
2. número de personas en la familia
3. los abuelos
4. la señora viuda
5. relaciones de familia entre los niños
6. número de nietos

B. Miembros de la familia. En la familia de Isabel hay tres personas muy interesantes: la tía Mercedes, el hermano Ramón y la hermana Julia. Prepare Ud. varias oraciones para decir a la clase por qué son interesantes.

EXPRESIÓN PERSONAL

A. Su propia (*your own*) familia. Escriba o diga Ud. a la clase algo sobre un miembro interesante de su familia. Ideas:

1. ¿Qué pariente es?
2. ¿Cómo se llama?
3. ¿Dónde vive?
4. ¿Cuántos años tiene?
5. ¿Qué hace?
6. ¿Dónde trabaja (estudia)?
7. ¿Es casado/a?
8. ¿Tiene hijos? ¿Cuántos?
9. ¿Cómo es? (alto/a, bajo/a, listo/a, simpático/a, alegre, etcétera)
10. ¿Es mayor (menor) que (*than*) Ud.?

B. Entrevistas. *Prepare several questions, based on one or more of the following groups of cues, to ask about a classmate's daily activities. Take notes during the interview and report what you learn to the class.*

1. qué trae a la clase hoy
2. qué ve en el centro
3. qué lee en el periódico
4. qué sabe de las noticias del día
5. cuándo sale de la casa
6. cuándo llega a casa
7. cuándo escribe cartas
8. cuándo no va a clases
9. dónde escucha música
10. dónde charla con varios amigos

C. Una persona famosa. Describa Ud. a la clase una persona famosa. Sus compañeros tienen que adivinar (*guess*) la identidad de la persona.

1. ¿Cómo es?
2. ¿Dónde vive?
3. ¿De dónde es?
4. ¿Dónde está ahora?
5. ¿Dónde trabaja?
6. ¿Gana mucho dinero?
7. ¿Es listo/a?
8. ¿Qué dicen los periódicos de él (ella)?

■ *OTRA VEZ*

A. Examine la lista de lavandería y conteste las preguntas.

1. ¿Qué ropa necesita un (una) estudiante para Acapulco en agosto? ¿para la clase de español en abril?
2. Imagínese que Ud. tiene $12,00 y que $1,00 (un dólar) = 100 pesos. Usando la lista de lavandería, ¿qué ropa quisiera Ud. tener lista mañana?
3. ¿Qué ropa tienen las damas que los caballeros no tienen?

LISTA DE LAVANDERÍA / LAUNDRY LIST

CABALLEROS / GENTLEMEN

Cliente Guest	Chequeo Check	Artículo / Article	Precio Rate	Total Amount $
		Camisas / Shirts	190	
		Guayaberas	350	
		Camisas de Smoking / Dress Shirt	320	
		Camisetas / Undershirt	60	
		Calzoncillos / Drawers	60	
		Calcetines / Socks	50	
		Pañuelos / Handkerchiefs	40	
		Pijamas / Pyjamas	220	
		Pantalones / Pants	210	
		Chaquetas / Jackets	420	
		Pantalones cortos / Shorts	190	
		Bluejeans	210	
		Salida de Baño / Bath Robes	420	
		Tennis		

DAMAS / LADIES

Cliente Guest	Chequeo Check	Artículo / Article	Precio Rate	Total Amount $
		Vestidos / Dresses	450	
		Faldas / Skirts	210	
		Pantalones / Slacks	210	
		Blusas / Blouses	190	
		Camisón de Noche / Night gowns	250	
		Short Deportivos / Shorts	190	
		Chaquetas / Jackets	420	
		Pijamas / Pyjamas	220	
		Batas de Baño / Bathrobes	420	
		Pañuelos / Handkerchiefs	40	
		Fondos / Slips	120	
		Sostenes / Brassieres	60	
		Pantaletas / Panties	60	
		Blue Jeans	210	

B. Conteste.

1. ¿Qué tiempo hace hoy?
2. ¿Qué lleva Ud. cuando hace frío?
3. ¿Qué lleva Ud. cuando tiene mucho calor? ¿Cuando tiene sueño?
4. ¿Qué tiene Ud. ganas de llevar ahora?
5. ¿Qué ropa tiene Ud. que comprar para el verano?

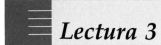

Lectura 3

Antes de comenzar

The following cognates appear in **Los hispanos en los Estados Unidos**. Review them before beginning to read. You should be able to recognize all of them.

NOUNS	VERBS	ADJECTIVES	ADVERBS
candidato	constituir	bilingüe	básicamente
descendencia	mantener	considerable	naturalmente
elecciones	forman	culturales	
expertos	notar	hispánicos	
generación	predomina	homogéneo	
grupos	residen	presidenciales	
nacionalidad		principal	
número			
parte			
valores			

This passage contains other cognates whose meaning you should be able to guess by context. Pronouncing these words aloud may help you recognize them.

mayor	población
mayoría	suroeste
minoría	

The abundance of cognates in this reading should greatly facilitate your comprehension.

Los hispanos en los Estados Unidos

Los expertos dicen que en los próximos años la población hispánica en los Estados Unidos va a subir.°   *to rise*

AÑO	POBLACIÓN HISPÁNICA
1990	20 millones
2000	25–30 millones
2010	33–40 millones

Los mismos expertos dicen que para° el año 2000 los hispanos van a constituir la principal minoría en nuestro país.   *by*

El mapa que está en la página 128 indica en qué estados vive la mayor parte de los hispanos. Muchos de ellos, de descendencia mexicana básicamente, residen en el suroeste—Texas, Nuevo México, Arizona y California.

Percentage of Hispanics in state
- 36.6
- 16.2–21.0
- 3.9–11.8
- 0.4–2.9

* Major centers of Hispanic population (100.000 or more) in 1980

Muchos puertorriqueños viven en Nueva York, y también en Illinois, ya que° las grandes ciudades de Nueva York y Chicago atraen° a muchos de ellos. Naturalmente un considerable número de cubanos residen en la Florida. Hay también, por supuesto, varios grupos de otras nacionalidades: hondureños, guatemaltecos, nicaragüenses, salvadoreños, chilenos, españoles, etcétera.

ya... since / attract

Por eso, los hispanos en los Estados Unidos no forman un grupo muy homogéneo. A pesar de que° muchos de ellos hablan español, para algunos° el español ya no es su primera lengua.

A... In spite of the fact that
some

La mayoría de los hispanos en los Estados Unidos ahora es bilingüe. De hecho° para algunos es una lucha° mantener los valores culturales hispánicos generación tras° generación en un ambiente° en donde predomina el inglés. Por eso, la educación bilingüe es muy importante.

De... In fact / struggle
after / atmosphere

Es interesante notar que en las elecciones presidenciales de 1988 un candidato para presidente y otro para vicepresidente hablaban° español muy bien aunque no eran° hispanos.

spoke
aunque... although they were not

Después de leer

A. ¿Cuál(es) es (son)? Conteste.

1. ¿Cuál va a ser la población hispánica en los Estados Unidos en el año 2010?
2. ¿Cuál va a ser la principal minoría en nuestro país para el año 2000?
3. ¿Cuáles son los estados donde vive la mayor parte de los hispanos?
4. ¿Cuáles son las varias nacionalidades de los grupos hispanos representados en los Estados Unidos?
5. ¿Cuáles son las grandes ciudades que atraen a muchos puertorriqueños?
6. ¿Cuál es el grupo hispano que reside, principalmente, en la Florida?
7. ¿Quiénes eran los candidatos en las elecciones presidenciales de 1988 que hablaban español, aunque no eran hispanos?

B. Un repaso. Diga rápidamente de qué nacionalidades son los grupos hispanos que residen en los siguientes estados y ciudades.

1. Nuevo México
2. la Florida
3. California
4. Nueva York
5. Texas
6. Illinois

Beryl Goldberg

Un desfile cubana en Elizabeth, N.J.

C. Justificaciones. ¿Por qué son ciertas (*true*) las siguientes oraciones?

1. El español ya no es la primera lengua para algunos hispanos.
2. La educación bilingüe es muy importante.
3. Los hispanos en los Estados Unidos no forman un grupo muy homogéneo.
4. Un número considerable de cubanos reside en la Florida.
5. Para algunos es una lucha mantener los valores culturales generación tras generación.

Otras vistas 2

La familia

Gary M. Roberts/The Picture Cube

Baile tradicional celebrado todos los domingos frente a la Catedral Gótica de Barcelona, España

Beryl Goldberg

Ciudad de México. —¿Cuántos globos desea Ud. para su niña?

Stuart Cohen/Comstock

Una familia grande y feliz de Bogotá, Colombia

Stuart Cohen/Comstock

Un padre con sus dos hijos en un parque de Barcelona, España

Diversiones

El programa de televisión «Tocata», de Madrid

Peter Menzel/Stock, Boston

Enfoque cultural

There are strong theatrical and movie traditions in the Hispanic world. Most large cities have numerous theaters for plays, operas, and variety shows, and many have hundreds of movie theaters. Spain, Mexico, and Argentina are important movie-making centers. Numerous Hispanic actors and actresses have achieved worldwide acclaim, including Sarita Montiel and Fernando Rey (Spain), Ricardo Montalbán, Anthony Quinn, and Cantinflas (Mexico), the late Fernando Lamas (Argentina), and José Ferrer and Erik Estrada (Puerto Rico).

Spanish and Spanish American music and musicians have long been influential in this country. Among the many popular rhythms and dances are the **merengue, tango, rumba, mambo, cha cha chá, salsa**, and so on. Well-known Hispanic classical musicians include Claudio Arrau, Chilean pianist; Jaime Laredo, Bolivian violinist; and Alicia de Larrocha, Spanish pianist. The famous Spanish cellist Pablo Casals and guitarist Andrés Segovia died just a few years ago. Plácido Domingo and Monserrat Caballé are well-known operatic figures. Xavier Cugat, Charo, Raphael, and Julio Iglesias have been or are popular performers. Singers Trini (short for Trinidad) López and José Feliciano are Puerto Rican. Freddy Fender (Valdemar Huerta) and Vicki Carr (Victoria Cárdenas) are of Mexican ancestry. Other Hispanic stars include Carlos Santana and Jerry García.

Vida y costumbres I

Vocabulario activo I

Sustantivos: Diversiones

el actor	actor	**el cine**	movies, cinema; movie theater
la actriz	actress		
el anuncio	ad, television or radio commercial	**la cinta**	tape
		el concierto	concert
el arte	art	**el chocolate**	chocolate
las bellas artes	fine arts	**el disco**	record
el billete*	ticket	**la entrada***	ticket

*****Billete** is used in Spain; **boleto** is more common in Spanish America. **Entrada** and **tiquete** (*m.*) are also used in some countries to mean *ticket*.

el estreno	première, first performance	el té	tea
la función	show, performance	el teatro	theater
la grabadora	tape recorder	la telenovela	soap opera
la guitarra	guitar	la televisión	television
la orquesta	orchestra	el tiempo	time
la película	film, movie	el tocadiscos	record player
el/la radio*	radio	el trabajo	work
		el violín	violin

Verbos

| dejar | to let; to leave | sacar | to get, obtain |
| presentar | to present | | |

Mandatos familiares (*Familiar Commands*)

| deja | leave | saca | get |
| descansa | rest | | |

Adjetivos

| increíble | incredible | segundo/a | second |
| particular | private | último/a | last, latest |

Las orquestas de los mariachis

Los mariachis cantan y tocan sus violines y guitarras en las calles, en los restaurantes, en los teatros y también en las fiestas particulares. Una canción famosa que presentan en sus conciertos y sus discos es «Solamente una vez», del mexicano Agustín Lara.

Peter Menzel

*El radio is used in much of Hispanic America, la radio in Spain.

Óscar y Pilar van al cine

Peter Menzel/Stock, Boston

ÓSCAR: ¿Por qué no vamos al cine? Esta tarde no hay nada en la tele (televisión)—sólo una telenovela mala.

PILAR: Es imposible. Necesito estudiar para el examen de bellas artes mañana.

ÓSCAR: ¡Increíble! ¿Tú y el arte? Deja los libros y el trabajo. ¡Descansa un poco! Hoy es el estreno de la última película de Carlos Saura. ¡Vamos!

PILAR: Pues, no sé... ¿Quién es la actriz del la película?

ÓSCAR: No sé, pero dicen que los actores son excelentes.

PILAR: Bueno, saca tú las entradas para la primera función mientras yo estudio un poco más.

ÓSCAR: ¡Estupendo! Y después, ¿quisieras tomar algo?

PILAR: Sólo chocolate o té porque necesito estudiar más después de la película.

Un anuncio

Vendo

1. un tocadiscos
2. una grabadora
3. varias cintas
4. un radio
Llame al 23-48-51.

PRÁCTICA

A. Conteste.

Las orquestas de los mariachis

1. ¿Qué tocan los mariachis?
2. ¿Dónde tocan y cantan?
3. ¿Qué famosa canción cantan muchas veces?
4. ¿Quién es el autor de esta canción?

Óscar y Pilar van al cine

5. ¿Adónde quisiera ir Óscar?
6. ¿Qué hay en la tele esta tarde?
7. ¿Por qué no es posible ir hoy, según Pilar?
8. ¿Qué estreno hay hoy?
9. ¿Cómo son los actores?
10. ¿Es tarde para la primera función?
11. ¿Qué va a sacar ahora Óscar?
12. Y, después, ¿qué van a tomar?

Un anuncio

13. ¿Qué vende este señor?
14. En su opinión, ¿qué precio deben tener estos objetos?
15. ¿Cuál es su teléfono?

B. Complete.

1. Para escuchar discos necesito un _____.
2. Para escuchar cintas necesito una _____.
3. La orquesta sinfónica presenta un _____ en el Teatro de la Ópera.
4. En muchos cines hay sólo dos _____ todas las noches.
5. Para ir al cine o al teatro es necesario primero sacar los _____.
6. Muchas personas miran _____ en la televisión por la tarde.
7. La primera actriz de la nueva _____ de Saura es muy buena.

España: Visita al teatro
1. ¿Cómo se llama este teatro?
2. ¿Cuál es la fecha de la representación?
3. ¿Es esta entrada para la sesión de la noche o de la tarde?

Hotel don Jaime
1. ¿A qué hora comienza la película?
2. ¿En qué canal de la televisión presentan la película?
3. ¿Adónde debe llamar para mayor información?

NOTAS CULTURALES

1. Carlos Saura is a New Wave Spanish director who has achieved worldwide fame in recent years for his film adaptations of Federico García Lorca's play *Bodas de sangre* and Bizet's opera *Carmen*.
2. Many theaters in Spain have a first show at 7:00 in the evening and a second one at 10:30 or 11:00. This usually allows time for the evening meal either just after the first show or just before the second.
3. **Mariachis** are the strolling singers and instrumentalists who, dressed in **charro** outfits, entertain at fiestas, weddings, and other gatherings with popular and traditional Mexican songs. The word **charro** refers to the Mexican cowboy's apparel: large **sombrero**, waistcoat and fancy shirt, tight trousers with bells or floral decorations on the side, and boots.
4. Agustín Lara was to the Mexican popular song what Irving Berlin or George Gershwin was to the popular music of the United States. He composed many songs during his heyday, the 1940s and 1950s, but is remembered especially for the songs "**Solamente una vez**," "**María Bonita**," "**Santa**," "**Farolito**," and "**Madrid**."

TEATRO MARIA GUERRERO

Vale para retirar en taquilla UNA localidad con el CINCUENTA POR CIENTO de descuento para cualquier función diaria (incluidos festivos y vísperas de festivos)

SELLO DE LA EMPRESA

La Dirección de los Teatros Nacionales y Festivales de España, se reserva el derecho, previo anuncio en taquilla, de aplazar la utilización de estos vales por cualquier causa justificada.

№ 281361

SERIE P   AÑO 1986

PATRONATO DEL ALCAZAR
—— DE SEGOVIA ——

VISITA AL ALCAZAR

125 Ptas.   № 006491

España: Visita al Alcázar
1. ¿En qué ciudad está el Alcázar?
2. ¿En qué año ocurrió esta visita?
3. ¿Cuánto costó la entrada al Alcázar?
4. ¿Qué número lleva esta entrada?

Pronunciación: Linking Between Words

In conversational Spanish, words are linked or joined according to the following rules:

- Join a final consonant and an initial vowel.

    San Antonio (Sa-nan-to-nio)
    Los Ángeles (Lo-sán-ge-les)

- Join a final vowel and a different initial vowel.

    Pablo es profesor. (Pa-bloes-pro-fe-sor.)

- Blend a final vowel and the same initial vowel into one.

    Es una alumna. (E-su-na-lum-na.)
    Escribe en español. (Es-cri-be-nes-pa-ñol.)

PRÁCTICA

Pronuncie.

1. Pepe es de México.
2. Repitan Uds.
3. Pase Ud.

4. Roberto es un buen amigo.
5. Carlos estudia en la Argentina.
6. Vivo en un apartamento ahora.

Estudio de palabras

Word families. Think of the English suffixes *-pose* and *-tain* in order to guess the meanings of the following words. The first two in each list are translated for you. (All are conjugated like **poner** and **tener**.)

1.	componer	*to compose*		11.	abstener	*to abstain*
2.	disponer	*to dispose*		12.	contener	*to contain*
3.	imponer	_____		13.	detener	_____
4.	oponer	_____		14.	entretener	_____
5.	deponer	_____		15.	mantener	_____
6.	proponer	_____		16.	obtener	_____
7.	suponer	_____		17.	retener	_____
8.	presuponer	_____		18.	sostener	_____
9.	descomponer	_____				
10.	exponer	_____				

Gramática I

28. Formal Commands

A. For most verbs, formal singular commands (corresponding to **Ud.**) are formed by dropping the **-o** of the first person singular (present tense) and adding the "opposite" vowel (**e** for **-ar** verbs and **a** for **-er** and **-ir** verbs). Formal plural commands (corresponding to **Uds.**) are formed by adding the opposite vowel plus **-n**.

hablar:	hablø	→	¡hable Ud.!	¡hablen Uds.!	*speak!*
comer:	comø	→	¡coma Ud.!	¡coman Uds.!	*eat!*
abrir:	abrø	→	¡abra Ud.!	¡abran Uds.!	*open!*
decir:	digø	→	¡diga Ud.!	¡digan Uds.!	*say! tell!*
hacer:	hagø	→	¡haga Ud.!	¡hagan Uds.!	*do! make!*
venir:	vengø	→	¡venga Ud.!	¡vengan Uds.!	*come!*

B. The **Ud.** and **Uds.** command forms of the following verbs are irregular.

dar:	**¡dé Ud.!**	**¡den Uds.!**	*give!*
estar:	**¡esté Ud.!**	**¡estén Uds.!**	*be!*
ir:	**¡vaya Ud.!**	**¡vayan Uds.!**	*go!*
saber:	**¡sepa Ud.!**	**¡sepan Uds.!**	*know!*
ser:	**¡sea Ud.!**	**¡sean Uds.!**	*be!*

C. To form negative formal commands, place a **no** immediately before the command.

¡Escuche Ud.! (*Listen!*) → **¡No escuche Ud.!** (*Don't listen!*)

D. Some commands show a spelling change to maintain the sound of the infinitive in the command form.

c	→	qu:	buscar	→	**¡busque Ud.!**	**¡busquen Uds.!**	*search! look for!*
g	→	gu:	llegar	→	**¡llegue Ud.!**	**¡lleguen Uds.!**	*arrive!*
z	→	c:	cruzar	→	**¡cruce Ud.!**	**¡crucen Uds.!**	*cross!*

PRÁCTICA

A. Complete.

		SINGULAR CON **UD.**	PLURAL CON **UDS.**
1.	trabajar	_____.	_____.
2.	escribir	_____.	_____.
3.	admitir	No _____.	_____.
4.	decir	_____.	_____.
5.	vender	_____.	No _____.
6.	venir	_____.	_____.
7.	leer	_____.	_____.
8.	charlar	No _____.	_____.
9.	tener	_____.	_____.
10.	gastar	No _____.	_____.

B. Una fiesta. *You're planning a 25th wedding anniversary party for your parents. What would you like to ask these guests to do or not do? Use polite commands to express your wishes.*

1. La señora García bebe mucho vino generalmente.
2. La señora Rivera desea comprar un regalo muy caro.
3. Alonso Martínez, un buen amigo de su padre, cree que va a traer su trompeta.
4. El señor Ramírez habla mucho y no dice nada.
5. El jefe de su padre siempre grita.

C. Para el profesor (la profesora). *Using the command form of the verbs, tell your instructor to do five things. Be frank. Some possible verbs are* **(no) enseñar, (no) hablar, (no) venir, (no) escribir, (no) decir, (no) ser tan exigente** (*demanding*).

CH. Una excursión. *You're a tour guide. Tell the tour participants what to do, according to the suggested cues or your own ideas. Use polite plural commands.*

1. ¡Atención, todos! El autobús sale pronto. (no llegar tarde)
2. Hay poco espacio en el autobús. (traer sólo una maleta [*suitcase*])
3. Vamos al Museo del Prado esta tarde. (ser responsables / no tomar fotos allí)
4. Después hay dos horas libres (*free*). (descansar en el hotel)
5. Cenamos muy tarde hoy. (traer un sándwich si tienen hambre)

29. Familiar Commands of Regular Verbs

A. Familiar commands correspond to **tú** and **vosotros**. The following chart illustrates the endings used to form familiar *affirmative* commands.

-ar: mirar	¡mira (tú)! *look! (sing.)* ¡mirad (vosotros)! *look! (pl.)*
-er: beber	¡bebe (tú)! *drink! (sing.)* ¡bebed (vosotros)! *drink! (pl.)*
-ir: escribir	¡escribe (tú)! *write! (sing.)* ¡escribid (vosotros)! *write! (pl.)*

- The affirmative **tú** command is identical to the third person singular of the present. Compare: (**él**) **escucha** (*he listens*) and **¡escucha (tú)!** (*listen!*).
- Affirmative **vosotros** commands are formed by changing the **-r** of the infinitive to **-d**.*

B. Negative **tú** commands of regular verbs are formed by adding **-s** to the **Ud.** command form.

Ud.	tú
-ar: ¡no trabaje! -er: ¡no coma! -ir: ¡no escriba!	¡no trabajes! ¡no comas! ¡no escribas!

*Remember that in Hispanic America the **vosotros** form is rarely used. **Uds.** takes its place: **miren Uds., beban Uds., escriban Uds.** The negative **vosotros** commands are presented in grammar section 42.

The **tú** commands of most irregular verbs are presented in grammar section 39.

PRÁCTICA

A. Cambie según los modelos.

MODELO: Hable Ud. → Habla (tú).

1. Trabaje Ud.
2. Escriba Ud.
3. Lea Ud.
4. Pague Ud.
5. Cruce Ud.

MODELO: escribir / la carta ahora →
¡No escribas (tú) la carta ahora!

6. trabajar / demasiado tarde
7. comprar / el disco
8. tocar / en mi fiesta
9. usar / ese radio
10. leer / su invitación

B. Cambie según los modelos.

MODELOS: Si deseas hablar, pues _____. (con la profesora) →
Si deseas hablar, pues habla con la profesora.

Si deseáis entrar, pues _____. (pronto) →
Si deseáis entrar, pues entrad pronto.

1. Si deseas cantar, pues _____. («Solamente una vez»)
2. Si deseáis escuchar música, pues _____. (el radio)
3. Si no deseas mirar los anuncios, pues no _____. (la televisión)
4. Si deseáis descansar un poco, pues _____. (por diez minutos)
5. Si deseáis comprar una nueva cinta, pues _____. (una de José Feliciano)

C. ¡No hagas eso! *A classmate states what she or he is going to do at your party: tell her or him not to.*

MODELO: estudiar / Voy a estudiar toda la noche. →
Por favor, no estudies toda la noche.

1. gritar
2. leer el periódico
3. traer vino y cerveza
4. venir tarde
5. mirar la televisión
6. tomar cuatro aspirinas
7. abrir las ventanas
8. salir de la fiesta a las 9:30

Vida y costumbres II

Vocabulario activo II

Sustantivos

el amor	love	la pareja	couple
el baile	dance	el paso	step
el/la cantante	singer	la revista	magazine
el cuento	short story	la vez	time; occasion
la moto(cicleta)	motorcycle		

Verbos

bailar	to dance	poder (ue)	to be able
comenzar (ie)	to begin*	preferir (ie)	to prefer
costar (ue)	to cost	querer (ie)	to want
entender (ie)	to understand	terminar	to end, finish
pedir (i)	to request, ask for; to order	volver (ue)	to return

Adjetivo

policíaco/a	police, detective

Palabras adicionales

al mes	per month
bastante	rather, quite (a lot)
dar vueltas	to turn around
es una lástima	it's a pity
hacia	toward
hacia adelante	forward
hacia atrás	backward
hacia la derecha	toward the right
hacia la izquierda	toward the left
luego	then, later

Ministerio de Cultura
Museo Nacional del Prado

Casón
Guernica

Serie H № 095892

Entrada 400 pesetas

Casón
Salas Siglo XIX

---

*As you read the reading and dialogue in **Vida y costumbres II**, note how the parenthetical vowels are used in the forms of these verbs. The conjugation of these verbs is explained in grammar section 30.

Un baile

Katherine Lambert

Varias parejas escuchan discos de cantantes populares y bailan un baile moderno.

- El joven va hacia adelante y su compañera, hacia atrás.
- La señorita y su compañero dan vueltas y más vueltas.
- Otra pareja va hacia la izquierda y, luego, vuelve hacia la derecha.

Cuentos y novelas

Beryl Goldberg

ALBERTO: Yo prefiero leer cuentos policíacos o revistas sobre carros y motocicletas. ¿Lees mucho tú?

CARMEN: Sí. Muchas veces comienzo y termino una novela la misma noche.

ALBERTO: ¿Verdad? ¿Qué buscas aquí?

CARMEN: *Una historia de amor.*

ALBERTO: Aquí está.

CARMEN: Quiero la versión original porque estoy aprendiendo francés. Ya entiendo bastante.

ALBERTO: Pero las novelas extranjeras cuestan mucho, ¿no crees?

CARMEN: Sí. Es una lástima. No puedo comprar muchas. Sólo pido una o dos al mes.

PRÁCTICA

A. Explique los siguientes bailes. *The asterisk indicates the beginning; the numbers refer to the number of steps.*

> MODELO: La pareja da dos pasos hacia la derecha y, luego, dos hacia la izquierda.

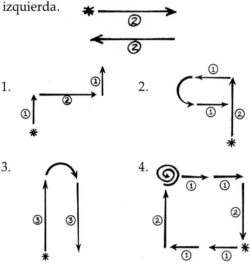

B. ¿Qué sabe Ud. de sus amigos? Pregúntele a otro alumno (otra alumna)...

1. qué bailes prefiere (el tango, el cha cha chá, la polca, el vals, el disco, etcétera)
2. qué tipo de novelas lee
3. si vuelve al cine para ver la misma película varias veces
4. qué discos quiere comprar
5. si va mucho al teatro (a los conciertos de rock, a la ópera, etcétera)
6. cuántas novelas lee cada año
7. cuánto dinero gasta cada año en ir al cine
8. qué grupos musicales prefiere y por qué
9. si toca la guitarra, el piano o el violín
10. si prefiere escuchar las noticias en la televisión o leer el periódico

C. Situaciones y consejos. (*Situations and advice.*)

> MODELO: Un señor necesita hablar con Martín. (llamar) →
> Llame Ud. a su casa, por favor.

1. Marta quiere bailar con Juan. (bailar)
2. Su compañero (compañera) de cuarto va a una tienda y Ud. quiere leer una revista. (comprar)
3. Una amiga quiere pedir tres boletos, pero Ud. explica que son muy caros. (pedir sólo uno)
4. Una amiga busca un disco de Carlos Santana. Ud. sabe que Eduardo Morales tiene una colección de ellos. (llamar / hablar con él)

Gramática II

30. Stem-Changing Verbs

The stem vowel of some Spanish verbs changes when the stem is stressed, that is, in all persons of the singular and in the third person plural. Verbs of all three conjugations show these stem changes. It may be helpful to visualize the overall pattern of these changes as a capital *L*.

e → ie		o → ue		e → i	
querer	*to want*	volver	*to return*	pedir	*to ask for*
quiero	queremos	vuelvo	volvemos	pido	pedimos
quieres	queréis	vuelves	volvéis	pides	pedís
quiere	quieren	vuelve	vuelven	pide	piden

Other verbs with these changes include:

e → ie		o → ue		e → i	
cerrar	*to close*	almorzar	*to eat lunch*	repetir	*to repeat*
comenzar	*to begin*	costar	*to cost*	servir	*to serve*
entender	*to understand*	dormir	*to sleep*		
pensar	*to think*	morir	*to die*		
perder	*to lose*	poder	*to be able to*		
preferir	*to prefer*				
sentir	*to feel*				

Infinitives whose stem vowel undergoes these changes are entered in vocabulary lists as follows: **pensar (ie)**, **volver (ue)**, **servir (i)**.

- **Jugar** (*to play* [*a sport/game*]) changes **u → ue**: **juego, juegas, juega, jugamos, jugáis, juegan**.
- Two stem-changing verbs, **llover** and **nevar**, are used only in the third person singular.

    llueve *it is raining*   **nieva** *it is snowing*

31. Command Forms of Stem-Changing Verbs

Stem-changing verbs also undergo the changes noted in section 30 in most of the command forms.

e → ie	o → ue	e → i
¡(no) piense Ud.! ¡(no) piensen Uds.!	¡(no) vuelva Ud.! ¡(no) vuelvan Uds.!	¡(no) pida Ud.! ¡(no) pidan Uds.!
¡piensa (tú)! ¡no pienses (tú)!	¡vuelve (tú)! ¡no vuelvas (tú)!	¡pide (tú)! ¡no pidas (tú)!

- Remember that in **comenzar** and **almorzar** there is the additional change of **z → c** before **e**: **¡comience(n) Ud(s).!** In **jugar** the **g** becomes **gu**: **¡juegue(n) Ud(s).!**
- Affirmative **vosotros** commands of stem-changing verbs do not show the change: **pensad, volved, pedid.**

32. Present Participle of Stem-Changing Verbs

The following **-ir** verbs change **e → i** or **o → u** in the stem of the present participle.

	e → i			o → u	
pedir	→	pidiendo	*asking for*	dormir	→	durmiendo	*sleeping*
preferir	→	prefiriendo	*preferring*	morir	→	muriendo	*dying*
repetir	→	repitiendo	*repeating*			
servir	→	sirviendo	*serving*			

The present participle of **poder** is also irregular: **pudiendo.**

PRÁCTICA

A. Complete con el presente del verbo indicado.

Un anuncio

¿(Querer)[1] Ud. comprar un abrigo, pero no (encontrar)[2] (*find*) abrigos buenos y baratos? ¿(Pensar)[3] Ud. que la ropa elegante siempre (costar)[4] mucho? Pues visite la tienda California. Tenemos abrigos excelentes a mitad de precio (*half price*).

Pepe y su novia

Pepe (preferir)[5] oír música, pero su novia (querer)[6] ver la televisión. Ella (encender [ie])[7] (*turns on*) el televisor porque la telenovela (comenzar)[8] a las ocho.

En un bar

Entro en un bar y (pedir)[9] una cerveza. El camarero (*waiter*) dice que lo (sentir)[10] (*he is sorry*), pero que no (poder)[11] servirme (*serve me*) porque los bares no (servir)[12] alcohol a los menores. Yo (pensar)[13] que esto no es justo y (volver)[14] a casa muy triste.

B. Complete con la forma correcta del verbo.

1. (querer) Tú no _____ ir.
2. (preferir) Julita _____ volver a casa.
3. (entender) Uds. _____ el drama.
4. (cerrar) Ellos _____ el cine a las doce.
5. (poder) Nosotros no _____ ir a la primera función.
6. (pensar) Ella _____ que yo tengo muchos discos.
7. (comenzar) La pareja _____ el baile dando dos vueltas.
8. (poder) Ellos no _____ cantar aquí todavía.

C. Cambie según el modelo.

MODELO: venir / Ud. / aquí → Venga Ud. aquí.

1. volver / Ud. / pronto
2. comenzar / (tú) / ahora
3. almorzar / Uds. / aquí
4. no repetir / (tú) / las palabras
5. dormir / Uds. / más
6. servir / (tú) / platos
7. pedir / Ud. / una canción especial
8. no jugar / (tú) / con ellos

CH. Prohibiciones y recomendaciones. *Declare your intention based on the cue; a classmate will ask you not to do it and will recommend something else instead.*

MODELO: (Alquilar) (*To rent*) películas de horror. →
—Alquilo películas de horror.
—No alquile Ud. películas de horror; alquile películas cómicas.

1. (Pedir) dinero a los amigos.
2. (Jugar) a las cartas (*to play cards*) por la mañana.
3. (Pensar) constantemente en mis problemas.
4. (Almorzar) en la cafetería.
5. (Repetir) los mismos chistes (*the same jokes*) muchas veces.
6. (Volver) a casa a las cinco de la tarde.
7. (Dormir) una siesta antes de comer.
8. (Servir) café antes de la cena.
9. (Comenzar) a bailar a las seis.

D. Conteste según el modelo.

MODELO: ¿Va a cantar María? → Ya está cantando.

1. ¿Van a dormir los niños?
2. ¿Va a morir el abuelo?
3. ¿Van a jugar ellos?
4. ¿Van Uds. a servir el café?
5. ¿Va él a pedir más?

Comunicación

Texto: La feria del libro

UN SEÑOR: ¡Entren Uds.! Vengan acá° y vean las últimas novedades° de Francia.   *here / novelties*

ADELA: Gracias. (Los dos jóvenes entran y miran varios libros.) Antonio, mira. ¿Te gusta esta autora?

ANTONIO: Mmmmm... Leo novelas policíacas a veces, pero prefiero la ciencia ficción.

ADELA: ¿Verdad? Pero todas esas historias° son iguales.°   *stories / (the) same*

ANTONIO: No creas. ¿Por qué no lees una novela de aventuras del mundo sobrenatural°?   *supernatural*

ADELA: No sé. Yo...

ANTONIO: Toma éstas, por ejemplo, *Crónica del futuro* y *Significado° de los sue-*   *Meaning*
ños.° No, espera, no leas ésas todavía. Comienza con ésta, *El*   *dreams*
hombre que lee en la mente° de otros, o ésta, *Comunicación entre las*   *mind(s)*
almas,° o ésta, *La mujer invisible.* Luego puedes leer las otras.   *souls*

ADELA: Muy bien, pero entonces tú tienes que leer *El espía que siempre vuelve.*

ANTONIO: ¡De acuerdo°!   *De... Agreed*

NOTA CULTURAL

Linda L. Legaspi/Photo Researchers, Inc.

Book fairs are very popular in the Hispanic world. Once a year publishers and book dealers set up booths with the latest foreign and domestic works. The booths are generally located outside, in a park or central plaza, to make it easier for people to browse and buy.

La feria del libro, en San Sebastián, España

PRÁCTICA

Diálogos. *With a classmate, create brief dialogues based on the following situations. Form commands from the infinitives given (or others of your choosing).*

Ud. está con un amigo en la feria del libro.

UD.	ÉL (ELLA)
1. entrar	mirar
2. comprar	leer
3. no comenzar	no creer

Ud. va con un amigo (una amiga) para sacar entradas para ir al cine.

UD.	ÉL (ELLA)
4. tomar	no pagar
5. no venir	entrar

Ud. baila con una amiga (un amigo) que no sabe bailar.

UD.	ÉL (ELLA)
6. comenzar	esperar
7. no hacer	no decir

EXPRESIÓN PERSONAL

A. Invitaciones. *In groups of three, invent complete statements using the cues given. The first student should extend an invitation, the second accept it, and the third reject it.*

EXTENDING	ACCEPTING	REJECTING
1. ir / cine	bueno	tiempo
2. almorzar / centro	restaurante	enfermo/a
3. escuchar / concierto	famoso/a	mucho trabajo
4. ver / tragedia	actor	tristes
5. ir / fiesta	vestido (traje) nuevo	mañana / examen

B. Preguntas.

1. Si el periódico dice de una película: «Sólo para mayores», ¿qué entiende Ud.?
2. ¿Qué piensa Ud. del cine de hoy?
3. ¿Cómo se llama su grupo musical favorito? ¿Cuántos miembros tiene? ¿Cuáles son sus discos más populares? ¿Cuál es su canción preferida? ¿Quién es el (la) cantante del grupo? ¿Quién toca la guitarra?

C. Entrevista. *Using the cues given, ask a classmate about his/her likes and dislikes and have him/her respond.*

MODELO: ópera, ver → UD.: ¿Qué ópera te gusta más?
AMIGO: No veo óperas porque no me gustan. Son muy largas y aburridas.

1. restaurante, pedir
2. película, dormir
3. amigas, pensar
4. libros, estar cansado/a
5. clase, comenzar
6. jóvenes, conversar

■ *OTRA VEZ*

A. Una sorpresa (*surprise*) especial. La niña del anuncio tiene una sorpresa para su madre. Conteste estas preguntas.

1. ¿Cuál es la sorpresa?
2. ¿Por qué desea darle (*give to her*) esta sorpresa a su «Mami»?
3. ¿Qué otras personas también le (*her*) dan el regalo?
4. Según la niña, ¿por qué desean comprar este reloj?
5. ¿De qué «familia» es este reloj?

Mami:
eres la más linda, papi, mis hermanos y yo te vamos a dar una sorpresa de un reloj TISSOT el más bonito y el mejor

TISSOT
UN PRODUCTO DE LA FAMILIA OMEGA

linda: pretty
mejor: best

B. Examine el dibujo de la familia de Raquel y conteste.

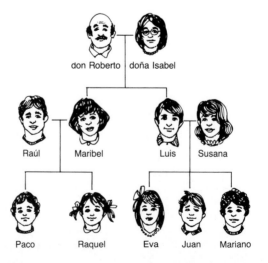

don Roberto   doña Isabel

Raúl   Maribel   Luis   Susana

Paco   Raquel   Eva   Juan   Mariano

1. Mi tío es el _____ de mi madre. Los hijos de mi tío son mis _____. Son los _____ de mi madre. Los padres de mi tío y de mi madre son mis _____ y yo soy su _____.

2. Si yo soy Raquel, mis abuelos se llaman _____. *Imagining you are Raquel, tell the names of five other people in your family and how they are related to you.*

3. *Now answer these questions about your own family.* ¿A qué pariente conoce Ud. especialmente bien? ¿Cómo es? ¿Dónde vive? ¿Sabe Ud. algo muy interesante sobre (*about*) él (ella)?

¡El mayor espectáculo del Verano 85!

Aquí está el mayor espectáculo musical del verano '85. Con más de cuarenta conciertos en directo, desde el escenario de los Parques de Atracciones de Madrid, Barcelona y Málaga.

La radio se hace música viva, caliente y distinta. Desde los Chunguitos a Mecano. desde Lola Flores a Massiel. Y cada tarde, para que tú lo vivas, Antena 3 te lo sirve en directo. Elige tu rincón preferido, ponte cómodo, sintoniza Antena 3 y ¡feliz verano musical! Y estate atento a los conciertos de agosto y septiembre.

Antena 3: el mayor espectáculo del verano '85.

antena3

Privada. Independiente.

CONCIERTOS MES JULIO

■ Dia 1—8 tarde:
LOS MARISMEÑOS
Parque de Atracciones Barcelona

■ Dia 2—7 tarde:
PALOMA SAN BASILIO
Parque de Atracciones Madrid

■ Dia 3—7,30 tarde:
LOS CHUNGUITOS
Parque de Atracciones Barcelona

■ Dia 4—7,30 tarde:
MARI TRINI
Parque de Atracciones Madrid

■ Dia 6—8 tarde:
ANGELA CARRASCO
Parque de Atracciones Madrid

■ Dia 9—7,30 tarde:
EL FARY
Parque de Atracciones Madrid

■ Dia 11—7,30 tarde:
CHIQUETETE
Parque de Atracciones Madrid

■ Dia 13—7,30 tarde:
AGUSTIN PANTOJA
Parque de Atracciones Madrid

■ Dia 15—8 tarde:
GARY LOW
Parque de Atracciones Málaga

■ Dia 16—7,30 tarde:
MANZANITA
Parque de Atracciones Barcelona

■ Dia 19—8 tarde:
BONEY M.
Parque de Atracciones Málaga

■ Dia 23—7,30 tarde:
MANOLO ESCOBAR
Parque de Atracciones Madrid

■ Dia 24—9 tarde:
LOS SIREX
Parque de Atracciones Barcelona

■ Dia 25—7,30 tarde:
ALBERTO PEREZ
Parque de Atracciones Madrid

■ Dia 26—9 tarde:
DUO DINAMICO
Parque de Atracciones Barcelona

■ Dia 27—7,30 tarde:
BERTIN OSBORNE
Parque de Atracciones Madrid

■ Dia 29—8 tarde:
PIMPINELLA
Parque de Atracciones Málaga

■ Dia 30—7,30 tarde:
GILA
Parque de Atracciones Madrid

PARA CORTAR Y GUARDAR

Examen de repaso 3

A. Complete.

1. La hija de mi tía es mi _____.
2. Todos mis hermanos, tíos y abuelos son mis _____.
3. Mi hermano Ramón es soltero; no tiene _____.
4. Isabel tiene siete años, Anita tiene cuatro y Julia tiene once. Julia es la hermana mayor, y Anita es la hermana _____.
5. Mi hermana es _____ porque su esposo ya no vive.
6. Vamos al Cine Olimpia para ver la nueva _____ de Carlos Saura.
7. Treinta y cuarenta son _____.
8. Doscientos y trescientos son _____.
9. La _____ sinfónica da un concierto esta noche.
10. Voy a comprar este disco porque me gusta la nueva _____ de Julio Iglesias.
11. Varias _____ están bailando ahora.
12. ¿Necesitas cintas para tu nueva _____?

B. Dé el mandato.

MODELO: Uds. / cantar ahora → Canten Uds. ahora.

1. Ud. / venir temprano
2. Uds. / hablar con Raúl
3. Ud. / llegar pronto
4. Uds. / no comer con ellos
5. tú / buscar la farmacia
6. Ud. / no ir a esa tienda
7. tú / escribir la carta
8. tú / no gastar todo el dinero
9. vosotros / comprar el billete
10. vosotros / hacer el trabajo
11. Uds. / pensar antes de hacer eso
12. Ud. / no cerrar la puerta todavía

ARCIPRESTAL - BASILICA
DE
MORELLA

Pase unipersonal

Entrada: 75 pesetas

imp. f. carceller

Nº   01637

C. Dé la forma correcta del verbo.

1. (poder) Ellas no _____ salir ahora.
2. (entender) Yo _____ las dos lenguas muy bien.
3. (cerrar) Ellos _____ el cine muy temprano hoy.
4. (querer) Nosotros no _____ ir mañana.
5. (Volver) ¿_____ (tú) a casa tarde o temprano?
6. (salir) Yo no _____ después de la cena.
7. (saber) Yo no _____ dónde viven ellos.
8. (Conocer) ¿_____ Uds. al nuevo profesor?
9. (traer) Yo siempre _____ discos a las fiestas.
10. (poner) ¿Dónde _____ nosotros las flores?
11. (oír) Ella no _____ bien.
12. (ver) ¿Qué _____ (tú) allí?

CH. Dé la forma correcta del adjetivo posesivo.

1. (*My*) _____ padre no trabaja aquí.
2. (*Your* [*fam. sing.*]) _____ cena es muy buena.
3. (*Her*) _____ ropa es de París.
4. (*Our*) _____ familia vive en la ciudad.
5. (*Their*) _____ madre es inglesa.

D. ¿Con o sin **a**?

1. Preferimos ver _____ una película.
2. Ellos hablan _____ sus amigos españoles.
3. Invite Ud. _____ su compañera.
4. No mire Ud. _____ esos cuadros.
5. ¡Vamos _____ comenzar ahora!
6. Es necesario hablar _____ gritos _____ veces.

E. Exprese en español.

1. 597   2. 6.348.715   3. 1.079

LECCIÓN SIETE

Los deportes

33. The preterite tense of regular verbs
34. Irregular preterites: **hacer, venir, dar, ir, ser**
35. Stem and spelling changes in the preterite

El béisbol, deporte favorito de Caracas, Venezuela

Stuart Cohen/Comstock

Enfoque cultural

In countries throughout the Hispanic world, el **fútbol** (*soccer*) is the national sport, often generating impassioned loyalties. At times, in fact, it seems as if a country's honor is at stake on the playing field.

In some places—including Mexico, Venezuela, Cuba, the Dominican Republic, Panama, Nicaragua, and Puerto Rico—el **béisbol** (*baseball*) is as popular as in the United States. These areas have produced many great baseball players, such as Fernando Valenzuela, from Mexico; the late Roberto Clemente, from Puerto Rico; and José Canseco, born in Cuba and raised in Florida.

Basketball is a popular spectator sport in many Hispanic countries. The North American style of football, **fútbol americano**, does not have many fans, although lately it has gained in popularity in some countries.

The participation of the general public in individual sports such as jogging, tennis, and racquetball is not as extensive in the Hispanic world as in the United States. People are, however, much more accustomed to walking, both to work and for recreation. It is not uncommon for a person to take several walks every day and, while chatting with a friend, walk halfway across the city.

Vida y costumbres I

Vocabulario activo I

Sustantivos: Los deportes

la bicicleta	bicycle	**el partido**	game, match
el campeonato	championship	**la pelota**	ball
la cancha	tennis court	**la raqueta**	racket
el deporte	sport	**el tenis**	tennis
el footing	jogging		

Otros sustantivos

el/la experto/a	expert
la gente	people
el parque	park
el sitio	site, place

Verbos

comencé; comenzó (comenzar)	I began; he/she/you (*form.*) began
compré; compró (comprar)	I bought; he/she/you (*form.*) bought
gané; ganó (ganar)	I won; he/she/you (*form.*) won
perdí; perdió (perder)	I lost; he/she/you (*form.*) lost
practiqué; practicó (practicar)	I practiced; he/she/you (*form.*) practiced

Adjetivos

pasado/a	last
tal(es)	such

Palabras adicionales

como	like, as
hoy día	nowadays
montar en bicicleta*	to ride a bicycle
practicar (hacer) el footing	to jog
¡Qué mala suerte!	What bad luck!

***Andar en bicicleta** and **pasear en bicicleta** are also used in parts of the Spanish-speaking world.

Jugando al tenis

Ésta es Gabriela Sabatini, de la Argentina. Yo también juego al tenis, pero no soy bueno y famoso como ella. Sólo comencé a jugar al tenis el año pasado. Compré una raqueta y tres pelotas y practiqué con un experto en una cancha de la universidad. Este año gané varios partidos, pero perdí el campeonato. ¡Qué mala suerte!

AP/Wide World Photos

Deportes en el parque

Beryl Goldberg

Hoy día mucha gente* participa activamente en diferentes deportes. Aquí dos jóvenes de la capital mexicana montan en bicicleta, mientras sus compañeros practican el footing. Los grandes parques de la ciudad son sitios muy buenos para tales deportes.

---

*Gente, like English *group*, is used with a singular verb.

Sí, la gente cree eso.   *Yes, people believe that.*

PRÁCTICA

A. *Answer these questions as if you were the person in the caption.*

Jugando al tenis

1. ¿Cuándo comenzó Ud. a jugar al tenis?
2. ¿Qué compró Ud.?
3. ¿Con quién practicó Ud.?
4. ¿Dónde practicó Ud.?
5. ¿Qué ganó Ud. este año?
6. ¿Qué perdió Ud.?

Deportes en el parque

1. ¿Qué hace mucha gente hoy día?
2. ¿Qué hacen dos de los jóvenes de la foto?
3. ¿Qué practican sus compañeros?
4. ¿Qué sitios son muy buenos para tales deportes?
5. ¿En qué ciudad están las personas de la foto?

B. *Match each item in the column at the left with the most appropriate item in the column at the right.*

1. Juan monta en bicicleta…	a. varios partidos
2. Compré…	b. para practicar el footing
3. ¡Qué mala suerte! Perdí…	c. activamente en los deportes
4. Yo no soy bueno y famoso…	ch. por el parque
5. Este año gané…	d. en una cancha de la universidad
6. Practiqué el tenis…	e. como Sabatini
7. Hoy día mucha gente participa…	f. pelotas y una raqueta
8. Los parques de la ciudad son buenos…	g. el campeonato

Gramática I

33. The Preterite Tense of Regular Verbs

There are two simple (that is, not compound) past tenses in Spanish: the preterite and the imperfect (presented in **Lección nueve**). The preterite expresses a past action that had a definite beginning or end. The duration of the action is unimportant; the essential thing is that the action is viewed by the speaker as being over and done with. Compare the preterite tense and the present tense as follows.

PRESENT			PRETERITE	
(yo) **compro**	*I buy, do buy, am buying*		(yo) **compré**	*I bought, did buy*
(Ud.) **bebe**	*you drink, do drink, are drinking*		(Ud.) **bebió**	*you drank, did drink*
(él) **recibe**	*he receives, does receive, is receiving*		(él) **recibió**	*he received, did receive*

The table that follows lists the preterite endings.

-ar verbs	-er, -ir verbs	ganar *to win*	beber *to drink*	vivir *to live*
-é **-aste** **-ó**	**-í** **-iste** **-ió**	gané ganaste ganó	bebí bebiste bebió	viví viviste vivió
-amos **-asteis** **-aron**	**-imos** **-isteis** **-ieron**	ganamos ganasteis ganaron	bebimos bebisteis bebieron	vivimos vivisteis vivieron

The preterite endings of **-er** and **-ir** verbs are the same. Note that for both **-ar** and **-ir** verbs the first person plural (**ganamos, recibimos**) is the same as in the present tense. The context will generally reveal which tense is intended.

Stem-changing verbs of the first and second conjugations (**-ar, -er**) have regular preterite forms. Their stem change does not occur in the preterite. **-Ir** verbs do show a stem change in the preterite (see grammar section 35 in this lesson).

PRESENT	PRETERITE
(yo) **entiendo** (Ud.) **comienza** (ellas) **vuelven**	(yo) **entendí** (Ud.) **comenzó** (ellas) **volvieron**

PRÁCTICA

A. Nuestras actividades. Complete en pretérito según el modelo.

MODELO: (comer) Uds. _____ en el hotel. →
Uds. comieron en el hotel.

1. (no entender) { Yo / Tú y Alberto / Mi madre y yo } _____ el partido.

2. (pasar) $\begin{cases} \text{Yo} \\ \text{Uds.} \\ \text{Nosotras} \end{cases}$ _____ el día montando en bicicleta.

3. (perder) $\begin{cases} \text{Tú} \\ \text{Ella} \\ \text{Vosotros} \end{cases}$ _____ el campeonato.

4. (ver)* $\begin{cases} \text{Ud. y Juan} \\ \text{Él} \\ \text{Ellos} \end{cases}$ _____ al experto.

5. (comprender) $\begin{cases} \text{La muchacha} \\ \text{Mis amigos} \\ \text{Nosotros} \end{cases}$ _____ ese deporte.

B. Transformaciones. *With a classmate, take turns making the following changes as quickly as possible. Only the student giving the first verb form should have the text open. The answers have been given here to facilitate rapid correction. You can also study alone by covering the answers.*

presente → pretérito

MODELO: ESTUDIANTE A: Hablan... →
ESTUDIANTE B: Hablaron...

1. No entiendo ese deporte.   → No entendí ese deporte.
2. Monto en bicicleta.   → Monté en bicicleta.
3. ¿Vives cerca de una cancha?   → ¿Viviste cerca de una cancha?
4. Vuelve con dos raquetas.   → Volvió con dos raquetas.
5. Escribimos sobre Sabatini.   → Escribimos sobre Sabatini.

pretérito → presente

MODELO: ESTUDIANTE A: Trabajaste... →
ESTUDIANTE B: Trabajas...

6. Salí a pasear.   → Salgo a pasear.
7. Bebimos cerveza.   → Bebemos cerveza.
8. Entraste para ver el partido.   → Entras para ver el partido.
9. Pasó por el parque.   → Pasa por el parque.
10. Miré el campeonato.   → Miro el campeonato.

---

*Accent marks are not used on the first- and third-person singular forms of the preterite of **ver**: **vi, vio**.

mandato → pretérito

MODELO: ESTUDIANTE A: ¡Estudie Ud.! →
ESTUDIANTE B: Ya estudié.

11. ¡Comience Ud.!   →   Ya comencé.
12. ¡Trabaje Ud.!   →   Ya trabajé.
13. ¡Contesten Uds.!   →   Ya contestamos.
14. ¡Vuelvan Uds.!   →   Ya volvimos.
15. ¡Coma Ud.!   →   Ya comí.

pretérito → mandato

MODELO: ESTUDIANTE A: No trabajé. →
ESTUDIANTE B: Pues, ¡trabaje Ud.!

16. No comí.   →   Pues, ¡coma Ud.!
17. No participé.   →   Pues, ¡participe Ud.!
18. No bailamos.   →   Pues, ¡bailen Uds.!
19. No salí.   →   Pues, ¡salga Ud.!
20. No hablamos.   →   Pues, ¡hablen Uds.!
21. No compré.   →   Pues, ¡compre Ud.!

C. Un cuento. Complete en pretérito según el modelo.

MODELO: (yo) comer / en el hotel →
Comí en el hotel.

1. (yo) salir / ayer por la tarde
2. (yo) entrar / en un restaurante nuevo para comer algo
3. (yo) comer / un sándwich de jamón y muchas otras cosas
4. (yo) beber / un té
5. (yo) no salir / hasta (*until*) muy tarde

Now retell the story, using these subjects: **mi madre y yo**, **ellas**, **Ud.**, **tú.**

CH. Actividades de ayer. ¿Qué hicieron ayer estas personas? (*What did these people do yesterday?*) Las posibilidades son **abrir, escribir, comprar, estudiar, comer, beber, escuchar, pronunciar, llevar, mirar**, y **leer.**

1.

2.

3.

4.

Vida y costumbres II

Vocabulario activo II

Sustantivos: Los deportes

el basquetbol (el baloncesto)	basketball	**el fútbol**	soccer
el béisbol	baseball	**el gol**	goal
el bote	boat	**el golf**	golf
el boxeo	boxing	**el jai alai***	(Basque) handball
el ciclismo	cycling	**el/la jugador(a)**	player
la corrida de toros	bullfight	**la natación**	swimming
el equipo	team	**la pesca**	fishing
el esquí (acuático)	(water) skiing	**la puerta**	goalpost, gate (in a soccer match)

Otros sustantivos

el abrazo	hug, embrace	**el lago**	lake
el jardín	garden	**la piscina**	swimming pool

Verbos

alquilar	to rent	**meter**	to put in(to)
caminar	to walk	**nadar**	to swim
celebrar	to celebrate	**pescar**	to fish
esquiar	to ski	**recibir**	to receive

Adjetivo

querido/a	dear (term of affection; salutation in a letter)

Palabras adicionales

anoche	last night	**de vacaciones**†	on vacation
antes de	before	**entre**	between
casi	almost	**me (le) encanta**	I (he/she) love(s) (it)
después de	after	**por ejemplo**	for example

***Jai alai**, one of the fastest of all sports, originated in the Basque provinces in northern Spain. In this game the ball is hit with a curved wicker paddle called a **cesta**.

†**Vacaciones** is generally used in the plural.

Una carta

Querido Carlos,

¿Cómo estás? ¿Qué hay de nuevo? Anoche vi un partido de fútbol entre dos equipos internacionales. Uno de los jugadores, Diego Maradona, recibió una tremenda ovación después de meter* un gol casi imposible: un chute de espaldas hacia la puerta.† Mi equipo favorito ganó fácilmente el partido. Mucha gente que vio el partido bebió después vino o cerveza para celebrar la victoria. Yo celebré la victoria también: bebí y comí mucho antes de volver a casa.

Un abrazo de

Antonio

---

*In Spanish the verb form that follows a preposition is the infinitive, not the present participle as in English: **después de venir** (*after coming*), **antes de hablar** (*before speaking*).

†**Un chute...** *A backward kick:* This is an extremely difficult shot to make. With his back to the goal the player falls backward, kicking the ball over his head.

De vacaciones en Las Colinas

En el rancho Las Colinas hay de todo. Por ejemplo, si le gusta la natación, puede nadar en nuestra nueva piscina. Para los niños hay equipos de basquetbol, fútbol y béisbol. También hay boxeo, ciclismo, golf y esquí acuático en el lago de Somosierra. Alquilamos botes con instrucciones gratis. A mucha gente le encanta esquiar. Si a Ud. no le gustan los deportes activos, puede caminar tranquilamente por nuestros hermosos jardines o pescar en el lago. Allí la pesca es fabulosa. Los fines de semana hay excursiones a la Ciudad de México para ver los partidos de jai alai y las corridas de toros.

NOTAS CULTURALES

1. In Spanish **fútbol** refers to the game of *soccer*. Football as played in the United States is generally called **fútbol (norte)americano** in the Hispanic world.

2. Diego Maradona, from Argentina, played professional soccer in Barcelona, Spain. He is called **el hombre de los ocho millones** because of his $8 million contract, which made him the highest paid player in the history of soccer. In 1984 he was sold to an Italian team.

PRÁCTICA

A. Conteste.

Una carta

1. ¿Qué vio ayer Antonio?
2. ¿Cuándo recibió el jugador una tremenda ovación?
3. ¿Qué equipo ganó el partido?
4. ¿Qué celebró la gente?
5. ¿Cómo celebró la victoria Antonio?

De vacaciones

6. En el rancho Las Colinas, ¿dónde puede Ud. nadar?
7. ¿Qué deportes hay para los niños?
8. ¿Dónde es posible practicar el esquí acuático?
9. ¿Qué deportes menos activos hay?
10. ¿Qué excursiones hay a la Ciudad de México?

B. Oraciones falsas. *Imagine that you are Carlos. Clara, a mutual friend of yours and Antonio's, didn't understand Antonio's letter very well. Correct her statements.*

1. CLARA: Antonio vio un partido de béisbol.
   CARLOS: _____
2. CLARA: Los jugadores no metieron goles en ese partido.
   CARLOS: _____
3. CLARA: El equipo favorito de Antonio perdió el partido.
   CARLOS: _____
4. CLARA: Nadie (*No one*) celebró la victoria.
   CARLOS: _____
5. CLARA: Antonio no comió nada.
   CARLOS: _____

C. Cambie según el modelo.

MODELO: Ud. comió algo. → Yo comí algo.

1. Ud. alquiló un bote.
2. Ud. esquió en la nieve.
3. Ud. nadó en la nueva piscina.
4. Ud. caminó por los jardines.
5. Ud. pescó en el lago.
6. Ud. metió un gol.
7. Ud. practicó el golf.
8. Ud. celebró la victoria.

CH. Un partido de fútbol. Conteste.

1. ¿Cuándo vio Ud. un partido de fútbol (de fútbol americano)?
2. ¿Cómo se llama el equipo que ganó?
3. ¿Celebró Ud. la victoria? ¿Por qué sí (no)?
4. ¿Cuánto costó el billete?
5. ¿Invitó Ud. a un amigo (una amiga) a ir al partido?
6. ¿A qué hora volvió a casa?

Gramática II

34. Irregular Preterites: *hacer, venir, dar, ir, ser*

Several common verbs do not follow the regular pattern for forming the preterite tense. However, these irregular preterites have certain features in common. For example, none bears an accent on the final syllable in the first and third persons singular; four of them form the preterite on an irregular stem.

hacer *to make, do*	venir *to come*	dar *to give*	ir *to go*	ser *to be*
hice hiciste hizo	vine viniste vino	di diste dio	fui fuiste fue	fui fuiste fue
hicimos hicisteis hicieron	vinimos vinisteis vinieron	dimos disteis dieron	fuimos fuisteis fueron	fuimos fuisteis fueron

- The **c** changes to **z** before **o** in **hizo** to maintain the sound of the infinitive form.
- The verb **dar**, a first-conjugation (**-ar**) verb, takes the preterite endings of **-er/-ir** verbs.
- The preterite of **ir** is exactly like the preterite of **ser**. In Spanish, *I went* and *I was* are both (**yo**) **fui**. You will be able to tell from context which meaning is intended.

PRÁCTICA

A. Complete en pretérito según el modelo.

MODELO: (dar)   Uds. _____ un paseo ayer. →
Uds. dieron un paseo ayer.

1. (ir) $\begin{cases} \text{Yo} \\ \text{Mi madre} \\ \text{Ud.} \end{cases}$ _____ a la cancha ayer.

2. (hacer) { Nosotros / Uds. / Tú } _____ varias cosas hoy.

3. (dar) { Adriana / Julita y su amigo / Uds. } _____ pelotas a la gente.

4. (ser) { La comida / El campeonato / Los partidos } _____ estupendo/a/os.

5. (venir) { Tú y yo / Ella y él / Tú y Juan } _____ por la tarde.

B. Cambie al pretérito.

1. Teresa viene a las cinco.
2. Ella es muy amable.
3. No hacemos eso con ella.
4. ¿Ud. no juega al tenis con ella?
5. ¿Qué hace Álvaro?
6. Compra dos pelotas.
7. Mis hermanas van al parque.
8. Él participa en el campeonato.
9. Ellas le dan una ovación a Gabriela.
10. ¿Vosotros sois los campeones?

C. Una conversación. *Talk to a friend, using the cues given.*

MODELO: AMIGO/A: Yo comencé a jugar al tenis en 1990. (el año pasado)
UD.: Pues yo comencé a jugar al tenis el año pasado.

1. AMIGO/A: Hice muchas cosas esta mañana. (ayer)
    UD.: _____
2. AMIGO/A: Primero, mis amigos y yo fuimos a la cancha en bicicleta. (carro)
    UD.: _____
3. AMIGO/A: Después, dimos un paseo por el parque. (por la calle)
    UD.: _____
4. AMIGO/A: También vinimos a la cafetería con el profesor. (la profesora Orlando)
    UD.: _____
5. AMIGO/A: Volvimos a casa muy tarde. (temprano)
    UD.: _____

CH. Conversaciones.

Work in groups of three. Student A asks a question, student B gives one answer, student C restates B's choice and then gives his or her own.

> MODELO: ¿qué / palabras / repetir? (los verbos / los adjetivos)
> ESTUDIANTE A: ¿Qué palabras repitieron Uds.?
> ESTUDIANTE B: Yo repetí los verbos.
> ESTUDIANTE C: ¿Ud. repitió los verbos? Pues, yo repetí los adjetivos.

1. ¿qué / pedir / restaurante? (chocolate / té)
2. ¿cuándo / llegar / a la cancha? (a la una / a las once)
3. ¿cuántas / horas / dormir? (cinco / nueve)
4. ¿a quiénes / servir? (a los otros estudiantes / al padre de Jaime)
5. ¿qué / regalos / preferir? (unas pelotas / una bicicleta)
6. ¿qué / sentir / con esa película? (compasión / horror)

35. Stem and Spelling Changes in the Preterite

A. **-Ir** stem-changing verbs change the **e** to **i** or the **o** to **u** in the third person singular and plural of the preterite.

servir (i) *to serve*	dormir (u) *to sleep*
serví	dormí
serviste	dormiste
sirvió	durmió
servimos	dormimos
servisteis	dormisteis
sirvieron	durmieron

Other verbs that you know undergo similar changes: **morir** (m**u**rió, m**u**rieron), **pedir** (p**i**dió, p**i**dieron), **preferir** (pref**i**rió, pref**i**rieron), **repetir** (rep**i**tió, rep**i**tieron), **sentir** (s**i**ntió, s**i**ntieron).

B. The spelling changes ($c \rightarrow qu$, $g \rightarrow gu$, $z \rightarrow c$) that you learned with commands in **Lección seis** also occur in the first person singular of the preterite.

practicar	practi**que** Ud.	yo practi**qué**
llegar	lle**gue** Ud.	yo lle**gué**
comenzar	comien**ce** Ud.	yo comen**cé**

C. When the verb stem ends in a vowel, the **i** of the third-person preterite endings **-ió** and **-ieron** changes to **y**: **creyó**, **creyeron**; **leyó**, **leyeron**. This is the same change that occurs in the present participle (grammar section 17).

PRÁCTICA

A. Cambie al pretérito.

Ayer (ser) _____¹ un día especial para Juanita. (Dormir) _____² hasta las nueve de la mañana. (Ir) _____³ a una cafetería del barrio donde (pedir) _____⁴ un café con leche. (Beber) _____⁵ el café y (leer) _____⁶ el periódico rápidamente. (Llegar) _____⁷ a la universidad a las once. En la clase de español ella (sentir) _____⁸ gran satisfacción porque (repetir) _____⁹ bien todas las palabras nuevas. (Volver) _____¹⁰ a casa. (Practicar) _____¹¹ los verbos nuevos por media hora. A la una su madre (servir) _____¹² la comida.

B. *Un cuento. Personalize the story in* **A**, *using the* **yo** *form of all the preterites. Then try to reconstruct it just by referring to the following cues.*

1. ayer / ser
2. dormir / las nueve
3. ir / cafetería
4. pedir / café con leche
5. beber / café
6. leer / periódico
7. llegar / universidad
8. sentir / satisfacción
9. repetir / palabras
10. volver / a casa
11. practicar / verbos
12. servir / comida

Comunicación

Texto: *Fin de semana*

ADRIANA: ¿Qué hiciste este fin de semana, Julita?

JULITA: El viernes por la mañana vinieron mis primos. Ese día por la tarde, dimos un paseo y después fuimos al Club San Bernardo para nadar en la piscina.

ADRIANA: ¿Y qué hicieron el sábado?

JULITA: Como me encanta el esquí acuático, el sábado por la mañana fuimos al lago. Allí alquilamos un bote.

ADRIANA: ¡Qué lindo!° Es un gran deporte.

JULITA: El sábado por la tarde fuimos a ver las carreras de caballos,° que fueron estupendas. Mi caballo favorito corrió,° pero no ganó esta vez. Por la noche, fuimos a comer a un restaurante.

ADRIANA: El domingo dormiste mucho, ¿no?

JULITA: Sí, dormí casi toda la mañana, pero por la tarde viajamos° a la capital para ver un partido de fútbol. Volvimos a casa anoche a las once. Y tú, ¿qué hiciste? ¿Adónde fuiste?

ADRIANA: No salí de casa. Pasé todo el fin de semana estudiando química.

¡Qué... How nice!
carreras... horse races
ran

we traveled

PRÁCTICA

A. ¿Qué oración de la columna a la izquierda corresponde a cada expresión de tiempo de la columna a la derecha?

el viernes
1. por la mañana
2. por la tarde
3. después

el sábado
4. por la tarde
5. por la noche

el domingo
6. casi toda la mañana
7. por la tarde
8. a las once

a. Fuimos a la capital para ver el partido de fútbol.
b. Dormí.
c. Comimos en un restaurante.
ch. Vinieron mis primos.
d. Volvimos a casa.
e. Dimos un paseo.
f. Fuimos a nadar.
g. Fuimos a ver las carreras.

B. ¿Qué hizo Ud.? *Following the time sequence given in the left column in part* **A**, *tell the class what you did last weekend (or on a special vacation weekend you remember). Try to give two or more sentences for each time indicated.*

C. Preguntas personales.

1. ¿Cuál es su deporte (equipo, jugador) favorito?
2. ¿Dónde le gusta a Ud. nadar (pescar)?
3. ¿En qué estación jugamos al béisbol (esquiamos, nadamos, pescamos, montamos en bicicleta)?
4. ¿Qué refrescos toma Ud. cuando va a un partido de fútbol (béisbol)?
5. ¿Qué deportes prefieren las mujeres? ¿Y los hombres?
6. ¿Qué equipos de béisbol (fútbol, basquetbol) le gustan más? ¿Por qué?
7. ¿Le gusta la pesca? ¿Cree Ud. que es realmente un deporte?
8. ¿Qué necesita Ud. para jugar al tenis?
9. ¿Le gustan las corridas de toros? ¿Por qué sí (no)?
10. ¿Va Ud. a ver el boxeo a veces? ¿Por qué sí (no)?

CH. Los deportes y las calorías. Examine Ud. esta lista para ver las calorías que Ud. puede quemar (*burn*) cada hora participando en diferentes actividades. Luego, conteste las preguntas (esquiar a campo traviesa = *cross-country skiing*, remar = *rowing*, escaleras = *stairs*, escalones = *steps*).

PARA REDUCIR

ACTIVIDAD	CAL. POR HORA
esquiar a campo traviesa	562
hand ball	548
montar bicicleta	512
bicicleta estacionaria (80 rpm)	500
máquina de remar (25 golpes/pm)	450
escaleras mecánicas (50 escalones/pm)	450
nadar (35 yd-32 Km/pm)	450
correr (5 millas-8 Km/ph)	410
danza aeróbica	370
caminar (4 millas-6 Km/ph)	290

1. ¿Cuál es la mejor actividad para bajar de peso (*lose weight*)?
2. ¿Cuál le gusta más?
3. ¿Cuál es la más difícil?

EXPRESIÓN PERSONAL

A. Teatro. *With a classmate make up a skit similar to* **Fin de semana** *to present to the class. One of you stayed at home and can only ask questions. The other did many things and is bubbling with enthusiasm. Try to think of a funny ending. Some possible questions are given here.*

1. ¿Qué hiciste?
2. ¿Adónde fuiste?
3. ¿A quiénes viste?
4. ¿Dónde dormiste?
5. ¿Cuándo volviste a casa?
6. ¿Qué hiciste entonces?

B. Un discurso (*speech*). *For purposes of the speech, pretend you play tennis even if you don't. Go over your presentation several times in order to practice using new verb forms quickly and smoothly. Some ideas on which to base your speech are given here.*

1. ¿Cuándo comenzó a jugar al tenis?
2. ¿Dónde compró su raqueta?
3. ¿Cuánto costó?
4. ¿Cuántas veces juega cada semana?
5. ¿Con quién practica?
6. ¿Cuántas pelotas perdió el primer año?
7. ¿Cuántos partidos ganó o perdió durante el verano?
8. ¿Ganó el campeonato?

■ *OTRA VEZ*

Mire Ud. la programación para el sábado, día 13, y conteste las preguntas en la pagina 173. Conteste las preguntas 2 y 5 con un mandato.

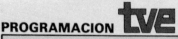

PROGRAMACION tve

Miércoles, 10

1.ª cadena

15,35 **El gran héroe americano.**
20,30 **Verano 8,30 P.M. Magazine.**
21,35 **Sesión de noche.** «Días de vino y rosas».

2.ª cadena

19,30 **Niels Olgersson.**
20,30 **Con las manos en la masa.** «El vino en la comida».
21,00 **Programa especial.** «Premios Kennedy» Elia Kazan, Frank Sinatra y James Stewart.
22,00 **Jazz entre amigos.** «Big Bands».
23,05 **Tatuaje.** «Lancelot.» Lanzarote y César Manrique.
24,00 **Enredo.**

Jueves, 11

1.ª cadena

15,35 **El gran héroe americano.**
18,25 **Toros.** Desde Pamplona. Francisco Ruiz Miguel, Ortega Cano y Tomás Campuzano.
20,30 **Verano 8,30 P.M. Magazine.**
22,05 **Sí lo sé, no vengo.**
23,05 **En portada.** «Caribe, sol y sombra.»

2.ª cadena

19,30 **Niels Olgersson.**
22,05 **Cine Club.** Ciclo de cine argentino: «Los isleros.»
24,00 **Seis clases de luz.** «Sven Nyskvist» (cineasta sueco).

Viernes, 12

1.ª cadena

15,35 **Sesión de Tarde.** «La máscara de Dimitrios.»
20,30 **Verano 8,30 P.M. Magazine.**
21,35 **Entre amigos.** «De casta les viene» (Orquídea Robinson, Agustín Pantoja, Lolita, Iván, Massiel)
23,00 **Las aventuras del bravo soldado Schweik.**

2.ª cadena

19,30 **La clave.**

Sábado, 13

1.ª cadena

7,45 **Encierros 85. Desde Pamplona.**
12,00 **Toros.** Desde Cartagena, Ruiz Miguel, Curro Durán y «El Yiyo».
14,15 **Especial informativo.** «Por Etiopía.» (Con las actuaciones de Bob Dylan, Mick Jaegger, Phil Collins, David Bowie, Eric Clapton...)
16,05 **Primera sesión.** «Fatty Finn.»
19,30 **«V».**
21,35 **Especial Informativo.** «Por Etiopía» (Cont.)
22,40 **Sábado cine.** «Hindenburg».

2.ª cadena

19,00 **Especial Informativo.** «Por Etiopía» (Cont.)
23,00 **Concierto 2.**

Domingo, 14

1.ª cadena

7,45 **Encierros 85.** (Resumen encierros).
8,50 **Programa especial desde Pamplona.**
10,25 **Concierto.** Miguel Ángel Gómez Martínez con la Sinfónica de RTVE. Concierto n.º 3 para violín y orquesta de Mozart y Suite de Bach (solín solo). Solista: Anne Sophie Mutter.
12,00 **Estudio estadio.** Motociclismo desde Montjuich y Esgrima.
16,00 **Fama.**
18,55 **Más vale prevenir.** «Prepararse para conducir».
18,30 **MASH.**
19,30 **Punto de encuentro.**
21,35 **Mike Hammer.**
23,30 **Especial Toros.** Sucedió en Pamplona (Resumen).

2.ª cadena

11,45 **La buena música.** «Sólo Jazz» Miles Davis (1.ª parte).

14,10 **El padre Murphy.**
17,30 **Estrenos TV.** «Acto de violencia».
20,05 **Motociclismo.** Desde Montjuich.
20,30 **Dos chicas con ángel.**
21,35 **Especial informativo.** «Por Etiopía.»
22,35 **Largometraje.** «Etcétera.»
00,10 **Especial informativo.** «Por Etiopía.»

Lunes, 15

1.ª cadena

15,35 **El gran héroe americano.**
20,00 **Consumo.** «Navarra: Consumir en San Fermín.»
20,30 **Verano 8,30 P.M. Magazine.**
21,35 **Superagente 86.**
22,05 **El Baile.**
23,05 **Capitales culturales de Europa.** «Madrid, capital cultural» de Mario Camus.

2.ª cadena

19,30 **Niels Olgersson.**
20,05 **Hacia el año 2000.**
21,35 **Ciclo: Clásicos del cine francés.** «El último millonario.»
23,30 **Música y músicos.** «Pepe Romero.»

Martes, 16

1.ª cadena

15,35 **El gran héroe americano.**
20,30 **Verano 8,30 P.M. Magazine.**
22,05 **La joya de la Corona.**
23,00 **Secuencias.** «Lilian Gish.»
00,35 **Teledeporte.** Esgrima desde Barcelona.

2.ª cadena

19,39 **Niels Olgersson.**
20,00 **Atletismo.** Reunión internacional «Nikaia» desde Niza.
21,00 **Coraje.**
21,30 **Suspiros de España.**
22,00 **La Duna móvil.**
23,00 **Mozart.**

■ ■ ■ ■ PELICULAS DE LA SEMANA ■ ■ ■ ■

Miércoles, 10   21,35 h. ■ 1.ª cadena.

«Sesión de noche».
DIAS DE VINO Y ROSAS★★★
Dirigida por Blake Edwards. 1963. Intérpretes: Jack Lemmon, Lee Remick, Charles Bickford, Jack Klugman, Alan Hewitt, Tom Palmer. B. y N. 112 min.

Un clásico del veterano Blake Edwards sobre la dependencia del alcohol, con el valor añadido de la interpretación de Jack Lemmon.

Jueves, 11   22,05 h. ■ 2.ª cadena.

«Cine Club».
LOS ISLEROS★★
Dirigida por Lucas Demare. 1951. Intérpretes: Tito Medrano, Alita Román, Arturo García Behur, Robert Fugazot, Enrique Faua. B. y N.

Título y tema que recuerda a los «Tiburoneros» de Alcoriza. La lucha por la vida de unos hombres en unas tierras peligrosas.

Viernes, 12   15,35 h. ■ 1.ª cadena.

«Sesión de tarde».
LA MASCARA DE DIMITRIOS★★
Dirigida por Jean Negulesco. 1944. Intérpretes: Peter Lorre, Sidney Greenstreet, Zachary Scoot, Victor Francen, Faye Emerson. B. y N. 93 min.

Un escritor en busca de personaje, un cadáver que no lo es, el inquietante Lorre y el gordo Greenstreet —un poco después de Casablanca— en una aventuras policíacas.

Sábado, 13   16,05 h. ■ 1.ª cadena.

«Primera sesión».
FATTY FINN★
Dirigida por Maurice Murphy. 1980. Intérpretes: Ben Oxenbould, Bert Newton, Gerard Kennedy, Noni Hazelhurst, Lorraine Bayly, Rebbeca Rigg. C. 92 min.

Típica historia para la sobremesa del sábado. Las cuitas y enfrentamientos de dos pandillas infantiles en la Australia de los años 30.

Sábado, 13   22,40 h. ■ 1.ª cadena.

«Sábado cine».
HINDENBURG★
Dirigida por Robert Wise. 1975. Intérpretes: George C. Scott, Anne Bancroft, Burgess Meredith, William Atherton, Roy Thines, Gig Young. C. 108 min.

Película de tensión y catástrofe, de las que dicen que proliferan en tiempos de crisis. El protagonista, esta vez, un dirigible «Zeppelin». No falta el reparto de lujo, de rigor en estos casos.

Domingo, 14   22,35 h. ■ 2.ª cadena.

«Largometraje».
ETCETERA
Dirigida por Pawel Kedzierski y Zbigniew Kaminski. 1975. Intérpretes: Teresa Budziz, Krzy Zanowska, Hanna Skarzanka, Jadwiga Jankowska.

Dos historias con denominador común. La soledad de dos mujeres, una madura y otra anciana, en una gran ciudad.

*★Puede pasar **Interesante*
★★★No deje de verla o grábela.

1. ¿A qué hora comienza la programación del sábado?
2. ¿A qué hora debo estar en casa para ver una película en la televisión el sábado por la noche?
3. ¿Cuántas películas se presentan en la primera cadena? ¿Cuál prefiere Ud. ver?
4. ¿Cómo es la película *Hindenburg*?
5. Si me gustan los toros, ¿qué programa debo mirar?
6. ¿A qué hora comienza la «Primera sesión» el sábado?
7. ¿Cuándo termina la programación del sábado?

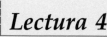

Lectura 4

Ira Kirschenbaum/Stock, Boston

Antes de comenzar

Rapid reading. Skim the first three paragraphs of the reading selection, concentrating primarily on the key words in bold type. Then take the following test to check your initial comprehension. The three numbers below correspond to the first three paragraphs; indicate whether the statements are true or false.

1. a. Last year the writer went on vacation to Bariloche.
   b. Patagonia is famous for its large cities.
2. a. Bariloche has 100,000 inhabitants.
   b. Its architecture is similar to that of towns in the Alps.
3. a. July is a winter month in Argentina.
   b. Skiing is important in Bariloche in the winter.

The correct answers are 1a. true, 1b. false, 2a. false, 2b. true, 3a. true, and 3b. true. Review your incorrect responses before proceeding.

Reading hints. Now that you have a general idea of the content of the first half of the reading, consider the following reading hints. Then read the entire passage.

- A phrase set off by commas or dashes often clarifies a preceding word. Likewise, if you do not know a word in a phrase or sentence, pay close attention to the other words around it; they may reveal its general category. For example, what might **bosque** mean here?

  la región que se llama la Patagonia, famosa por sus bosques, sus montañas todavía inexploradas, sus glaciares y sus lagos

  And what general category might **prendas** refer to in this sentence?

  mi madre compró en Bariloche varios suéteres y prendas de lana para nosotros

- When guessing words on the basis of their context, pay special attention to prepositional phrases. For example, *ropa de invierno*, **prendas** *de lana*. These examples also underscore the importance of reading beyond a new word before looking it up. If you cannot guess the meaning of **suizos** in the second paragraph, relate it to **los Alpes**, which are mentioned in the following sentence. Also examine carefully each different context in which a new word is used: for example, **en el** *sur* **de la Argentina** and **al** *sur* **del ecuador**.

Vacaciones en Bariloche

El **año pasado**, en el mes de julio, fui de vacaciones con mis padres y hermanos a **Bariloche**, en el sur de la **Argentina**. Este sitio está en la **región** que se llama la **Patagonia**, famosa por sus bosques, sus montañas todavía inexploradas,° sus glaciares y sus lagos.

El nombre completo de la ciudad es San Carlos de Bariloche. Tiene unos **treinta mil habitantes**. A principios de[1] este siglo[2] colonos **alemanes** y **suizos**° llegaron a Bariloche. Por eso tiene una **arquitectura** similar a la de las ciudades de los **Alpes**.

Como las **estaciones** están **invertidas** al sur del ecuador, en la Argentina es **invierno** en el mes de **julio**. En invierno la gente va a Bariloche para practicar el **esquí**. En verano va a pescar o a practicar **deportes** acuáticos. También hay muchas excursiones a diferentes lagos.

Some cognates have an unexpected prefix or suffix; examine carefully in context **inexploradas** and, in the second paragraph, **colonos**.
Concentrate on the sound of **suizo**; what nationality does it sound like?

Bariloche es un gran centro turístico y por eso tiene muchos hoteles. Pero siempre van tantos[3] turistas que mi padre reservó las habitaciones dos meses antes.

Aunque llevamos mucha ropa de invierno, mi madre compró en Bariloche varios suéteres y prendas de lana para nosotros.

Mis hermanos y yo hicimos excursiones y esquiamos mucho. ¡Me encanta esquiar! ¡Qué lindas vacaciones! Queremos volver este año.

---

[1]*At the beginning of*   [2]*century*   [3]*so many*

Después de leer

A. *What words to the left do you associate with those to the right, on the basis of the reading?*

1.	mes	a.	pescar
2.	verano	.b.	pasado
3.	estación	c.	deporte
4.	región	ch.	julio
5.	esquí	d.	invierno
6.	año	e.	la Patagonia

B. Una excursión. *Describe a vacation trip you took recently. Use the following cues and invent others as appropriate.*

1. Fui de vacaciones a…
2. Es una región (ciudad) famosa por…
3. En invierno…
4. En verano…
5. Hay muchas excursiones a…
6. Mi padre reservó…
7. Llevamos ropa…

C. Preguntas interpretativas.

1. ¿Dónde está la Patagonia? ¿Cómo es? ¿Por qué es famosa? ¿Qué tiempo hace allí?
2. ¿Por qué es similar la arquitectura de Bariloche a la de las ciudades de los Alpes?
3. ¿Por qué es Bariloche un gran centro turístico?
4. Describa Ud. otro sitio de vacaciones que le gusta mucho. ¿Es un gran centro turístico? ¿Por qué?

La casa

Una casa moderna de Montevideo, Uruguay

Peter Menzel

Enfoque cultural

Since there are so many Hispanic countries, with a wide range of climates and terrains, it is difficult to make general statements about homes in the Hispanic world. There are, however, some typical features, partly because of the spread of the traditional Spanish style.

One such feature is the prevalence of the balcony. In almost any Hispanic city you will see rows of balconies bursting with the colors of numerous plants and flowers.

In the United States, many middle-class families, especially those with small children, prefer to live in houses in the suburbs, with the working members of the family commuting to work. In the Hispanic countries, in contrast, most middle-class families live in the city, while only the very poor live on the outskirts. The wealthy have large mansions—often their second homes—farther out in the suburbs. This pattern is gradually changing, and now there are middle-class developments—called **colonias**, **urbanizaciones**, or **repartos**, depending on the country—in the outlying areas of many cities.

Vida y costumbres I

Vocabulario activo I

Sustantivos: La casa

la alcoba	bedroom	**la lámpara**	lamp
el apartamento	apartment	**el lavaplatos**	dishwasher
el ascensor	elevator	**el piso**	floor; apartment (*Spain*)
la calefacción	heating	**el refrigerador**	refrigerator
la cocina	kitchen	**la sala**	living room
la cocina eléctrica (de gas)	electric (gas) stove	**el salón**	living room
		el sillón	easy chair
el comedor	dining room	**el sofá**	sofa, couch
el (cuarto de) baño	bathroom	**el sótano**	basement
el departamento	apartment		
el despacho	study; office		
el dormitorio	bedroom		
el escritorio	desk		
el estante	bookshelf; bookcase		
el garaje	garage		

Otros sustantivos

la cuenta	bill
la chequera	checkbook
el libro de cocina	cookbook
la máquina de escribir	typewriter

Verbos

apagar	to turn off, put out (a light or electrical appliance)
encender (ie)	to turn on (a light or electrical appliance); to light; to set (a fire)
recordar (ue)	to remember

Adjetivos

amplio/a	ample, large; spacious
caliente	hot
eléctrico/a	electric(al)
moderno/a	modern

Palabras adicionales

de lujo	deluxe
escribir a máquina	to type
lo/la	it
los/las	them
¡vaya, vaya!	well, really!

Un esposo eficiente

LA ESPOSA: Juan, ¿dónde está la chequera?

EL ESPOSO: La usé ayer en el despacho. Creo que está en el estante... o en el sillón.

LA ESPOSA: ¿Y mi bolígrafo?

EL ESPOSO: Pues... lo vi en el sofá esta mañana cuando encendí la lámpara. ¿O fue anoche cuando la apagué?

LA ESPOSA: ¿Y dónde están las cuentas?

EL ESPOSO: Las dejé en el escritorio, debajo del teléfono.

LA ESPOSA: ¿Mis libros de cocina?

EL ESPOSO: Los llevé al sótano.

LA ESPOSA: ¿Y la máquina de escribir?

EL ESPOSO: Um... no recuerdo. ¿Quieres escribir a máquina ahora?

LA ESPOSA: Pues, sí, hombre.

EL ESPOSO: ¡Ah, ahora recuerdo! La llevé al garaje para limpiarla.

LA ESPOSA: ¡Vaya, vaya!

Gale Zucker/Stock, Boston

¿Busca Ud. apartamento?

¡Apartamentos de 2, 3 y 4 dormitorios!
Garaje—Cocina de lujo, con refrigerador,
cocina eléctrica y lavaplatos—
Amplia sala-comedor—
Cuarto de baño moderno—Parque para niños—
Ascensores—Agua caliente y calefacción
centrales.

Beryl Goldberg

PRÁCTICA

A. ¿Dónde pone Ud....?

1. un lavaplatos
2. un escritorio
3. un sillón
4. un refrigerador
5. un estante
6. una mesa y varias sillas

B. Diga Ud....

1. dónde descansa (come, escribe, camina, bebe agua)
2. para qué usa un estante (un lavaplatos, una máquina de escribir)
3. en qué parte de la casa prepara la comida (recibe a sus amigos, cena, paga las cuentas)

C. Un diálogo. *Create a dialogue different from* **Un esposo eficiente** *by answering the questions in an original way.*

ESPOSO/A: ¿Dónde está mi chequera?
UD.: _____ .
ESPOSO/A: ¿Y mi bolígrafo?
UD.: _____ .
ESPOSO/A: ¿Y dónde están las cuentas?
UD.: _____ .
ESPOSO/A: ¿Mis libros de cocina?
UD.: _____ .
ESPOSO/A: ¿La máquina de escribir?
UD.: _____ .

Gramática I

36. Direct Object Pronouns

The direct object answers the question *whom?* or *what?* For example: *He buys foreign products.* Question: *He buys what?* Answer: *foreign products* (the direct object). *María called Juan.* Question: *María called whom?* Answer: *Juan* (the direct object). These direct object pronouns take the place of nouns that function as direct objects. You already used these direct object pronouns—**lo, la, los, las**—to refer to things; direct object pronouns may also refer to people. Here are all the direct object pronouns.

	SINGULAR		PLURAL
me	me	**nos**	us
te	you (*fam.*)	**os**	you (*fam.*)
lo*	him, you (*form.*), it	**los***	them, you (*form.*)
la	her, you (*form.*), it	**las**	them, you (*form.*)

Direct object pronouns precede conjugated verbs. (The position of direct object pronouns will be discussed more fully in the next grammar section.)

El profesor **me** llamó anoche.	*The professor called me last night.*
Ellos no **nos** consultan.	*They don't consult us.*
¿Quién **te** invitó?	*Who invited you (fam. sing.)?*
Ya no **os** necesita.	*He/She no longer needs you (fam. pl.).*
¿Dónde está tu abrigo? No **lo** veo.	*Where is your coat? I don't see it.*
¿La pelota? **La** perdí.	*The ball? I lost it.*
¿Los libros? ¿No **los** tienes tú?	*The books? Don't you have them?*
¿Sus chequeras? ¡No **las** veo!	*His/Her/Their checkbooks? I don't see them!*

PRÁCTICA

A. Cambie según los modelos.

MODELO: Vi *las instrucciones.* → Las vi.

1. Miran *el lavaplatos.*
2. Ella compró *un escritorio.*
3. Yo vendí *los dos sillones.*
4. Visité a *mis sobrinos.*
5. Él limpió *la cocina.*
6. Pedro dejó *las cuentas.*

MODELO: ¿Lavaste *la ropa?* → Sí, la lavé.

7. ¿Pagaste *la cuenta?*
8. ¿Compraste *el lavaplatos?*
9. ¿Viste *los bolígrafos?*
10. ¿Dejaste *la chequera* en el escritorio?
11. ¿Apagaste *la cocina eléctrica?*
12. ¿Encendiste *la calefacción?*
13. ¿Vendiste el sofá?
14. ¿Limpiaste el comedor y el dormitorio?

*In Spain, **le(s)** is used as a direct object pronoun to refer to masculine persons; **lo(s)** refers to masculine things only. In Spanish America, **lo** is generally used as the masculine direct object pronoun for both persons and things.

B. Cambie según el modelo.

MODELO: Vi el nuevo sillón. → Lo vi.

1. Usé la chequera ayer.
2. Dejé las cuentas en el escritorio.
3. Vi el bolígrafo esta mañana.
4. Llevé la máquina de escribir al garaje.

5. Apagué la calefacción.
6. Limpié la sala.
7. Encendí la cocina eléctrica.
8. Dejé los libros en el estante.

C. Exprese en español.

1. They saw us.
2. I called you (*fam. sing.*).
3. They watched you (*fam. pl.*).
4. Her sister? I know her well.

5. He invites you (*form., f. pl.*) each year.
6. They turned it (*m.*) on.
7. I cleaned them (*m.*).
8. She turned it (*m.*) off.

CH. Conteste según los modelos.

MODELO: ¿Me conoces bien? → Sí, te conozco bien.

1. ¿Me buscaste ayer?
2. ¿Me necesitas ahora?
3. ¿Me miras?

4. ¿Me llevas en tu bicicleta?
5. ¿Me ves?

MODELO: ¿Os recibí en la sala? →
No, Ud. no nos recibió en la sala.

6. ¿Os comprendí?
7. ¿Os acompañé al despacho?
8. ¿Os serví bien?

9. ¿Os invité a desayunar?
10. ¿Os quiero mucho?

37. Position of Direct Object Pronouns

As you saw, direct object pronouns precede the verb in statements and questions with conjugated verbs. They also precede the verb in negative commands. However, these pronouns follow and are attached to the verb in affirmative commands. They also may follow and be attached to infinitives and present participles.

¿Cuándo **los** lava Ud.?	*When do you wash them?*
No **lo** compre Ud.	*Don't buy it.*
¡Vénda**los** Ud.!	*Sell them!*
Felipe no quiere ver**me**.	*Philip does not want to see me.*
Ella está llamándo**te**.	*She is calling you.*

• In the case of present participles and affirmative commands, an accent mark must be added in order to preserve the stress pattern of the original verb form.

• When there is an infinitive or a present participle, as in the last two examples above, the pronoun in most cases may also precede the conjugated verb.

Felipe no **me** quiere ver.   *Philip does not want to see me.*
Ella **te** está llamando.   *She is calling you.*

PRÁCTICA

A. Cambie según los modelos.

MODELO: (Con mandato afirmativo)
Quiero limpiar el despacho. → Pues, límpielo Ud.

1. Quiero pagar las cuentas.
2. Quiero limpiar el garaje.
3. Prefiero encender la calefacción.
4. Prefiero lavar la ropa.
5. Quiero lavar los platos.

MODELO: (Con infinitivo)
¿Prefiere ver el sótano ahora? → Sí, prefiero verlo ahora.

6. ¿Quiere Ud. comprar esa cocina de gas?
7. ¿Pueden Uds. llevar los libros de cocina al sótano?
8. ¿Prefiere Ud. vender los estantes?
9. ¿Quieren ellas apagar el refrigerador?
10. ¿Vas a traer el sillón?

MODELO: (Con participio presente)
Él escribe la carta. → Él está escribiéndola.

11. Mi madre escribe los cheques.
12. Julita recibe las cuentas.
13. Apago la calefacción.
14. Las señoritas limpian el cuarto de baño.
15. José busca la máquina de escribir.

MODELO: (Con mandato negativo)
No llame Ud. a Juan. → No lo llame.

16. No compre Ud. ese lavaplatos.
17. No venda Ud. el sofá.
18. No encienda Ud. la calefacción.
19. No busque Ud. apartamentos de lujo.
20. No use Ud. el ascensor.

B. Situaciones. *Create a logical answer for each question, using in your answer the word(s) given.*

1. No me gusta ese sofá. ¿Por qué lo compraste? (color bonito)

2. Tienes una máquina de escribir muy buena. ¿Por qué no la usas?
(escribir a máquina)
3. Esa cocina de gas que vimos, ¿la compraste? (eléctrica)
4. Enrique fue al sótano. ¿Lo viste allí? (comedor)
5. Recibiste esas cuentas el mes pasado. ¿Por qué no las pagaste?
(chequera)
6. No veo los dos sillones nuevos. ¿Los tienes en tu dormitorio? (sala)
7. Cuando usaste los libros de cocina, ¿los llevaste al comedor? (garaje)
8. El apartamento que vimos ayer, ¿lo alquilaste? (ascensor)

Vida y costumbres II

Vocabulario activo II

Sustantivos: Los aparatos eléctricos (*Electrical Appliances*) ___

la aspiradora	vacuum cleaner	el televisor en blanco y	black-and-white
el horno de microondas	microwave oven	negro	television set
el televisor a colores*	color television set		

El baño ___

la bañera	bathtub	el lavabo	washbowl
la ducha	shower	la toalla	towel
el jabón	soap		

Los muebles† (*Furniture*) ___

la cómoda	dresser, chest of drawers	el armario, ropero	clothes closet

Otros sustantivos ___

la alfombra	rug, carpet	la pared	wall
la boda	wedding	el regalo de boda	wedding gift
el cuarto	room	el teléfono (inalámbrico)	(cordless) telephone
la habitación	room		
la luz	light		

Verbos ___

cocinar	to cook	supe; supiste; supo	(I–you–he/she/you) learned, found out
estuve; estuviste; estuvo	I was; you were; he/she was; you were	traje; trajiste; trajo	(I–you–he/she/you) brought

*Also **televisor en colores**.
†The singular form, **el mueble**, refers to a piece of furniture.

Adjetivos

maravilloso/a	wonderful
precioso/a	very beautiful

Palabras adicionales

¡estupendo!	great!
¡Es un sueño!	It's a dream!
¡Felicidades!	Congratulations!

Una amiga maravillosa

Stuart Cohen/Comstock

ROSITA: ¡Eulalia! Supe que te casas (*you're getting married*) en mayo. ¡Felicidades!

EULALIA: Sí. El sábado alquilamos el apartamento. ¡Es un sueño! Tiene muchos roperos, una sala grande y un baño con ducha. La bañera y el lavabo son azules.

ROSITA: ¡Estupendo! ¿Ya compraron los muebles?

EULALIA: Pues, ya tenemos algunas (*some*) cosas. Una cama, una cómoda, lámparas para los cuartos que no tienen luces y una alfombra preciosa para poner en la pared. Mi madre estuvo en el Perú el año pasado y trajo la alfombra. También tenemos la mesa y las sillas del comedor, pero no compramos el armario todavía.

ROSITA: ¡Oye! Vas a necesitar muchas toallas y jabones para el baño.

EULALIA: Naturalmente.

ROSITA: Pues, todo eso va a ser mi regalo de boda.

EULALIA: ¡Eres una amiga maravillosa!

Aparatos eléctricos

TELÉFONOS INALÁMBRICOS

TREMENDAS OFERTAS
EN HORNOS DE MICROONDAS

Panasonic
ANTICIPANDO EL FUTURO.

TELÉFONOS
INALÁMBRICOS COBRA
Reg. 249.00
ESPECIAL **168.88**
CP-205-S

Reg. 549.95
ESPECIAL **498.88**
TELEVISOR A COLOR DE MESA
Mod. CT 9012A. De 19"

Reg. 599.95
ESPECIAL **528.88**
TELEVISOR A COLOR DE 13"
Con control remoto infrarrojo.

Reg. 129.95
ESPECIAL **108.88**
Mod. TR-124QT
Blanco y negro.

Nuevas aspiradoras
Koblenz, ahora con **40**%
más potencia que antes.

¡Muebles y aparatos eléctricos para todas sus habitaciones: televisores a colores y en blanco y negro, aspiradoras, teléfonos inalámbricos, hornos de microondas y mucho más! ¡Viva feliz, trabajando menos y cocinando sin problemas!

PRÁCTICA

A. El apartamento. Imagine que Ud. es Eulalia y conteste las siguientes preguntas que hace Rosita.

1. ¿Cómo es el baño del apartamento que alquilaste?
2. ¿Qué partes del baño son azules?
3. ¿Qué muebles tienes para el dormitorio?
4. ¿Qué muebles tienes para el comedor?

B. Explique dónde Ud....

1. descansa
2. cocina
3. come
4. pone los libros
5. lava los platos

C. Diga qué verbos asocia con los siguientes objetos. Luego invente oraciones con los verbos y sustantivos.

1. televisor
2. lámpara
3. chequera
4. teléfono

CH. Pregúntele a otro/a estudiante...

1. quién usa la aspiradora en su casa.
2. si apaga las luces cuando sale de casa.
3. si lava los platos todos los días.

4. dónde duerme y dónde lee el periódico.
5. qué enciende cuando quiere leer por la noche.
6. si su televisor es a colores o en blanco y negro.
7. qué usa para subir al piso 10.
8. dónde deja su auto cuando no puede dejarlo en la calle.
9. en qué habitación recibe generalmente a sus amigos.

D. Un juego (*game*). *Each of three classmates will write on a slip of paper the name of one appliance or piece of furniture. The three should confer among themselves to avoid listing the same item. You will take all three slips of paper but will look at only one. Your task is to find out which classmate listed that item. Here are some questions you can ask. Answers should be truthful and should include only* **sí** *or* **no**.

1. ¿Es un aparato·eléctrico?
2. ¿Usa Ud. este mueble en la cocina (la alcoba)?
3. ¿Apaga Ud. este aparato por la noche?
4. ¿Limpia Ud. este mueble con frecuencia?
5. ¿Descansa (Duerme) Ud. en este mueble?

Gramática II

38. Irregular Preterites: *decir, traer; querer; saber, poder, poner; estar, tener*

These verbs are grouped according to the dominant letter in their preterite stems.

j		i
decir *to tell, say*	**traer** *to bring*	**querer** *to want*
dije	traje	quise
dijiste	trajiste	quisiste
dijo	trajo	quiso
dijimos	trajimos	quisimos
dijisteis	trajisteis	quisisteis
dijeron	trajeron	quisieron

	u			v	
saber *to know*	**poder** *to be able*	**poner** *to put*	**estar** *to be*	**tener** *to have*
supe	pude	puse	estuve	tuve
supiste	pudiste	pusiste	estuviste	tuviste
supo	pudo	puso	estuvo	tuvo
supimos	pudimos	pusimos	estuvimos	tuvimos
supisteis	pudisteis	pusisteis	estuvisteis	tuvisteis
supieron	pudieron	pusieron	estuvieron	tuvieron

- The **i** in *-ieron* is omitted in the forms **dijeron, trajeron**.
- The following verbs have special preterite tense meanings:

no querer   *to refuse*   Julio no quiso contestar.
Julio refused to answer.

saber   *to find out*   Sí, lo supe ayer.
Yes, I found (it) out yesterday.

See grammar section 47 for a more detailed presentation of the preterite meanings of these and other irregular preterite tense verbs.

PRÁCTICA

A. Viajes (*Trips*) y visitas. Complete según los modelos.

MODELO: Cuando (yo) __estuve__ en Colombia, __hice muchas excursiones__.

1. Cuando nosotros _____ en el Perú _____.
2. Cuando Uds. _____ en la Argentina _____.
3. Cuando ella _____ en el Brasil _____.
4. Cuando tú _____ en el Ecuador _____.

MODELO: Ellos __vinieron__ por la tarde y __pusieron el coche en el garaje__.

5. Nosotros _____ anoche y lo _____.
6. Vosotros _____ ayer y lo _____.
7. Tú _____ por la tarde y lo _____.
8. Yo _____ temprano y lo _____.

MODELO: Él __dijo__ eso, pero yo __no quise contestar__.

9. Ellas _____ eso, pero tú _____.
10. Yo _____ eso, pero Uds. _____.
11. Nosotros _____ eso, pero vosotros _____.
12. Ellos _____ eso, pero nosotros _____.

MODELO: Ellas __trajeron__ esa alfombra y yo __tuve que usarla__.

13. Él _____ esa aspiradora y nosotros _____ .
14. Ellos _____ ese televisor y yo _____ .
15. Nosotros _____ esa cómoda y ellos _____ .
16. Juanita y yo _____ la lámpara y Ud. _____ .

MODELO: __Sé__ que compraste un horno nuevo; lo __supe__ ayer.

17. Alberto _____ que compraste una alfombra nueva; lo _____ el domingo.
18. Ellos _____ que vendiste la aspiradora; lo _____ el martes.

B. Una mañana de mala suerte. Complete las oraciones de manera original (*in an original way*), usando el pretérito.

1. 7:00 / yo / no poder...
2. 8:00 / ellos / no decir...
3. 9:00 / él / no querer...
4. 10:00 / Uds. / no estar...
5. 11:00 / ellas / no traer...
6. 12:00 / Uds. / no saber...

39. Familiar Commands of Irregular Verbs

You learned the familiar commands of regular verbs in grammar section 29. Certain familiar commands are irregular and must be memorized.* Here are the most common.

decir	¡di (tú)!	*say, tell!*	salir	¡sal (tú)!	*leave!*
hacer	¡haz (tú)!	*do, make!*	tener	¡ten (tú)!	*have!*
ir	¡ve (tú)!	*go!*	venir	¡ven (tú)!	*come!*
poner	¡pon (tú)!	*put, place!*			

The **vosotros** affirmative command form of these same verbs is regular.

decir → decid   salir → salid
hacer → haced   tener → tened
ir → id   venir → venid
poner → poned

The negative command forms of these verbs for **tú** and **vosotros** follow the pattern you have already learned for **Ud.** commands in grammar section 28.

Ud.	tú	vosotros
¡no diga (Ud.)!	¡no digas (tú)!	¡no digáis!
¡no salga (Ud.)!	¡no salgas (tú)!	¡no salgáis!
¡no venga (Ud.)!	¡no vengas (tú)!	¡no vengáis!

*Since the irregular familiar commands are one-syllable words, they bear no written accent mark when an object pronoun is added to them: **dilo**, **ponla**, and so on.

PRÁCTICA

A. ¿Qué hacer en casa? Cambie según los modelos.

MODELO: ¡Cocine Ud.! → ¡Cocina tú!

1. ¡Apague Ud. la luz!
2. ¡Duerma Ud. en esa cama!
3. ¡Limpie Ud. la cocina!
4. ¡Pague Ud. las cuentas!
5. ¡Cocine Ud. en el horno!
6. ¡Venga Ud. a cenar!

7. ¡Haga Ud. la tarea!
8. ¡Ponga Ud. el teléfono en la cómoda!
9. ¡Escriba Ud. un cheque!
10. ¡Vaya Ud. a la cocina!

MODELO: subir → ¡No subas tú!

11. descansar en el sillón
12. dormir en la bañera
13. leer con la lámpara
14. pagar esa cuenta
15. encender la luz

16. venir muy temprano
17. salir del baño
18. poner los zapatos en el ropero
19. decir las noticias
20. ir al dormitorio

B. Dé la forma indicada del mandato.

1. (Hacer)   ¡_____ tú!
2. (repetir)   ¡No _____ Uds.!
3. (venir)   ¡No _____ tú!
4. (Tener)   ¡_____ tú!
5. (Pedir)   ¡_____ Ud.!
6. (Decir)   ¡_____ tú!

7. (traer)   ¡No _____ tú!
8. (ir)   ¡No _____ tú!
9. (Almorzar)   ¡_____ tú!
10. (poner)   ¡No _____ Ud.!
11. (Salir)   ¡_____ tú!
12. (Ir)   ¡_____ tú!

C. Cambie los mandatos al plural familiar (**vosotros**).

1. ¡Ven al comedor!
2. ¡Pon agua en la bañera!
3. ¡Haz la cama!
4. ¡Ve al sótano inmediatamente!

5. ¡Sal del baño!
6. ¡Ten cuidado!
7. ¡Di cuánto costó el horno de microondas!

CH. Dé dos mandatos familiares en singular (**tú**) para cada verbo, uno negativo y otro afirmativo, según el modelo.

MODELO: hacer (el café / la comida) → No hagas el café; haz la comida.

1. traer (una alfombra / un televisor)
2. venir (mañana / el domingo)
3. encender (la lámpara / la aspiradora)
4. alquilar (los muebles / el apartamento)
5. ir (al sótano / al garaje)
6. dormir (en el sillón / en el sofá)
7. decir («¡Buenos días!» / «¡Felicidades!»)
8. poner (el vaso en el estante / el vaso en el escritorio)
9. salir (ahora / después)
10. comer (patatas fritas / un sándwich de jamón)

40. Ordinal Numbers

Ordinal numbers generally precede the nouns they modify. They must agree with them in gender and number.

primero/a *first*	sexto/a *sixth*
segundo/a *second*	séptimo/a *seventh*
tercero/a *third*	octavo/a *eighth*
cuarto/a *fourth*	noveno/a *ninth*
quinto/a *fifth*	décimo/a *tenth*

Vivo en la **Quinta** Avenida. ¿Y Ud.?   *I live on Fifth Avenue. And you?*

The use of ordinal numbers beyond ten is not common in Spanish. Even ordinals under ten are replaced at times by cardinal numbers in everyday language.

Quiero examinar el volumen **cinco**.   *I want to examine the fifth volume (volume five).*

Remember that **primero** is used with dates to express the first of the month but that cardinal numbers are used for all other dates.

El **primero** de noviembre es mi cumpleaños.   *The first of November is my birthday.*

Note: Primero and **tercero** are shortened to **primer** and **tercer** before a masculine singular noun.

Vivo en el **primer** apartamento del **tercer** piso.*   *I live in the first apartment on the third floor.*

PRÁCTICA

Conteste según el modelo. *Always use the next number in your answer.*

MODELO: ¿Vio Ud. el primer programa? →
No, no vi el primer programa; vi el segundo.

1. ¿Va Ud. de vacaciones la tercera semana de enero?
2. ¿Fue éste el segundo baile?
3. ¿Celebró Ud. su cumpleaños el treinta de mayo?
4. ¿Vivió antes su amigo en el sexto piso?
5. ¿Fue ése el octavo regalo que recibió ella?
6. ¿Es el viernes el quinto día de la semana?   (continued)

---

*In Hispanic countries, the ground floor is not counted as a **piso** in the numbering system. Therefore, this would be the fourth floor in the United States system.

7. ¿Prefirieron ellas la Quinta Sinfonía?
8. ¿Tiene Ud. su ropa en el segundo ropero?
9. ¿Está el parque en la Novena Avenida?
10. ¿Puso Ud. sus libros en el séptimo estante?

Comunicación

Texto: Buscando un apartamento

FELISA: Buenos días, señor. Deseamos ver el apartamento que Ud. alquila.

EL DUEÑO:° Muy bien. Está en el quinto piso. Vamos en el ascensor.   *owner*

(Llegan al apartamento. El dueño enciende la luz de la sala.)

EL DUEÑO: Como pueden ver, este apartamento tiene sala-comedor, dos habitaciones, cuarto de baño y una cocina muy moderna, eléctrica. Otra cosa: el horno se limpia° automáticamente.   *se... cleans itself*

FELISA: No veo refrigerador ni° lavaplatos.   *nor*

EL DUEÑO: Lo siento. Lavaplatos no hay. El refrigerador es nuevo pero está todavía en el garaje.

JULIÁN: ¿Cuánto es el alquiler°?   *rent*

EL DUEÑO: Dos mil pesos mensuales,° con agua caliente, pero sin° luz.   *monthly / without*

JULIÁN: ¿Y la calefacción?

EL DUEÑO: La pagamos nosotros. Aquí no van a tener frío.

FELISA: Los roperos son muy pequeños.

EL DUEÑO: Sí, no son muy grandes, pero hay muchos. Además,° pueden Uds. poner las cosas de poco uso en el sótano del edificio.°   *Besides* / *building*

JULIÁN: A propósito,° señor. Hay algo que no dijimos antes. Tenemos un gatito.°   *A... By the way* / *kitten*

EL DUEÑO: ¿Gatos? No los permitimos aquí. Niños, sí; animales, no.

PRÁCTICA

A. Pidiendo información. Ud. quiere alquilar un piso. Trate de (*Try to*) obtener la siguiente información del dueño (de la dueña), su compañero (compañera) de clase.

1. ¿Qué habitaciones tiene el piso?
2. ¿Cómo es la cocina?
3. ¿Es necesario limpiar la cocina eléctrica?
4. ¿Cuántos cuartos de baño hay?
5. ¿Cuánto es el alquiler?

6. ¿Quién paga la calefacción?
7. ¿Qué muebles hay en la sala?
8. ¿Es posible tener un gatito?

B. Conteste las preguntas. Si Ud. no vive en su propio (*own*) apartamento, imagine que sí. O use las preguntas para entrevistar (*to interview*) a un compañero (una compañera) de clase.

1. ¿Cuándo alquilaste tu apartamento? ¿Lo buscaste mucho tiempo?
2. ¿Qué muebles tiene el apartamento? ¿Qué otros muebles necesitas comprar? ¿Dónde venden muebles a precios muy buenos?
3. ¿Qué haces para preparar una fiesta? ¿Qué refrescos compras? ¿Dónde los pones?
4. ¿Adónde vas para descansar? ¿para dormir? ¿para escribir un cheque?
5. ¿Qué usas para leer por la noche? ¿para lavar los platos? ¿para limpiar las alfombras?

EXPRESIÓN PERSONAL

A. En colaboración con un compañero (una compañera), presente en la clase un diálogo por teléfono. *First practice using the model cues given, which apply to* **Situación 1**. *Then invent dialogues related to* **Situaciones 2** *and* **3**.

MODELO:

ESTUDIANTE A

—¿Aló? (*Hello?*)
—_____.

—Pues, mire Ud. Mi hijo (hija) no está en casa. Fue...
—_____.
—Yo creo que...
—_____.
—Él (Ella)...

ESTUDIANTE B

—_____.
—Buenos días, señor Buero. Aquí habla Juan (Juanita) López. ¿Está en casa Alberto (Adelita)?
—_____.
—¿Sabe Ud. cuándo vuelve?
—_____.
—Yo quiero invitarlo (invitarla) a...
—Muchas gracias, adiós.

SITUACIONES

1. Ud. quiere ir a nadar con un amigo (una amiga), pero él (ella) no está en casa. Fue a buscar apartamento con otro compañero (otra compañera).
2. Ud. llama a un amigo (una amiga) porque necesita unos dólares. Ud. no tiene suficiente dinero para pagar el alquiler de su apartamento este mes. Pero el padre de su amigo (amiga) contesta el teléfono.
3. Ud. tiene una pequeña alfombra oriental que quiere vender. Ud. llama a un amigo (una amiga), pero tiene que hablar con su padre.

B. Instrucciones. *Imagine that you left your apartment hurriedly. Call your roommate to tell him or her to do several chores. Use command forms and add a touch of originality to your instructions.*

> MODELO: lavar los platos →
> Lava tú los platos; yo no tuve tiempo.

1. apagar la luz de la habitación
2. usar la aspiradora en la sala
3. pagar el alquiler
4. limpiar la cocina
5. *Include other actions of your own invention.*

C. Conteste basándose en el siguiente anuncio.

1. ¿Dónde están estos pisos?*
2. ¿Qué atracciones deportivas hay?
3. ¿Son grandes los pisos? ¿Cómo lo sabe Ud.?
4. ¿Dónde dan información?

Pisos excepcionales terminados en

Prado de Somosaguas

Precios excepcionales

Espléndida Zona Residencial
— Piscinas
— Instalaciones deportivas
4-5 Dormitorios

Fórmulas de pago variadas.
— Entradas desde el 10%
— Aplazamientos a 10 años

Otras fórmulas mixtas

INFORMACIÓN
Todos los días, incluso festivos, en la Urbanización, y de lunes a viernes en Princesa, 5

VALLEHERMOSO S.A.
Princesa, 5 • Tel. 241 63 00

---

*One can tell immediately that this ad is from Spain because of the use of the word **pisos**. In Spanish America **apartamentos** or, in some countries, **departamentos** would appear.

■ *OTRA VEZ*

Examine los dibujos y conteste las preguntas.

1. ¿Cuál es su deporte favorito?
2. ¿Cuál es su equipo favorito? ¿Quiénes son sus jugadores favoritos?
3. ¿Qué otros deportes le gustan, el esquí, la natación, la pesca?
4. ¿Qué hizo Ud. ayer? ¿Jugó al béisbol o al tenis?
5. ¿Fue Ud. a ver un partido de fútbol o baloncesto la semana pasada?
6. ¿Cuándo jugó Ud. al tenis o al golf la última vez? ¿Adónde fue Ud. para jugar?
7. ¿Monta Ud. en bicicleta con frecuencia? ¿Montó Ud. ayer?
8. ¿Cuándo comenzó Ud. a jugar al tenis o al golf?

Examen de repaso 4

A. Exprese en español las palabras entre paréntesis.

1. Ayer (*I practiced*) con Julián y Patricia.
2. ¿Por qué (*didn't you* [*fam.*] *bring*) tu raqueta?
3. José (*slept*) anoche en el sofá.
4. Ellos (*did not say*) cuándo compraron la casa.
5. Mi madre (*served*) el café.
6. Carmen (*couldn't*) comprender mi pregunta.

B. ¿Dónde ponemos el pronombre?

1. (*you* [*form. fem.*]) Quiero _____ recibir _____ en mi casa.
2. (*her*) Yo _____ estaba _____ esperando _____ en la calle.
3. (*me*) Sé que Ud. _____ necesita _____.
4. (*them* [*fem.*]) _____ Pon _____ tú en el escritorio.
5. (*it*) No _____ hagas _____ ahora.
6. (*it*) Ella no _____ quiso _____ comprar _____.

C. Vocabulario. Exprese en español.

1. the bill
2. the bathtub
3. nowadays
4. underneath
5. to rent
6. the people

7.	to type	9.	dining room	11.	the rent
8.	the wall	10.	on vacation	12.	almost

CH. Dé un mandato para cada oración.

MODELO: Ud. no tiene que escribir. → ¡No escriba Ud.!

1. Tú tienes que decir algo.
2. Tú tienes que salir ahora.
3. Uds. tienen que jugar mañana.
4. Ud. tiene que comenzar a estudiar.
5. Tú tienes que venir con nosotros.
6. Tú tienes que ir más tarde.
7. Ud. no tiene que hacerlo.
8. Vosotros tenéis que salir.
9. Tú no tienes que ir al sótano.
10. Ud. no tiene que pagar la cuenta.

D. Conteste de manera negativa, dando un número ordinal diferente en cada respuesta.

1. ¿Son Uds. los primeros?
2. ¿Jugaste el tercer partido?
3. ¿Participaron Uds. en el segundo campeonato?
4. ¿Trabaja Ud. en el quinto despacho?
5. ¿Durmió Ud. en la octava cama?
6. ¿Hablé yo por el sexto teléfono?

E. Cambie al pretérito.

1. Vamos el sábado.
2. ¿Haces todos los ejercicios?
3. Doy las tres clases.
4. Es un momento muy importante.
5. ¿Qué dicen Uds.?
6. ¿Adónde van ellos?
7. ¿Dónde están los niños?
8. Traemos los dos regalos.
9. ¿Quiénes ven esto?
10. No limpio eso.

LECCIÓN NUEVE

La comida

41. The imperfect tense of regular verbs
42. Irregular imperfects: **ir**, **ser**, **ver**
43. Indirect object pronouns
44. Position of indirect object pronouns
45. **Gustar**

En un supermercado de Caracas, Venezuela

Peter Menzel / Stock, Boston

Enfoque cultural

People in Spain tend to have a rather simple breakfast (**el desayuno**): coffee with milk, a roll or some crackers, with or without marmalade. Lunch (**el almuerzo**, also called **la comida**) is at 2 P.M. and is the most important meal of the day. Supper (**la cena**) is lighter and is generally served in the evening, sometimes quite late. This explains why Spaniards like to have a **merienda** (hors d'oeuvres, sandwiches, and so on, and a glass of wine or a cup of coffee) in the late afternoon, sometime between 6 and 8 P.M.

In Hispanic America breakfast tends to be a bit heavier. The evening meal is served a little earlier, from 7 to 9 P.M., depending on the country and the locale (rural or urban).

Among the favorite regional dishes in Spain and Hispanic America are **cocido** and **cazuela**, types of stew; **empanadas**, meat pies; and **ceviche**, raw fish in lemon juice. When you order, it is a good idea to ask if the food contains **ají** or **chile** (hot chili pepper). Several countries have special kinds of corn tamales and tasty seafood dishes. Among the more striking delicacies are the Mexican poultry dishes (such as **mole poblano**, turkey with a spicy chocolate sauce), the Caribbean fish specialties seasoned with exotic spices, and the choice grilled meats of Argentina known as **parrilladas**.

Vida y costumbres I

Vocabulario activo I

Sustantivos: La comida

el aceite (de oliva)	(olive) oil	**la leche**	milk
el almuerzo	lunch	**la lechuga**	lettuce
el/la camarero/a	waiter; waitress	**la mantequilla**	butter
la chuleta	chop	**el/la mesero/a**†	waiter; waitress
la chuleta de cerdo	pork chop	**el panecillo**	roll, bun
las espinacas	spinach	**la papa**	potato
el flan*	custard	**el postre**	dessert
los frijoles	beans	**la sal**	salt
los guisantes	peas	**el tomate**	tomato
las legumbres	vegetables	**la tostada**	toast
el huevo	egg	**el vinagre**	vinegar
los huevos rancheros	scrambled eggs with chili peppers and tomatoes		

---

*A type of custard made with caramel sauce and baked in the oven.
†**Mesero/a** is used primarily in Mexico.

Verbos

regatear	to bargain	**tomaba, tomabas, tomaba**	I, you, he/she/you took, used to take
Formas del imperfecto		**viajaba, viajabas, viajaba**	I, you, he/she/you traveled, used to travel
comía, comías, comía	I, you, he/she/you ate, used to eat		
deseaba, deseabas, deseaba	I, you, he/she/you wanted, used to want	**vivía, vivías, vivía**	I, you, he/she/you lived, used to live

Adjetivos

café solo (negro)	black coffee
común	common
solo/a	alone

Palabras adicionales

además	besides
al aire libre	(in the) open air
al final	at the end
de postre	for dessert
¡Dios mío!*	Good heavens!
es que	it's because
sin	without
tanto	so much

El desayuno

Beryl Goldberg

NICANOR: ¿Qué tomabas para el desayuno cuando viajabas por España?

RENATO: Café con leche† y un panecillo.

NICANOR: Comías poco, ¿no? Cuando yo vivía en México, siempre comía huevos rancheros, tostadas con mantequilla, frijoles, jamón, queso…

RENATO: ¡Dios mío! Eso no es un desayuno. ¡Es un almuerzo,… o una cena!

---

*This and similar expressions in Spanish are not at all offensive.
†**Café con leche** is prepared with a highly concentrated coffee (almost a syrup) and a large amount of steamed milk.

La comida

EL CAMARERO: ¿Qué deseaba el señor?

DON ROBERTO: Una chuleta de cerdo y arroz. ¿Hay espinacas hoy?

EL CAMARERO: No, señor, no hay.

DON ROBERTO: Pues, guisantes entonces y, además, una ensalada de lechuga y tomate.

EL CAMARERO: ¿Con vinagre y aceite?

DON ROBERTO: Por favor, y un poco de pimienta, pero sin sal.

EL CAMARERO: ¿Y de postre?

DON ROBERTO: Flan y, al final, café solo.

EL CAMARERO: Muy bien.

Peter Menzel

El mercado al aire libre

Los mercados al aire libre son comunes en muchos pueblos hispánicos. Aquí dos señoras regatean sobre el precio de las legumbres.

—¿Y cuánto cuestan los guisantes?

—$22 el kilo.*

—¿Y estos tomates y papas?

—$16 y $12 el kilo.

—Es mucho. Es mucho. No veo cómo puede pedir tanto.

—¡Ay, señora! Es que hay muy pocas legumbres después del mal tiempo.

Hugh Rogers/Monkmeyer Press Photo Service

---

*The sign **$** stands for **peso** in Mexico and other Hispanic countries.

PRÁCTICA

A. Conteste.

1.   En España, ¿qué tomaba Renato para el desayuno?
2.   ¿Dónde vivía Nicanor antes?
3.   ¿Qué comía allí?
4.   ¿Cree Renato que ése es un buen desayuno?

B. Hablando del pasado. *Think of your grade school days and answer these questions. Questions 5 through 8 include regular imperfect tense verbs other than those given in* **Vocabulario activo I**. *Can you recognize and use them?*

1.   ¿Dónde vivías con tu familia?
2.   ¿Qué tomabas para el desayuno?
3.   ¿Qué comías para el almuerzo?
4.   ¿Y qué comías para la cena?
5.   ¿En qué escuela estudiabas?
6.   ¿Dónde trabajaba tu padre (madre)?
7.   ¿Qué deporte(s) practicabas?
8.   ¿Qué discos (libros, ropa) comprabas?

C. Conversación. *You and a friend are planning a dinner, but the two of you are in total disagreement about the items to include. Every time you suggest something, your friend disagrees. Make suggestions according to the model. After five exchanges, change roles: your friend will make suggestions, and you will disagree with them.*

MODELO: UD.: Podemos comer jamón, ¿no?
             SU AMIGO/A: ¡Hombre, no! El jamón es para el desayuno.

1.   UD.: ¿Por qué no preparamos un bistec?
     SU AMIGO/A: _____.
2.   UD.: Podemos comer chuletas, ¿no?
     SU AMIGO/A: _____.
3.   UD.: Me gusta una buena ensalada.
     SU AMIGO/A: _____.
4.   UD.: Tenemos que comprar también un aguacate (*avocado*).
     SU AMIGO/A: _____.
5.   UD.: Prefiero la ensalada sin sal, sin aceite y sin vinagre.
     SU AMIGO/A: _____.
6.   SU AMIGO/A: Podemos hacer un arroz con pollo.
     UD.: _____.
7.   SU AMIGO/A: Al final, un postre, ¿no?
     UD.: _____.
8.   SU AMIGO/A: ¿Vamos a comprar un refresco también?
     UD.: _____.
9.   SU AMIGO/A: Prefiero un buen vino chileno.
     UD.: _____.
10. SU AMIGO/A: Bien. Ahora tú vas de compras.
     UD.: _____.

1. ¿Cómo se llama esta mantequilla?
2. ¿Qué animales hay en la foto?
3. ¿Cómo es la leche que viene de estos animales?
4. ¿Qué otra cosa tiene la Mantequilla Rika?

Gramática I

41. The Imperfect Tense of Regular Verbs

You learned the preterite in **Lecciones siete** and **ocho**. The imperfect tense is the second simple past tense in Spanish, and it is used to express actions and states as described below.

A. Continued or repeated actions in the past without any indication of their beginning or end

The English equivalent is often expressed by the past progressive (*was working, were singing,* and so on), by the phrase *used to + verb,* or by *would* when it means *over and over.*

Yo **cenaba** cuando él entró.	*I was having supper when he entered.*
Ella **trabajaba** los domingos.	*She used to work on Sundays.*
Caminaba los sábados.	*She would (used to) walk on Saturdays.*

B. Time of day in the past

Eran las diez cuando volvieron.	*It was ten o'clock when they returned.*

C. Mental or emotional actions and states in the past (*I thought, I wished, I wanted, I feared,* and so on)

In most cases these processes are viewed as not having a definite beginning or a definite end.

Ella **deseaba** regatear un poco.	*She wanted to bargain a little.*
Yo **creía** que Ud. **era** más inteligente.	*I thought that you were more intelligent.*

However, if a particular instant is expressed or implied, the preterite is almost always used.

(En ese momento) **Pensé** que era mi prima.   (*At that moment*) *I thought it was my cousin.*

Here are the imperfect endings.

-ar verbs		-er, -ir verbs	
-aba	-ábamos	-ía	-íamos
-abas	-abais	-ías	-íais
-aba	-aban	-ía	-ían

viajar *to travel*	creer *to believe*	salir *to leave*
viajaba	creía	salía
viajabas	creías	salías
viajaba	creía	salía
viajábamos	creíamos	salíamos
viajabais	creíais	salíais
viajaban	creían	salían

stem-changing verbs	
PRESENT	IMPERFECT
(yo) p*i*enso	**(yo) pensaba**
(Ud.) v*ue*lve	**(Ud.) volvía**
(ellos) s*i*rven	**(ellos) servían**

- The accent is used on the first-person plural endings of **-ar** verbs (**-ábamos**) and on the **i** in all **-er/-ir** endings.
- The imperfect endings of **-er** and **-ir** verbs are the same.
- Stem-changing verbs do *not* change their stem vowels in the imperfect.
- Although **hay** is irregular in the present tense, the imperfect of **hay** is regular: **había**. Just as **hay** means *there is* or *there are,* **había** means *there was* or *there were.*

    Había muchos estudiantes allí.   *There were many students there.*

PRÁCTICA

A. Dé el imperfecto en las personas indicadas.

1. *Nosotros* visitábamos a Ramón con frecuencia.
   Yo / Tú / Ellos / Uds. / Vosotras
2. *Ellos* siempre comían un postre y tomaban café.
   Tú / Tú y yo / Ud. / Yo / Uds.
3. *Yo* ganaba el dinero y *él* lo gastaba.
   Tú _____ y nosotros _____.

Ellas _____ y yo _____.

Nosotros _____ y tú _____.

4. *Yo lo entendía cuando él lo enseñaba.*

Tú _____ ella _____.

Uds. _____ nosotros _____.

Yo _____ Ud. _____.

B. Transformaciones. *With a classmate take turns making the following changes as quickly as possible. Cover the answer column if you are studying alone.*

MODELO: ESTUDIANTE A: Trabajo ocho horas.

             ESTUDIANTE B: Trabajaba ocho horas.

presente → imperfecto

1. ¿Con quién hablas?	→	¿Con quién hablabas?
2. Charlo con Javier.	→	Charlaba con Javier.
3. ¿Qué dice él?	→	¿Qué decía él?
4. ¿Qué hacen ellos?	→	¿Qué hacían ellos?
5. Los tres escriben.	→	Los tres escribían.
6. ¿Qué prefieres hacer tú?	→	¿Qué preferías hacer tú?

pretérito → imperfecto

7. ¿Qué compraron?	→	¿Qué compraban?
8. ¿Costó mucho?	→	¿Costaba mucho?
9. ¿Trajeron bastante dinero?	→	¿Traían bastante dinero?
10. ¿Quiénes quisieron hablar?	→	¿Quiénes querían hablar?
11. Nosotros contestamos.	→	Nosotros contestábamos.
12. Dijeron adiós.	→	Decían adiós.

42. Irregular Imperfects: *ir, ser, ver*

ir	ser	ver
iba	era	veía
ibas	eras	veías
iba	era	veía
íbamos	éramos	veíamos
ibais	erais	veíais
iban	eran	veían

PRÁCTICA

A. De niño (niña). Conteste con la forma apropiada de los verbos en cursiva.

—¿Qué hacía Ud. cuando era niño (niña)?
—Cuando era niño (niña), yo...

1. *tomar* Coca-Cola y no vino
2. *ir* a la ciudad con mis padres
3. *ver* la televisión

4. no *poder* salir solo (sola)
5. siempre *salir* a la calle con mi padre

—Cuando estaba enfermo (enferma), ¿qué hacía Ud.?
—Cuando estaba enfermo (enferma), yo...

6. no *salir* a la calle
7. *comer* muy poco
8. *dormir* mucho

9. no *ir* a clases
10. no *jugar* con los amigos

B. De compras. Exprese en el imperfecto.

El sábado (*es*) _____¹ día de ir al mercado y, por eso, (*hay*) _____² mucha gente en las calles. Casi no (*puedo*) _____³ caminar. ¡Caramba! Yo (*quiero*) _____⁴ comprar guisantes y frijoles.

Cuando Felipe (*va*) _____⁵ al supermercado, (*busca*) _____⁶ legumbres buenas y baratas. Pero no (*es*) _____⁷ fácil encontrarlas (*to find them*) porque todo (*cuesta*) _____⁸ mucho.

Cuando mi madre (*invita*) _____⁹ a nuestros amigos a cenar, (*va*) _____¹⁰ primero a una tienda. Allí (*compra*) _____¹¹ arroz y dos pollos. Yo sé _____¹² cuál (*es*) _____¹³ su plato favorito.

No me (*interesa*) _____¹⁴ ir de compras, pero... (*tengo*) _____¹⁵ que preparar la cena. (*Me gusta*) _____¹⁶ comprar carne, tomates y lechuga. ¡Ah! y no (*debo*) _____¹⁷ olvidar (*forget*) el postre.

C. Situaciones.

Explain to a classmate that you used to . . .
1. go to the market every day
2. carefully examine all the vegetables
3. buy only the good ones

4. bargain with the seller
5. return home happily

Ask a classmate . . .

6. what special dishes his (her) mother/father used to prepare
7. where she would buy the meat and the vegetables
8. how much money she needed for the meals
9. when the family would have a special meal
10. whether she invited friends and who they were

CH. El verano pasado. Diga Ud. qué hacía el verano pasado para pasar el tiempo. Use los verbos indicados en el imperfecto. *Add any words needed to complete the sentences.*

> MODELO: pescar → *Yo* pescaba con mi amigo Luis.

1. caminar
2. viajar
3. ir a pasear

4. ver varios animales
5. preferir

> MODELO: salir → *Nosotros* salíamos a caminar.

6. ir a visitar a los abuelos
7. montar en bicicleta
8. ver muchos programas de televisión

9. salir en mi auto
10. visitar las tiendas elegantes

Vida y costumbres II

Vocabulario activo II

Sustantivos: La comida

el azúcar	sugar
la banana	banana
la carne	meat
la carne de cerdo	pork
la carne de cordero	lamb
la carne de vaca	beef
la copa de vino	glass (full) of wine
la copa para el vino	wineglass
la cuchara	spoon
la cucharita	teaspoon
el cuchillo	knife
el ingrediente	ingredient
el melón	melon (cantaloupe)
la naranja	orange
el pescado	fish
el plátano	banana; plantain
el platillo	saucer; small dish
la servilleta	napkin
la taza	cup
el tenedor	fork
la tortilla (española)	(potato) omelet (Spain); tortilla (Mexico)

Otros sustantivos

la etiqueta	etiquette; label	la lógica	logic
el lado	side	la parte	part

Verbos

prestar	to lend	**prestar atención**	to pay attention

Palabras adicionales

junto a	next to
le	(to) him, her, you (*form. sing.*)
le hace(n) falta	he/she needs, you need
les	(to) them, you (*form. pl.*)
quizá(s)	perhaps, maybe
te	(to) you (*fam.*)

Claudita va de compras

Hugh Rogers/Monkmeyer Press Photo Service

CLAUDITA: Don Arsenio, mi mami necesita pan y aceite de oliva, huevos y patatas para hacer una tortilla. También dice que le hacen falta azúcar, jugo de naranja, unos plátanos, un melón quizás, y medio kilo de pollo o pescado y un kilo de carne de vaca o de cordero.

DON ARSENIO: ¿Todo eso? Espera, niña... No me das tiempo para escribir.

CLAUDITA: Y mi mami quiere saber también si puede pagarle a Ud. mañana.

DON ARSENIO: Y sin dinero, ¿cómo voy a comer yo?

CLAUDITA: Pues... nosotros le damos parte de la comida.

DON ARSENIO: Entonces, ¿me invitan a cenar? ¡Me gusta tu lógica, niña! ¿Quién te enseñó a ser tan lista?

La lección de etiqueta

Peter Menzel

Niños, préstenme atención. Para nuestra lección de etiqueta hoy, pongan la copa para el vino y el vaso para el agua al lado derecho del plato, junto al cuchillo y a la cucharita. Es una cucharita; no es cuchara. A la izquierda van el tenedor y la servilleta. No pongan el platillo para la ensalada hasta después. El postre viene al final, como la taza para el café.

PRÁCTICA

A. Claudita va de compras. Conteste. *Questions 5 through 8 require that you invent details.*

1. ¿Quién habló con don Arsenio?
2. ¿Qué compró la niña?
3. ¿Cuándo va a pagar la mamá?
4. ¿Qué le dijo don Arsenio a la niña?
5. ¿Cuántos años tiene la niña, probablemente?
6. ¿Es grande o pequeña la familia de Claudita? ¿Por qué cree Ud. esto?
7. ¿Es rica la familia de Claudita?
8. ¿Es una buena persona don Arsenio? ¿Por qué sí (no)?

B. La lección de etiqueta. Complete.

1. Niños, préstenme _____.
2. Pongan la copa _____ y el vaso _____ al lado _____ junto al _____.

El Corte Inglés
ABIERTO A MEDIODIA.

3. A la izquierda van _____.
4. No pongan el platillo _____.
5. El postre _____ como la _____ para el café.

C. ¿Tiene Ud. buena memoria? Cubra (*Cover*) las palabras en español de la página 206 y dé el nombre de los varios objetos en español.

CH. Complete.

1. Para hacer una buena ensalada, es necesario comprar _____.
2. Los países centroamericanos exportan enormes cantidades de _____.
3. Por la mañana me gusta tomar jugo de _____.
4. Cuando invito a mis amigos, preparo carne de _____ o de _____.

D. Preguntas personales.

1. ¿Prefiere Ud. carne de cerdo o carne de vaca?
2. ¿Cuál le gusta más, el pescado o el pollo?
3. ¿Cuántas veces come Ud. carne (pescado, pollo) cada semana?
4. ¿Qué carne comió Ud. anoche?
5. ¿Cuáles son sus legumbres favoritas?
6. ¿Dónde las compra Ud.?
7. ¿Qué le gusta preparar cuando invita a sus amigos?
8. ¿Cuánto cuesta una buena chuleta de cerdo (cordero) ahora?
9. ¿En qué meses son relativamente baratos los tomates (los melones)?
10. ¿Qué utensilios usa Ud. cuando come pescado (guisantes, papas)?

E. Invente un diálogo en español con la ayuda de varios compañeros.

1. You are a grocer. A little girl (boy) comes into your store and orders, but she (he) does not have enough money to pay for it all. A customer says he (she) knows the family and explains the girl's (boy's) situation, trying to be understanding.
2. You are eating in a restaurant. Your waiter (waitress) is not very efficient (**eficiente**). You ask for _____, but the waiter (waitress) does not seem to understand; he (she) offers various excuses. Expand the conversation as far as your vocabulary will permit.

Bar
Restaurante
Rincón
del
Chorro

Pedro Narro Sáez

Calle del Chorro, 15
Teléfono 974 - 71 01 12
ALBARRACIN (Teruel)

Gramática II

43. Indirect Object Pronouns

An indirect object (noun or pronoun) expresses to whom or for whom something is done. For example, in the sentence *He gave the boy a dollar* (*He gave a dollar to the boy*), *the boy* is an indirect object.

Here are the Spanish indirect object pronouns.

SINGULAR	PLURAL
me (to, for) me	**nos** (to, for) us
te (to, for) you (*fam.*)	**os** (to, for) you (*fam.*)
le (to, for) you (*form.*), him, her, it	**les** (to, for) you (*form.*), them

Le trajo los ingredientes necesarios.	*He brought (to/for)* her the necessary ingredients.*
Les abrió la puerta.	*She opened the door for* them.*

The indirect object pronoun is also used to refer to the person from whom something is taken, removed, purchased, and so on.

No **les** va a quitar los panecillos.	*He's not going to take away their rolls (from them).*
Le compré las naranjas a la señora García.	*I bought the oranges from Mrs. García.*

In Spanish the indirect object pronoun is used even when the indirect object noun to which it refers is expressed.

Él **les** habla **a los alumnos**.	*He speaks (to them) to the students.*

Note: From this point on, always use the indirect object pronoun in such constructions. You can drop the prepositional clarifier (**a los alumnos**) but not the indirect object pronoun (**les**).

---

*VERY IMPORTANT! In these examples *for* is not expressed with **para**; the meaning of the English preposition *for* is expressed by the Spanish indirect object pronoun.

44. Position of Indirect Object Pronouns

Grammar section 37 discussed the principles of positioning direct object pronouns. The same principles govern the positioning of indirect object pronouns. Indirect object pronouns precede conjugated verbs and negative commands and may follow and be attached to infinitives and present participles. They *must* follow and be attached to affirmative commands.

Le di a la joven diez dólares para ir al mercado.	*I gave the girl ten dollars to go to the market.*
No **le** pague al camarero.	*Do not pay the waiter.*
¿Va Ud. a decir**le** que hoy es mi cumpleaños?	*Are you going to tell her (him) that today is my birthday?*
Ella está dándo**le** lecciones de cocina a Ramiro.	*She is giving Ramiro cooking lessons.*
Le está enseñando a tocar el piano.	*She (He) is teaching him (her) to play the piano.*
¡Hábla**me**, Juan!	*Speak to me, Juan!*
¡Escríbe**le** a ella!	*Write to her!*

Indirect object pronouns can be emphasized or clarified by adding the following prepositional phrases: **a mí me..., a ti te..., a Ud. /él/ella le..., a nosotros/as nos..., a vosotros/as os..., a Uds. /ellos/ellas les...**

A mí no me gustan las legumbres. ¿Y **a ti**?	*I don't like vegetables. And (do) you?*
Os lo dije **a vosotros**, no **a ellos**.	*I told it to **you**, not to **them**.*

PRÁCTICA

A. Pronombres. Lea la oración y ponga el pronombre en el lugar apropiado.

MODELO: (te) Yo digo eso. → Yo te digo eso.

1. (le) Quieren dar la noticia a mi hermana.
2. (te) ¿Preguntó eso María?
3. (os) Preparo una cena típica.
4. (me) Compre Ud. las legumbres.
5. (nos) Pero, ¿quiénes van a hablar hoy?
6. (les) No pregunte Ud. dónde almuerzan.

B. Exprese en español.

1. Ella (*is giving him*) una explicación.
2. (*She writes us*) que compró una alfombra oriental.
3. ¡(*I'm telling you*) que debes usar la aspiradora!

4. (*He's preparing . . . for me*) la cena de hoy.
5. (*They're cleaning . . . for us*) el escritorio.
6. Su padre (*pays . . . for him*) la cuenta del doctor.
7. ¿Por qué (*don't you bring us*) Ud. un televisor a colores?
8. Señora, quiero (*to ask you a favor*).
9. Los niños tienen hambre. ¿Qué (*are you going to give them*) tú para la cena?
10. Prefiero (*not to ask him*) cómo ganó ese dinero.

C. Cambie según el modelo. *The words in parentheses tell you who the indirect object is.*

MODELO: (hijas) ... hablé... → Les hablé a las hijas. Les hablé a ellas.

1. (señoritas) El jefe... dijo... quién era.
2. (señoras) La muchacha... sirvió... el almuerzo.
3. (amiga) María... escribió...
4. (sobrino) El abuelo... trajo... estos regalos.
5. (señor) ¿Qué... dieron... los clientes?
6. (amigos) ... pregunté... si querían ir a la oficina.
7. (María y Carmen) ¿Qué... decía... Juan?
8. (señora) Carlos... explicó... el problema.

CH. Traducciones.

1. They brought me some eggs.
2. What did you tell her?
3. They did that to him?
4. She is lending us the knives and forks.
5. I'm writing them a letter.

45. *Gustar*

You have already used **me gusta(n)**, **te gusta(n)**, and **le gusta(n)** to express *I like*, *you like*, and *he/she likes*. Here is the complete conjugation of **gustar** in the present tense with all the indirect object pronouns. You will have no trouble using **gustar** correctly if you think of it not as meaning *I like* but as expressing the idea that something *is pleasing* (*to me, him, you, us, etcetera*).

• One thing is pleasing (*to me, you, him, us, etcetera*)

Me gusta
Te gusta
Le gusta
Nos gusta   } este postre.
Os gusta
Les gusta

- Several things are pleasing (*to me, you, him, us, etcetera*)

Me gustan
Te gustan
Le gustan
Nos gustan   } las legumbres.
Os gustan
Les gustan

Note the following relationships:

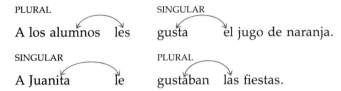

PLURAL   SINGULAR
A los alumnos   les   gusta   el jugo de naranja.

SINGULAR   PLURAL
A Juanita   le   gustaban   las fiestas.

Other verbs and phrases with similar constructions include **encantar** (*to love* something), **hacer falta** (*to need* something), **interesar** (*to be interested in* something), and **parecer** (*to seem*).

Nos encanta comer en el centro.   *We love to eat downtown.*
Le hace falta la carne.   *He/She needs the meat.*
¿No **te interesan** los coches?   *Aren't you interested in cars?*
Me parece increíble.   *It seems incredible to me.*

PRÁCTICA

A. ¿Qué les gusta? Describa lo que (*what*) les gusta a estas personas.

MODELO: (*to him*) el cuadro → Le gusta el cuadro.

1. (*to me*)   { la ensalada
                         { las vacaciones

2. (*to you* [*form. pl.*]) { las legumbres
                            { los conciertos

3. (*to him*)   { el aceite
                         { los huevos rancheros

4. (*to us*)   { el cine
                         { los tomates

5. (*to them*)   { los postres
                         { las frutas

B. Preferencias culinarias. Dé la forma correcta del verbo **gustar** en el imperfecto.

1. (a ella)   las chuletas / el arroz
2. (a Uds.)   el flan / las ensaladas de fruta
3. (a ellos)   las tostadas / el vino español
4. (a nosotros) el jamón / esas cucharitas

C. Preguntas personales.

1. ¿Qué te interesa más, comprar un postre o un buen vino? ¿Por qué?
2. ¿Qué frutas realmente te encantan? ¿Por qué?
3. ¿Te parece buena la comida mexicana? Explica por qué sí (no).
4. ¿Te interesa ir a un mercado al aire libre? ¿Por qué sí (no)?
5. ¿Te encanta realmente regatear? ¿Por qué sí (no)?
6. ¿Qué te hace falta para preparar una ensalada de frutas?

CH. Use un pronombre (objeto indirecto) con los siguientes verbos. *Supply a suitable ending. Be sure to add accent marks when appropriate.*

MODELO: (a Juan) Dé... → Déle un buen postre.

1. (a nosotros)   Cante...
2. (a ellos)   Explique...
3. (a Teresa)   Prepare...
4. (a los muchachos)   Venda...
5. (al Sr. Quintana)   Lea...
6. (a las jóvenes)   Escriba...
7. (a nosotros)   Hable...
8. (a ellas)   Enseñe...

Comunicación

Texto: *Una típica comida española*

Mi amigo Ramón vivía con su familia en la avenida de la Moncloa,* esto es,° en el barrio de los estudiantes.

    En aquellos días yo vivía en una pensión barata cerca de la Plaza de la Independencia. Por eso, tenía que tomar un autobús para ir a la casa de mi amigo. Ahí pasábamos tres o más horas estudiando y preparándonos para los exámenes. Sus padres siempre me invitaban a comer y como lo hacían con mucha insistencia, no podía decirles que no.°

    Siempre me servían dos platos. El primero, por ejemplo, consistía en pescado, sopa, legumbres o una tortilla; y el segundo (o principal) en un filete° con patatas fritas, o arroz con pollo, o jamón con huevos. Siempre comíamos mucho pan, pero nunca° veía mantequilla en la mesa. La ensalada venía después del plato principal y, generalmente, era de lechuga y tomate. Bebíamos sangría con frecuencia, y nunca tomábamos café hasta después del postre, que casi siempre era fruta o flan.

esto... that is to say

decirles... say no

fillet of beef
never

---

*The **Moncloa** district is located in northwestern Madrid and encompasses the university campus. This section of the city is known for its boulevards, parks, and promenades.

TORTILLA ESPAÑOLA

$3/4$ taza de aceite

4 patatas cortadas en rebanadas (*sliced*)

2 cebollas (*onions*) pequeñas

1 diente de ajo (*garlic clove*)

4 huevos, batidos

2 cucharadas (*tablespoons*) de perejil fresco picado (*chopped fresh parsley*)

$1/4$ cucharadita (*teaspoon*) de pimienta molida (*ground*)

1 cucharadita de sal

1. En el aceite se fríen (*are fried*) a fuego moderado (*moderate heat*) las patatas, cebollas y ajo, empleando una sartén (*skillet*) no muy grande. Agite (*Shake*) la sartén constantemente por unos 10 minutos.
2. Agregue (*Add*) los huevos batidos (*beaten*) y los otros ingredientes. Después de unos minutos, cocine la tortilla por el otro lado (2 minutos).

SANGRÍA

2 litros de vino tinto (*red*)

$1/4$ taza de azúcar

1 taza de melocotones (*peaches*) frescos o en lata (*can*), en rebanadas

1 banana, en tajadas (*slices*)

1 lata (6 onzas) de jugo de naranja congelado (*frozen*)

1 taza de una bebida gaseosa de limón (*lemon soda*)

$1/2$ taza de jugo de limón

Mezcle (*Mix*) todos los ingredientes y enfríelos (*chill them*).

PRÁCTICA

A. Invente oraciones según el **Texto**, empleando las palabras indicadas.

MODELO: amigo / comer / casa →
Un amigo me invitó a comer en su casa.

1. Ramón / familia / avenida de la Moncloa
2. comida típica / servir / dos platos
3. primer plato / pescado / sopa o legumbres
4. segundo plato / filete / patatas o arroz
5. siempre / pan / mantequilla
6. ensalada / lechuga / tomate
7. beber / sangría / café
8. postre / fruta / flan

B. Invente tres menús.

	DESAYUNO	COMIDA (ALMUERZO)	CENA
1.	________________	1er plato:* ________________	________________
2.	________________	2o plato: ________________	________________
3.	________________	Postre: ________________	________________

C. Comidas memorables. Describa Ud...

1. un desayuno típico en su casa
2. una cena típica en la casa de su abuela
3. un almuerzo que Ud. tomó en casa de un amigo (una amiga)
4. una visita que Ud. hizo a una tienda, mercado o supermercado
5. un postre que le encantó

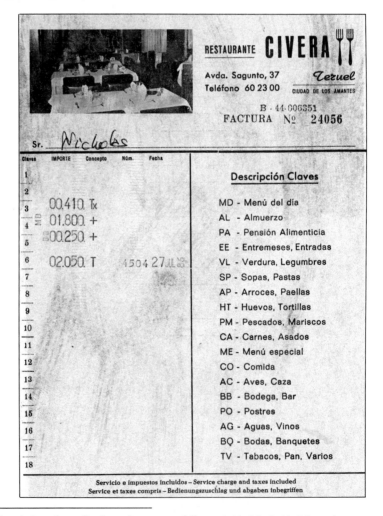

1. ¿Dónde está el restaurante Civera? ¿En qué calle y en qué ciudad? ¿Cuál es el teléfono?
2. ¿Cuánto cuesta la comida de hoy?
3. ¿Qué quisiera Ud. pedir de la lista?

RESTAURANTE **CIVERA**

Avda. Sagunto, 37 Teruel
Teléfono 60 23 00 CIUDAD DE LOS AMANTES

B - 44-006351
FACTURA Nº **24056**

Sr. Nicholas

Claves	IMPORTE	Concepto	Núm.	Fecha
1				
2				
3	00.410 Tx			
4	MD 01.800 +			
5	00.250 +			
6	02.050 T		4504	27 JUL 83
7				
8				
9				
10				
11				
12				
13				
14				
15				
16				
17				
18				

Descripción Claves

MD - Menú del día
AL - Almuerzo
PA - Pensión Alimenticia
EE - Entremeses, Entradas
VL - Verdura, Legumbres
SP - Sopas, Pastas
AP - Arroces, Paellas
HT - Huevos, Tortillas
PM - Pescados, Mariscos
CA - Carnes, Asados
ME - Menú especial
CO - Comida
AC - Aves, Caza
BB - Bodega, Bar
PO - Postres
AG - Aguas, Vinos
BQ - Bodas, Banquetes
TV - Tabacos, Pan, Varios

Servicio e impuestos incluidos – Service charge and taxes included
Service et taxes compris – Bedienungszuschlag und abgaben inbegriffen

*The abbreviations for ordinal numbers are as follows: 1er(a), 2o/a, 3er(a), 4o/a, and so on.

base *starter*
salsa *sauce*
quedará *will be
(turn out)*
el suyo *yours*
especia *spice*
vegetal *vegetable*
cuidadosamente
carefully
sabor *taste*
se trata (de) *it's a
matter (of)*
sabrosa *delicious*

1. ¿Qué es divinamente fácil?
2. ¿En cuántas formas puede
   Ud. preparar pollo?
3. ¿Qué contienen las bases
   Maggi?

EXPRESIÓN PERSONAL

A. Su régimen (*diet*). Hágale estas preguntas a un compañero (una compañera) de clase. Él o ella tiene que inventar respuestas cómicas, si es posible.

1. ¿Qué tomaste en el desayuno / la cena ayer?
2. ¿Qué legumbres / carnes / frutas te gustan especialmente?
3. ¿En qué plato pones mucho azúcar / aceite, generalmente?
4. ¿Cuándo necesitas mucha sal / mantequilla, por lo general?

B. Concurso (*Contest*). *Cue a classmate with the words given at the left. Your classmate should quickly respond with the word(s) associated with that cue.*

1. una fruta tropical	plátanos (bananas)
2. carne con papas...	fritas
3. huevos mexicanos	huevos rancheros
4. ensalada	lechuga (tomate)
5. una chuleta de...	cerdo (cordero)
6. cuchillos y...	tenedores (cucharas)
7. una copa de...	vino
8. un vaso de...	leche (agua)
9. jugo de...	naranja

C. Situaciones. *With a classmate prepare two or three exchanges for each of these situations.*

1. Está en un restaurante con un amigo. Él (Ella) come mucho, pero tiene poco dinero. Ud. come muy poco.
2. Va al mercado y habla con don Arsenio. Quiere comprar diferentes legumbres y carnes para preparar una cena estupenda.
3. Charla con su abuela (abuelo). Ella (Él) habla de las diferentes comidas que le preparaba cuando era joven.

CH. ¿Qué objetos ve Ud. en el dibujo?

D. Diga Ud. algo sobre las personas y cosas del siguiente dibujo.

■ *OTRA VEZ*

Estilo de vida. Lea la conversación entre Lola y Juan. Después lea el anuncio de Fontainebleau Park (página 220) y conteste las preguntas.

LOLA: Juan, hazme el favor de leer este anuncio que tu hermano trajo el martes pasado.

JUAN: Lo siento, pero no tengo tiempo. Ahora voy a...

LOLA: ¡Juan, no me digas eso! No estuviste aquí ayer y ahora tenemos que hablar.

JUAN: ¡Bueno, bueno, mujer! Ten un poco de paciencia conmigo. Tú sabes que ayer tuve que jugar al golf. A ver, ¿qué dice el anuncio? (Juan lo lee...) Lola, Fontainebleau Park parece una comunidad interesante, ¿no crees?, especialmente los dos campos de golf. ¿Quieres visitarla mañana?

LOLA: ¡Pues, sí, naturalmente, si tú tienes tiempo!

1.   ¿Quién trajo el anuncio? ¿Cuándo lo trajo?
2.   ¿Estuvo Juan en casa ayer? ¿Qué tuvo que hacer?
3.   ¿Qué diversiones ofrece la comunidad de Fontainebleau Park?
4.   ¿Cuántas habitaciones (de dormir) tienen estas residencias?
5.   ¿En qué ciudad está Fontainebleau Park? ¿Qué está muy cerca de la comunidad?
6.   ¿Cuánto cuestan las residencias? ¿Las considera Ud. baratas o caras?
7.   La comunidad de Fontainebleau Park, ¿cuándo van a visitarla Lola y Juan?

En medio de la exuberante naturaleza de un precioso parque, donde usted disfrutará de un estilo de vida más sosegado, más tranquilo, rodeado de un ambiente silvano y hermosos lagos, se encuentra **West Fontaine.**

Además de ofrecerle un ambiente tranquilo, esta nueva comunidad en Fontainebleau Park le ofrece toda la diversión que usted busca... con dos campos de golf, canchas de tenis y de "handball," piscinas, senderos para correr, montar en bicicleta y mucho, mucho más.

En estas cómodas residencias de 2 habitaciones y 2 baños, usted encontrará todas las conveniencias de la vida moderna, desde sólo **$53,000.**

Y todo lo que necesita está muy cerca de usted: a minutos de las principales arterias de tránsito, centros comerciales y restaurantes.

Así es que si busca un estilo de vida más placentero, no busque más allá de West Fontaine. **Porque sólo hay una manera de vivir... en West Fontaine.**

Fontainebleau Park
Donde el hábito del buen vivir se hace naturaleza.
9795 Fontainebleau Blvd., Miami, Florida 33172 · Tel. (305) 553-3024

TRAFALGAR COMMUNITY

el ambiente *atmosphere*
cerca de *near*
disfrutará de *you will enjoy*
encontrará *you will find*
ofrecerle *offering you*
placentero *pleasant*
rodeado *surrounded*
silvano *forested*
sosegado *calm*

Lectura 5

Antes de comenzar

As you know, reading in a foreign language often involves coping with words whose meanings you do not know. In previous **Lectura** sections, you practiced guessing the meaning of cognates. Another strategy is to try to figure out a word's meaning based on what you already know about the topic. Another is to use clues from the context, the part of the reading in which the word appears.

This reading should be partially familiar to you because it concerns the Christmas story of Mary, Joseph, and the baby Jesus. All the words in bold type are new, but you may be able to guess their meaning because of your familiarity with the topic. As you read, rely on your general knowledge of the topic and the immediate context to help you figure them out.

Las posadas

Las posadas son una tradición de la Navidad mexicana. Recrean el drama de la **Nochebuena**, cuando José y María no pudieron entrar en la **posada** del pueblo, y tuvieron que pasar la noche en un *establo*. Fue allí donde nació el niño Jesús, y donde los **Reyes Magos** lo **adoraron**.

Durante los días que preceden a la Navidad, los mexicanos **conmemoran** este drama de la siguiente forma: varias personas cantan «Las posadas» enfrente de la casa de un amigo. En la canción, San José pregunta: «¿Quién les da posada a estos **peregrinos**, que vienen cansados de andar los caminos?» El *casero* de la posada contesta: «Por más que digáis que venís **rendidos**, no damos posada a desconocidos.» Y el amigo, como el casero de la canción, les dice a los cantantes varias veces que no pueden entrar. Pero por fin comprende que los peregrinos son José y María, les abre la puerta y les da posada en su corazón.[1]

Los cantantes repiten esta misma *escena* varias veces cada noche en la casa de diferentes amigos. Y cada vez, cuando terminan la canción, los amigos los invitan a entrar.

En casas donde la familia espera la visita de muchos cantantes, generalmente hay una mesa con una gran variedad de pasteles, tortas, dulces, helados, vinos y otros refrescos, tales como jugos de frutas tropicales y «flor de Jamaica», que es una bebida típica de la Navidad.

The initial *-s* of some English words is equivalent to the **-es** of their Spanish counterparts. What might **establo** and **escena** mean?

Relate **casero** to **casa**.

[1]*heart*

Peter Menzel

Los Reyes Magos traen regalos para los niños en la Ciudad de México.

NOTAS CULTURALES

1. The celebration of Christmas in Mexico traditionally begins several days prior to December 25. Many people still pay nightly visits to different friends singing Christmas carols, called **villancicos**, and recreating the scene described in the reading. For many the celebration also extends beyond Christmas Day, since, according to Hispanic tradition, the **Reyes Magos** (*Three Wise Men*) deliver gifts to children on Epiphany (January 6).

2. **Flor de Jamaica** is a common Christmas drink in Mexico made with flower petals from the Jamaica plant. They are steeped in water until it turns red, and then sugar is added.

Después de leer

A. ¿Sí o no? Conteste sin mirar la lectura.

1. Los peregrinos vienen cansados de andar los caminos.
2. San José pide posada preguntando: «¿Quién les da posada a estos peregrinos?»
3. El casero no da posada a desconocidos.
4. El niño Jesús nació en un establo porque sus padres no pudieron entrar en una posada.
5. Por fin el casero permite entrar a los «peregrinos», sus amigos.
6. Los cantantes comen pasteles y toman refrescos.
7. Los cantantes repiten esta escena varias noches.
8. Estas celebraciones ocurren después de la Navidad.

B. Tradiciones. Identifique o defina las palabras siguientes según la lectura.

1. las posadas
2. la Nochebuena
3. Reyes Magos
4. peregrinos
5. establo
6. corazón

C. ¿Tiene Ud. buena voz? Cante Ud. el villancico siguiente.

Noche de paz (*Night of Peace*, or *Silent Night*)

Noche de paz, noche de amor,
todo duerme en derredor,[1]
sólo suenan[2] en la oscuridad
armonías y felicidad,
armonías y paz. (bis[3])

Noche de paz, noche de amor,
todo duerme en derredor, sobre
el divino Niño Jesús
una estrella[4] esparce[5] su luz,
brilla[6] sobre el Rey. (bis)

---

[1]*(all) around*   [2]*sound (resound)*   [3]*repeat*   [4]*star*   [5]*sheds*   [6]*it shines*

Otras vistas 3

Las diversiones

Stuart Cohen/Comstock

Algunos estudiantes hablan en un bar típico de Madrid, España.

Peter Menzel/Stock, Boston

Interior de un restaurante sevillano

Peter Menzel

Varias muchachas hacen ejercicio en el Parque del Este de Caracas, Venezuela.

Stuart Cohen/Comstock

El Ballet Folklórico de México presenta un programa en la Ciudad de México.

Fiestas y tradiciones

46. Preterite and imperfect contrasted
47. Preterite forms with special meanings

48. Two object pronouns
49. **Se** with direct object pronouns

Un niño puertorriqueño, en un desfile en Filadelfia

Stock, Boston

Enfoque cultural

Many of the **fiestas** and other celebrations in the Hispanic world have their basis in religious traditions: Christmas (**la Navidad**), Holy Week (**la Semana Santa**) and Easter (**el Domingo de Pascua**), and so on. The observance of these **fiestas** often varies from country to country, taking on unique local characteristics. Over the years the **piñata**, for example, has become central to many Mexican celebrations involving children. Some traditions, however, are followed in almost all Hispanic countries; the eating of twelve grapes to coincide with the twelve strokes of midnight on New Year's Eve is one of them.

Hispanics who come to live in the United States retain their pride in their traditions. Mexican-Americans enthusiastically celebrate Mexico's Independence Day on September 16; Puerto Ricans have an impressive parade in New York City every year on June 24, the festival of St. John the Baptist, who is the patron saint of their capital city, San Juan; and Cubans present many special programs on Spanish television throughout the United States on January 28, the birthday of José Martí, their national hero.

On one day every year all Hispanics unite to show their pride in their common roots. This is Columbus Day, October 12, called **el Día de la Raza**. In North American cities that have large Hispanic communities, Columbus Day is often celebrated with parades.

Vida y costumbres I

Vocabulario activo I

Sustantivos

la autoridad	authority	el grito	cry, shout
el balcón	balcony	el héroe	hero
la campana	bell	la heroína	heroine
el cartón	cardboard	la madera	wood
el cielo	sky	la medianoche	midnight
el/la ciudadano/a	citizen	el/la penitente	penitent
el dominio	dominion, control	el pueblo	village; people
la estatua	statue	el sacerdote	priest
el fuego	fire	el tema	theme, topic

Verbos

apreciar	to appreciate	olvidar	to forget
cargar	to carry	quemar	to burn
construir (construyo)	to build, construct	reír (i)	to laugh
contar (ue)	to tell, relate	tocar	to touch, play an
desfilar	to parade; to file by		instrument (*here*:
nacer	to be born		to toll a bell)
ocurrir	to occur, happen		

Pretéritos con significado especial

conocí, conoció	I, he/she/you met
pude, pudo	I, he/she/you managed
no pude, no pudo	I, he/she/you failed
quise, quiso	I, he/she/you tried
no quise, no quiso	I, he/she/you refused

Palabras adicionales

algunos/as	some
ante	before, in the presence of
bajo	under, underneath
la llamada a las armas	call to arms
nunca	never
a partir de	starting at, from
tras	after

El Grito de Dolores*

Robert Frerck/Odyssey Productions

El 16 de septiembre es el Día de la Independencia de México. Ese día conmemoran los mexicanos el Grito de Dolores, la llamada a las armas que dio el sacerdote Miguel Hidalgo en el pueblo de Dolores, cuando decidió no vivir más bajo el dominio de los españoles.

El año pasado fui al Zócalo, la plaza central de la ciudad. No quería quedarme allí, porque había miles de personas. Pero conocí a un joven amable que me contó la historia de la Revolución Mexicana. Por fin, el presidente de la nación salió al balcón. Allí, ante la multitud, tocó la antigua campana con que los héroes del pasado declararon la rebelión contra España. Después, el presidente gritó: «¡Vivan nuestros héroes! ¡Viva la Revolución! ¡Viva México!»

En ese momento pude apreciar el profundo amor que los ciudadanos mexicanos sienten por la tierra donde nacieron.

---

*Besides meaning *shout*, the word **grito** implies the manifestation of sentiment by people in rebellion against an oppressor.

La Semana Santa

En las ciudades del mundo hispánico es común celebrar la Semana Santa con procesiones y otras ceremonias religiosas. Sevilla es muy famosa por sus procesiones. En la procesión sevillana de la foto participan miles de curiosos y penitentes. Algunos desfilan por las calles, otros ayudan a cargar enormes pasos* que representan escenas de la pasión de Jesús.

Peter Menzel / Stock, Boston

Las Fallas de Valencia

Una de las celebraciones españolas más interesantes ocurre cada primavera en Valencia, una hermosa ciudad junto al Mar Mediterráneo. Los valencianos construyen enormes estatuas de cartón, papel y madera. Algunas son representaciones satíricas de figuras y temas políticos. En la última noche de la fiesta, a partir de la medianoche, las autoridades queman las estatuas, una tras otra, mientras los espectadores charlan, gritan y ríen mucho. Los fuegos que iluminan el cielo son un espectáculo que uno nunca olvida.

Peter Menzel

---

*The word **paso**, as used here, refers to the type of religious float seen in Sevilla; the **pasos** display life-size statues that represent different scenes of Christ's suffering.

PRÁCTICA

A. Complete.

El Grito de Dolores

1. El 16 de septiembre...
2. Miguel Hidalgo no quiso...
3. Por fin, el presidente...

4. El presidente tocó...
5. El presidente gritó...

La Semana Santa

6. En las ciudades del mundo hispánico...
7. En la procesión de Sevilla...

8. Algunos desfilan...
9. Otros ayudan...

Las Fallas de Valencia

10. Valencia está...
11. Las estatuas son representaciones...

12. En la última noche de la fiesta...
13. Los fuegos...

B. Conteste.

1. ¿Qué es el Grito de Dolores? ¿Quién lo dio originalmente? ¿Dónde? ¿Por qué? ¿Dónde estaba el narrador el año pasado? ¿A quién conoció? ¿Adónde lo llevó esta persona? ¿Qué hizo el presidente? ¿Qué gritó él? ¿Qué pudo apreciar el narrador en ese momento?

2. ¿Cómo celebran la Semana Santa en el mundo hispánico? ¿Qué ciudad es famosa por sus procesiones? ¿Quiénes participan en la procesión de la foto? ¿Qué representan los pasos?

3. ¿Dónde está Valencia? ¿Cuándo ocurren las Fallas? ¿Qué hacen los valencianos? ¿Qué representan muchas veces las estatuas? ¿De qué materiales son? ¿Cuándo queman las estatuas? ¿Quiénes las queman? ¿Qué hacen todos? ¿Qué iluminan los fuegos? ¿Qué clase de espectáculo son los fuegos?

C. Asociaciones. Asocie cada palabra de la columna a la izquierda con la palabra más apropiada de la columna a la derecha. En algunos casos hay más de una posibilidad.

1. campana
2. grito
3. quemar
4. desfilar
5. héroe
6. cargar
7. ciudadano

a. pasos
b. rebelión
c. país
ch. antigua
d. llamada a las armas
e. fuego
f. procesión

CH. Definiciones. ¿De qué hablo?

1. la figura política más importante de una república
2. transportar un objeto

3. las doce de la noche
4. espacio fuera de (*outside of*) una ventana, desde donde la gente observa la calle
5. ceremonia religiosa en que desfila mucha gente
6. un grupo de miles de personas

D. Explicaciones. *Explain what you learned from the narrations and photos about the following.*

1. el Zócalo
2. Dolores
3. Valencia

4. las Fallas
5. La Semana Santa en Sevilla

E. En 1992 celebramos los 500 años del descubrimiento del Nuevo Mundo, por Cristóbal Colón, en 1492. Sevilla prepara una exposición mundial en honor del importante aniversario. Examine el anuncio y conteste las preguntas.

conforme *as*
la empresa *undertaking*
el escollo *difficulty*
la pegatina *decal (sticker)*
se acercan *approach*
se resume *is summarized*

La Expo ya no se resume en una pegatina en el cristal del coche. Conforme avanzan las obras, Andalucía y especialmente Sevilla se acercan a la oportunidad histórica de 1992. Pero las dificultades inherentes a una empresa de tal calibre son el gran escollo todavía por vencer.

Texto: *JOSÉ BEJARANO*
Fotos: *AGUSTÍ CARBONELL*

Sevilla busca en 1992 una Expo irrepetible

1. ¿Cuándo es la Expo de Sevilla? ¿Por qué?
2. ¿Por qué prepara una exposición mundial Sevilla?
3. ¿Tiene Ud. pegatinas en el coche? ¿Qué dicen?
4. ¿Van a repetir la Expo de Sevilla otro año? ¿Por qué no?

Gramática I

46. Preterite and Imperfect Contrasted

A. The preterite expresses a past action envisioned as having a definite beginning or end. Whether or not the action lasted a long time is irrelevant.

> **Viví** en Centroamérica tres años.
>
> *I lived in Central America for three years.*

The imperfect, by contrast, expresses a continuous or habitual past action without any indication of its beginning or end.

> Yo **vivía** en Centroamérica.
>
> *I was living (used to live) in Central America.*

B. The preterite recalls completed past actions; the imperfect depicts past actions or states of indefinite duration. In other words, the preterite narrates and the imperfect describes.

> **Construyeron** las estatuas y después las **quemaron**.
> La campana **era** muy antigua.
>
> *They built the statues and afterward they burned them.*
> *The bell was very old.*

C. The imperfect is used to tell what time or season it was, what the weather was like, what a place looked like, and so on. The preterite and the imperfect often appear in the same sentence, the imperfect serving as the background against which the preterite actions are performed.

> La multitud **gritaba** cuando el presidente **salió** al balcón.
>
> *The crowd was shouting (background) when the president went out to the balcony (completed action: he went out).*

> **Era** medianoche y **hacía** frío cuando **ocurrió** el accidente.
>
> *It was midnight and it was cold (background) when the accident happened (action that took place: there was an accident).*

PRÁCTICA

A. *Las Fallas.* ¿Pretérito o imperfecto? *The correct answers are given below; check your answers.*

(*Ser*) _____[1] tarde, pero mi hermana y yo (*salir*) _____[2] a la **plaza para ver** las estatuas que (*haber*) _____[3] allí. Todos nosotros (*estar*) _____[4] **alegres:**

(*gritar*) _____[5] y (*reír*) _____.[6] Entonces un hombre (*tocar*) _____[7] una campana y (*gritar*) _____[8] «¡Fuego!» Y otros hombres (*comenzar*) _____[9] a quemar las figuras. Los fuegos (*iluminar*) _____[10] el cielo. (*Ser*) _____[11] un espectáculo formidable.

1. Era (*expression of time*)
2. salimos (*action without duration*)
3. había (*statement of the existence of the statues*)
4. estábamos (*description of emotional state*)
5. gritábamos (*continuous action: we were shouting*)
6. reíamos (*continuous action: we were laughing*)
7. tocó (*action without duration*)
8. gritó (*action without duration*)
9. comenzaron (*beginning of an action*)
10. iluminaban (*description*)
11. Era (*description*) / Fue (*if the action is considered totally past and completed*).

B. Vamos a poner un límite a la acción. Cambie según el modelo.

MODELO: Los hombres cargaban las estatuas. (esa vez) →
Los hombres cargaron las estatuas esa vez.

1. Los mexicanos no vivían bajo el dominio de los españoles. (a partir de ese momento)
2. Mi amigo y yo estábamos en la capital mexicana. (una vez)
3. Los fuegos iluminaban el cielo. (por varias horas)
4. El pueblo esperaba al presidente. (toda la mañana)
5. El presidente gritaba. (tres veces)
6. Los penitentes desfilaban por las calles. (por más de tres horas)

C. Situaciones. Trabajando con otra persona, presente a la clase las siguientes situaciones, en el pasado. *You may add details of your own.*

1. El pueblo norteamericano celebra la independencia de los Estados Unidos. Una multitud espera junto a la Casa Blanca. El presidente sale al balcón y le habla a la gente. Ud. siente mucho entusiasmo cuando lo oye y aplaude y grita.
2. Ud. está en la ciudad de Nueva York el 24 de junio. Los puertorriqueños celebran la fiesta de San Juan. Ud. espera en la calle por más de una hora, entre miles de personas. El desfile (*parade*) comienza a las dos de la tarde. A Ud. le gusta el desfile porque ve muchas cosas interesantes.
3. Ud. va a Valencia con un amigo (una amiga) para ver las Fallas. Las fiestas duran (*last*) varios días. Todo el mundo está muy contento. La gente ríe y bebe en las calles. Ud. ve las estatuas, que son de madera y cartón y que son enormes. Una de las estatuas representa satíricamente un incidente político que ocurrió en febrero. A medianoche comienzan a quemar las estatuas. La fiesta termina a las tres de la mañana.

47. Preterite Forms with Special Meanings

Several verbs have a special meaning in the preterite tense. Compare the meanings of the following preterite and imperfect verb forms:

IMPERFECT		PRETERITE	
conocía	I knew (was acquainted with)	**conocí**	I met
costaba	it cost (described but not purchased)	**costó**	it cost (was purchased)
podía	I was able	**pude**	I managed to (did)
no podía	I was not able	**no pude**	I failed to
quería	I wanted	**quise**	I tried
no quería	I did not want	**no quise**	I refused (to)
sabía	I knew	**supe**	I found out

Note that in all cases the imperfect meaning coincides with the standard meaning of the infinitive: *to know, to cost, to be able,* and so on. The preterite meaning varies from that of the infinitive and always carries with it the implication of an action completed, which is the underlying principle of the preterite tense.

Ayer **conocí** al hombre que te ayudó a cargar los paquetes.	*Yesterday I met the man who helped you carry the packages.*
Supe que Ud. volvió de la fiesta a medianoche.	*I learned (found out) that you came back from the party at midnight.*
No **pudimos** comprar el automóvil porque costaba mucho.	*We didn't buy the car because it cost a lot.*
Quise llegar más temprano, pero no pude.	*I tried to arrive earlier, but couldn't (I failed to).*

PRÁCTICA

¿Pretérito o imperfecto? *Explain your choice.*

1. Fui a la plaza, pero (*perdí / perdía*) el tiempo porque había mucha gente y no (*pude / podía*) ver nada.
2. (*Hice / Hacía*) la excursión a Valencia el año pasado porque no (*conocí / conocía*) bien esa ciudad.
3. Cuando Julio nos lo (*dijo / decía*), ya nosotros (*supimos / sabíamos*) que él era ciudadano norteamericano.
4. ¿Cuándo (*conoció / conocía*) Ud. al padre de Hortensia?
5. (*Costó / Costaba*) mucho dinero construir estas estatuas.

6. Yo no (*supe / sabía*) que las estatuas (*fueron / eran*) de cartón.
7. Aunque el pueblo lo (*llamó / llamaba*), el presidente no (*quiso / quería*) salir al balcón.
8. Ayer Josefina (*explicó / explicaba*) que ella no (*pudo / podía*) estudiar hoy con nosotros porque (*estuvo / estaba*) un poco enferma.
9. ¿Cuánto (*costó / costaba*) la campana que vieron Uds. en la tienda?
10. ¡Qué mala suerte! Siempre me (*gustó / gustaba*) esa clase de fiesta y (*quise / quería*) ir pero no (*pude / podía*).

 Vida y costumbres II

Vocabulario activo II

Sustantivos: La piñata

los dulces	sweets; candy
el juguete	toy
el palo	stick

Otros sustantivos

el/la cartero/a	mail carrier	el principio	beginning
el florero	flower vase	la propina	tip
el/la mecánico/a	mechanic; operator	el suelo	floor, ground
el museo	museum	la tarjeta	card
el/la obrero/a	worker	el/la vecino/a	neighbor

Verbos

adornar	to adorn, decorate	insultar	to insult
caer (caigo)	to fall	llenar	to fill
correr	to run	quitar	to take away
empezar (ie) (a)	to begin (to)	recoger (recojo)	to pick up
felicitar	to congratulate	robar	to rob, steal
golpear	to hit, beat	romper	to break, tear

Adjetivos

decorado/a	decorated
lleno/a (de)	filled (with)

Palabras adicionales

alguien	someone
contra	against
en vez de	in place of, instead of
pedir prestado/a	to borrow

La casa del florero

El 20 de julio conmemoran los colombianos su independencia. En esta fecha de 1810, ocurrió un incidente que marcó el principio de la rebelión contra España.

Un patriota importante llegó a Bogotá, y un criollo,* que organizaba una comida en su honor, fue a una tienda a pedir prestado un florero para adornar la mesa. El dueño de la tienda, que era español, empezó a insultar al criollo en vez de prestarle el florero. Por eso los amigos del criollo golpearon al español.

Este incidente fue uno de muchos que terminaron en la liberación de Colombia. Si Ud. va a Bogotá, puede ver la tienda del español, que es ahora un museo y se llama «La casa del florero».

James Theolgos / Monkmeyer Press Photo Service

El aguinaldo

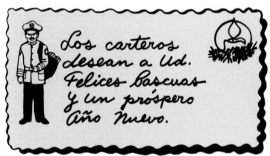

En los países hispánicos los carteros, los mecánicos de ascensores y otros obreros dejan a los vecinos del barrio tarjetas especiales en que los felicitan por las Pascuas† y les desean un próspero año nuevo. Al (*Upon*) recibir la tarjeta, cada familia trae dinero a la puerta y se lo da a los obreros como propina de Navidad. Esta propina se llama «el aguinaldo».

---

*Criollo (*Creole*) refers to a person born in the New World of Spanish or European parents.
†The word **Pascua(s)** is derived from the Hebrew word for *Passover*; originally it was used to refer only to *Easter*, but through the centuries its meaning changed. Thus today **Pascuas** is also a synonym of **Navidad** or **Navidades** (*Christmas*). For clarification, many Hispanics call *Christmas* **las Pascuas** and *Easter* **el domingo de Pascua** or **la Pascua de Resurrección**.

La piñata

En México siempre hay una piñata en las fiestas de los niños. Decoran la piñata con papeles de diferentes colores, generalmente en forma de animal, y la llenan de dulces y pequeños juguetes. Cada niño golpea la piñata con un palo. Cuando alguien la rompe, dulces y juguetes caen al suelo. Inmediatamente los niños corren para recoger el mayor número posible. A veces hay gritos: «¡Dámelo!», «¡Mamá! Me lo robó Jaime!», y por fin «¡Niños! ¡Sean buenos! ¡No les quiten los dulces a sus amigos!».

Carl Frank / Photo Researchers, Inc.

PRÁCTICA

A. ¿Qué hicieron estas personas?

La casa del florero

1. un patriota importante
2. un criollo
3. el dueño español de la tienda
4. los amigos del criollo

El aguinaldo

5. los carteros y los mecánicos de ascensores
6. los vecinos del barrio

La piñata

7. los niños
8. la mamá

B. La casa del florero. Explique por qué es falso decir que...

1. un español organizaba una fiesta en honor de un patriota.
2. el criollo era dueño de una tienda.
3. el español golpeó al criollo.
4. el incidente del florero marcó el final de la rebelión en Colombia.

C. Asociaciones. *Match each word in the left column with the most appropriate word in the right column and then invent a sentence connecting them.*

1.	cartero	a.	propina
2.	próspero	b.	palo
3.	felicitar	c.	año nuevo
4.	aguinaldo	ch.	obrero
5.	golpear	d.	dulces
6.	caer	e.	tarjeta

CH. ¿De qué hablo?

1. Los niños juegan con ellos.
2. La gente va allí para ver objetos históricos.
3. Ponemos dinero en él.
4. Lo usamos para golpear.
5. Es sinónimo de *piso*.
6. Es la persona que vive junto a mi casa.

D. Diálogo. *Student A chooses items from the list and tries to borrow them from student B. Student B answers, beginning with* **No puedo prestarte...** *and invents an excuse.*

MODELO: A: Quiero pedirte prestado* el florero.
B: No puedo prestarte el florero; lo necesito para adornar mi mesa.

1. varias tarjetas
2. una piñata
3. un palo
4. un kilo de dulces
5. diez dólares
6. papeles de colores
7. varios juguetes

E. Sustitución. *Substitute synonyms for the words in italics.*

1. Pepito me *quitó* mis dulces.
2. Uds. *comenzaron* a insultarme.
3. El *hombre que trae las cartas* me pidió *una propina* de Navidad.
4. ¿Puede ayudarme *alguna persona* ahora?

---

*Note that **prestado** is an adjective in this construction; it agrees in gender and number with the item(s) borrowed.

Gramática II

48. Two Object Pronouns

When an indirect and a direct object pronoun appear together, the indirect always precedes the direct.

Él ya **me lo** prestó.	*He already lent it to me.*
Ella no quería quitár**telos**.	*She didn't want to take them away from you.*
Lucía estaba robándo**nosla**.	*Lucía was stealing it from us.*
Jacinto, no **me lo** cuente.	*Jacinto, don't tell it to me.*

PRÁCTICA

A. Sustitución. *Restate the sentences, substituting direct object pronouns for the words in italics.*

MODELO: El mecánico no quiso darme *su tarjeta.* →
El mecánico no quiso dármela.

1. Yo os cuento *un cuento.*
2. ¡No me quites *los dulces*!
3. El vecino va a decirte *eso.*
4. El niño os pidió *el juguete.*
5. ¿Te robaron esos hombres *tus propinas*?
6. El hombre me quitó *el palo.*
7. Ellas nos trajeron *papeles de colores.*

B. Cambie a la forma negativa según los modelos.

MODELO: Démelos Ud. → No me los dé Ud.
Dénmelos Uds. → No me los den Uds.

1. ¡Termínemela Ud.!
2. ¡Díganmelo Uds.!
3. ¡Tráiganmelos Uds.!
4. ¡Escríbanoslas Ud.!
5. ¡Explíquenmelas Uds.!
6. ¡Démelo Ud.!
7. ¡Déjenmelo Uds.!
8. ¡Preséntenmelo Uds.!

49. *Se* with Direct Object Pronouns

If both object pronouns are in the third person, whether singular or plural, the indirect object pronoun changes from **le (les)** to **se**. Study the following examples.

Le prestamos   el palo   al hombre.

Se   **lo**   prestamos.   *We lent it to him.*

Les prestamos   la estatua   a las muchachas.

　　　　　　　　Se ⟋⟍ la   prestamos.   *We lent it to them.*

Le prestamos   los floreros   a Juan.

　　　　　　　　Se ⟋⟍ los   prestamos.   *We lent them to him.*

Les prestamos   las campanas   a las autoridades.

　　　　　　　　Se ⟋⟍ las   prestamos.   *We lent them to them.*

This pattern also applies, of course, to any other combinations of third persons, singular or plural: *them to you (sing.), it to you (pl.), you to them (m.), her to them (f.),* and so on.

Note: If the meaning of **se** is unclear, clarify it with a prepositional phrase (**a Ud., a él, a ella, a ellos, a ellas**), as explained in grammar section 48.

　　　Se lo dimos **a ellas**.　　　　　　　　*We gave it to them.*

PRÁCTICA

A. *¿Se lo, se la, se los o se las?*

　　MODELO: Le pedí prestados diez dólares a Juan. →
　　　　　　 Se los pedí prestados.

1. Le puse *un bolsillo a la chaqueta.* _____ _____ puse.
2. Le dimos *el aguinaldo al cartero.* _____ _____ dimos.
3. Les quitó *el dinero a sus vecinos.* _____ _____ quitó.
4. Les deseamos *felices Pascuas a nuestros amigos.* _____ _____ deseamos.
5. Le pedimos prestado *su auto a Julia.* _____ _____ pedimos prestado.
6. Les trajiste *el cartón a tus amigos.* _____ _____ trajiste.
7. Les dieron *los juguetes a los niños.* _____ _____ dieron.
8. Le diste *la piñata a Reinaldo.* _____ _____ diste.

B. Cambie según los modelos.

　　MODELO: No quiero prestarle *esas pesetas a Juanita.* →
　　　　　　 No quiero prestárselas. (*two objects after an infinitive*)

1. Van a llevarle *los juguetes a Pablito.*
2. Los obreros quieren desearles *a Uds. un próspero Año Nuevo.*
3. Prefiero contarle *todo a mi madre.*

　　MODELO: Estamos vendiéndole *dulces a Susana.* →
　　　　　　 Estamos vendiéndoselos. (*two objects after a present participle*)

4. ¿Está Ud. robándoles *el dinero a sus clientes?*
5. Estaban comprándoles *regalos a los niños.*
6. Estuve contándole *mi problema al mecánico de ascensores.*

　　MODELO: Enséñeles Ud. la campana a los turistas. →
　　　　　　 Enséñesela. (*two objects after an affirmative command*)

7. Préstele *el bolso a Mariana.*
8. Dénle Uds. *la carta a esa señora.*
9. Escríbales *esa carta* hoy.

MODELO: No les lleve Ud. *esos juguetes a los niños.* →
No se los lleve Ud. (*two objects with a negative command*)

10. No le dé *su tarjeta al Sr. Ruiz.*
11. No les den Uds. *el aguinaldo a los obreros.*
12. No le *grite insultos al dueño.*

Comunicación

Texto: *Las Navidades en el Perú*

Nací en los Estados Unidos, pero mi padre es peruano y mi madre cubana. Voy a contarles lo que° mi padre me contó sobre las Pascuas en el Perú cuando él era niño.

    Mis abuelos ponían los muebles de la sala junto a la pared y hacían un Nacimiento° en el centro de la habitación. Era muy grande y tenía muchas figuras: el Niño Jesús, la Virgen María, San José, un buey,° una mula° y varios pastores.° También había espejos° para imitar pequeños lagos, árboles° de papel, montañas° de cartón y, junto a las montañas, un desierto° donde estaban los tres Reyes Magos° con sus camellos.

    El día 24 por la noche toda la familia se reunía° para una gran cena. Después, a medianoche, todos iban a la Misa del Gallo.° Esa noche, los niños se acostaban° muy tarde y, antes de acostarse, dejaban sus zapatos sobre una silla en su dormitorio.

    Mi madre me contó que los niños cubanos, y también los niños de México y otros países hispánicos, reciben sus regalos la noche del 5 de enero. Se los traen los Reyes Magos, que vienen en camellos desde° el desierto. Pero en el Perú es el Niño Jesús el que° pone los juguetes en los zapatos, y lo hace en la noche del 24 de diciembre.

lo... what

Nativity scene
ox / mule
shepherds / mirrors
trees / mountains / desert
los... the Three Wise Men
se... gathered
Misa... Midnight Mass
se... would go to bed

all the way from
el... the one who

NOTAS CULTURALES

1. A **Nacimiento** is a Nativity scene featuring clay figures of the baby Jesus in the manger, Mary and Joseph, the shepherds, the three Kings, and a host of different animals.

2. The **Misa del Gallo** is usually a one-hour mass beginning at midnight. In many places it is traditional to hear a rooster crowing during the mass, announcing the birth of Christ.

3. According to Hispanic tradition, **los Reyes Magos** (*the Three Wise Men*) deliver gifts to children on Epiphany.

PRÁCTICA

A. Complete. *Answer as if you were the author of the selection.*

1. Mi padre es... y mi madre es...
2. Mis abuelos ponían...
3. El día 24 por la noche...
4. A medianoche...
5. Los niños dejaban...
6. Los niños cubanos...
7. Los Reyes Magos...
8. El Niño Jesús...

B. ¿Qué necesitamos para hacer un Nacimiento? *Each student will give the name of one item that goes into the Nativity scene.*

C. Explicación. *Comment briefly about each item.*

1. la Misa del Gallo
2. los zapatos de los niños
3. el Niño Jesús
4. la noche del 5 de enero
5. los camellos

EXPRESIÓN PERSONAL

A. Quisiera preparar una piñata. ¿Qué cosas necesito? ¿Qué necesitan los niños para romperla?

B. Preguntas personales.

1. ¿Celebraban las Navidades en su casa cuando Ud. era niño (niña)?
2. ¿Quién le traía a Ud. juguetes? ¿Dónde los dejaba?
3. ¿Cómo sabía Santa Claus qué juguetes quería Ud.?
4. ¿Cuántos años tenía Ud. cuando ya no creyó más en Santa Claus?
5. ¿Ponían en su casa un Nacimiento o un árbol de Navidad? ¿Era grande? ¿Era artificial o natural? ¿Quién lo decoraba?
6. ¿Qué otra fiesta tradicional celebra su familia?
7. ¿Cómo celebra Ud. el Día de la Independencia de este país?
8. ¿Qué hace Ud. el 31 de diciembre?

C. Situaciones. Inventen un pequeño drama usando como base la información de *La casa del florero*. Personajes (*Characters*): estudiante A, un patriota importante; estudiante B, el criollo que organizaba la comida; estudiante C, el español de la tienda; estudiantes CH, D, E, F, los amigos del criollo.

■ OTRA VEZ

Examine el menú y conteste las preguntas.

1. ¿Qué toma Ud. hoy para el desayuno? ¿Cuánto cuesta?
2. ¿Qué le trajeron a Ud. ayer? ¿Cuánto costó?
3. ¿A qué hora tomaba Ud. el desayuno cuando era niño (niña)?
4. ¿Cuándo comenzó Ud. a beber café? ¿Bebió Ud. café ayer? ¿Sin cafeína?
5. ¿Qué cereales le gustaban cuando era joven? ¿Qué tipo de carne?
6. ¿Le gusta la leche? ¿la leche pura o descremada?
7. ¿Iba Ud. a comer en restaurantes con frecuencia cuando era joven? Este menú tiene algunas palabras en inglés y algunos platos americanos. ¿Puede Ud. encontrarlos?

MENU DEL DESAYUNO

Buenos Días

ESCOJA DE LA VARIADA SELECCION ABAJO MENCIONADA Y
COLOQUELO DELANTE DE LA PUERTA ANTES DE LAS 11:00 P.M.

POR FAVOR SIRVANME DESAYUNO ENTRE:

6:30-7:00	7:00-7:30	7:30-8:00	8:00-8:30	8:30-9:00
9:00-9:30	9:30-10:00	10:00-10:30	10:30-11:00	

SERVICIO DE FIN DE SEMANA EMPIEZA A 7:00 A.M.

Selección	Precio	Cantidad	Total
FRUTAS Y JUGOS			
El que Ud. desee:			
1. Regular	1.15		
2. Grande	1.25		
Jugo de naranja fresco			
3. Regular	1.95		
4. Grande	2.55		
5. Copa de fruta mixta	1.75		
6. Media toronja	1.65		
7. Ciruelas cocidas	1.65		
8. Plátano en rebanadas	1.35		
9. Melón, o frutas de estación	2.25		
BEBIDAS			
Café recién percolado			
10. 2 Tazas	1.65		
11. 4 Tazas	3.25		
12. 6 Tazas	4.75		
Sin cafeína recién percolado			
13. 2 Tazas	1.65		
14. 4 Tazas	3.25		
15. 6 Tazas	4.75		
16. Té, verde, negro o sin cafeína, de hierbas	1.65		
17. Chocolate caliente o cocoa	1.55		
18. Leche, pura, descremada, o de chocolate	1.55		
CEREALES			
19. El que Ud. desee, caliente o frío	1.65		
20. Con fruta	2.25		
DE NUESTROS HORNOS			
21. Tostada Inglesa (Muffin)	1.55		
22. Molletes calientes (trigo, o arándano-blueberry)	1.65		
23. Rosquillas (Doughnuts) a la Kahler	1.35		
24. Pastel dulce danés	1.35		
25. Tostada con mermelada, (con o sin mantequilla)	1.45		
26. Cachito de media luna, pastel de pecanas o canela	1.55		
HUEVOS Y CARNES DE DESAYUNO			
27. Un huevo, cualquier estilo	1.35		
28. Dos huevos, cualquier estilo	2.25		
29. Omelette sencillo de tres huevos	3.35		
30. Omelette de tres huevos, con jamón, queso u hongos	4.45		
31. Bistec de lomo ribeye	6.95		
32. Jamón de desayuno	2.25		
33. Orden de tocino o salchichas	2.25		
34. Papitas al hilo ("Hashbrown")	1.45		
35. Panqueques	3.05		
36. Waffle	3.15		

Examen de repaso 5

A. Vocabulario. Complete.

1. Una ensalada tiene _____ y _____.
2. El _____ y la _____ son frutas.
3. Comemos el _____ al final de la comida.
4. En el desayuno bebo jugo de _____ o _____.
5. Un grupo muy grande de gente se llama _____.

B. Cambie al pasado usando el imperfecto.

Siempre (*como*) _____[1] huevos rancheros cuando (*voy*) _____[2] a un restaurante. Otro plato que (*prefiero*) _____[3] (*son*) _____[4] las chuletas de cerdo. Los frijoles no me (*gustan*) _____[5] y no (*pienso*) _____[6] pedirlos nunca.

C. Exprese en español.

1. Juanita likes ham and eggs.
2. I love those glasses.
3. My friend didn't like fish.
4. Do you (*fam.*) like butter?

CH. Ponga el pronombre en el lugar apropiado.

1. (me)   _____ Invitó _____ a comer en su casa.
2. (te)   Tengo que _____ explicar _____ el menú de hoy.
3. (les) Están _____ sirviendo _____ el almuerzo.
4. (le)   _____ Deje _____ Ud. una propina al camarero.
5. (nos) No _____ compre _____ Ud. guisantes.

D. ¿Pretérito o imperfecto?

(*Ser*) _____[1] el cumpleaños de mi hermanito Juanito y yo le (*organizar*) _____[2] una fiesta. (*Comprar*) _____[3] papeles de diferentes colores y le (*hacer*) _____[4] una bonita piñata. (*Poner*) _____[5] los dulces y juguetes en la olla. (*Ser*) _____[6] las cuatro de la tarde cuando (*llegar*) _____[7] los amigos de Juanito. Todos (*llevar*) _____[8] ropa elegante. Cuando un niño (*romper*) _____[9] la piñata con un palo, los dulces (*caer*) _____[10] al suelo. Todos (*estar*) _____[11] muy contentos con tantos dulces. ¡(*Ser*) _____[12] una gran fiesta!

E. ¿Pretérito o imperfecto?

1. Eulalia me (*dijo / decía*) que no (*conoció / conocía*) bien la ciudad.
2. Ayer (*supe / sabía*) que el florero que (*compraste / comprabas*) (*costó / costaba*) mucho dinero.
3. Yo no (*conocí / conocía*) al cartero; lo (*conocí / conocía*) ayer cuando (*vino / venía*) a pedir el aguinaldo.

4. No (*fuimos* / *íbamos*) al desfile. (*Quisimos* / *Queríamos*) ir, pero no (*pudimos* / *podíamos*).

5. ¿(*Supo* / *Sabía*) Ud. que estas estatuas (*fueron* / *eran*) de madera?

F. *¿Se lo, se la, se los o se las?*

1. Le dimos una propina al camarero. ____ ____ dimos.
2. La mamá le quitó los dulces al niño. ____ ____ quitó.
3. El amigo le deseó a Juanito un feliz cumpleaños. ____ ____ deseó.
4. Les vendimos las servilletas a los señores Ortiz. ____ ____ vendimos.
5. Le pedimos jugo a mamá. ____ ____ pedimos.

LECCIÓN ONCE

La persona

Mujeres y niñas charlan y cantan en Salamanca, España.

Ulrike Welsch

Enfoque cultural*

En el mundo hispánico es común usar gestos (*gestures*) para dar énfasis a lo que (*what*) uno dice. Con frecuencia las ideas comunicadas de esta manera son bastante sutiles (*subtle*). Por eso, es necesario tener cuidado con los ademanes (*gestures*). Si Ud. visita un país hispánico, observe cómo los usa la gente, antes de imitarlos. A veces un cambio (*change*) muy pequeño puede crear situaciones difíciles.

Por sus gestos, un español o un hispanoamericano pueden parecer muy agitados cuando en verdad sólo piden atención. Una vez ocurrió un «incidente diplomático» cuando un entrenador (*trainer*) norteamericano creyó que un policía hispánico lo golpeaba. Lo que hacía probablemente era tocarle el pecho (*chest*) ligeramente (*lightly*) para poner énfasis en sus palabras.

Vida y costumbres I

Vocabulario activo I

Sustantivos: El cuerpo

la cara	face	**el pelo**	hair
el cuerpo	body	**el pie**	foot
la espalda	back	**la pierna**	leg
el estómago	stomach		

Otros sustantivos

la hierba	grass	**la palmera**	palm tree
la isla	island	**la prisa**	haste
la ola	wave	**el rato**	short period of time

Verbos reflexivos (*Reflexive Verbs*)

		PRESENTE	PRETÉRITO
acostarse (ue)	to go to bed	**me acuesto**	**me acosté**
afeitarse	to shave	**me afeito**	**me afeité**
bañarse	to bathe	**me baño**	**me bañé**

*From now on the **Enfoque cultural** will be in Spanish. Try to guess the meaning of new words from context. Consult the **Vocabulario activo I** and **II** as well.

		PRESENTE	PRETÉRITO
despertarse (ie)	to wake up	**me despierto**	**me desperté**
dormirse (ue)	to fall asleep	**me duermo**	**me dormí**
lavarse	to wash (oneself)	**me lavo**	**me lavé**
levantarse	to get up	**me levanto**	**me levanté**
peinarse	to comb one's hair	**me peino**	**me peiné**
ponerse	to put on (clothes)	**me pongo**	**me puse**
sentarse (ie)	to sit down	**me siento**	**me senté**
sentirse (ie)	to feel	**me siento**	**me sentí**
vestirse (i)	to get dressed	**me visto**	**me vestí**

Otros verbos

doler (ue)	to hurt (*construction similar to* **gustar**)
estirar	to stretch
repasar	to review
soñar (ue)	to dream

Adjetivo

frío/a	cold

¡Qué cabeza tengo!

Tengo que ir a una recepción. Me baño con agua fría, me lavo la* cara, me afeito y me pongo el traje azul y la corbata nueva. (¡Me gusta vestirme bien a veces!) Después me peino ¡Ay!... ¡este pelo! Ya estoy listo. Miro el calendario. ¡Caramba! La recepción no es hoy. ¡Fue el domingo pasado! ¡Qué cabeza tengo!

Beryl Goldberg

---

*Note the use of the definite article instead of the possessive when parts of the body are used with reflexive verbs.

Descansando

Jim Cron/Monkmeyer Press Photo Service

Me dolían los pies y me senté en la hierba para estirar las piernas. Comencé a repasar mentalmente la lección de español. Luego me acosté un rato porque me sentía mal. Me dolía todo el cuerpo, pero especialmente la espalda y el estómago. Pronto me dormí. Soñé que estaba en una isla del Mar Caribe. Había grandes palmeras, enormes olas, una playa magnífica... Dormí casi una hora. Cuando me desperté, eran las dos y veinte. Me levanté con mucha prisa porque mi examen comenzaba a las dos y media.

PRÁCTICA

A. Conteste. *In each of the two parts answer as if you were the person in the narrative.*

¡Qué cabeza tengo!

1. ¿Qué tengo que hacer?
2. ¿Qué hago primero?
3. ¿Qué hago después?
4. ¿Qué me pongo y qué hago después?
5. ¿Qué me gusta hacer a veces?
6. ¿Qué veo cuando miro el calendario?

Descansando

7. ¿Dónde me senté? ¿Por qué?
8. ¿Por qué me acosté un rato?
9. ¿Qué me dolía?
10. ¿Qué hice pronto?
11. ¿Qué soñé? ¿Dónde estaba? ¿Qué había allí?
12. ¿Qué hora era cuando me desperté?
13. ¿Por qué me levanté con prisa?

La vida es sueño

1. ¿Cuántas horas se debe dormir según algunos especialistas?
2. ¿Cuántas horas recomiendan otros?
3. ¿Cuándo se debe dormir? ¿En qué condiciones?

> **La vida es sueño**
>
> **Cuánto:** según algunos especialistas se debe dormir de 4 a 5 horas, otros recomiendan de 7 a 8.
>
> **Cuándo:** lo aconsejable es dormir siempre por la noche.
>
> **Cómo:** a oscuras, en silencio y sobre un colchón duro.

lo aconsejable *the advisable thing*
a oscuras *in the dark*
colchón *mattress*

B. De 1 a 5, cambie los verbos al pretérito; de 6 a 13, cambie los verbos al presente.

¡Qué cabeza tengo!

1. Me baño.
2. Me lavo la cara.
3. Me afeito.
4. Me pongo el traje azul.
5. Estoy listo.

Descansando

6. Me senté en la hierba.
7. Me acosté un rato.
8. Me sentí mal.
9. Me dolía el cuerpo.
10. Pronto me dormí.
11. Soñé que estaba en una isla.
12. Cuando me desperté eran las dos y veinte.
13. Me levanté con mucha prisa.

C. *¿Qué hace Ud.? Using the cues in the left column, tell what you usually do in the morning. Using the cues in the right column, tell what you usually do in the afternoon. After doing each series in the present tense, try to use the preterite to tell what you did yesterday morning and afternoon. Add other words as appropriate and invent the details you need.*

1. tener que
2. bañarse
3. lavarse
4. afeitarse
5. ponerse
6. estar
7. sentarse
8. acostarse
9. dormirse
10. soñar
11. despertarse
12. levantarse

CH. Asociaciones. ¿Qué partes del cuerpo asocia Ud. con las siguientes ideas?

1. Compré zapatos.
2. Voy a peinarme.
3. Deseo afeitarme.
4. Comí demasiado.
5. No puedo caminar.
6. Estaba pensando.

D. Complete.

1. Si tienes sueño,...
2. Si no puedo dormir más,...
3. Si Ud. va a una fiesta,...
4. Si queremos el desayuno temprano,...
5. Si veo una buena silla o un sillón,...

Gramática I

50. Reflexive Pronouns

The reflexive pronouns are as indicated in the following chart.

SINGULAR		PLURAL	
(yo)	**me**	(nosotros)	**nos**
(tú)	**te**	(vosotros)	**os**
(Ud.)		(Uds.)	
(él)	**se**	(ellos)	**se**
(ella)		(ellas)	

When reflexive pronouns are used, the action of the verb reverts to the subject of the sentence, rather than being directed elsewhere. Compare:

REFLEXIVE EXPRESSION	NONREFLEXIVE EXPRESSION
Me levanto.	**Levanto la silla.**
I get (myself) up.	*I'm lifting the chair.*
¿Te bañas?	**¿Bañas a los niños?**
Are you bathing (yourself)?	*Are you bathing the children?*

Some Spanish verbs, like **mirarse**, are expressed reflexively in English with the word *self* (*selves*): **Se mira.** [*He (She) is looking at himself (herself).*] Other verbs must simply be memorized as having reflexive meaning in Spanish since they are not usually expressed reflexively in English: **acostarse (ue)** (*to go to bed*), **bañarse** (*to bathe*), **despertarse (ie)** (*to wake up*), **levantarse** (*to get up*). Some verbs, used reflexively, indicate a change often expressed in English with *to get* or *become*: **Se cansaron.** *They got tired.* **Se perdieron.** *They got lost.*

When a stem-changing verb is used reflexively, you must keep in mind both the pronoun used and the change in the root of the verb.

Me despi**e**rto temprano.	*I wake up early.*
Se acu**e**sta.	*He goes to bed.*
Se sintió mal.	*She felt bad (ill).*

You can identify verbs used reflexively in Spanish by the **-se** attached to the end of the infinitive. Other verbs used reflexively in this lesson include **afeitarse** (*to shave*), **llamarse** (*to be named, called*), **peinarse** (*to comb one's hair*), **ponerse** (*to put on clothing*), **prepararse** (*to prepare oneself*), **sentarse** (**ie**) (*to sit down*), **sentirse** (**ie**) (*to feel*), and **vestirse** (**i**) (*to get dressed*). Note, however, that almost any Spanish verb can be used with reflexive meaning: **admirar** (*admire*) → **admirarse** (*to admire oneself*), **mirar** (*to look at*) → **mirarse** (*to look at oneself*), **preguntar** (*to ask*) → **preguntarse** (*to ask oneself*), and so on.

PRÁCTICA

A. ¿Qué hacemos? Cambie según los modelos.

MODELOS: *Me acuesto* a las 11:00. (tú) →
Tú te acuestas a las 11:00.

Me acosté a las 11:00. (tú) →
Tú te acostaste a las 11:00.

1. Yo *me siento* en el sofá. (Tú, Nosotros, Ud., Él)
2. Él *se afeitó* con agua fría. (Ellos, Yo, Tú, Ud.)
3. Ud. *se peina* con frecuencia. (Teresa y yo, Ellas, Yo, Tú)
4. Los niños *se durmieron* pronto. (Nosotras, Yo, Uds., Vosotros)

B. Complete.

EN PRESENTE	CON EL REFLEXIVO	SIN EL REFLEXIVO
1. despertar(se)	Yo _____ y abro los ojos.	Yo _____ a los niños.
2. llamar(se)	Él _____ Juan Gómez.	Él _____ por teléfono.
3. peinar(se)	Ella _____ cien veces.	Ella _____ a las tres muchachas.
4. lavar(se)	¿Tú no _____ nunca?	Yo _____ los cuchillos y las cucharas.

EN PRETÉRITO		
5. sentar(se)	Ellas _____ en la hierba.	Yo _____ a los dos niños en la misma silla.
6. dormir(se)	¿Ud. no _____ hasta la una?	Ella _____ ocho horas anoche.
7. sentir(se)	Ella _____ enferma.	Yo _____ gran satisfacción.
8. acostar(se)	Yo _____ temprano.	La madre _____ a la niña a las ocho.

C. Una mañana típica. Alejandro es de Buenos Aires. ¿Qué hace él usualmente por la mañana?

> MODELO: despertarse, 7:00 en punto→
>   Se despierta a las 7:00 en punto.

1. levantarse, 7:10
2. bañarse, 7:12
3. afeitarse, 7:20
4. vestirse, 7:30
5. peinarse, 7:45

CH. La vida diaria. Conteste.

1. ¿A qué hora se despierta Ud.?
2. ¿A qué hora se afeita Ud.?
3. ¿A qué hora se levanta Ud. los lunes y los martes?
4. ¿Se baña Ud. con agua fría?
5. ¿A qué hora se sienta Ud. a la mesa a desayunar?
6. ¿Qué ropa se puso Ud. ayer por la mañana?
7. ¿Cómo se sintió Ud. anoche?
8. ¿A qué hora se acostó Ud. anoche?
9. ¿Se durmió Ud. pronto? ¿Por qué sí (no)?
10. ¿Se levantaba Ud. siempre temprano cuando era niño (niña)?

51. Position of Reflexive Pronouns

In terms of position, reflexive pronouns are like direct and indirect object pronouns. They precede most conjugated verbs and negative commands. They follow and are attached to affirmative commands and may follow and be attached to infinitives and present participles as well.

PRECEDING THE VERB

Tú siempre **te** despiertas temprano. (*declarative statement*)
You always wake up early.

¿Por qué no **se** sienten bien? (*interrogative statement*)
Why don't they feel good?

No **se** levante. (*negative command*)
Don't get up.

FOLLOWING AND ATTACHED

Sién**tese** Ud. aquí, por favor. (*affirmative command*)
Sit here, please.

PRECEDING OR FOLLOWING

Juanita no $\begin{Bmatrix} \textbf{se} \text{ quiere acostar.} \\ \text{quiere acostar}\textbf{se}. \end{Bmatrix}$ *(before conjugated verb; after infinitive)*

Juanita doesn't want to go to bed.

Los muchachos $\begin{Bmatrix} \textbf{se} \text{ están bañando en este momento.} \\ \text{están bañándo}\textbf{se} \text{ en este momento.} \end{Bmatrix}$ *(before conjugated verb; after present participle)*

The boys are bathing at this moment.

PRÁCTICA

A. ¿Qué quiere hacer Ud.? Cambie según los modelos.

MODELOS: ¿Quiere Ud. prepararse? →
Pues, prepárese Ud. *(affirmative command)*

¿No quiere Ud. prepararse? →
Pues, no se prepare Ud. *(negative command)*

1. ¿Quiere Ud. levantarse?
2. ¿Quiere Ud. peinarse?
3. ¿Quiere Ud. lavarse?
4. ¿Quiere Ud. afeitarse?
5. ¿No quiere Ud. bañarse?
6. ¿No quiere Ud. sentarse?

B. Gustos y preferencias. Dé la forma apropiada del verbo. *Be sure to use the right reflexive pronoun.*

MODELO: (prepararse) →
Nosotros deseamos __prepararnos__ para el examen.

1. (lavarse) Preferimos _____ con agua caliente.
2. (levantarse) No me gusta _____ temprano.
3. (acostarse) Ellas prefieren _____ a las diez.
4. (vestirse) Quiero _____ ahora.
5. (sentarse) Deseo _____ aquí con todos.
6. (afeitarse) No quieres _____ todos los días.

C. En este momento. Cambie según el modelo.

MODELO: ¿Va a lavarse pronto? (en este momento) →
Estoy lavándome en este momento.

1. ¿Quiénes se levantan ahora? (nosotros)
2. ¿Te lavas las manos ahora? (no, la cara)
3. Te afeitas con agua fría, ¿verdad? (no, agua caliente)
4. ¿Se peina él? (sí, ahora mismo)
5. ¿Quién es esa persona que se sienta en mi silla? (el profesor)

CH. Diálogos en miniatura. Con un compañero (una compañera) de clase, complete los diálogos siguientes. Luego invente otro diálogo con otro verbo reflexivo.

afeitarse

—Bueno, _____ ahora.
—¿Tú no _____ anoche?
—No, _____ ayer por la mañana.
—¿Por qué tienes que _____ todos los días?

acostarse

—¿A qué hora _____ Uds. hoy?
—Muy temprano, porque anoche no _____ hasta la medianoche.
—Pues, _____ ahora, si quieren, porque nosotros nos vamos a
    _____ inmediatamente.

52. Special Uses of Reflexives

A. Reflexive verbs generally have meanings slightly different from their nonreflexive counterparts.

NONREFLEXIVE FORMS	REFLEXIVE FORMS
dormir: *to sleep* Duerme mucho. *He **sleeps** a lot.*	**dormirse:** *to fall asleep* Se duerme a las nueve siempre. *He always **goes to sleep** at nine o'clock.*
levantar: *to lift, raise* No levante la mesa. *Don't **raise** (**lift**) the table.*	**levantarse:** *to get up, rise* Se levanta tarde siempre. *She always **gets up** late.*
llamar: *to call* (*someone*) Llame Ud. a las cinco. ***Call** at five.*	**llamarse:** *to be called, named* Se llama Jorge Ruiz. *He is **called** (**named**) Jorge Ruiz.*
poner: *to put* Puso la taza en la mesa. *She **put** the cup on the table.*	**ponerse:** *to put on* (*clothing*) Se puso los zapatos. *She **put on** her shoes.*

Other changes of meaning when the verb is reflexive are even subtler.

caer: *to fall, drop* (*with no direct object*) ¿Por qué cae agua aquí? *Why is water **falling** here?*	**caerse:** *to fall down* La niña se cayó en la calle. *The girl **fell down** in the street.*
ir: *to go* (*to a place*) Van a las diez. *They **are going** at ten.*	**irse:** *to leave, depart* Me voy pronto. *I **am going away** (**leaving**) soon.*

B. Reflexive verbs are also used with nouns that refer to parts of the body and articles of clothing. Here are some common examples.

Él se lava **las** manos.	*He's washing his hands.*
Debes cortarte **el** pelo.	*You should cut your hair (get a haircut).*
Ella se pintaba **los** labios.	*She used to use lipstick (paint her lips).*
Él se puso **el** traje azul.	*He put on his blue suit.*

Note that in all these examples the noun (**manos, pelo, labios, traje**) is always preceded by a definite article, not by a possessive, as in English.

PRÁCTICA

A. Conteste.

1. a. ¿En qué mes cae más nieve?
   b. ¿Se cae Ud. mucho en invierno?
2. a. ¿Cuántas horas duerme Ud. todas las noches?
   b. ¿A qué hora se duerme Ud. todas las noches?
3. a. ¿Qué levanta Ud. cuando quiere hablar en la clase?
   b. ¿Cuándo se levantó Ud. esta mañana?
4. a. ¿Adónde va Ud. esta noche?
   b. ¿Cuándo se va Ud. definitivamente de esta ciudad?
5. a. ¿A quién llama Ud. por teléfono con frecuencia?
   b. ¿Cómo se llama su mejor (*best*) amigo (amiga)?
6. a. ¿Dónde pone Ud. los libros en la clase?
   b. ¿Qué se pone Ud. cuando hace frío?

B. Exprese en español.

1. He washed his hands.
2. Did you cut your hair (get a haircut)?
3. She doesn't use lipstick anymore.
4. He put on his hat.
5. She combs her hair.
6. I shaved my face.

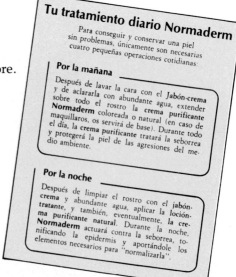

Tu tratamiento diario Normaderm

Para conseguir y conservar una piel sin problemas, únicamente son necesarias cuatro pequeñas operaciones cotidianas:

Por la mañana

Después de lavar la cara con el Jabón-crema y de aclararla con abundante agua, extender sobre todo el rostro la crema purificante **Normaderm** coloreada o natural (en caso de maquillaros, os servirá de base). Durante todo el día, la crema purificante tratará la seborrea y protegerá la piel de las agresiones del medio ambiente.

Por la noche

Después de limpiar el rostro con el jabón-crema y abundante agua, aplicar la loción-tratante, y también, eventualmente, la crema purificante natural. Durante la noche, **Normaderm** actuará contra la seborrea, tonificando la epidermis y aportándole los elementos necesarios para "normalizarla".

Vida y costumbres II

Vocabulario activo II

Sustantivos: El cuerpo

la boca	mouth	la nariz	nose
el brazo	arm	el ojo	eye
el cuello	neck	la oreja	ear
el dedo	finger	la piel	skin
los labios	lips	la uña	fingernail; toenail
la mano	hand		

Otros sustantivos

el anillo	ring	la joya	jewel
el arete	earring	el oro	gold
la belleza	beauty	el peinado	hairdo
el brillante	diamond	la peluquería	beauty shop
el collar	necklace	la perla	pearl
el consejo	advice	la piedra	stone
el descanso	rest	la plata	silver
el espejo	mirror	la pulsera	bracelet
la fábrica	factory	el rubí	ruby

Verbos

cortar	to cut
cuidar (de)	to take care (of)
pintar	to paint

Adjetivos

ameno/a	pleasant
cómodo/a	comfortable
guapísimo/a	extremely beautiful
guapo/a	handsome, beautiful
mejor	better

Palabras adicionales

es decir	that is to say
oye	listen, hey

En la peluquería

La belleza es muy importante para algunas mujeres. En la peluquería cuidan mucho del peinado y de la piel de las clientas. Pero la peluquería no sólo es una «fábrica» de belleza. Es también un laboratorio donde hasta el detalle más pequeño tiene importancia: los ojos, la boca, es decir los labios, y la nariz. Es también un sitio de conversación amena, de descanso agradable en una silla cómoda, y un lugar (*place*) en donde se oyen muchos consejos.

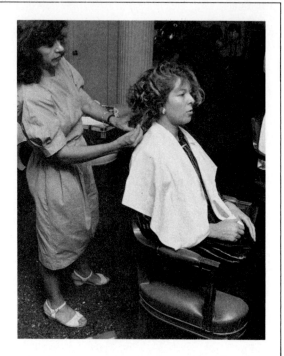

Beryl Goldberg

ELSA: Oye, chica, debes cortarte el pelo y pintarte los ojos. Así estás mucho mejor.

TONI: Ahora las uñas. Dame la otra mano. ¿Y por qué no usas el mismo color para los labios? Con éste vas a estar guapísima. Mírate en el espejo.

Piedras preciosas

Aretes de oro para adornar las orejas.
Collares de perlas para dar belleza al cuello.
Pulseras de plata para hacer más atractivos los brazos.
Anillos de rubíes o de otras piedras preciosas para adornar los dedos,
Pero nada es mejor que los brillantes...
¡para dar distinción y elegancia!
¿Qué joyas prefiere Ud.?

Hugh Rogers/Monkmeyer Press Photo Service

PRÁCTICA

A. Complete.

En la peluquería

1. La belleza...
2. Cuidan del...
3. La peluquería...
4. Es también un sitio...
5. —Oye, chica, debes... y pintarte... Así estás...
6. —Ahora las... Dame... También necesitas... Ahora mírate en...

Piedras preciosas

7. Aretes de... para...
8. Collares de... para...
9. Pulseras de... para...

10. Anillos de... para...
11. Pero...

B. Dé los nombres que corresponden a los números.

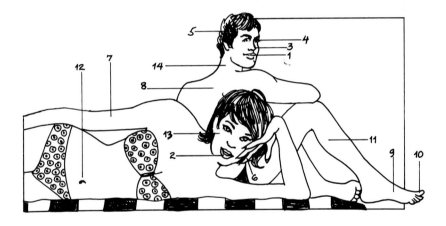

C. Preguntas personales.

1. ¿Qué joyas tiene Ud.?
2. ¿Cuál es más caro, un anillo de oro o un anillo de plata?
3. ¿Qué prefiere Ud., un collar de perlas o un collar de oro? ¿Por qué?
4. ¿Cuántos anillos (aretes, pulseras) lleva Ud.?
5. ¿Cuántas veces al año (al mes) va Ud. a la peluquería (a la barbería)?

CH. ¿Qué prefiere Ud.? Diga siempre por qué.

1. ¿ir o no ir a la peluquería (barbería)?
2. ¿pintarse o no pintarse los labios?
3. ¿ponerse o no ponerse collares en el cuello?
4. ¿peinarse o no peinarse?
5. ¿comprar o no comprar pulseras?
6. ¿ir con joyas o sin joyas en los dedos?
7. ¿llevar o no llevar arete(s)?

Gramática II

53. Comparatives and Superlatives

A. With adjectives and adverbs

To make a comparison of equality, use **tan** + *adjective / adverb* + **como**.

> Juan es **tan** bajo **como** Tomás.   *Juan is as short as Tomás (is).*
> Ella canta **tan** bien **como** él.   *She sings as well as he (does).*

If the comparison is unequal, use **más** (**menos**) + *adjective / adverb* + **que**.

> Alberto es **más** / **menos** listo   *Alberto is more / less intelligent*
>   **que** su hermano.   *than his brother.*
> Ella camina **más** rápidamente   *She walks faster than I do.*
>   **que** yo.

    Spanish adds the definite article to **más** / **menos** to form the superlative (to compare more than two items).

> Carlos es **el** (estudiante) **más**   *Carlos is the best-looking (student)*
>   guapo del grupo.   *in the group.*
> Su casa es **la más** antigua.   *Their house is the oldest.*

Note that after the superlative, *in* is expressed by **de** in Spanish.

B. With nouns

To make an equal comparison, use **tanto/a** (**tantos/as**) + *noun* + **como**.

> Él te da **tantos** consejos **como**   *He gives you as much advice as I*
>   yo.   *(do).*

Note that **tanto** agrees in number and gender with the noun it modifies. If two nouns are compared unequally, use **más** / **menos** + *noun* + **que**.

> Ella tiene **más** / **menos** joyas   *She has more / fewer jewels than I*
>   **que** yo.   *(do).*

C. Irregular forms

The following chart presents several unequal irregular comparisons and their superlative forms.

POSITIVE	COMPARATIVE		SUPERLATIVE	
bueno/a good	**mejor**	better	**el/la mejor**	the best
malo/a bad	**peor**	worse	**el/la peor**	the worst
grande large	⎡ **más / menos** ⎨ **grande** ⎣ **mayor**	larger (smaller) older	⎡ **el/la más / menos** ⎨ **grande** ⎣ **el/la mayor**	the largest (the smallest) the oldest
pequeño/a small	⎡ **más / menos** ⎨ **pequeño/a** ⎣ **menor**	smaller (larger) younger	⎡ **el/la más / menos** ⎨ **pequeño/a** ⎣ **el/la menor**	the smallest (the largest) the youngest

Es la **peor** ciudad del país pero también el **mejor** centro turístico.	*It's the worst city in the country but also the best tourist center.*
Elisa es mi hermana **mayor** y Tomás, mi hermano **menor**.	*Elisa is my older sister and Tomás, my younger brother.*

- **Más / menos grande** and **más / menos pequeño** refer to difference in size; **mayor** and **menor** refer to age or special status.
- **Mejor** and **peor** usually precede the nouns they modify; **mayor** and **menor** follow them.

PRÁCTICA

A. Exprese en español.

1. Ella es (*the tallest*).
2. Creo que tus uñas son (*longer*) ahora.
3. Esas casas son (*the most beautiful*).
4. Necesitaban un espejo. Por fin compraron (*the cheapest*).
5. Esas perlas son (*the smallest*).
6. ¿Es verdad que Pepita es (*older*)?
7. Creo que esta peluquería es (*better*).
8. De todos sus consejos éste es (*the worst*).
9. Esos rubíes son (*more expensive*).
10. ¿Puede Ud. decirme cuáles de estos brillantes son (*the best*)?

B. Complete Ud. con el comparativo de 1 a 5 y con el superlativo de 6 a 10.

MODELO: Esa silla es buena, pero ésta es __mejor__ .

1. Compré dos collares; de ellos me gusta más el segundo. Es _____ que el primero.
2. Me examinaron la espalda dos médicos, pero no estoy mejor que antes. En realidad creo que estoy _____ .

3. Juanita es muy inteligente; sabe más que otras niñas que son ____ que ella.

4. Los dos anillos son bonitos, pero el anillo de oro es ____ que el anillo de plata.

5. Tu peinado es original, pero ése es ____ .

MODELO: Esta cama es buena, pero ésa es _la mejor_ .

6. Mi hermano José es el que tiene más años. Es ____ .

7. He visto muchas peluquerías modernas, pero creo que la peluquería de la calle Real es ____ .

8. Todos sus hijos son malos, pero éste es ____ de todos.

9. Julia tiene veinte años, Bárbara tiene quince y Violeta, doce. Julia es la hermana ____ , y Violeta la ____ .

10. Yo fui el único (only) estudiante que levantó la mano para contestar. Por eso, el profesor cree que soy ____ .

C. Hablando de personas. Conteste.

1. ¿Quién es el hijo (la hija) menor en su familia?
2. ¿Qué es mejor, tener un hermano (una hermana) menor o un hermano (una hermana) mayor?
3. ¿Cree Ud. que los hermanos mayores deben ayudar a los hermanos menores? Explique.
4. ¿Cree Ud. que hombres y mujeres son más altos ahora que antes? Explique.
5. ¿Es su mejor amigo (amiga) mayor o menor que Ud.?

CH. Hablando de ciudades. Conteste.

1. ¿Cuál es la ciudad norteamericana que tiene el mayor número de gente hispánica?
2. ¿Cuál es la ciudad hispánica más grande del mundo?
3. ¿Es Nueva York la ciudad más rica del mundo? Explique.
4. ¿Sabe Ud. cuáles son las ciudades más grandes de España?
5. De todas las ciudades que Ud. conoce, ¿cuál es la más hermosa? Diga por qué.

54. Absolute Superlatives

Use the absolute superlative to qualify a person or thing as possessing the highest degree of a quality, without establishing a comparison. To form the absolute superlative, omit the final vowel (if any) of the relevant adjective and add **-ísimo, -ísima, -ísimos,** or **-ísimas,** depending on the gender and number of the entity spoken of:*

---

*A spelling change may be necessary to preserve the original consonant sound: **blanco** → **blanquísimo, largo** → **larguísimo, poco** → **poquísimo.**

interesante→ Era un sitio **interesantísimo**.
　　　　　　 It was an extremely interesting site.
moderno→ Son fábricas **modernísimas**.
　　　　　　 They are exceedingly modern factories.
guapa→ Ella estaba **guapísima**.
　　　　　 She looked extremely beautiful.

PRÁCTICA

Cambie según el modelo.

MODELO: Era un tema difícil. → Era un tema dificilísimo.

1. Las orejas de Ramón son grandes.
2. Ella estaba ocupada.
3. Tengo el pelo largo.
4. Doña Felisa era una señora distinguida.
5. Creo que es una revista amena.
6. Su collar es caro.
7. Había allí dos palmeras altas.
8. Fuimos a una peluquería elegante.
9. Vimos varias joyas hermosas.
10. Fue una recepción aburrida.

Comunicación

Texto: Gestos del mundo hispánico

Todos los pueblos tienen una manera especial de hablar. Unos son poco expresivos; otros son dramáticos. Unos hablan en voz baja,° otros en voz alta.° Nosotros los hispanos nos expresamos, a veces, haciendo gestos con la cara y ademanes con la cabeza y con las manos. Por ejemplo, podemos decir «adiós» poniendo la palma de la mano hacia arriba,° antes de mover los dedos rápidamente hacia adelante. Para decir «venga Ud.» en español, ponemos la mano hacia abajo° (no hacia arriba) y movemos los dedos hacia el cuerpo.

　　Si alguien nos pregunta si algo nos gusta y queremos contestarle que «un poco», se lo comunicamos moviendo un lado de la mano derecha hacia arriba y el otro hacia abajo. Si estamos irritados, levantamos las dos manos por encima de° la cabeza. Y si algo no nos gusta nada, bajamos inmediatamente brazos y manos, como cortando el aire.

voz... a low voice
voz... a loud voice

hacia... upward

hacia... downward

por... above

Si queremos indicarle a otra persona nuestra desaprobación,° levanta-   *disapproval*
mos el dedo índice y lo movemos de un lado a otro rápidamente. Si necesitamos un momento más para hacer algo, levantamos el dedo índice y el
pulgar° juntos con un pequeño espacio entre ellos.   *thumb*

Hay otros gestos y ademanes de considerable importancia cultural,
pero es necesario aprenderlos en contexto y... en persona.

PRÁCTICA

A. Explique cada gesto.

1.   2.   3.

B. Análisis de los gestos. Conteste.

1. ¿Cómo le dice Ud. «adiós» con la mano a otra persona en México? ¿y en los Estados Unidos?
2. Explique Ud. cómo puede indicar con la mano que algo le gusta sólo un poco.
3. Cuando hablamos español, ¿cómo le comunicamos a otra persona que estamos irritados?
4. ¿Cree Ud. que es importante saber cómo expresarse por gestos con la cara? ¿Por qué sí (no)?
5. ¿Cómo es posible indicar desaprobación?
6. ¿Qué hace Ud. para pedir un poco más de tiempo?

EXPRESIÓN PERSONAL

A. Prepare una breve descripción sobre los siguientes temas para presentar a la clase.

1. Un día muy interesante   2. Cómo me preparo para ir a una fiesta

B. Por la mañana.

1. Using as many of the reflexive verbs presented in this chapter as possible, make a list of infinitives that could be used to describe what you do during a typical morning.
2. After you have completed the list, use conjugated forms of the verbs and add other details to describe a typical morning in your life.
3. Use reflexive verbs to express what you did yesterday morning (preterite) and what you are doing right now (present progressive).
4. Use your list of verbs to describe a typical morning in the lives of others: **sus padres, otro miembro de la clase, el profesor (la profesora)**.
5. Use the verbs to ask a classmate questions about a typical morning in his or her life.

C. Invente un cuento original basado en el chiste (*joke*). Posibles ideas: ¿Qué le pasó al paciente? ¿Cuándo ocurrió? ¿Cuál es la ironía de la situación?

"**Y ahora mueva rápidamente sus brazos y lleve las piernas al pecho**".

pecho *chest*

EN NAVIDAD LA VISA ES LA QUE TRABAJA

■ *OTRA VEZ*

La Navidad y las tarjetas de crédito. Lea el anuncio y conteste las preguntas.

aplazando
   postponing
conseguir *to get*
contar con
   to count on
   (*have*)
a fondo *to your*
   full advantage
pagos *payments*
solicitarlo
   requesting it

Estas Navidades ponga la VISA a trabajar, su VISA SANTANDER y olvídese del dinero.

Porque si Vd. tiene VISA podrá conseguir de todo sin complicarse la vida.

Aplazando además los pagos el tiempo que lo desee, con sólo solicitarlo.

Vd. que tiene VISA, ahora utilícela a fondo.

Si aún no cuenta con ella, venga a recogerla a Banco Santander. Es el momento oportuno.

* Con nuestra tarjeta 4B Santander, disponga de efectivo las 24 horas del día. En los casi 1.500 Cajeros Automáticos repartidos por toda España.

1. ¿Con quiénes estuvo Ud. la Navidad del año pasado? ¿Qué regalos de Navidad les dio? ¿Cómo los compró Ud.? ¿Usó una tarjeta de crédito? ¿Cuál?

2. El año pasado ¿pudo Ud. comprarles a los miembros de su familia todos los regalos que deseaban? ¿Quería Ud. hacer sus propios regalos? ¿Cuáles hizo Ud.?

3. Si Ud. necesita dinero, ¿cómo lo consigue? ¿Se lo presta a Ud. alguien? ¿Quién?

4. ¿Cree Ud. que una tarjeta de crédito complica la vida o no? ¿Por qué?

5. ¿Por qué es especialmente bueno poder usar una tarjeta de crédito en Navidad?

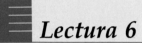

Lectura 6

Antes de comenzar

Take four or five minutes to skim the narrative that follows. Try to get the gist of what is said. Before skimming, learn these connecting phrases:

a lo largo *throughout*	sin duda *doubtless*
debido a *due to*	tales tradiciones (leyendas)
desde entonces *since then*	*such traditions (legends)*

Pay particular attention to the key words in boldface. After this first rapid reading, take the following true / false test:

1. This reading concerns the artistic tradition in Mexico.
2. Mexico's folklore offers a rich source of material to modern artists.
3. In its songs and dances, the Folkloric Ballet Company of Mexico interprets many Mexican legends and myths.
4. Quetzalcóatl was an Aztec god.
5. Cuauhtémoc fought against the Spaniards.
6. The Virgin of Guadalupe was first seen in 1531.
7. She is considered an important symbol of Mexico.
8. Mariachis are Mexican singers and instrumentalists.
9. Most flowers have petals.
10. Over the years the Folkloric Ballet Company of Mexico has become legendary in its own right.

All the preceding statements are true. If you got them all correct, your skimming was very successful. Now read the passage again, somewhat slower, fleshing out your initial impressions with more details.

Mitos y leyendas en el arte mexicano

México tiene una rica tradición folklórica. El Ballet Folklórico de México es, sin duda, la organización que más fama ha logrado[1] por su interpretación artística de tales tradiciones.

Sus programas pueden ser muy variados, debido a las diferentes canciones y bailes que incluyen° y también debido a los mitos, leyendas y acontecimientos[2] históricos mexicanos que presentan. Uno de los números frecuentes es un baile en honor del dios de los aztecas, Quetzalcóatl. Otra de las leyendas más conocidas es la de Cuauhtémoc, el último rey° azteca, que aparece como un águila° que desciende para proteger a la nación mexicana. A la edad° de diez y ocho años Cuauhtémoc dio combate a los españoles durante cuatro meses. Hoy día su figura simboliza el heroísmo y fortaleza[3] del mexicano.

Otra figura celebrada en varias formas artísticas es la Virgen de Guadalupe, conocida[4] con el nombre de la Virgen Morena[5] del Tepeyac. Quien vio a esta Virgen por primera vez, en 1531, fue un indio llamado Juan Diego. Desde entonces la Virgen de Guadalupe ha sido[6] símbolo de la más pura mexicanidad.

La interpretación de tales leyendas y mitos por el Ballet Folklórico y otros conjuntos[7] artísticos nos traslada[8] a un mundo que es mitad[9] realidad y mitad imaginación. La coreografía del ballet está entre las mejores. En un número, por ejemplo, aparece un bailarín° en el centro. Inmediatamente, percibimos° música de guitarras; luego entran diez bailarines, forman un círculo y extienden los brazos para representar los pétalos de una flor. Un grupo de mariachis unen° voces y guitarras mientras los bailarines, abriendo y cerrando los pétalos de la «flor», van creando otra leyenda mexicana, la de su propia expresión artística.

incluyen: Another close cognate; substitute a **d** for the **y**.

rey: This is the title of an important leader. / **águila:** What strong bird would descend to protect a nation?
edad: Guess this word from context: *at the . . . of 18 years . . .*

bailarín: You know **baile** and **bailar**.
percibimos: Obviously this is a verb. In guessing its meaning, substitute a **v** for the **b**.

unen: Is this a noun, adjective, or verb?

El Instituto Nacional de Bellas Artes

presenta

BALLET
FOLKLORICO
DE MEXICO

Directora General y Coreógrafa
General Director and Choreographer
AMALIA HERNANDEZ

Directora Artistica Compaña Residente
Artistic Director Resident Company
NORMA LOPEZ HERNANDEZ

---

[1]*has achieved* [2]*events* [3]*strength* [4]*known* [5]*dark* [6]*ha... has been* [7]*groups* [8]*transports* [9]*half*

NOTAS CULTURALES

1. **Quetzalcóatl** was the serpent god of the Aztecs. His likeness can be seen on many of the shrines constructed in and around what is now Mexico City.

2. **Cuauhtémoc** was the last Aztec emperor and the nephew and son-in-law of **Moctezuma II**. He became emperor in 1520 upon the death of Moctezuma's successor, **Cuitláhuac**. **Cuauhtémoc** was finally captured by the Spaniards. They tortured him, trying to get him to reveal the location of hidden Aztec wealth. He went to his death refusing to speak. His stoicism has become legend.

3. In 1531 the Virgin Mary is said to have appeared to an Indian convert named **Juan Diego** and ordered that a church be built on that very spot. This apparition did much to hasten the conversion of the Indians to Catholicism. In 1754 a papal decree made the Virgin of Guadalupe patroness and protector of New Spain (Mexico). In 1810 she became the symbol of the Mexican independence movement when the patriot-priest **Miguel Hidalgo** raised her picture to his banner. Each year pilgrims from all over the world come to her shrine in Mexico City.

Después de leer

A. Without referring to the **Lectura**, decide which of these statements are true and which are false.

1. Cuauhtémoc dio combate a los españoles durante cuatro meses.
2. La Virgen de Guadalupe también tiene el nombre de la Virgen Morena del Tepeyac.
3. Esta Virgen se le apareció a un indio mexicano en el siglo XVII.
4. El estoicismo de Cuauhtémoc ya es legendario.
5. Quetzalcóatl fue el último rey de los aztecas.
6. En un número del ballet, un bailarín aparece en el centro y diez bailarines forman un círculo para representar el océano.
7. Los mariachis unen voces y guitarras en la forma de una flor.
8. Las interpretaciones del Ballet Folklórico nos trasladan a un mundo que es mitad realidad y mitad imaginación.

B. Conteste.

1. El Ballet Folklórico de México: ¿Qué es? ¿Qué presenta? ¿Cómo son sus programas? ¿Cómo es su coreografía? ¿Quiénes participan en el ballet?
2. Cuauhtémoc: ¿Quién fue? ¿Qué hizo? ¿Qué simboliza hoy día?
3. La Virgen de Guadalupe: ¿A quién se le apareció? ¿Cuándo? ¿Qué construyeron a causa de esta visión? ¿Dónde está? ¿Quiénes la visitan hoy?

LECCIÓN DOCE

El arte y la vida

55. Present perfect tense
56. Pluperfect tense
57. Irregular past participles
58. Affirmatives and negatives

59. Stressed possessive adjectives and possessive pronouns

La Sagrada Familia, famosa iglesia de Antonio Gaudí, en Barcelona, España

Mark Antman/The Image Works

Enfoque cultural

En el mundo hispánico hay muchos pintores, escultores y arquitectos de fama internacional. Basta mencionar unos pocos nombres: en España, Antonio Gaudí (arquitecto), Joan Miró, Juan Gris, Salvador Dalí y Pablo Picasso (pintores); en México, Diego Rivera, José Clemente Orozco, David Alfaro Siqueiros y Rufino Tamayo (pintores); y muchos otros más.

En el mundo hispánico el término **arte** incluye también la artesanía de miles y miles de artesanos. Éstos también son artistas. Elaboran objetos pintorescos, a veces útiles, que contemplamos o usamos todos los días. Este tipo de arte refleja las preocupaciones y alegrías (*joys*) de oscuros artistas y expresa el deseo de relacionar la vida diaria con la vida del espíritu.

Esta vitalidad artística tiene sus raíces en tiempos antiguos. Una visita al Museo de Antropología en la Ciudad de México, o al Museo del Oro en Lima o en Bogotá, a las ruinas mayas de Centroamérica o a mil otros sitios puede revelarnos la profunda verdad de tal afirmación. También en España hay expresión artística desde tiempos remotos, comenzando con las pinturas prehistóricas de las cuevas de Altamira. La mejor muestra (*example*) del arte ibérico antiguo es *La Dama de Elche*, la cual (*which*) es hoy día un símbolo nacional.

Y por supuesto el mundo del arte hispánico también incluye el gran número de artistas hispanos que viven en los Estados Unidos. Su dinámica contribución se está haciendo cada vez más visible, como lo demuestra una reciente exposición en el Museo del Bronx en Nueva York.

CINE

CRITICAS / NOVEDADES / ESTRELLAS / ESTRENOS / TODAS LAS PELICULAS / LAS SALAS / FILMOTECA

ARTE

CRITICAS / AGENDA / GALERIAS DE ARTE / OTRAS EXPOSICIONES / MUSEOS

MUSICA

LAS ACTUACIONES DE LA SEMANA / CONCIERTOS / DISCOS / LUQUI YEAH!

2 de Mayo

NOTAS CULTURALES

1. Antonio Gaudí, a Catalonian architect, was the creator of the famous cathedral called **el Templo de la Sagrada Familia**. This building, left unfinished at his death, is a landmark of modern Barcelona. It was planned on an enormous scale, with twelve steeples, each three hundred feet high, one central dome and four lateral domes. It is a huge honeycombed structure of contorted lines, cone-shaped doors, curved surfaces, and decorations that depict the natural world. Gaudí believed that structures created by man should look like creations of nature.

2. The **Museo de Antropología** in Mexico City is one of the great museums of the world. Its extensive display cases house the priceless tools and treasures of past Indian civilizations in Mexico, and its exhibits detail aspects of everyday pre-Columbian life.

3. Both Bogotá and Lima have a **Museo del Oro** containing a large variety of gold objects and ornaments. The Incas (Peru) and the Muiscas (Colombia) beat gold into thin sheets and then hammered it over forms to achieve various designs. When Pizarro conquered Peru, he collected a large ransom in gold estimated at over twenty million dollars (some say its value was even greater). Tradition has it that the Indians buried huge treasures in caves or cast them into rivers and lakes so that the Spaniards could not steal them.

4. The cave paintings in the **cuevas de Altamira**, near Santillana del Mar (Santander) in northern Spain, reflect the life patterns of a primitive society of hunters as well as the inhabitants' desire to leave a record of their prowess. The amazingly natural and varied representations of animals (horses, bison, wild boar, deer)—some of them in red and black, others in yellow and gray—have earned the caves the reputation of being the "Sistine Chapel of primitive art."

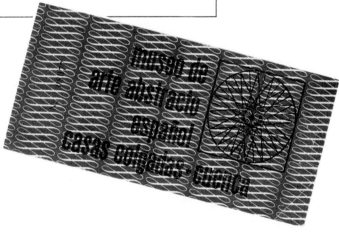

museo de arte abstracto español · casas colgadas · cuenca

Vida y costumbres I

Vocabulario activo I

Sustantivos: El arte

la artesanía	craftsmanship; handicraft	**la perspectiva**	perspective, point of view
el/la artesano/a	artisan, craftsperson	**la pieza**	piece (*of art*)
la escultura	sculpture	**el/la pintor(a)**	painter
el estilo	style	**la pintura**	painting
la obra	work	**el salón**	large room, salon
la obra maestra	masterpiece	**el tapiz**	tapestry

Otros sustantivos

el edificio	building
la entrada	entrance
el/la espectador(a)	spectator
la preocupación	concern, worry
la reina	queen
el rey	king
los reyes	king and queen; the kings
el valor	value

Verbos

contener (contengo)	to contain	**representar**	to represent
cubrir	to cover	**retratar**	to portray; to do a portrait; to take a snapshot
detener (detengo)	to detain		
encontrar (ue)	to find		
permitir	to permit; to let	**sugerir (ie)**	to suggest
reflejar	to reflect		

Adjetivos

diario/a	daily
extenso/a	extensive
pintoresco/a	picturesque

Palabras adicionales

al (en el) fondo	at the back/bottom, to the rear
frente a	opposite, in front of

El Museo del Prado

El Museo del Prado de Madrid
está entre los más famosos del
mundo. Contiene algunas piezas
de escultura, pero los tapices y las
pinturas que cubren las paredes
de este magnífico edificio son
realmente impresionantes.
Representan los estilos de
diferentes épocas hasta el siglo
XVIII.

Ulrike Welsch

Los salones dedicados a los pintores españoles son particularmente extensos y de gran valor. Allí encontramos obras de
Francisco de Goya, Diego de Velázquez, El Greco y muchos otros.

El espejo de Las Meninas

Al (*Upon*) detenernos frente a *Las Meninas*, de Diego de Velázquez,
parece que entramos en el lugar donde estaban los reyes a quienes
Velázquez estaba pintando. Como en el fondo de la obra hay un
espejo que refleja las figuras del rey y de la reina, permite al
espectador tener la ilusión de que el pintor lo retrata a él. Esta
perspectiva casi sugiere que el espectador también puede ser
participante de la vida diaria de este mundo antiguo.

Museo del Prado

PRÁCTICA

A. Conteste.

El Museo del Prado

1. ¿Dónde está?
2. ¿Contiene muchas esculturas?
3. ¿Dónde vemos tapices y pinturas?
4. ¿Qué representan?
5. ¿Qué salones son particularmente extensos y de gran valor?
6. ¿Quiénes son algunos de los pintores cuyas (*whose*) obras podemos ver allí?

El espejo de Las Meninas

7. ¿Quién pintó esta obra maestra?
8. ¿Qué refleja el espejo que hay en el fondo de esta pintura?
9. ¿Qué ilusión tiene el espectador cuando mira este espejo?
10. ¿Qué parece que el espectador puede ser al mismo tiempo frente a esta obra?

B. ¿De qué hablo? Para expresar las ideas de 1 a 5, dé un sustantivo; de 6 a 9, dé un infinitivo.

1. la persona que mira un cuadro
2. la puerta por donde entramos
3. la creación artística de un pintor
4. el lugar donde podemos contemplar obras de arte
5. un objeto que refleja cosas y personas
6. pintar el busto o la cara de una persona
7. mirar algo con admiración
8. insinuar algo
9. dar autorización para hacer algo

C. Invente oraciones a base de los siguientes sustantivos y verbos. Hay dos posibilidades en cada caso.

1. los salones ⟨ estar / encontrar

2. el pintor (la pintora) ⟨ pintar / retratar

3. la(s) pintura(s) ⟨ representar / sugerir

4. el espectador (la espectadora) ⟨ contemplar / detenerse

CH. Diga Ud. si la afirmación es falsa o no. Luego explique por qué.

1. *Las Meninas* es una famosa pintura de Francisco de Goya.
2. La Sagrada Familia es una magnífica obra de artesanía.
3. Las cuevas de Altamira contienen muchas representaciones de la vida humana en la época romana.
4. Goya fue un arquitecto español muy famoso.
5. *La Dama de Elche* es un símbolo nacional de México.
6. Antonio Gaudí diseñó (*designed*) una enorme catedral.
7. Joan Miró era un conocido (*well known*) pintor francés.
8. El Museo de Antropología es uno de los museos más famosos del mundo.
9. El Museo de Antropología contiene muchos objetos mexicanos precolombinos.
10. Hay un Museo del Oro en Santiago de Chile.

Gramática I

55. Present Perfect Tense

The present tense of the auxiliary verb **haber** (*to have*) is formed as follows:

he	hemos
has	habéis
ha	han

Combine a present tense form of **haber** with the past participle (**participio pasado**) of another verb to form the present perfect tense.

To form regular past participles, drop the infinitive ending and add **-ado** for **-ar** verbs and **-ido** for **-er** and **-ir** verbs.*

-ar: examinar	→ examin**ado**	*examined*
-er: entender	→ entend**ido**	*understood*
-ir: salir	→ sal**ido**	*gone out*

---

*-**Er** and **-ir** verbs whose stems end with a strong vowel (**a**, **e**, or **o**) require a written accent on the **i** of the past participle ending: **leer** → **leído**, **traer** → **traído**, **oír** → **oído**.

-ar: dar		-er: ser		-ir: recibir	
he dado	*I have given*	he sido	*I have been,*	he recibido	*I have received,*
has dado	*you have given*	has sido	*and so on*	has recibido	*and so on*
ha dado	*he/she has given, you have given*	ha sido		ha recibido	
hemos dado	*we have given*	hemos sido		hemos recibido	
habéis dado	*you have given*	habéis sido		habéis recibido	
han dado	*they/you have given*	han sido		han recibido	

- To make a present perfect verb negative, place **no** before the form of **haber**.

> Juan **no ha** olvidado sus deseos.   *John has not forgotten your wishes.*

- Place all object pronouns before the form of **haber**. If the sentence is negative, **no** precedes the object pronoun.

> Él **(no) me lo ha** prestado.   *He has (not) lent it to me.*

- To form a question in the present perfect, put the subject after the past participle.

> ¿Han venido los trabajadores?   *Have the workers come?*
> ¿Ha encontrado Ud. la pintura?   *Have you found the painting?*

- The present perfect in Spanish does not always have an exact equivalent with the English present perfect. Sometimes it is used for the simple past.

> ¡Pero si yo no he visto la acera!   *But I didn't see the sidewalk!*

PRÁCTICA

A. Nosotros y el arte. Cambie las oraciones, dando el participio pasado del verbo entre paréntesis.

1. He (*esperar*) tres días antes de vender el tapiz.
2. No han (*terminar*) todavía el Templo de la Sagrada Familia.
3. El pintor ha (*representar*) la vida diaria en su obra.
4. Tú has (*contemplar*) el cuadro.
5. ¿Quién ha (*pintar*) esa obra maestra?
6. Alberto y Enrique han (*encontrar*) una escultura antigua.

B. Cambie según el modelo.

MODELO: Yo he exhibido mis cuadros. (Ellos) →
Ellos han exhibido sus cuadros.

1. ¿A qué hora has venido tú? (él/Ud./ellas)
2. Él ha encontrado una pintura de gran valor. (Tú/Yo/Nosotros)
3. Yo he retratado a varios políticos. (Ella/Nosotras/Ellos)

C. ¿Qué ha pasado? Cambie según los modelos.

presente → presente perfecto

MODELO: Adela duerme allí. → Adela ha dormido allí.

1. Tomás contempla un hermoso tapiz.
2. Limpio el salón.
3. Retratamos a muchas personas interesantes en nuestras obras.
4. Ellos van al museo.

pretérito → presente perfecto

MODELO: Carlos contempló la pintura. →
Carlos ha contemplado la pintura.

5. Sintió gran satisfacción.
6. Entraron por una puerta grande.
7. Encontré la entrada.
8. Representaron a la familia.

CH. Conteste. *With a classmate take turns asking each other these questions. Answer affirmatively and try to respond quickly.*

1. ¿Habéis celebrado la Semana Santa?
2. ¿Ha comenzado esta semana?
3. ¿Has visitado Sevilla durante Semana Santa?

4. ¿Te han pagado esos señores ya?
5. ¿Han recibido Uds. mucho dinero?
6. ¿Has recibido una propina también?

7. ¿Han visitado Uds. muchos museos?
8. ¿Ha estudiado Ud. muchas pinturas españolas?
9. ¿Le ha invitado el director de este museo a una recepción?

D. Las actividades de hoy. Conteste.

1. ¿Qué hemos estudiado hoy?
2. ¿A qué hora has llegado tú a clase?
3. ¿Qué han leído Uds. hoy?
4. ¿Ha venido Ud. en su auto a la clase?
5. ¿Ha hablado Ud. por teléfono con sus padres esta semana?
6. ¿Dónde ha trabajado Ud.?

56. Pluperfect Tense

Once you have learned the present perfect, you can easily form the pluperfect (*I had given, he had given,* and so on). The pluperfect is also made by combining the past participle of a verb with a form of **haber**. But this time **haber** is used in the imperfect tense (**había, habías, había, habíamos, habíais, habían**).

había preparado	*I had prepared*
habías traído	*you had brought*
no había comido	*he/she/you had not eaten*
habíamos charlado	*we had chatted*
habíais permitido	*you had permitted*
no habían almorzado	*they/you had not lunched*

The pluperfect tells what happened before another past action took place.

Él llegó a las nueve, pero ya **habíamos salido**.

He arrived at nine, but we had already left. (Our leaving occurred before his arrival.)

Les dije que **habían bebido** demasiado.

I told them that they had drunk too much. (Their having drunk too much preceded my statement.)

PRÁCTICA

Cambie según los modelos.

MODELO: Tú has visitado la Sagrada Familia. →
Tú habías visitado la Sagrada Familia.

1. He visitado varios museos.
2. Hemos comprado muchas esculturas.
3. ¿Han leído el catálogo de la exhibición?
4. No han llegado al salón todavía.
5. Julia ha comenzado a pintar.

MODELO: Tú fuiste a las cuevas de Altamira. →
Tú habías ido a las cuevas de Altamira.

6. Hablé con el escultor.
7. Vendieron muchas obras de artesanía.
8. Encontramos un tapiz de mucho valor.
9. ¿Retrata Ud. a los niños?
10. Sugerimos un cambio completo en la pintura.

57. Irregular Past Participles

A. A few Spanish verbs have irregular past participles.

abrir:	**abierto**	*opened*
cubrir:	**cubierto**	*covered*
decir:	**dicho**	*said, told*
escribir:	**escrito**	*written*
hacer:	**hecho**	*done, made*
morir:	**muerto**	*died*
poner:	**puesto**	*put, placed*
resolver:	**resuelto**	*resolved*
romper:	**roto**	*broken*
ver:	**visto**	*seen*
volver:	**vuelto**	*returned*

B. You can now form the past participle for every verb studied in this text, since compound verbs that are formed with the verbs given above show the same irregularities in their past participles: **describir** (*to describe*) → **descrito**; **descubrir** (*to discover*) → **descubierto**; **deshacer** (*to undo*) → **deshecho**; **devolver** (*to return* [*something*]) → **devuelto**; **oponer** (*to oppose*) → **opuesto**.

PRÁCTICA

A. Cambie según el modelo.

MODELO: Él volvió a casa con objetos de poco valor. →
Él ha vuelto a casa con objetos de poco valor.

1. Vio un objeto de ónix.
2. Escribe en un estilo muy interesante.
3. ¿Le dijiste que no te gustan los colores tan oscuros?
4. Hacen diferentes anillos.
5. El joven pintor murió.
6. Abrieron las puertas del museo a las nueve.
7. Puse los brillantes cerca del espejo.
8. Volví al museo por el Bulevar de San Martín.
9. Rompió una pieza.
10. Cubren la mesa con un mantel.

B. Declaraciones. *Use the present perfect with the verbs given to describe something that has been done or has happened. Supply the necessary words to complete the sentences.*

MODELO: ellos / comprar → Ellos han comprado un tocadiscos.

1. nosotros / cerrar
2. yo / poner
3. todos ellos / estar
4. María y yo / volver
5. Ernesto / decir
6. mis compañeros / escribir
7. doña Josefa / hacer
8. Felipe y su amiga / ver
9. Manuela / morir
10. nosotros / romper

Vida y costumbres II

Vocabulario activo II

Sustantivos: El arte

el bordado	embroidery work	**el sarape**	serape, type of shawl placed over one's shoulder
la cerámica	ceramics		
la cesta	basket		
el diseño	pattern, design	**el tamaño**	size
la figurita (*diminutive form of* **figura**)	small figure, figurine	**el/la tejedor(a)**	weaver
		la tela	cloth
la mantilla	shawl		
el poncho	cape that slips over one's head		

Otros sustantivos

la piña	pineapple
la tierra	ground, earth
el/la vendedor(a)	seller, vendor

Verbos

elaborar	to elaborate; to make; to work (on something)
ofrecer (ofrezco)	to offer
suponer (supongo)	to suppose
tejer	to weave

MUSEO DE ARTE MODERNO
CHAPULTEPEC
INBA
Nº 258953·

Adjetivos

complejo/a	complex
indio/a	Indian
variado/a	varied

Palabras adicionales

a mano	by hand
toda clase de	all kinds of

La artesanía nacional

En Hispanoamérica hay miles de personas que elaboran cerámica y hacen objetos de metal, madera y otros materiales, como por ejemplo el ónix y la obsidiana.

En algunas tiendas y mercados, y especialmente en centros regionales y nacionales de artesanía, podemos ver una gran variedad de bordados, cestas de diferentes tamaños, figuritas, juguetes, mantillas, sarapes, ponchos, y... muchos otros productos, todos hechos a mano.

Alguien ha dicho que la artesanía es expresión evidente del sentido artístico del pueblo, y yo creo que es verdad.

Los tejedores indios

Los tejedores indios de Guatemala son famosos por la ropa, los tapices y las alfombras que tejen. Algunas telas tienen diseños increíblemente complejos y las combinaciones de colores son muy variadas. Hay más de* doscientos cincuenta trajes regionales en Guatemala. Una prima mía compró uno estupendo; supongo que es para ir a fiestas y recepciones en su pueblo.

Peter Menzel / Stock, Boston

El mercado de Oaxaca

En el famoso mercado de Oaxaca, México, hay vendedores que ofrecen toda clase de frutas—piñas, mangos, papayas—y otros productos de la tierra. Por supuesto, venden muchísimas otras cosas, especialmente la artesanía regional.

Peter Menzel / Stock, Boston

---

*When a comparative precedes a number, use **de** instead of **que** to express *than*:
Hay más de doscientos. *There are more than two hundred.*

PRÁCTICA

A. Complete.

La artesanía nacional

1. Miles de personas elaboran...
2. Hay cestas de...,
3. mantillas...,
4. La artesanía es expresión...

Los tejedores indios

5. Los tejedores de Guatemala son famosos por...
6. Algunas telas tienen diseños...
7. Las combinaciones de colores son...
8. Hay más de...
9. Una prima del autor compró...

El mercado de Oaxaca

10. Aquí los vendedores ofrecen...
11. También venden...

B. Conteste.

1. ¿Qué materiales usan en Hispanoamérica para hacer obras de artesanía?
2. ¿De qué color es la obsidiana (el ónix)?
3. ¿Qué objetos encontramos en los mercados?
4. ¿Para qué usa Ud. una cesta?
5. ¿Qué objetos puede Ud. hacer a mano?
6. ¿Qué tejen los indios de Guatemala?
7. ¿Cómo son los diseños y colores de las telas de los indios de Guatemala?
8. ¿Qué frutas tropicales conoce Ud.? ¿Le gustan todas?

C. Regalos. Vamos a suponer que Ud. ha comprado muchas cosas en México. ¿Qué regalo va a darles Ud. a las siguientes personas?

1. a un niño de cinco años
2. a sus tíos
3. a su novio (novia)
4. a una niña de tres años
5. a sus padres

Gramática II

58. Affirmatives and Negatives

	AFFIRMATIVES		NEGATIVES	
USED WITHOUT A NOUN	algo alguien	*something* *someone,* *anyone*	nada nadie	*nothing* *nobody, no one*
USED WITH A NOUN	algún, alguna, algunos/as	*some, any*	ningún, ninguna (*plurals are rarely* *used*)	*no, not any*
USED WITH A VERB	siempre alguna vez también	*always* *ever* *also*	jamás } nunca } tampoco	*never, not ever* *neither, not either*

Alguien refers to an unspecified person.

¿Ha venido **alguien**?	*Has anyone come?*
—No, no ha venido **nadie**.	*No, no one (nobody) has come.*

The personal **a** is required when **alguien** or **nadie** is a direct object.

¿Viste **a alguien** aquí?	*Did you see someone here?*
—No, no vi **a nadie**.	*No, I didn't see anybody.*

The affirmative adjective **algún** (**alguna, algunos/as**) has four forms; its negative counterpart, **ningún** (**ninguna**), however, rarely occurs in the plural.

Tengo suerte **algunas** veces.	*I am lucky sometimes.*
¿No tienes **ningún** juguete?	*Don't you have any toys?*

The forms **alguno** (**alguna, algunos/as**) and **ninguno** (**ninguna**) can also be used as pronouns.

Tengo varios amigos hispanos. **Algunos** son de Chile. **Ninguno** es peruano.	*I have a number of Hispanic friends. Some of them are from Chile. None is Peruvian.*

All the negatives in the preceding chart can be placed either before or after the verb. If they are placed after the verb, **no** must precede the verb. The resulting double or triple negative, although incorrect in English, is necessary in Spanish.

No lo veo **nunca**. (*or:* **Nunca** lo veo.)	*I never see him.*
No me dice **nunca nada**.	*He never tells me anything.*
A mí **no** me gustan **nada** las tempestades de invierno.	*I don't like winter storms at all.*
—Y a mí **tampoco**.	*—I don't either.*

PRÁCTICA

A. Cambie según el modelo.

MODELO: Nunca me toma la mano. →
No me toma la mano nunca.

1. Nunca cierra los ojos.
2. Tampoco me dice eso.
3. Nadie viene hoy.
4. Ninguna joven se mira en el espejo.
5. Nada le gusta.
6. Jamás iba a la playa.

B. En la oficina. El jefe quiere saber qué ha ocurrido durante su ausencia. *Read the whole dialogue; then complete it, using the appropriate affirmatives and negatives.*

A = Jefe
B = Secretario/a

A: ¿Vino ____[1] a mi oficina?
B: No, señor Peralta. No vino ____[2] Todo ha estado muy tranquilo.
A: ¿Tiene Ud. ____[3] que decirme sobre nuestras ventas?
B: Francamente, no tengo ____[4] especial que decirle, Sr. Peralta.
A: ¿Llegaron ____[5] de los aparatos que esperábamos?
B: No llegó ____[6] Y es una lástima, porque tenemos varios posibles compradores.
A: ¿Y los informes de la Oficina Central?
B: ____[7] llegaron.
A: Supongo que recibimos ____[8] cheques de Sudamérica.
B: No, señor. No recibimos ____[9]
A: Bueno. Basta. Veo que para Ud. éstas han sido unas excelentes vacaciones, ¿no?
B: No, señor. De ninguna manera. Siempre hay trabajo.

C. Ud. y la clase de español: conteste negativamente.

1. ¿Viene Ud. a clase los sábados?
2. ¿Ha traído Ud. algo para nuestra clase hoy?
3. ¿Le enseña el profesor (la profesora) mucho sobre los indios de Bolivia?
4. ¿Le ha escrito Ud. a alguien en la Argentina?
5. ¿Tiene algunos amigos en el Paraguay?
6. ¿Le encanta estudiar español durante las vacaciones?

59. Stressed Possessive Adjectives and Possessive Pronouns

A stressed possessive adjective in Spanish is expressed in English as *of mine, of yours,* and so on; the possessive pronoun is expressed in English with one word: *mine, yours,* and so on. Note the similarity between these two constructions.

POSSESSIVE ADJECTIVES, STRESSED FORMS	POSSESSIVE PRONOUNS
un amigo **mío** *a friend of mine*	**el mío** *mine*
una compañera **tuya** *a classmate of yours*	**la tuya** *yours*
un tío **suyo** (de Ud./él/ella) *an uncle of yours (his/hers)*	**el suyo** (de Ud./él/ella) *yours (his/hers)*
una carta **nuestra** *a letter of ours*	**la nuestra** *ours*
dos vecinos **vuestros** *two neighbors of yours*	**los vuestros** *yours*
un pariente **suyo** (de Uds./ellos/ellas) *a relative of yours (theirs)*	**el suyo** (de Uds./ellos/ellas) *yours (theirs)*

Both possessive adjectives and pronouns agree in number and gender with the noun modified or referred to.

PRÁCTICA

A. Cambie según el modelo.

MODELO: mi libro → el libro mío, el mío

1. mi poncho
2. tus bordados
3. su cesta
4. nuestros salones
5. vuestra obra
6. sus pinturas

B. Cambie según el modelo.

MODELO: Mi casa es ésta. → La mía es ésta.

1. Su reloj es de oro.
2. Vuestros poemas son excelentes.
3. Nuestros edificios son enormes.
4. Tu traje es muy bonito.
5. Sus escritores son famosos.
6. Tus pinturas son obras de arte.
7. Vuestros planes no tienen ningún valor.
8. Mis comidas son variadas.

C. Conteste en forma original.

MODELO: ¿Dónde está tu chaqueta? → La mía está ahí. ¿No la ves?

1. Éstos son tus cheques, ¿verdad?
2. ¿A qué hora llega su tren?
3. ¿Es muy grande nuestro salón?
4. María, ¿es cara tu ropa?
5. Isabel, ¿dónde está tu cámara?
6. ¿No tienes una cesta mexicana?
7. ¿Cómo es tu edificio?
8. ¿Cuál es tu principal preocupación?

EL **P**UBLICO

Apellidos

Domicilio

Código Postal

Provincia/País   Localidad

Profesión

Teléfono

Fecha

Aprovecho para solicitarles los números atrasados.
Rellenar a máquina o a mano con mayúsculas

Comunicación

Texto: La cultura maya

Entre los grupos indios de América ninguno alcanzó° el nivel° cultural de   *attained / level*
los mayas de Yucatán, Guatemala y Honduras. Las diferentes tribus mayas
crearon° ciudades gobernadas por leyes.° Construyeron también enormes   *created / laws*
templos, observatorios, mercados y plazas.

En el siglo IV antes de Jesucristo inventaron un calendario que les per-
mitía contar años, siglos y épocas. Su sistema matemático, que incluía la
noción del 0 (cero), es, en opinión de algunos, la creación intelectual más
importante de la América prehispánica. Los mayas nos han dejado también
numerosos monumentos de piedra con inscripciones jeroglíficas. A través
de° éstas sabemos que algunas de sus observaciones astronómicas eran más   *A... Through*
exactas que las europeas de la misma época.

Recientemente varios científicos han descubierto en Guatemala una
tumba maya que hasta ahora nadie había visto. En esa tumba encontraron
el esqueleto de un noble, algunos utensilios, jarras° y otros objetos de   *jars*
arcilla.° Un detalle° realmente interesante en este caso es que una de las   *clay / detail*
jarras tiene un tapón° con rosca,° para abrirlo y cerrarlo dándole vueltas.°   *top, lid / threads / by turning it*
Este descubrimiento ha abierto un nuevo capítulo° en la prehistoria ame-   *chapter*
ricana, pues parece que el nivel cultural de los mayas era aun° más avan-   *even*
zado de lo que° suponíamos.   *de... than*

PRÁCTICA

A. ¿Sí o no? Corrija las oraciones falsas.

1. Recientemente un grupo de científicos ha descubierto una tumba maya
   en México.
2. En esa tumba los científicos han encontrado un esqueleto y varios objetos de arcilla.
3. El indio enterrado (*buried*) en la tumba era un noble.
4. Los mayas nos han dejado importantes inscripciones en madera.
5. La noción del cero es una creación intelectual de enorme importancia.
6. Los mayas inventaron un calendario en el siglo IV después de
   Jesucristo.
7. Algunas observaciones astronómicas de los mayas eran más exactas
   que las europeas de la misma época.
8. Parece que los mayas habían avanzado mucho más de lo que
   suponíamos.

B. ¿Tiene Ud. buena memoria? *Supply the missing words.*

1. Los mayas crearon grandes ciudades gobernadas por _____.
2. Inventaron un calendario en el siglo IV antes de _____.
3. Los mayas tenían un excelente sistema _____.
4. Sus observaciones astronómicas eran más exactas que las _____.
5. Los mayas nos han dejado numerosos monumentos de _____.
6. Con su calendario los mayas podían contar años, siglos y _____.
7. En la tumba descubierta los científicos encontraron varios _____.
8. Una de las jarras tiene un tapón con _____.
9. Parece que el nivel cultural de los mayas era aun más avanzado de lo que _____.

EXPRESIÓN PERSONAL

A. Complete. *Give the pluperfect of the verbs given.*

MODELO: Nosotros no le (*escribir*) al jefe. →
Nosotros no le habíamos escrito al jefe.

Como yo no (*llamar*) _____,[1] nadie me esperaba a la hora de comer. Todos vieron claramente que yo (*olvidar*) _____[2] mi promesa de volver temprano. Por eso (*comenzar*) _____[3] a comer a las seis. En realidad yo volví muy tarde. No quería confesar que yo (*cenar*) _____[4] en el centro con un amigo, a quien (*prometer*) _____[5] acompañar ese día. Él me (*invitar*) _____[6] a su casa dos veces y yo no (*hacer*) _____[7] nada para expresarle mi gratitud.

B. Invente oraciones en español. *Add any details you need.*

1. Miles de personas / objetos
2. *La Dama de Elche* / símbolo
3. Gaudí / iglesia
4. El Museo del Prado / pinturas
5. Diego Rivera / artista
6. En el mercado / variedad
7. Las telas de Guatemala / patrones
8. Las cuevas de Altamira / lugar
9. Compré un traje indio / fiestas

GUIA DE MADRID
VIDEO
NOVEDADES

■ *OTRA VEZ*

El cuidado del cabello. Lea el anuncio y conteste las preguntas.

Aunque usted use un buen champú su cabello queda enredado y, al peinarlo, lo puede maltratar. Por eso, si tiene el cabello seco, usted debe usar con plena confianza, en cada lavado, el nuevo Bálsamo Acondicionador Sunsilk No. 3. Su fórmula ha sido especialmente desarrollada para darle a este tipo de cabello la protección y el cuidado que requiere.

Aplíquelo después del champú sobre el cabello mojado. Haga un masaje en el cuero cabelludo. Deje actuar el bálsamo durante unos minutos. Finalmente enjuague. Usted sentirá la diferencia: más suave, más fácil de peinar en mojado o en seco y más manejable.

BALSAMO ACONDICIONADOR SUNSILK HAY UNO PARA CADA TIPO DE CABELLO.

Sunsilk
El tratamiento profesional para su cabello.

EL CABELLO
el cuero cabelludo *scalp*
enjuague *rinse*
enredado *tangled*
ha sido desarrollada *has been developed*
maltratar *damage*
mojada *wet*
queda seco *comes out dry*

1. ¿Para qué tipo de cabello es este producto?
2. ¿Cuándo se aplica el acondicionador?
3. Según el anuncio, ¿cómo es diferente el cabello después de usar el acondicionador?
4. ¿Se lava Ud. el pelo todos los días?
5. ¿Se lava el pelo por la noche antes de acostarse o por la mañana después de levantarse?
6. ¿Cuál es su champú favorito? ¿Usa un acondicionador después de lavarse el pelo?
7. ¿Va a la peluquería con frecuencia? ¿Por qué sí (no)?

Examen de repaso 6

A. Exprese en español.

1. Do you feel well?
2. We get up at 6:00.
3. Where did you find that?
4. They had done it.
5. What works can we see there?
6. Have you asked for money?

B. Exprese en español.

1. I wanted to go to bed.
2. Don't shave!
3. We didn't buy any dresses.
4. They take care of their skin.
5. They used to sit here.
6. I fell asleep.
7. That boy knows nothing.
8. Have the workers come?

C. Dé un mandato afirmativo.

MODELO: ¿Desea Ud. acostarse? →Pues, acuéstese.

1. ¿Desea Ud. vestirse ahora?
2. ¿Desea Ud. sentarse?
3. ¿Desea Ud. levantarse?

CH. Conteste.

1. ¿Se levantan Uds. a las cuatro?
2. ¿Dónde se acuesta Ud.?

3. ¿Se duermen Uds. en sus clases?
4. ¿A qué hora se despierta Ud.?
5. ¿Cuáles son tres cosas interesantes que yo puedo comprar en un mercado mexicano?
6. ¿Qué piezas artísticas de mucha fama ha visto Ud.?
7. ¿Qué museos famosos ha visitado Ud.?

D. Exprese en español.

1. She is a friend of mine.
2. I am older than she.
3. I have as many jewels as they.
4. I have as much money as you.

E. Llene los espacios en blanco con el tiempo indicado del verbo **haber** y el participio pasado de los infinitivos entre paréntesis.

el presente perfecto (he, has, ha...)

¿Ves ese edificio? Se llama el Museo de Arte Español. Yo (*entrar*) _____[1] allí muchísimas veces en los últimos meses. El Museo me (*dar*) _____[2] la responsabilidad de limpiar y restaurar varias pinturas. Yo (*pasar*) _____[3] las últimas tres semanas lavando, con mucho cuidado, un cuadro de El Greco. Ahora mis dos ayudantes (*helpers*) y yo (*terminar*) _____.[4] La experiencia (*ser*) _____[5] increíble; con sólo uno o dos pequeños descuidos (*miscues*) y.... ¡No quiero pensarlo!

el pluscuamperfecto (había, habías, había...)

—¿(*Cubrir*) _____[6] tú la escultura de González antes de salir del Museo el viernes?
—Yo creo que sí. Vamos a ver. Yo (*hablar*) _____[7] por teléfono un momento; antes, González mismo (*venir*) _____[8] para consultarme... ¿Por qué me lo preguntas?
—Porque llegué el lunes a las ocho de la mañana y vi en seguida que alguien (*romper*) _____[9] esa escultura.
—¿Verdad? Pues, yo estuve allí el sábado también y no vi nada extraño.
—¿Tú sabes si González (*observar*) _____[10] algo?

F. Complete.

1. Me levanté con mucha _____ porque era tarde.
2. Había muchos otros productos, todos hechos a _____.
3. Para hacer una piñata, yo necesito _____.
4. Ahora mírate en el _____.
5. *Las Meninas* es una _____ famosa.
6. Las combinaciones de colores son muy _____.

G. Exprese en español.

1. Entonces me dijo: (*sit down here!*)
2. Ella es (*an extremely elegant woman*).
3. Pedro y yo no queremos (*to do that either*).
4. Ella siempre se pintaba (*her lips*).
5. Tenía (*two sculptures*) de cien dólares.
6. No, señor, (*I haven't seen them*).

VISITA A LOS MUSEOS DEL PILAR Y DE LA SEO

MUSEO PILARISTA

Horario: mañana de 9 a 2. Tarde: de 4 a 6   Nº 43865

100 pesetas

BASILICA DEL PILAR

Merece especial atención la Santa Capilla (Obra de Ventura Rodrí-guez s.XVIII) donde se halla el camarín de la Virgen y el Sagrado Pilar, que puede ser besado por los fieles. El Retablo de alabastro (Obra de Forment, s.XVI). El Coro en madera de roble de Flandes (Obra de Mo-reto, Obray y Lobato, s.XVI), y las pinturas de las cúpulas (por Bayeu y Goya, s.XVIII).

Esta tarjeta da derecho a la visita al Museo Pilarista donde se muestran las joyas y mantos de la Virgen.

TEMPLO METROPOLITANO DE LA SEO

Merece especial atención el retablo de alabastro policromado (Obra de Pere Johan y de Hans de Suavia, s.XV). El Cimborrio construido por orden de Benedicto XIII, el Organo con magnífica carpintería ojival.

Esta tarjeta da derecho a visitar la Sacristía Mayor con objetos de gran valor artístico y el Museo de Tapices franco-flamencos de los siglos XIV-XVI).

El bienestar personal

La doctora habla con una paciente en Bogotá, Colombia.

Stuart Cohen/Comstock

Enfoque cultural

La medicina del mundo hispánico es muy moderna y, al mismo tiempo, tradicional. En las grandes ciudades hay clínicas modernísimas y médicos especialistas en cualquier (*any*) materia (*field*). En los pueblos hay médicos también, pero a veces, en el campo (*country*), sólo hay vecinas y vecinos bien intencionados que ponen inyecciones o preparan remedios caseros usando plantas medicinales. Hay diferentes programas nacionales de seguros (*insurance*) en cada país. En México, por ejemplo, el Seguro Social paga a los obreros por gastos (*expenses*) médicos y de hospitalización.

La medicina está relacionada con varios problemas sociales. Uno de éstos es la salud pública, especialmente en zonas tropicales y en los sectores de las grandes ciudades donde viven los pobres.

Otro problema, quizá el más grave, es el aumento (*increase*) rápido de la población. Varios gobiernos han iniciado programas informativos sobre el control de la natalidad (*birth control*). La gente oye constantemente, por televisión y por radio, anuncios y discusiones sobre el tema. Este problema implica grandes gastos y una extensa campaña de educación.

Vida y costumbres I

Vocabulario activo I

Sustantivos

la aspirina	aspirin	**la píldora**	pill
el consultorio	office hours; doctor's office	**el/la practicante**	paramedic
		el pulso	pulse
el dolor de cabeza	headache	**la receta**	prescription
la enfermedad	illness	**el resfriado**	cold
el/la enfermero/a	nurse	**el síntoma**	symptom
la fiebre	fever	**la tos**	cough
la garganta	throat		
las gotas	(medicine) drops		
la gripe	flu		
la herida	wound, injury		
la infección	infection		
el/la médico/a	doctor		
la pastilla	pill, tablet		
la penicilina	penicillin		

Verbos

calmar(se)	to calm (down)	**evitar**	to avoid
casarse (con)	to get married (to)	**respirar**	to breathe
curar	to cure	**subir**	to go up

Formas del futuro

daré, darás, dará	I, you (*fam.*), you (*form.*), he/she will give	**tomaré, tomarás, tomará**	I, you (*fam.*), you (*form.*), he/she will take
iré, irás, irá	I, you (*fam.*), you (*form.*), he/she will go	**traeré, traerás, traerá**	I, you (*fam.*), you (*form.*), he/she will bring
seré, serás, será	I, you (*fam.*), you (*form.*), he/she will be		

Adjetivos

arterial	pertaining to arteries	**presión arterial**	blood pressure
médico/a	medical	**profundo/a**	deep, profound

Palabras adicionales

ahora mismo	right now	**profundamente**	deeply
en seguida	at once	**recientemente**	recently
poner una inyección	to give a shot, injection		

Una herida

LA MADRE: Cálmate, hijito. No llores más. El médico va a curarte en seguida.

EL MÉDICO: La herida no es profunda, pero lleve Ud. esta receta a la farmacia. El practicante puede ponerle una inyección de penicilina para evitar una infección y una enfermedad más seria.

EL NIÑO: ¡Aaaay, no! ¡Eso duele! ¡Yo no quiero!

Katharine A. Lambert

Silvia se siente mal.

SILVIA: Me duele la garganta y también tengo dolor de cabeza y fiebre.

LA MADRE: Con esos síntomas, será un resfriado o la gripe. Te traeré aspirinas, gotas para la nariz, pastillas para la tos, y te tomaré la temperatura. Si es necesario, mañana irás a ver al doctor Pérez.

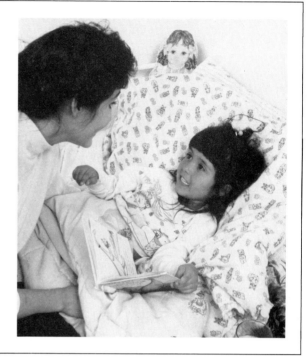

Bob Daemmich / Stock, Boston

El doctor examina a un paciente en el consultorio.

EL DOCTOR: Respire Ud. profundamente. Tiene el pulso muy rápido; y la presión arterial, alta... ¿Por qué?

EL PADRE: Recientemente me ha subido..., quizás por la boda de mi hija.

EL DOCTOR: ¿Cuándo se casó?

EL PADRE: Ayer.

EL DOCTOR: Pues, sí. Ésa puede ser la causa. La enfermera le dará unas píldoras ahora mismo.

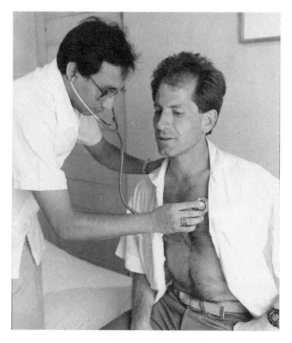

Beryl Goldberg

PRÁCTICA

A. Complete.

Una herida

1. Cálmate, hijo. No _____ más.
2. El médico va a _____ en seguida.
3. La _____ no es profunda.
4. Lleve esta _____ a la farmacia.
5. El practicante puede ponerle una _____ de penicilina.
6. ¡Aaaay, no! ¡Eso _____!

Silvia se siente mal.

7. No me _____ bien.
8. Tengo dolor de cabeza y me duele la _____.
9. Te traeré _____.
10. Te tomaré _____.
11. Mañana irás a ver _____.

El doctor examina a un paciente en el consultorio.

12. Respire Ud. _____.
13. Tiene el _____ muy rápido.
14. Y la presión arterial es _____.
15. Me ha subido, quizás, por la _____ de mi hija.
16. ¿Cuándo se _____?
17. La enfermera le dará unas _____ ahora mismo.

B. Conteste en futuro, según el modelo.

> MODELO: ¿Qué traerá el doctor? (pastillas) →
> El doctor traerá pastillas.

1. ¿Cuándo tomarás la temperatura? (en seguida)
   tomará el doctor la temperatura? (pronto)
   tomará Ud. la temperatura? (a las once)
2. ¿Qué me traerás (tú)? (aspirinas)
   darás (tú)? (gotas para la nariz)
   dará Ud.? (penicilina)
3. ¿Adónde irás esta tarde? (a la oficina del doctor Pérez)
   irá el doctor hoy? (a la clínica)
   irá Ud. con esa receta? (a la farmacia)
4. ¿Qué serás en el futuro? (médico [médica])
   ¿Cuándo será médica ella? (algún día)
   ¿Quién será enfermero? (él)

C. Calmando a un niño. ¿Qué dice Ud. para calmar a un niño que...

1. grita antes de entrar en el consultorio?
2. llora cuando viene el doctor?
3. grita y llora cuando el doctor va a ponerle una inyección?

CH. Preguntas personales.

1. ¿Tiene Ud. resfriado ahora?
2. ¿Qué debe Ud. hacer cuando tiene fiebre? ¿Y si tiene dolor de garganta?
3. ¿Qué pastillas para la tos son famosas?
4. ¿Qué remedio recomienda Ud. para un dolor de cabeza?
5. ¿Qué puede Ud. usar para evitar una infección?

—¡Vamos, sé bueno, abre la boca y devuélvele de una vez el fonendoscopio al doctor!

Gramática I

60. Future of Regular Verbs

All regular verbs in Spanish form the future by adding to the infinitive the endings given on the left.

-é	-emos
-ás	-éis
-á	-án

entrar	volver	abrir
entraré	volveré	abriré
entrarás	volverás	abrirás
entrará	volverá	abrirá
entrar**emos**	volver**emos**	abri**remos**
entrar**éis**	volver**éis**	abrir**éis**
entrar**án**	volver**án**	abrir**án**

In English the future is expressed with the auxiliaries *will* and *shall*.

El doctor **abrirá** la clínica en seguida.	*The doctor will open the clinic at once.*
Volveremos pronto de la farmacia.	*We shall return soon from the drugstore.*

Note: In conversational Spanish the present tense is often used to refer to the immediate future, especially when an adverb of time (**mañana**, **esta tarde**, and so on) makes future meaning clear.

Te **veo** mañana.	*I'll see you tomorrow.*

PRÁCTICA

A. En el consultorio del médico. Complete con el futuro.

El médico (*examinar*) _____[1] hoy a Miguelito. El niño seguramente (*llorar*) _____[2] un poco, pero su madre, doña Josefa, lo (*calmar*) _____.[3] Después del examen, el médico les (*dar*) _____[4] una receta, que la mamá (*llevar*) _____[5] a la farmacia inmediatamente. Allí doña Josefa (*comprar*) _____[6] unas píldoras y también dulces. Después la mamá y el niño (*volver*) _____[7] a casa. El niño (*acostarse*) _____[8] y (*dormirse*) _____[9] en un instante porque (*estar*) _____[10] cansado. En dos horas (*sentirse*) _____[11] mejor. Por la tarde (*levantarse*) _____[12] y su mamá le (*dar*) _____[13] un dulce.

B. ¿Tiene Ud. buena memoria? Complete sin consultar el texto de A.

1. El médico _____ a Miguelito.
2. El niño _____ un poco.
3. Su mamá lo _____.
4. El médico les _____ una receta.
5. La mamá y el niño _____ la receta a la farmacia inmediatamente.
6. Allí doña Josefa _____ unas píldoras y también dulces.
7. Los dos _____ a casa.
8. Allí Miguelito _____ porque _____ cansado.
9. Dos horas más tarde _____ mejor.
10. Entonces su mamá _____ un dulce.

C. Pregúntele a un compañero (una compañera):

Si necesita un largo descanso este verano...

1. ¿Adónde irá?
2. ¿Cuánto dinero necesitará?
3. ¿Qué sitios visitará allí?

Si tiene planes especiales para el futuro...

4. ¿Cuándo terminará sus estudios universitarios?
5. ¿En qué trabajará?
6. ¿Cuándo se casará?

Ahora dígale a su compañero (compañera) de clase algo de sus planes para el futuro. Use estas expresiones: **celebrar su cumpleaños, organizar una fiesta, invitar a, comprar, comer.**

61. Future of Irregular Verbs

Irregular future forms can best be learned in the following groups:

A. Verbs whose future stem is the infinitive minus the **e** of the infinitive ending

poder → pod(é)r-	haber → hab(é)r-	querer → quer(é)r-	saber → sab(é)r-
podré	habré	querré	sabré
podrás	habrás	querrás	sabrás
podrá	habrá	querrá	sabrá
podremos	habremos	querremos	sabremos
podréis	habréis	querréis	sabréis
podrán	habrán	querrán	sabrán

Note: The future of **hay** is **habrá** (from **haber**).

B. Verbs that substitute a **d** for the **e** or **i** of the infinitive ending

poner → pondr-	salir → saldr-	tener → tendr-	venir → vendr-
pondré	saldré	tendré	vendré
pondrás	saldrás	tendrás	vendrás
pondrá	saldrá	tendrá	vendrá
pondremos	saldremos	tendremos	vendremos
pondréis	saldréis	tendréis	vendréis
pondrán	saldrán	tendrán	vendrán

C. Two verbs whose future stems are unique

decir	hacer
diré	haré
dirás	harás
dirá	hará
diremos	haremos
diréis	haréis
dirán	harán

D. The future perfect (I will/shall have said/eaten/drunk, and so on) is formed with the future of **haber** + *past participle*.

Él lo **habrá hecho** para entonces.	*He will have done it by then.*

PRÁCTICA

A. Complete con el futuro del verbo entre paréntesis.

1. (venir) ¿Es verdad que el doctor _____?
2. (decir) Ella le _____ la verdad al médico.
3. (saber) Entonces (ella) _____ por qué el niño está enfermo.
4. (hacer) ¿Qué _____ ella en la clínica?
5. (querer) Ella _____ hablar con una enfermera también.
6. (tener) Hoy ella _____ muchas preocupaciones.
7. (poner) Sabe que el practicante le _____ una inyección al niño.
8. (salir) A las doce la madre y el niño _____ de la clínica.
9. (poder) Por la tarde el niño _____ descansar en casa.
10. (haber) La mamá sabe ahora que no _____ complicaciones.

B. Lea y conteste.

Como mi amigo es hipocondríaco, querrá ver a su médico y, como no podrá inventar una enfermedad, sabrá por tercera vez que no está enfermo. Sé que irá a ver a otro médico.

1. ¿A quién querrá ver mi amigo?　　3. ¿Qué sabrá él?
2. ¿Qué no podrá inventar?　　4. ¿A quién verá?

　　—¿Qué dirás si el médico te dice que tu presión arterial es muy alta?
　　—Diré «¡Caramba!»
　　—Y ¿qué harás?
　　—Tomaré unas largas vacaciones… y después, descansaré.

5. ¿Qué pregunta uno de los　　7. ¿Qué hará él?
　　amigos?　　8. ¿Y después?
6. ¿Qué dirá el otro?

C. Situaciones. *With a classmate invent brief dialogues based on the following cues. Use verbs in the future whenever possible.*

En el consultorio del médico (de la médica)

UD.	EL MÉDICO/LA MÉDICA
1. ¿dar una receta?	sí / pastillas y gotas…
2. ¿costar mucho / medicina?	sí / probablemente…
3. ¿curarme / pronto?	es posible…
4. ¿estar bien / mañana?	no sé…
5. …	…

El niño y la mamá

UD. (NIÑO/NIÑA)	LA MAMÁ
1. me duele / herida	ir / médico
2. ¿qué / hacer / él?	examinarte / ponerte inyección
3. ¡Ay! ¿eso / doler?	un poco / yo / darte…
4. ¿por qué / ser necesario?	haber que / evitar infección
5. …	…

CH. Si esto pasa, ¿qué hará Ud.?

> MODELO: Ud. invita a dos amigos a comer y llegan muy tarde. ¿Qué les dirá Ud.? →
> Yo les diré, «¿por qué llegaron tan tarde?»

1. Ud. va por la calle y un señor muy elegante le pide que le dé dinero. ¿Se lo dará Ud.?
2. Si mañana hace frío, ¿qué ropa se pondrá Ud.? Y si llueve, ¿qué llevará?
3. Ud. no vino a clase el viernes, pero el profesor lo/la vio esa noche en una discoteca. ¿Qué le dirá Ud. el lunes?
4. Un amigo que ganó la lotería le hará un regalo. ¿Qué regalo querrá Ud.?
5. Mañana habrá un examen sobre la Lección 12. ¿Qué parte sabrá Ud. contestar mejor? ¿Qué partes de la lección no sabrá bien?

62. Future of Probability

The Spanish future at times expresses the idea of probability or conjecture in the present. Note the variety of English equivalents for this construction:

¿Qué hora **será**?	*What time can it be? (I wonder what time it is.)*
Será la una.	*It must be one o'clock. (It is probably one o'clock.)*

A sentence containing the English phrase *I wonder* is usually expressed as a question in Spanish. This idea can also be expressed with **preguntarse**.

¿**Estará** enfermo?
Me pregunto si estará enfermo. } *I wonder if he is sick.*

PRÁCTICA

Exprese probabilidad en el presente, usando el futuro. Después, exprese en inglés.

> MODELO: La medicina cuesta mucho. →
> La medicina costará mucho.
> *The medicine probably costs a lot.*

1. Ella está en la clínica.
2. Son las píldoras de mi padre.
3. Su madre sabe contar calorías.
4. Elvira es enfermera, ¿no?
5. El médico tiene mucho que decir.
6. Ellos vienen en seguida.
7. Están un poco enfermos.
8. No les gustan las inyecciones.
9. Además, piensan que todo eso es inútil.

Farmacias de guardia

DIA
Perales: Velarde, 12
Lobato: Avda. Ejército Español, 10

NOCHE
Alvarez: Teniente C. Gautier, 6

Vida y costumbres II

Vocabulario activo II

Sustantivos: El bienestar

el alcoholismo	alcoholism	la nutrición	nutrition
la alimentación	nourishment	la obesidad	obesity
el alimento	food	las pesas	weights
el ataque (al corazón)	(heart) attack	el peso	weight
el bienestar	well-being	el régimen	regimen, routine; schedule; diet
la caloría	calorie		
el ejercicio	exercise	la salud	health
el gimnasio	gymnasium	el tabaco	tobacco
el hábito	habit		

Verbos

bajar	to go down; to lower	reducir (reduzco)	to reduce
fumar	to smoke	seguir (i)	to follow; to continue
mantener (mantengo)	to maintain		

Adjetivos

actual	current, present	serio/a	serious
atractivo/a	attractive	triunfador(a)	triumphant
saludable	healthy, healthful		

Palabras adicionales

a través de	through	bajar de peso	to lose weight
aun	even	hacer gimnasia	to do calisthenics

Manteniendo la salud

Stuart Cohen/Comstock

Para mantener la salud y el bienestar personal, debemos seguir un régimen de ejercicio físico y de moderación en el comer, el beber y aun en el trabajar. La obesidad, el alcoholismo, el uso de las drogas y del tabaco y la alta presión arterial son problemas médicos actuales muy serios.

La buena nutrición*

Los buenos hábitos de alimentación nos ayudan a ser lo que (*what*) queremos ser:
    saludables,
    atractivos,
    triunfadores.
Tendremos una buena nutrición a través de una buena alimentación.

Una mejor alimentación para usted y su familia.

DEPARTAMENTO DE SERVICIOS SOCIALES
PROGRAMA DE
EDUCACION NUTRICIONAL

---

*Sustancias básicas: (1) proteínas, (2) carbohidratos, (3) grasas, (4) azúcares, (5) minerales, (6) vitaminas.

En el gimnasio

En nuestro gimnasio levantamos pesas, hacemos gimnasia y tenemos clases de baile. Allí hacemos también diferentes ejercicios aeróbicos. El gimnasio ofrece una clase para individuos que han sufrido un ataque al corazón. También hay especialistas en masajes, para estimular los músculos y reducir la tensión. ¿Quiere Ud. bajar de peso? Cuente Ud. las calorías y haga ejercicio en nuestro gimnasio.

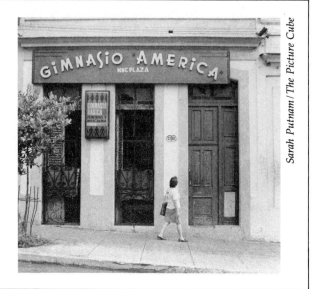

Sarah Putnam / The Picture Cube

PRÁCTICA

A. Piense en su vida personal y luego ponga las siguientes recomendaciones en orden de importancia. Use los numerales ordinales (primero, segundo, etcétera). Luego compare sus respuestas con las (*those*) de sus compañeros de clase y explique las diferencias.

_____ tomar café descafeinado
_____ comer con moderación
_____ no usar mantequilla o aceite
_____ comer menos carne y comer más pescado
_____ contar calorías
_____ beber menos vino y cerveza
_____ hacer ejercicio
_____ vivir sin tabaco y respirar aire puro
_____ tener un plan de alimentación

B. Complete.

Para mantener la salud y el bienestar personal:

DEBO	NO DEBO
1. contar...	beber...
2. hacer...	fumar...
3. levantar...	comer...
4. bajar de...	trabajar...
5. tomar...	mirar..

Los buenos hábitos nos ayudan a ser: _____,[6] _____,[7] _____.[8]

En un gimnasio hacemos _____[9] y hay _____.[10]

La buena alimentación incluye todas estas sustancias básicas: _____,[11] _____,[12] _____,[13] _____,[14] _____,[15] _____.[16]

C. Preguntas personales.

1. ¿Qué es, en su opinión, un desayuno saludable?
2. ¿Qué alimentos son muy populares, pero no saludables?
3. ¿Cree Ud. que las comidas «rápidas» de muchos restaurantes son buenas para mantener la salud?
4. ¿Qué piensa Ud. de las pastillas recomendadas para bajar de peso?
5. ¿Cuál de las bebidas no alcohólicas es su favorita? ¿Por qué?
6. ¿Qué es bueno para evitar la obesidad?
7. ¿Cree Ud. que la gente, en general, presta o no presta atención a su bienestar personal? Explique.
8. ¿Por qué tiene tanta gente ataques al corazón?
9. ¿Qué contiene más calorías, un vaso de vino o una Coca-Cola?
10. ¿Qué hace Ud. para tener buena salud?

Gramática II

63. *Por* and *para* Contrasted

Por and **para** are both equivalents of English *for*, but they are not interchangeable. They also express several other English prepositions.

A. Movement (**por**) versus destination (**para**)

por	*type of movement*
along, down, by, around, through	Camino **por** la calle. *I walk along (down) the street.* Siempre paseamos **por** el parque. *We always stroll around (in) the park.* Amalia entró **por** la puerta principal. *Amalia entered through the main door.*
para	*goal of movement*
for	Él sale **para** Lima mañana. *He leaves for Lima tomorrow.*

The following diagrams illustrate the difference between **por** and **para**:

por el parque

- *through*
- *meandering*
    around
- *along*

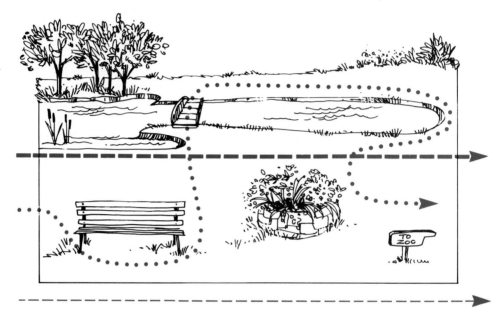

para el parque

- *to*
- *toward*
- *for*

B. Duration of time (**por**) versus specific moment (**para**)

por	period of time
for, during	Va a estar en la ciudad **por** varios días. *He is going to be in the city for several days.*
para	*point in time, deadline*
for, by	Tengo que hacer el trabajo **para** el lunes. *I have to do the work by Monday.*

The following diagram illustrates these two concepts graphically. Assume that each division is one day.

Va a estar en la ciudad por varios días.   Tengo que hacer el trabajo para el lunes.

PRÁCTICA

A. ¿Por o para? *Tell whether the italicized word(s) would be expressed with* **por** *or* **para** *in Spanish. Do not translate the sentences.*

1. Ana left *by* the side street.
2. They were walking *along* Fifth Avenue.
3. She lent me her car *for* two days.
4. He ran *through* the park.
5. We have to return the bicycle *by* six o'clock.
6. I waited *for* three hours.
7. He left *for* home.
8. Magdalena passed *by* my house this afternoon.

B. ¿Por o para?

1. No quiero salir ＿＿ Bogotá antes de enero.
2. Pase Ud. ＿＿ aquí, don Felipe; no espere Ud. más.
3. ¿＿＿ dónde vas ahora?
4. Lean Uds. esto ＿＿ mañana.
5. Los médicos salen ＿＿ Texas el domingo.
6. Viene ＿＿ la calle cantando en español.
7. Ellos vivieron en Lima ＿＿ muchos años.
8. El hombre salió ＿＿ la ventana.

64. Other Uses of *para*

A. *For* (meant for someone; to be used for)

Las píldoras son **para** su hijo.   *The pills are for her son.*
Aquí venden pastillas **para** la   *They sell cough drops here.*
   tos.

B. *In order to* + *infinitive*

Es necesario practicar mucho   *It is necessary to practice a lot in*
  para jugar bien al tenis.   *order to play tennis well.*
Para ir a casa de Luis tengo   *(In order)* to go to Luis's house I*
  que pasar **por** la Calle Seis.   *have to go along Sixth Street.*

C. *For* (considering / contrary to expectations)

Hoy hace demasiado frío **para**   *It is too cold today for (consider-*
  agosto.   *ing that this is) August.*
Tú eres muy alto **para** un niño   *You are very tall for a ten-year-old*
  de diez años.   *boy. (He's six feet tall.)*

PRÁCTICA

Complete con un sustantivo (*noun*) o infinitivo. *Add an original ending.*

1. Hortensia fue al consultorio del doctor Ramírez para...
2. Fuimos al hospital para...
3. Le dieron pastillas para...

4. Hace demasiado frío para...
5. Hace demasiado calor para...
6. Hace mucho viento para...

7. Es necesario ser inteligente para...
8. Uds. hablan bien el español para...
9. Ella es demasiado lista para...

SU PROXIMA VISITA:

Lunes,   día .... Hora ....

Martes,   día .... Hora ....

Miércoles,   día .... Hora ....

Jueves,   día .... Hora ....

Viernes,   día .... Hora ....

Sábado,   día .... Hora ....

¡Sírvase tener en cuenta las instrucciones expuestas al dorso!

---

*Note that although *in order* is sometimes omitted in English, **para** is never omitted in Spanish.

65. Other Uses of *por*

A. *For* (to indicate price or exchange)

Voy a pagar cincuenta mil pesos **por** esa bicicleta.	*I am going to pay fifty thousand pesos for that bicycle.*
Compramos veinte lápices **por** un dólar.	*We bought twenty pencils for a dollar.*

B. *For* (to imply replacement)

Hoy trabajo **por** mi padre.	*Today I'm working for (instead of, in place of) my father.*

C. *Because of, out of, for the sake of, on account of, on behalf of* (to explain the motivation behind an action)

Olga hizo eso **por** amor.	*Olga did that out of love.*
A veces las enfermeras hacen sacrificios **por** sus pacientes.	*Sometimes nurses make sacrifices for their patients.*
Ellos están muy contentos **por** la salud de su madre.	*They are very happy on account of their mother's health.*

D. In expressions such as:

¡por Dios!	*for Heaven's sake!*
por ejemplo	*for example*
por eso	*for that reason*
por favor	*please*
por fin	*finally*
por la mañana (la tarde, la noche)	*in the morning (the afternoon, the evening)*
por supuesto	*of course*
por teléfono	*by (on the) telephone*

PRÁCTICA

A. Complete.

1. ¿Cuánto pagaste por...?
2. Ella trabaja mucho por...
3. Rosita volvió a su casa por...
4. Estoy contento/a por...
5. A veces digo esas cosas por...
6. Repita, por...
7. ¿Le gusta beber vino? —¡Por...!
8. Tengo clases los lunes por...
9. Ramírez hizo algo heroico. Dio su vida por...
10. Hablé con Estela por...

B. Los deportes. Complete con **por** o **para**.

Los deportes acuáticos

1. Vamos a la piscina _____ nadar un poco.
2. Yo no sé nadar; _____ eso no practico el esquí acuático.
3. Es necesario tener mucha paciencia _____ pescar.
4. Alquilamos un bote y paseamos _____ el lago.

El tenis y el golf

5. Di sólo diez dólares _____ esta raqueta.
6. Estas pelotas son especiales _____ jugar al golf.
7. _____ ir a la cancha, salga _____ esa puerta.
8. —¿Fue al partido ayer? —¡_____ supuesto!
9. Esta pelota de golf es _____ Ud.
10. Practiqué mucho _____ ganar el campeonato.

Comunicación

Texto: ¡Maldito° resfriado!

Darned

Son las ocho de la noche. Hugo entra en el apartamento. Le sorprende que Raúl, su compañero de cuarto, tenga mal aspecto.°

tenga... looks bad

HUGO: ¿Qué te pasa,° Raúl? ¿No te sientes bien?

¿Qué... What's wrong

RAÚL: Me siento muy mal. Estoy peor que ayer... Tengo dolor de garganta, dolor de cabeza y una tos horrible.

HUGO: No son síntomas serios, pero debes acostarte ahora mismo y tomar una buena medicina, ¿no crees?

RAÚL: No tengo en casa ni aspirinas ni° pastillas para la tos. Creo que tengo fiebre.

ni... neither . . . nor

HUGO: Bueno, tú no vas a tu trabajo mañana.

RAÚL: Desde luego.° Ah, una cosa. ¿Te puedo pedir un favor? ¿Podrás llevar esta receta a la farmacia?

Desde... Of course (not)

HUGO: Iré ahora mismo. La farmacia del señor García está de turno° esta noche. ¿Por qué no tomas también una limonada bien caliente? ¡Te la prepararé en un momento!

está... is open

RAÚL: ¡Qué buena idea! Yo creo que en casos como éste, los remedios caseros° y los buenos amigos siempre son la mejor medicina.

remedios... home remedies

Contra el dolor de cabeza

1. ¿Qué debe Ud. tomar la próxima vez que tiene dolor de cabeza?
2. ¿Cuántos componentes tiene Actron? ¿Puede Ud. pronunciarlos?
3. ¿Es para los niños muy jóvenes esta medicina?

NOTAS CULTURALES

1. En los pueblos y ciudades hispánicos una farmacia de cada barrio está abierta toda la noche para posibles emergencias. Generalmente hay un sistema rotativo (*rotating*); de esta manera, cada farmacia de cierto barrio sólo tiene que estar abierta dos o tres noches cada mes. **Está de guardia** es la expresión que se usa en España para referirse a la farmacia abierta; **está de turno** es más común en Hispanoamérica.

2. En el mundo hispánico los **hospitales** generalmente son instituciones públicas; es decir, son para la gente que no tiene mucho dinero. Las **clínicas**, en cambio, son hospitales privados y cuestan bastante. Las **casas de socorro** ofrecen servicios médicos en casos urgentes; generalmente son gratis también porque las municipalidades las mantienen.

Barcelona, España:
La farmacia del
señor García está de
guardia esta noche.
—¿Qué deseaba
Ud.?

Beryl Goldberg

PRÁCTICA

A. Conteste.

1. ¿Qué síntomas tiene Raúl?
2. ¿Qué le aconseja Hugo?
3. ¿Qué favor le pide Raúl a Hugo?
4. ¿Adónde irá Hugo?
5. ¿Qué tomará Raúl?

B. ¿Qué dice Ud. en las siguientes situaciones?

1. La mamá viene con un niño que tiene una herida. Ud. es médico (médica) y dice: «Señora,...»
2. Un amigo está enfermo. Ud. sabe que no debe trabajar y por eso le dice: «... »
3. Su padre tiene la presión arterial alta. La solución es fácil; Ud. le dice: «... »
4. Su hermano come demasiado. Su recomendación: «... »
5. Un amigo (Una amiga) necesita hacer ejercicio todos los días. Le dice Ud.: «... »
6. Alguien le dice: «Ud. necesita hacer gimnasia.» Ud. responde: «... »
7. Todos hablaban del mismo tema: la importancia de una buena alimentación. Alguien le pregunta: «Y Ud., ¿qué piensa?» Ud. contesta: «... »
8. Ud. oye esta opinión: «Yo creo que muchas de las medicinas que compramos no son necesarias. Esto incluye la aspirina.» Ud. contesta: «... »
9. Un enfermo crónico le dice: «Tengo un resfriado. Iré a ver a mi médico en seguida.» Ud. hace este comentario: «... »

EXPRESIÓN PERSONAL

A. Preguntas típicas de un médico (una médica). Invente respuestas. *Read all the questions first to get an idea of the types of responses you should give. Practice with a classmate.*

1. Buenos días, joven, ¿cómo está hoy?
2. Y, ¿dónde siente Ud. dolores?
3. ¿Desde cuándo tiene Ud. tos?
4. ¿Qué medicinas ha tomado Ud. ya?
5. ¿Por qué?
6. ¿Tiene Ud. dolores de cabeza con frecuencia?
7. Bueno, lleve Ud. esta receta a su farmacia. ¿Cuál es su farmacia?
8. Ud. no debe salir de casa por unos días. ¿Quién puede comprarle las medicinas?

B. Teatro. Con un compañero (una compañera) invente Ud. diálogos sobre las siguientes situaciones.

1. Ud. no se siente bien y le pide varios favores a su compañero (compañera) de cuarto.
2. Ud. tiene un resfriado, pero quiere ir a una fiesta. Su mamá (papá) cree que no debe ir.
3. Ud. quiere calmar a un niño que grita y llora.

Examine Ud. el chiste y conteste las preguntas.

1. ¿Dónde están las dos señoritas?
2. ¿Cuántos años tiene una de ellas?
3. ¿Ya se siente vieja o todavía joven?
4. La edad es algo relativo, ¿no cree Ud.?

C. Prepare un breve discurso sobre dos o tres de las siguientes personas. Explique la causa y el tratamiento médico (*medical treatment*) para cada caso.

1. Mi hermano tiene un dolor de cabeza.
2. Un hombre tiene un ataque al corazón.
3. Una señora tiene un resfriado.
4. Una niña tiene fiebre.

■ *OTRA VEZ*

Estudie este anuncio de la *Guía de Madrid* y conteste las siguientes preguntas.

GUIA DE MADRID

2 de Mayo
Fiesta en Comunidad
del 27 de Abril al 2 de Mayo de 1989

Jueves, 27 de Abril

BRINDIS INAUGURAL FIESTAS DEL 2 DE MAYO
Puerta del Sol a las 20,00 h.
(Espectáculo con música, carrozas, globos, baile y fuegos artificiales.)

OBÚS, MURO, ÑU, KRUIZ (URSS)
P. Deportes del R. Madrid a las 20,00 h.
Precio: 700 Ptas.

SALIF KEITA (Música africana)
Sala Jácara Plató a las 22,30 h.

CIUDAD JARDÍN (Pop-Rock)
Sala Universal Club a las 22,30 h.

VIRTUDES
Café del Foro a las 23,30 h.

LOS GÜEVOS DUROS
(Pop-Rock Madrileño)
Café del Mercado a las 23,30 h.

TOMÁS DE ANTEQUERA
Sala Elígeme a las 23,30 h.

LA MENINA DESNUDA
(Cabaret Portátil)
Teatro Alfil a la 1,00 h.

Sábado, 29 de Abril

FIESTA DEL NIÑO
P.º de Coches Retiro de 11,00 a 20,00 h.
Un viaje por los cuatro elementos
Entrada libre.

PLAZA DEL 2 DE MAYO
• Bailes, fiestas infantiles, tercera edad, con cursos, deportes...

LOS SECRETOS, LA DAMA SE ESCONDE, MANOLO TENA
P. Deportes del R. Madrid, 21,00 h.
Precio único: 700 Ptas.

2º RALLY COMUNIDAD DE MADRID
Concentración de participantes en la Pza. Mayor de Madrid a las 20,00 h. (Los coches permanecerán toda la noche en exposición.)

ORQUESTA DE CÁMARA REINA SOFÍA
Teatro Albéniz a las 12,00 h.
• OBRAS DE W. A. MOZART.

DÍA INTERNACIONAL DE LA DANZA
Teatro Albéniz a las 21,00 h.

ORQUESTA GIRASOL
Café Vaivén a las 21,00 h.

PACO CLAVEL (Pop-Cañí)
Sala Elígeme a las 23,30 h.

TIEMPO NUEVO (Grupo Cubano)
Café del Foro, desde las 22,30 h.

PEPE CARROLL (Magia)
Café del Foro a las 23, 30 h.

TONA OLMEDO
Café Manuela a las 22, 30 h.

LA MENINA DESNUDA
(Cabaret Portátil)
Teatro Alfil a la 1,00 h.

QUIM'89 (Baile Brasileño)
Café del Mercado, 23,30 y 1,30 h.

Lunes, 1 de Mayo

FIESTA DEL NIÑO
P.º de Coches Retiro de 11 a 20 h.
Viaje por los cuatro elementos
Entrada libre.

PLAZA DEL 2 DE MAYO
Bailes, fiestas infantiles, tercera edad, con cursos, deportes...

Puerta del Sol a las 12,00 h.
HOMENAJE A LOS HÉROES DEL 2 DE MAYO
Plaza Mayor a las 20,30 h.
RETRETA MILITAR

FIESTA DEL NIÑO
P.º de Coches Retiro de 11,00 a 20,00 h.
Un viaje por los cuatro elementos
Entrada libre.

PLAZA DEL 2 DE MAYO
Bailes, fiestas infantiles, tercera edad, con cursos, deportes...

CARRERA DE CABALLOS PREMIO COMUNIDAD DE MADRID
Hipódr. de la Zarzuela, 11,30 h.
(Transp. gratuito desde Moncloa)

GRAN CORRIDA DE TOROS CONCURSO DE GANADERÍAS
Plaza de Las Ventas a las 18 h.
FRANCISCO RUIZ MIGUEL
JOSÉ ANTONIO CAMPUZANO
LUIS FRANCISCO ESPLÁ

CONCIERTO ORQUESTA Y CORO DE CÁMARA DE LA C. DE MADRID
Auditorio Nacional de Música a las 19,30 h.
Precio: 300, 800 y 1.000 Ptas.

1. ¿Cuáles son las fechas de la Fiesta en Comunidad?
2. ¿De qué partes del mundo son los grupos que han participado en esta fiesta?

3. ¿Cuántas veces han incluido en la lista fiestas del niño? ¿Qué actividades han organizado para ellos?

4. ¿Ha asistido Ud. jamás a una carrera (*race*) de caballos? ¿Comenzó por la noche o por la mañana la carrera de caballos en el Hipódromo de la Zarzuela? ¿Cómo lo sabe Ud.?

5. ¿Qué grupo de pop-rock madrileño comenzó su presentación a las once y media de la noche el 27 de abril? ¿Qué piensa Ud. del nombre de ellos? ¿Ha escuchado Ud. alguna vez uno de sus discos?

6. ¿Cuántos conciertos de música clásica han indicado en la lista?

7. ¿Ha visto Ud. alguna vez una fiesta como ésta? ¿Dónde? ¿Le gustó?

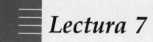

Lectura 7

Antes de comenzar

There are many strategies you can use to cope with the ever present challenge of understanding new words as you read. Here are a few.

You can often guess the meaning of a new word by concentrating on its various parts. For example, **des-conocido** is related to **conocer**. You already know that if a word ends in **-ar**, **-er**, or **-ir**, it is an infinitive; if **en-grande-cer** and **em-pequeñe-cer**, respectively, mean to grow larger and smaller, what do you think **mejorar** (**mejor-ar**) and **empeorar** (**em-peor-ar**) mean?

This reading selection is filled with cognates. Some will be easy to recognize, but others will require considerable imagination on your part. Examine the following cognates to see what kind of associations you should make as you go through this reading; can you guess their meanings?

cualidad	naturaleza	propiedades	recuperado
quality	*nature*	*properties*	*recuperated*
encantamiento	recurso	confianza	maravilloso
enchantment	*recourse*	*confidence*	*marvelous*

Remember that in Spanish and English, words and phrases given in quotation marks often have a double meaning or an ironical intent. For example, in this reading, **médico yerbatero** (paragraph one) may mean *herb doctor* or *weed doctor*; **jarabe** (paragraph three), which normally means (*medicinal*) *syrup*, here could be any kind of goo made up primarily of sugar. **Mixturas** (paragraph three) implies *concoctions* rather than simply *mixtures*, and the phrase **con estudios en el extranjero** (paragraph four) pokes fun at some doctors. What does **moderna** mean in paragraph two? Why do you think **específicos** (paragraph three) is also between quotation marks?

Don Félix, «el médico yerbatero»

Yo era entonces un muchacho de ocho años, sin más preocupaciones que jugar, comer y dormir. De aquella época me queda° el recuerdo de don Félix Valenzuela, conocido en mi pueblo con el apodo[1] de «el médico yerbatero».°

Don Félix era en realidad médico, pero tenía la rara cualidad de creer que la medicina «moderna» de aquellos días se servía° demasiado de píldoras y tabletas, olvidando por completo los remedios caseros consagrados° por varias generaciones.

Don Félix condenaba los llamados «específicos», esto es, medicinas preparadas por laboratorios y fábricas de productos farmacéuticos. Sostenía° que la naturaleza es la madre de todas las ciencias y que, conociendo las propiedades° de yerbas, plantas y árboles, era posible preparar «jarabes» infinitamente superiores a las «mixturas» de los farmacéuticos.

En una ocasión se enfermó° gravemente mi hermano mayor. Mis padres llamaron a un médico joven con título universitario y «estudios en el extranjero».° Después de varios días de tratamiento,° el enfermo no mejoraba.° Al contrario, su salud iba empeorando° notablemente. Como último recurso, mi madre insistió en llamar a don Félix.

Después de tomarle el pulso al enfermo, de examinarle la garganta y de preguntar si tenía tos, recetó° dos milagrosos[2] medicamentos: jarabe de pino marítimo y gotas de nicán. Esos nombres resonaron° en mis oídos° como fórmulas mágicas. Por una razón u° otra, el enfermo comenzó a mejorar, y al cabo de[3] tres semanas, estaba completamente recuperado.

Han pasado muchos años desde aquellos días de encantamiento, en que todo parecía posible. Nunca supe qué clase de árbol era el milagroso pino, ni pude averiguar[4] qué era «nicán», palabra misteriosa que no encontré en ninguno de mis diccionarios. Pero llegó un día en que todo se aclaró.[5]

queda: Guess this verb from the context: *the memory . . . to/for me.*
yerbatero: Related to **yerba (hierba)**. What English word is similar to **hierba**?

se servía: Translate literally; then find an idiomatic meaning to fit context.
consagrados: Concentrate on the first four letters, then on the sound of the whole word.

Sostenía: What is a better translation than *He sustained*?

propiedades: What English cognate begins with *prop . . . ?*

enfermarse: Guess this verb related to **enfermo**.

en el extranjero: You know the meaning of **extranjero**. What *place* is related to it?
tratamiento: Examine the context carefully. / **mejoraba**: An imperfect tense verb related to **mejor**.
empeorando: A verb related to **peor**.

recetó: A verb related to the noun **receta**.

resonaron: Think of the English verb that begins *reson . . .* / **oídos**: Relate this noun to **oír**.
u: o (*or*) becomes **u** before words that begin with **o** or **ho**.

<hr>
[1]nickname [2]miraculous [3]al... at the end of [4]to find out [5]se... became clear

Conversando con un experto en la historia de la medicina, le conté lo ocurrido en el seno de[6] mi familia. Con una gran carcajada[7] me explicó: «Ésos eran dos recursos favoritos de los médicos del siglo pasado. Hoy día la ciencia ha demostrado que no servían para nada.[8]»

«¿Para nada?»

«Pues... sí y no. Eran medicinas utilísimas porque creaban una tremenda confianza en los enfermos sin causar la muerte de nadie. Éstos mejoraban por simple reacción natural del cuerpo.» Y terminó diciendo con una sonrisa[9] irónica: «Muchas veces la medicina yerbatera es la mejor medicina del mundo.»

Pero yo no me río, como mi amigo. Creo que hay plantas que tienen propiedades maravillosas. También creo que los viejos sabían muchas cosas que nosotros no entendemos todavía.

---

[6]en... *in the (family) midst*   [7]*outburst of laughter*   [8]que... *they were good for nothing*   [9]*smile*

NOTAS CULTURALES

1. In Hispanic communities, where great emphasis is placed on tradition, knowledge that is consecrated by several generations often creates personal confidence and trust. For this reason, the opinions of a community's elders are generally received with attention and respect.

2. Science has recognized the medical properties of many extracts, the most famous of which is **quinina**, obtained from the bark of the **chinchona** tree. Other extracts are **ipecacuana** (*ipecac*) and **emetina**, its derivative, used medically to produce stomach contractions; and **papaverina**, obtained from opium and employed to counteract stomach pain. Some poisons are also being used experimentally, such as **curare**, employed by Indians in arrow tips, and **barbasco**, a plant with which Amazonian natives asphyxiate fish in river ponds and backwaters.

Después de leer

A. Conteste.

1. Yo: ¿Quién era? ¿Qué me gustaba hacer? ¿Qué me queda de aquella época?

2. Don Félix: ¿Qué era? ¿Qué creía? Según él, ¿qué olvidaba la medicina moderna? ¿Qué condenaba él? ¿Qué sostenía?

3. Mi hermano mayor: ¿Qué le pasó? ¿A quién llamaron mis padres? ¿Ayudó esta persona a mi hermano? ¿En qué insistió mi madre? ¿Qué recetó don Félix para mi hermano? ¿Qué resultados dieron estos medicamentos?

4. El experto en la historia de la medicina: ¿Qué me explicó que ocurría en el siglo pasado? ¿Cuál es la actitud de la ciencia de hoy día? ¿Por qué eran utilísimas las medicinas caseras? ¿Qué creaban en los enfermos?

5. Ud. (lector): ¿Tienen algunas plantas propiedades milagrosas? ¿Por qué podemos decir que la ciencia moderna tiene mucho que descubrir todavía?

B. Exprese en español.

1. herb doctor
2. consecrated
3. properties
4. treatment
5. to prescribe
6. to resound
7. enchantment
8. confidence

C. Dé una opinión.

1. «La naturaleza es la madre de todas las ciencias.»
2. «La medicina utiliza demasiadas píldoras y tabletas.»
3. «Es importante crear confianza en los enfermos.»
4. «No debemos olvidar por completo los remedios caseros.»

Otras vistas 4

El arte hispánico

Silberstein / Monkmeyer Press Photo Service

Diego Rivera, el pintor mexicano

Peter Menzel

Una pintura mural del pintor mexicano
Clemente Orozco, en Guadalajara, México; al
fondo, el Padre Hidalgo

Rene Burri / Magnum Photos

El artista español Pablo Picasso, con algunas
de sus obras

Fritz Heule / Photo Researchers, Inc.

Interior del Museo Miró, Barcelona, España

Automóviles y carreteras

El tráfico del centro de la Ciudad de México

Peter Menzel / Stock, Boston

Enfoque cultural

En España lo llaman **coche**; en México y en algunos países del Caribe también dicen **carro**; y en otras partes prefieren la palabra **auto**, forma abreviada de **automóvil**. A pesar de (*In spite of*) sus diferentes nombres, el fenómeno es el mismo en todas partes del mundo. Como en los Estados Unidos, el automóvil ha cambiado radicalmente la sociedad hispánica. Algunos jóvenes tienen hoy más libertad que nunca. Las familias pueden vivir ahora lejos de (*far from*) la ciudad. Y los abuelos se preguntan dónde están los diferentes miembros de su familia.

Junto a la gran movilidad que permite el automóvil están los grandes problemas creados por él. Las ciudades importantes como Madrid, Caracas, la Ciudad de México y Buenos Aires son víctimas del auto. Como siempre, la comodidad (*comfort*) y la libertad traen responsabilidades muy serias a las personas que se benefician con ellas.

NOTAS CULTURALES

1. According to estimates, the population of greater Mexico City, approximately 22 million in 1990, is growing at the rate of about three quarters of a million each year and could exceed 30 million by the turn of the century. The problems caused by the millions of vehicles that jam the city's streets every day are immense.

2. Automobile manufacturing in Spain was for years limited to the government-sponsored Seat, a cousin to the Italian Fiat. In the past few years, however, plants have been set up by the Ford Motor Company and other U.S. corporations. They have had a considerable impact on the economy, as have, for example, plants run by Volkswagen and others in Mexico.

3. Venezuela and Ecuador are founding members of OPEC (Organization of Petroleum Exporting Countries). Petroleum products have traditionally been less expensive in Venezuela than in most of the world.

Vida y costumbres I

Vocabulario activo I

Sustantivos

el asiento	seat	la glorieta	traffic circle
el bulevar	boulevard	el letrero	sign
la camioneta	station wagon; small truck	el litro	liter
		el lujo	luxury
la carretera	highway	la llave	key
el/la chofer	driver	el mantenimiento	maintenance
la esquina	(street) corner	el motor	motor
el faro	headlight	la razón	reason
el freno, los frenos	brake(s)	la seguridad	safety, assurance
el gasoil	diesel (fuel)	el terciopelo	velvet
la gasolina	gasoline	la terminación	finish
la gasolinera	gasoline (service) station		

Verbos

ahorrar	to save (money, fuel, and so on)	desaparecer (desaparezco)	to disappear
arrancar	to start (a car)	doblar	to turn
arreglar	to repair	manejar, conducir (conduzco)	to drive
contentarse	to be contented, satisfied	parar	to stop

Adjetivos

deportivo/a	sports	mínimo/a	minimum
grueso/a	thick	reclinable	reclining
lujoso/a	luxurious	tapizado/a	upholstered
máximo/a	maximum		

Palabras adicionales

¡cómo no!	of course!
¡cuidado!	careful!
dar vueltas	to go around (without a fixed direction)
de nada	you're welcome
hace (media hora)	(a half hour) ago
seguir (i) todo derecho	to go straight ahead

Un chofer perdido

Victor Englebert/Photo Researchers, Inc.

—Señor, estoy perdido. Hace media hora que doy vueltas por estas
calles. ¿Puede decirme cómo llegar a la carretera de los Álamos?

—¡Cómo no! Ud. ha venido mal. Pase por aquella glorieta. De allí
tome la Avenida Juárez. Después siga todo derecho hasta llegar a la
esquina de Isabel la Católica. Doble allí a la izquierda, después a la
derecha en el Bulevar… No sé cómo se llama, pero en la esquina
hay una gasolinera. Después, para encontrar la carretera, lea los
letreros.

—Muchas gracias. Es Ud. muy amable. Adiós.

—De nada. ¡Ah! ¡Pare un momento! ¡Cuidado con la glorieta! ¡La
están arreglando! ¡Vaya! No me oyó.

Anuncio de automóviles

Usted tiene
dos excelentes razones para
tener un Fiat 147.

GLS

850

Si usted quiere una terminación° | *finish*
lujosa, tenga también un motor de
acuerdo con ella.° El GLS le ofrece | *de...*
toda la emoción de su potente motor | *to match*
de 1.300 cc. y la seguridad de reserva
de potencia° cuando la necesite. ¿Por | *power*
qué contentarse con menos?

$340.000

Ahora, si lo más importante para Ud.
es la economía, quédese con° el 850. | *quédese...*
Un auto con toda la tecnología, | *take*
espacio y seguridad que sólo un Fiat
puede ofrecerle. Y, además, el Fiat
147 - 850 es el 850 más económico
del mercado: Ud. no paga por lujos
que no necesita.

$260.000

Al poner° la llave en nuestro nuevo coche Diesel para arrancarlo, Ud. | *Al... When you insert*
comienza a ahorrar dinero. Sus litros de gasoil cuestan 20 pesetas
menos que los de gasolina. Pero si su mantenimiento es mínimo, su
lujo es máximo. Con asientos reclinables, tapizados en terciopelo, y
gruesas alfombras. Después de manejar nuestro Diesel, Ud. no va a
querer manejar otro coche.

Frenos automáticos, faros que desaparecen, coches deportivos y
camionetas cómodas y económicas. Venga hoy mismo a ver a Samuel
Honrado en la carretera de Palomino. Aquí encontrará el automóvil con
que siempre soñó.

PRÁCTICA

A. *Un chofer perdido.* ¿Cierto o falso? Corrija las oraciones falsas.

1. El hombre que caminaba por la calle estaba perdido.
2. El chofer quería llegar a la carretera de los Álamos.
3. El chofer debía doblar a la derecha en la esquina de Isabel la Católica.

4. No había ningún letrero en las calles en esa parte de la ciudad.
5. El hombre no sabía cómo se llamaba el bulevar.
6. Estaban arreglando la gasolinera.

B. *Anuncio de automóviles.* Conteste.

1. ¿Cuánto cuesta un litro de gasoil?
2. ¿Es excesivo el mantenimiento del nuevo Diesel?
3. ¿Cómo son sus asientos?
4. ¿Qué tiene en el piso?

Complete.

5. frenos...
6. faros...
7. coches...
8. camionetas...
9. aquí encontrará...

C. Escoja en la columna a la derecha el adjetivo más apropiado para cada número de la columna a la izquierda. Adapte la terminación del adjetivo al sustantivo que modifica.

1. un coche que tiene asientos de terciopelo	a.	cómodo
2. un coche que usa muy poca gasolina	b.	grueso
	c.	máximo
3. un chofer que no sabe adónde va	ch.	reclinable
4. una camioneta que tiene mucho espacio para toda la familia	d.	mínimo
	e.	lujoso
5. el precio más bajo	f.	perdido
6. asientos que tienen más de una posición	g.	económico
7. alfombras muy lujosas		
8. el precio más alto		

CH. Identificaciones. ¿De qué estamos hablando?

1. Es una calle ancha y muy importante.
2. Es un vehículo más grande que un automóvil.
3. Es el lugar donde hay una intersección de dos calles.
4. Son las luces principales de un coche.
5. Es un pedal que sirve para parar el coche.
6. Es una persona que maneja un automóvil.
7. Es un lugar donde venden gasolina.
8. Es un círculo que hay en la intersección de varias calles.

Gramática I

66. *Hace que* Construction

A. In Spanish **hace** + *unit of time* + **que** (followed by a present or present progressive verb form) is the equivalent of *for* + *unit of time* in English. This construction refers to an action or state that began in the past but is still going on in the present.

> **Hace media hora que** doy vueltas (que estoy dando vueltas).
>
> *I've been wandering around for half an hour.*

B. The corresponding construction in the past uses **hacía** + *unit of time* + **que** (followed by an imperfect or imperfect progressive).

> **Hacía media hora que** daba vueltas (que estaba dando vueltas) cuando vi al hombre.
>
> *I'd been going around for half an hour when I saw the man.*

This construction expresses an action that began in the past and continued up to a point in the past. Contrast **a** and **b** in the following chart.

a. 2:00   2:30 (present time)

Hace media hora que **doy** vueltas.

b. 2:00   2:30   4:00 (present time)

Hacía media hora que **daba** vueltas cuando vi al hombre.

C. **Hace** + *unit of time* + **que** followed by the preterite tense is the equivalent of the *ago* construction in English.

> **Hace tres años que compraron** esta camioneta.
>
> *They bought this station wagon three years ago.*

Sometimes the verb precedes the **hace** + *time* phrase, in which case **que** is omitted.

> **Compraron** esta camioneta **hace tres años**.

Note the constructions used to ask questions with this use of **hace**.

> ¿Cuántos años hace que compraron esa camioneta?
>
> *How many years ago did they buy that station wagon?*

PRÁCTICA

A. Invente oraciones con **hace** según el modelo.

MODELO: Estamos en la carretera desde las tres. Son las cinco. →
Hace dos horas que estamos en la carretera.

1. Tengo este auto desde el mes de agosto. Ahora es noviembre.
2. Teresa ahorra desde 1988. Estamos en 1990.
3. Están arreglando esa glorieta desde el cinco de mayo. Hoy es el cinco de junio.
4. Estoy leyendo estos letreros desde las nueve. Son las nueve y cinco.
5. Uso gasolina Veloz desde la primera semana de junio. Ahora es la tercera semana de junio.

B. Invente oraciones con **hacía** según el modelo.

MODELO: Estamos en la carretera desde las tres. Son las siete.
A las cinco... →
A las cinco hacía dos horas que estábamos en la carretera.

1. Tengo este auto desde agosto. Ahora es diciembre. En noviembre...
2. Teresa ahorra desde 1988. Estamos en 1990. En 1989...
3. Están arreglando esa glorieta desde el cinco de mayo. Hoy es el diez de junio. El seis de junio...
4. Estoy leyendo estos letreros desde las nueve. Son las nueve y diez. A las nueve y cinco...
5. Uso gasolina Veloz desde la primera semana de junio. Ahora es el mes de julio. En la tercera semana de junio...

C. Conteste con relación al momento presente en la vida real.

1. El chofer se durmió hoy a las siete de la mañana. ¿Cuántas horas (Cuántos minutos) hace que se durmió?
2. Pusieron el letrero en la carretera el domingo. ¿Cuántos días hace que pusieron el letrero?
3. El mecánico arregló el auto de Carlos a principios de enero. ¿Cuántos meses hace que el mecánico arregló el auto de Carlos?
4. Le compré esta camioneta a Sam Honrado en 1990. ¿Cuántos años hace que le compré a Sam esta camioneta?
5. Pasamos por el bulevar a las nueve de la noche. ¿Cuántas horas hace que pasamos por el bulevar?

CH. Complete.

1. Hace un año que...
2. Hace tres semanas que...
3. Hace cuatro días que...
4. Hace diez minutos que... } (yo, mi mejor amigo/a, mis padres)...
5. Hace una hora que...
6. Hace un mes que...

D. Conteste.

1. ¿Cuánto tiempo hace que conoces al profesor (a la profesora) de esta clase?
2. ¿Cuánto tiempo hace que estudian Uds. el español?
3. ¿Cuánto tiempo hace que vive Ud. en esta ciudad?
4. ¿Cuánto tiempo hace que su familia vive donde vive ahora?
5. ¿Cuánto tiempo hace que compraron Uds. el auto que tienen ahora?
6. ¿Cuánto tiempo hace que Ud. no maneja un coche descapotable (*convertible*)?
7. ¿Cuánto tiempo hace que Ud. está ahorrando dinero?
8. ¿Cuánto tiempo hacía que Ud. estudiaba español cuando vino a esta clase?
9. Antes de levantarse hoy, ¿cuánto tiempo hacía que Ud. dormía?
10. ¿Cuánto tiempo hacía que Uds. tenían su coche cuando tuvieron que arreglarlo por primera vez?

67. Infinitives after Prepositions

A. The infinitive is the verb form required in Spanish after a preposition. This rule applies to simple as well as to compound prepositions. You have already learned most of the following Spanish prepositions.

COMMON SIMPLE PREPOSITIONS

a	*to, at*	desde	*from, since*	por	*for, by*
ante	*before*	en	*in, on, at*	según	*according to*
bajo	*under(neath)*	entre	*between, among*	sin	*without*
con	*with*	hacia	*toward*	sobre	*on, on top of*
contra	*against*	hasta	*until*	tras	*after*
de	*of*	para	*for, by*		

COMMON COMPOUND PREPOSITIONS

a pesar de	*in spite of*	después de	*after*
antes de	*before*	en vez de	*instead of*

Siga derecho **hasta encontrar** la carretera.	*Go on straight ahead until you find the highway.*
Beto se fue **sin decir** adiós.	*Beto left without saying good-bye.*
Tienes que ahorrar mucho **para comprar** un auto tan lujoso.	*You have to save a lot in order to buy such a luxurious car.*
Ese auto no es cómodo **a pesar de ser** tan caro.	*That car isn't comfortable in spite of being so expensive.*

Note that the -*ing* form often follows a preposition in English. The Spanish forms **-ando** and **-iendo** never follow prepositions; only the infinitive can express English -*ing* after a preposition.

B. **Al** + *infinitive* expresses English *when* + *present/past tense* or *upon* + *present participle.*

Al decirle al hombre que yo estaba perdido, él me ayudó.	*When I told the man that I was lost, he helped me.*
Al doblar la esquina, va a ver Ud. una gasolinera.	*Upon turning the corner, you'll see a gas station.*

This construction implies that one action is the immediate consequence of another or that two actions are simultaneous.

PRÁCTICA

A. Complete usando una frase con un infinitivo.

1. Pasamos por el bulevar después de...
2. Voy a seguir derecho hasta...
3. No es posible conducir sin...
4. El freno se usa para...
5. Estamos perdidos a pesar de...
6. Tengo varias razones para...
7. En nuestro país compramos la gasolina por galones en vez de...
8. Es imposible viajar de noche sin...
9. Ud. debe leer los letreros antes de...
10. Vamos a usar hoy la camioneta en vez de...

B. Cambie según el modelo. Luego exprese la oración en inglés.

MODELO: Cuando saludé a Alberto, él sonrió. →
Al saludar yo a Alberto, él sonrió.
When I greeted Alberto, he smiled.

1. Cuando llegué a la glorieta, vi que estaban arreglándola.
2. Si Ud. compra nuestro Diesel, va a ahorrar mucho.
3. Cuando me senté, vi que el asiento era reclinable.
4. Si ponemos el pie en el freno, el auto para.
5. Cuando le hablamos, comprendimos que estaba perdido.
6. Cuando visitamos a Sam Honrado, supimos por qué se llamaba así.

68. Verbs + Prepositions

Here are some Spanish verbs that are followed by a preposition.

aprender a *to learn to*	¿Cuándo **aprendió** Ud. **a** conducir? *When did you learn to drive?*
asistir a *to attend*	Graciela no **asiste a** todas sus clases. *Graciela doesn't attend all her classes.*

comenzar a *to begin to*	**Comienzo a** comprender el problema. *I'm beginning to understand the problem.*
darse cuenta de *to realize*	Entonces **nos dimos cuenta de** que estábamos perdidos. *Then we realized that we were lost.*
dudar de *to doubt*	**Dudo de** sus razones para hacer eso. *I doubt his reasons for doing that.*
enseñar a *to teach*	Me van a **enseñar a** nadar. *They're going to teach me to swim.*
entrar en *to enter*	Cuando el joven vio al policía, **entró** rápidamente **en** su casa. *When the young man saw the policeman, he quickly entered his house.*
olvidarse de *to forget*	Pablo, no **te olvides de** apagar los faros. *Pablo, don't forget to turn off the headlights.*
salir de *to leave*	Pensamos **salir de** la ciudad por unos días. *We plan to leave the city for a few days.*
soñar con *to dream about*	¿**Sueñas con** la clase de español? *Do you dream about the Spanish class?*

PRÁCTICA

Conteste.

1. ¿Hace tiempo que aprendió Ud. a conducir? ¿A cuántas clases asistió para aprender a conducir?
2. ¿Piensa Ud. frecuentemente en los problemas del tráfico?
3. ¿Se olvidó Ud. alguna vez de encender los faros de su coche? ¿de apagarlos?
4. ¿Sale Ud. de su coche por el lado de la calle?
5. ¿Se da cuenta Ud. de lo que cuesta tener un auto?
6. ¿En dónde entro si quiero comprar gasolina?
7. ¿Se dio cuenta Ud. de que la gasolina cuesta más que el gasoil?
8. ¿Duda Ud. de los anuncios de automóviles?

Vida y costumbres II

Vocabulario activo II

Sustantivos: El coche _____

el cinturón de seguridad	seat belt	**la llanta** **la llanta de repuesto**	tire spare tire
el gato	jack		

el maletero, el baúl	trunk	**el parabrisas**	windshield
la manguera	hose	**el volante**	steering wheel

Otros sustantivos

el aceite	motor oil	**la multa**	fine
la acera	sidewalk	**el peatón**	pedestrian
el camión de remolque	tow truck	**el semáforo**	traffic light
el carnet (de conducir, manejar)	driver's license	**la velocidad**	speed
		la víctima	victim
el choque	crash, collision		

Verbos

atropellar	to hit, run over	**darse cuenta de**	to realize
cambiar	to change	**frenar**	to put on the brakes
chocar (con)	to collide (with), crash (into)	**remolcar**	to tow

Adjetivos

borracho/a	intoxicated, drunk
desinflado/a	flat (tire)

Palabras adicionales

a pesar de	in spite of
conmigo	with me
hacerse daño	to be hurt (in an accident); to hurt oneself
poner una multa	to fine
por desgracia	unfortunately
por poco + *presente*	almost + *past tense*
por suerte	luckily

Hotel Ritz, Madrid Hispano Suiza Rally

LOS DÍAS 9 AL 18 DE MAYO PRÓXIMO SE CELEBRARÁ ESTE RALLY, ORGANIZADO EN ESTA PRIMERA EDICIÓN, POR EL HOTEL RITZ, MADRID EN COLABORACIÓN CON PARADORES DE ESPAÑA, LA DIRECCIÓN GENERAL DE TRÁFICO, EL REAL AUTOMÓVIL CLUB Y EL AYUNTAMIENTO DE MADRID.

Los problemas de Juanito

MECÁNICO: Este motor parece estar muy mal. ¿Cuánto tiempo hace que no cambia Ud. el aceite?

JUANITO: Hace sólo dos semanas que lo cambié.

MECÁNICO: (examinando el motor): ¡Ah! ¡Ahora me doy cuenta del problema! Una de las mangueras está rota.

JUANITO: ¿Y eso es serio?

MECÁNICO: No sé. Tengo que remolcar el carro hasta la gasolinera. Además, las llantas están desinfladas. Es necesario cambiarlas. Por favor, abra el maletero y saque el gato.

JUANITO: No tengo gato.

MECÁNICO: No importa. Las cambiamos allí.

JUANITO: Pero… Tampoco tengo llantas de repuesto.

MECÁNICO: Entonces su problema es más serio. Por desgracia, hoy es domingo y no es posible comprar llantas.

Un chofer de pocas palabras

POLICÍA: ¿Qué ha hecho Ud.? ¿Cómo es posible chocar con un camión que va por el otro lado del bulevar? ¿Por qué no frenó? Por suerte, la víctima llevaba cinturón de seguridad y no se hizo mucho daño a pesar del choque. Por poco se rompe la cabeza contra el parabrisas. ¿A qué velocidad venía Ud.?

CHOFER: Yo... Yo...

POLICÍA: ¿Funcionan bien su volante y sus frenos? ¿No vio Ud. el semáforo? Voy a ponerle una multa.

CHOFER: Yo... Yo...

POLICÍA: Además, por poco atropella Ud. también a una peatona que caminaba por la acera. ¿Está Ud. borracho?

CHOFER: Yo... Yo...

POLICÍA: Creo que Ud. está borracho. Déme el carnet y venga conmigo por favor.

PRÁCTICA

A. *Los problemas de Juanito.* Todas estas oraciones son falsas. Explique por qué.

1. Hacía mucho tiempo que Juanito no cambiaba el aceite.
2. Todas las mangueras estaban en buenas condiciones.
3. El mecánico no tenía camión para remolcar el auto.
4. Las cuatro llantas estaban muy bien.
5. Juanito tenía dos gatos en el maletero.
6. Juanito compró ese día dos llantas de repuesto.

B. *Un chofer de pocas palabras.* Ud. es el policía. Reconstruya lo que él dijo.

1. ¿Cómo es posible...?
2. Por suerte,...
3. El pobre hombre...
4. Por poco...
5. Además, por poco...
6. Creo que...

C. *Conversación con un policía.* Ud. es el (la) chofer, pero no es una persona de pocas palabras. Ud. habla mucho. Contéstele al policía.

POLICÍA: ¿Cómo es posible chocar con un camión que va por el otro lado del bulevar?

UD.: _____.

POLICÍA: ¿Funcionan bien su volante y sus frenos?

UD.: _____.

POLICÍA: ¿Está Ud. borracho (borracha)?

UD.: _____.

POLICÍA: Venga conmigo, por favor, y déme el carnet. Ud. no debe manejar más.

UD.: _____.

CH. ¿Qué verbo de la columna a la derecha es más apropiado para cada sustantivo de la columna a la izquierda? Invente oraciones originales con cada par.

1.	faros	a.	remolcar
2.	frenos	b.	doblar
3.	llanta desinflada	c.	parar
4.	volante	ch.	arrancar
5.	víctima	d.	cambiar
6.	camión de remolque	e.	encender
7.	velocidad	f.	atropellar
8.	motor	g.	correr

D. Dé el nombre que corresponde a cada número.

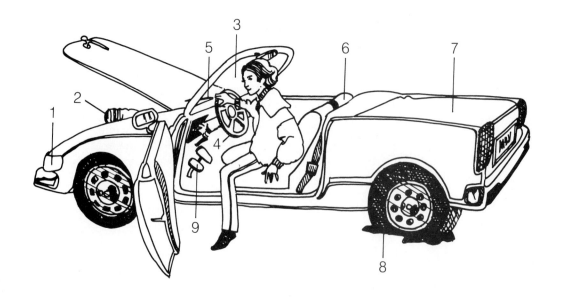

Gramática II

69. Prepositional Pronouns

A. Prepositional pronouns (pronouns that follow a preposition) are the same as the subject pronouns except for the first and second persons singular, which are **mí** and **ti**, respectively.

mí	*me*	nosotros/as	*us*
ti	*you*	vosotros/as	*you*
él ella Ud.	*him, it* *her, it* *you*	ellos ellas Uds.	*them (m.)* *them (f.)* *you*

El auto no me atropelló **a mí**;
  la atropelló **a ella**.

The car didn't hit me; it hit her.

Por poco chocamos **con ellos**.

We almost collided with them.

El camión venía **hacia ti**.

The truck was coming toward you.

El gato no era **para vosotros**;
  era **para nosotros**.

The jack was not for you; it was for us.

B. There are two exceptions to the above rule.

1. After the preposition **entre**, the pronouns **yo** and **tú** are used (instead of **mí** and **ti**).

    Entre tú y yo, el chofer estaba borracho.

    Between you and me, the driver was drunk.

2. When **mí** and **ti** follow the preposition **con**, they become **conmigo** and **contigo**.

    ¿Quieres dar un paseo **conmigo**?

    Do you want to go for a ride with me?

    Lo siento, no puedo ir **contigo**; tengo que ir con él.

    I am sorry, I can't go with you; I must go with him.

PRÁCTICA

A. Conteste las preguntas de manera negativa, usando un pronombre diferente en la respuesta.

> MODELO: Cuando cambiaste la llanta, ¿lo hiciste por mí? →
> No, no lo hice por ti, lo hice por ella.

1. El aceite que trajo Camilo, ¿era para nosotros?
2. ¿Va a sentarse Fernanda entre tú y él?
3. ¿Chocó con Ud. ese camión?
4. ¿Lo atropelló a él el coche?
5. ¿Es para mí la llave?
6. ¿Tenía la policía algo contra Ud.?
7. ¿Van a salir los Cuesta sin ti?
8. ¿Hablaba la señora conmigo?
9. ¿Vino por Uds. el auto?
10. ¿Le dijo su amigo algo de ellos?

B. Ud. es el (la) chofer del camión, víctima del chofer de pocas palabras. Complete el relato que Ud. le hace a un amigo del accidente, usando pronombres preposicionales.

1. Fue un accidente terrible. El auto venía hacia _____; yo sabía que mi camión iba a chocar con _____, pero no podía hacer nada.
2. Yo me hice daño, pero el policía no habló con _____. Le habló primero a _____.
3. El hospital mandó (*sent*) una ambulancia para _____ y para _____, pero el chofer no fue. Sólo yo fui en _____.
4. El policía le dijo a _____: «¡Venga con _____!» Entre _____ y _____, creo que ese hombre no sabía lo que hacía.

70. Prepositional Pronouns in Reflexive Constructions

As you know, reflexive constructions are those in which the subject both performs and receives the action. Prepositional pronouns in reflexive constructions are generally followed by a form of **mismo**, which agrees with the subject in gender and number.

¡Conócete **a ti mismo**!	*Know yourself!*
Algunas personas sólo piensan **en sí mismas**.	*Some people think only of themselves.*
Muchas veces hablo **conmigo misma**.	*I often talk to myself.*

After prepositions other than **con**		After the preposition **con**	
mí	*myself*	**conmigo**	*with myself*
ti	*yourself*	**contigo**	*with yourself*
sí	*himself, herself, yourself*	**consigo**	*with himself, with herself, with yourself*
nosotros/as	*ourselves*	**con nosotros/as**	*with ourselves*
vosotros/as	*yourselves*	**con vosotros/as**	*with yourselves*
sí	*themselves (m., f.), yourselves*	**consigo**	*with themselves (m., f.), with yourselves*

PRÁCTICA

Conteste.

1. ¿Se conoce Ud. a sí mismo (misma)?
2. ¿Cree Ud. que Dios ayuda a las personas que se ayudan a sí mismas?
3. ¿Es verdad que sólo los locos hablan consigo mismos?
4. ¿Hablo yo a veces conmigo mismo (misma)?
5. ¿Debemos amar (*love*) a otras personas como nos amamos a nosotros mismos?
6. ¿Cree Ud. que las personas que conducen cuando están borrachas se hacen daño a sí mismas?
7. ¿Eres cruel a veces contigo mismo o eres siempre tolerante?

71. Substitutes for Nouns

A. *Definite article + adjective*

An adjective can be used as a noun (nominalized) if it is preceded by the definite article. English often expresses this construction with *one(s)*.

| el único regalo | → | **el único** | *the only one* |
| la blusa azul | → | **la azul** | *the blue one* |

The past participle can also be nominalized with the definite article.

Éste es el salón donde recibimos a **los invitados**.

*This is the drawing room where
we receive the guests.*

Habrá un segundo examen
para **los fracasados**.

*There will be a second examina-
tion for those who failed.*

Here are some frequently used nouns that are based on the past participle.

los casados	*married persons*
los conocidos	*acquaintances*
los divorciados	*divorced persons*
los enamorados	*people in love*
los graduados	*graduates*
los interesados	*interested parties*

B. Lo + *adjective*

This combination expresses English *adjective + part/thing/and so on.*

Lo malo es que Ud. no presta
atención.

*The bad part is that you do not
pay attention.*

Lo interesante fue que no
pudieron reducir la presión
arterial.

*The interesting part was that they
could not reduce the blood
pressure.*

Lo difícil vendrá después.

The difficult part will come later.

PRÁCTICA

A. Conteste con adjetivos nominalizados.

1. ¿Prefiere Ud. los coches americanos o los japoneses? ¿los grandes o los pequeños?
2. ¿Prefiere la comida mexicana o la china? ¿la japonesa o la italiana?
3. De sus cursos, ¿prefiere los fáciles o los difíciles?
4. De sus profesores, ¿prefiere los interesantes o los aburridos?
5. ¿Prefiere los perros grandes o los pequeños? ¿los gatos persas o los siameses?

B. Invente oraciones empleando **lo** con los siguientes adjetivos.

MODELO: raro → Lo raro es que no vino a vernos.

1. importante
2. bueno
3. increíble
4. más desagradable
5. peor
6. mejor

Comunicación

Texto: *Una mujer policía inspecciona coches*

SRTA. POLICÍA:	Haga el favor de estacionar° su auto allí, al otro lado del semáforo.
JOVEN:	Sí, señorita.
	(El joven estaciona el coche y la mujer policía se le acerca.°)
SRTA. POLICÍA:	Vamos a ver... Encienda los faros, por favor.
JOVEN:	¿Y ahora?
SRTA. POLICÍA:	Ahora dé marcha atrás.°
JOVEN:	¿Algo más?
SRTA. POLICÍA:	Frene Ud. con el freno de emergencia y apriete° el acelerador. Haga girar° el volante hacia la izquierda y hacia la derecha... Ahora, toque la bocina.° ¿Sabía Ud. que su placa° está vencida?°
JOVEN:	¿De veras?° Voy a renovarla° mañana. Se lo prometo.° ¿Es todo?
SRTA. POLICÍA:	No, no es todo. Voy a ponerle una multa por manejar con una placa vencida. Otra cosa: ¿Tiene el carnet de manejar?
JOVEN:	Ahora° se lo doy. (Hablando consigo mismo: ¿Dónde lo puse?) Lo siento, señorita. Por desgracia, lo dejé en casa.
SRTA. POLICÍA:	¿Ud. maneja sin carnet? Entonces tiene que pagar otra multa.
JOVEN:	¡Qué mala suerte tengo! ¡Hoy día ponen multas por todo!

Marginal glosses:
Haga... *Please park*

se... *approaches him*

dé... *back up (go in reverse)*

step on
Haga... *Turn*
horn / license plate
expired
De... *Really? / renew it / Se... I promise you.*

In a second

PRÁCTICA

A. Conteste.

1. ¿Dónde para el joven su auto? ¿Por qué?
2. ¿Qué órdenes le da la señorita policía?
3. ¿Qué problema hay con la placa del coche? ¿Qué promete hacer el joven?
4. ¿Qué le pide la señorita entonces?
5. ¿Por qué dice el joven «¡Qué mala suerte tengo!»?

B. ¿Qué dice Ud. en estas situaciones?

1. Tell someone to stop on the other side of the traffic light.
2. Tell someone to back up.
3. Tell someone to step on the gas pedal.
4. State that you are going to renew your license plates tomorrow.
5. Ask someone whether he (she) has a driver's license.

6. What do you say when you are looking for something?
7. Announce that a fine is forthcoming.
8. Use an exclamation to express your feelings about a bad situation.

C. Preguntas personales.

1. ¿Sabe Ud. manejar?
2. ¿Cuándo aprendió Ud. a manejar?
3. ¿Dónde aprendió Ud. a manejar? ¿Quién le enseñó?
4. ¿Cuál es la velocidad máxima permitida en las carreteras nacionales? (kilómetros o millas por hora)
5. ¿Qué usa Ud. para manejar de noche (*at night*)?
6. ¿Cuánto cuesta la gasolina ahora? (por litro o galón)
7. ¿Quiénes inspeccionan coches aquí?

adelantándose *getting ahead*
conducción *driving*
conductores *drivers*
crear *to create*
diseño *design*
huella *track*
neumáticos de turismo *automobile tires*
Siga *Follow*

Pirelli, adelantándose tecnológicamente, abre un nuevo camino en el diseño de neumáticos de turismo.
Pirelli no sólo construye neumáticos para automóviles. Crea, sobre todo, neumáticos para conductores.
Con Pirelli, por primera vez, usted puede elegir el neumático más adecuado a su personal estilo de conducción.
Siga la huella de los que van delante.
Siga a Pirelli.

Neumáticos Pirelli

1. ¿Qué nuevo camino abre Pirelli?
2. ¿Construye Pirelli neumáticos sólo para automóviles?
3. ¿Qué puede Ud. elegir ahora por primera vez?
4. ¿Qué debe Ud. seguir?

EXPRESIÓN PERSONAL

A. Comprando un automóvil. *With another student play the roles of car salesperson and customer. The* **vendedor** (**vendedora**) *will ask questions, and the prospective buyer will answer.*

1. ¿comprar / automóvil / nuevo?
2. ¿cuánto / desear / pagar?
3. ¿tener / color / favorito?
4. ¿encantar / autos / grandes?
5. ¿manejar / ciudad / carreteras?

B. Ud. es el policía (la mujer policía). Dígale a un compañero (una compañera) de clase quién va a ser el (la) chofer y qué debe hacer en estas situaciones. Vea Ud. las sugerencias entre paréntesis.

MODELO: Ha llovido mucho esta mañana; un señor viejo no puede parar su auto muy bien. El policía (la mujer policía) le dice: «Si Ud. quiere parar cuando llueve, use Ud. los frenos con cuidado varias veces, no sólo una vez.»

1. Es invierno; el chofer no puede ver bien.
   (volver a casa / no manejar ahora)
2. Un señor ha bebido demasiado.
   (bajar del coche / andar bien)
3. Un joven no tiene su carnet de manejar.
   (acompañarme a la estación / llamar a sus padres)
4. Un niño juega en la calle.
   (su abuela / peligroso [*dangerous*])
5. Hay un choque de automóviles.
   (estar borracho / pagar una multa)

C. Pregúntele Ud. a un amigo (una amiga)...

1. si tiene coche (camioneta)
2. cuándo lo compró
3. cuánto costó
4. si ha tenido un choque
5. cuántas millas puede viajar con un litro de gasolina
6. si otras personas manejan su auto

CH. Haga un mapa. *Make a large street plan of your city or neighborhood showing the main roads and highways and some important locations. Ask a classmate to do the following.*

1. Using the preterite, tell how he or she got from one place to another.
2. Using commands, tell a friend how to get from one location to another.
3. Using the imperfect, tell how he or she used to go from one place to another.

■ *OTRA VEZ*

Examine el anuncio y conteste las preguntas.

de lo que *than*
de viva voz *by word of mouth*
tarifa *rate*

1. ¿Cuántas llamadas a larga distancia hará Ud. la semana que viene?
2. ¿Con quién(es) hablará Ud.?
3. ¿Llamará Ud. entre las diez de la noche y las ocho de la mañana? ¿Por qué (no)?
4. ¿Quiénes se pondrán en contacto con Ud. por teléfono la semana que viene?
5. Nombre Ud. tres ciudades que Ud. llama con frecuencia. ¿Cuánto le costará llamar después de las diez de la noche? ¿Y antes de esa hora?
6. ¿Cuánto es el descuento que le dará la Telefónica si Ud. llama por la noche?
7. ¿Qué lugares del mundo no podrá Ud. llamar por teléfono?
8. ¿Qué llamada telefónica tendrá Ud. que hacer en el futuro próximo que realmente no quiere hacer?

Examen de repaso 7

A. ¿**Por** o **para**?

1. Todos los días paseamos _____ el parque.
2. Salgo _____ la escuela a las ocho de la mañana.
3. ¿Quiere Ud. hacerme un favor? —¡_____ supuesto!
4. Estoy contento _____ la victoria de mi equipo favorito.
5. Hace mucho frío hoy _____ nadar en la piscina.
6. Pagué sólo cien dólares _____ este televisor.
7. Es necesario practicar todos los días _____ ganar un campeonato.
8. No tenemos vino _____ la comida.
9. _____ ir al garaje debe Ud. salir _____ aquí.
10. Un padre hace sacrificios _____ sus hijos.

B. Exprese lo mismo sin usar sustantivos.

1. los hombres pobres
2. los individuos casados
3. los niños enfermos

C. Cambie al futuro.

1. No sé si tiene fiebre.
2. Le ponen una inyección.
3. Salimos para el hospital.
4. Ella sabe el nombre de su enfermedad.
5. Vosotros hacéis gimnasia.
6. Vengo a buscar las pastillas.

CH. Exprese en español.

1. to give a prescription
2. to go up and down
3. to continue smoking
4. to run over a pedestrian
5. to stop near the traffic light
6. to change a tire

D. Dé el futuro del infinitivo entre paréntesis.

—¿A qué hora (*comenzar*) _____[1] a ver pacientes el doctor Méndez el viernes?

—No (*llegar*) _____[2] hasta la una de la tarde. Por eso, los doctores Morán y Ramírez (*ver*) _____[3] a sus pacientes el viernes por la mañana.

—¡Qué pena! Mi hijo y su esposa (*tener*) _____[4] que ir al aeropuerto al mediodía.

—¿(*Poder*) _____[5] ellos venir el jueves por la tarde?

—Pues, yo creo que eso (*ser*) _____[6] posible. ¿A qué hora deben venir el jueves?

E. ¿Qué preposición usamos?

1. No se olvide Ud. _____ renovar su licencia.
2. Debo comenzar _____ usar el cinturón de seguridad.
3. Ella no quiso salir _____ la camioneta.
4. Ahora me doy cuenta _____ que esta comida tiene muchas vitaminas.
5. Siempre asisto _____ todas las clases.

F. Exprese en español.

1. She has been driving for ten years.
2. The crash happened five minutes ago.
3. We had been going around for half an hour.
4. How long ago did you change your oil?
5. I wonder where he is.
6. He married María.

G. Conteste de manera negativa, usando pronombres diferentes de los que aparecen en las preguntas.

1. ¿Irá Ud. conmigo?
2. ¿Le dijo a Ud. el policía algo de nosotros?
3. ¿Está sentado José entre él y ella?
4. ¿Lo atropelló a Ud. un camión?
5. ¿Son para ellas las gotas?
6. ¿Podrá Ud. cambiar esa llanta sin mí?
7. ¿Era para ti el auto?

El mundo natural

Los Andes y el Río Aconcagua en Chile

Carl Frank/Photo Researchers, Inc.

Enfoque cultural

Sudamérica es un continente enorme donde la naturaleza presenta toda clase de problemas.

La cordillera de los Andes divide el continente en dos partes desiguales (*unequal*). Esto explica la distribución, también desigual, de las aguas: todos los grandes ríos van hacia el Atlántico. Es fácil imaginar el contraste entre las montañas y picos del oeste y la enorme cuenca (*basin*) del Amazonas, que ocupa casi un tercio (*third*) de todo el continente. Aquí encontramos una selva muy densa, casi impenetrable, y también el río más grande del mundo. El Amazonas tiene por lo menos (*at least*) catorce tributarios que son más grandes que el Rin.

En Sudamérica podemos hallar (*find*) casi todos los terrenos y climas imaginables: desiertos, valles fértiles, playas preciosas, zonas de grandes tormentas, regiones de intenso calor y otras de nieve y hielo (*ice*). Y también hallamos allí enormes problemas: la selva en peligro de desaparecer y los ríos y los valles contaminados.

Vida y costumbres I

Vocabulario activo I

Sustantivos: La naturaleza

la arena	sand	el lugar	place
la bahía	bay	la nube	cloud
la cascada	cascade; waterfall	el pájaro	bird
la colina	hill	el pico	(mountain) peak
la cordillera	mountain chain	la selva	jungle
la espuma	foam	el valle	valley

Otros sustantivos

el carácter	character	el río	river
el desarrollo	development	el viaje	trip
la descendencia	descent		
la feria	fair		
el hilo	thread		
la población	population		
el rincón	corner		

Verbos

avanzar	to advance	**guardar**	to guard
basar	to base	**rodear**	to surround
fundar	to found	**sonreír (i)**	to smile

Formas del condicional

me gustaría, te gustaría, le gustaría	I, you (*fam.*), you (*form.*), he/she would like	**tomaría, tomarías, tomaría**	I, you (*fam.*), you (*form.*), he/she would take
haría, harías, haría	I, you (*fam.*), you (*form.*), he/she would do	**viajaría, viajarías, viajaría**	I, you (*fam.*), you (*form.*), he/she would travel
iría, irías, iría	I, you (*fam.*), you (*form.*), he/she would go		

Adjetivo

delgado/a	slender, thin

Palabras adicionales

allá	there	**lentamente**	slowly
a lo lejos	in the distance	**llegar a conocerse**	to become known
de hecho	in fact	**sin embargo**	nevertheless, however
hacer un viaje	to go on (take) a trip	**suavemente**	softly

¡Vamos a hacer un viaje!

JOSÉ: Me gustaría ir a Colombia.

JUAN: ¿Qué harías allí? Ya has estado en Colombia una vez, ¿no?

JOSÉ: Sí, en la capital, pero... teniendo la oportunidad de hacer un segundo viaje, iría a varios lugares. Tomaría el sol en la playa, cerca de Cartagena, viajaría por los valles y las montañas del interior para sacar fotos de picos y cascadas en la cordillera de los Andes... y también iría a la selva amazónica para ver pájaros, animales, árboles...

JUAN: Bueno, pero ten mucho cuidado.

Hector R. Acebes/ Photo Researchers, Inc.

San Antonio, joya del suroeste

Photo Researchers, Inc.

San Antonio es una de las joyas de Texas y de todo el suroeste de nuestro país. Se fundó en 1718 y pronto el pueblo y su misión llegaron a conocerse como San Antonio de Béjar. Bien se sabe, por supuesto, la historia de su famoso Álamo. Sin embargo, desde la feria mundial de 1968 («HemisFair»), la ciudad es un lugar de gran interés para muchos turistas. Los rincones más pintorescos de la ciudad se abren a todos ahora debido al embellecimiento (*beautification*) del Río San Antonio, que pasea lentamente por el centro. Parece que las muchas flores de vivos colores que se encuentran allí nos sonríen y nos invitan a descansar un momento entre los enormes edificios que nos rodean. Por todos lados se oyen conversaciones y canciones en español, ya que más del 40 por ciento de la población de San Antonio es de descendencia mexicana. De hecho, la personalidad moderna de la ciudad y sus valores culturales se basan en su carácter hispánico.

En la playa

Peter Menzel / Stock, Boston

Las olas verdosas del mar avanzan suavemente y mueren en la arena blanca de la playa, donde dejan un delgado hilo de espuma. A lo lejos, las colinas de color violeta guardan la bahía, y las nubes, dejando pasar la luz del cielo aquí y allá, cambian constantemente el paisaje.

PRÁCTICA

A. Conteste.

¡Vamos a hacer un viaje!

1. A José, ¿adónde le gustaría ir?
2. ¿Qué haría en la playa?
3. ¿Por qué iría a la cordillera?
4. ¿Qué otro lugar iría a ver?

San Antonio, joya del suroeste

5. ¿Cuándo se fundó la ciudad?
6. ¿Qué fue el Álamo?
7. ¿Qué pasea lentamente por el centro?
8. ¿Qué nos sonríen y nos invitan a descansar un momento?

En la playa

9. ¿De qué color son las olas?
10. ¿Dónde mueren las olas?
11. ¿Qué dejan en la arena?
12. ¿Qué se ve a lo lejos?
13. ¿Qué dejan pasar las nubes?
14. ¿Qué cambia constantemente?

B. ¿De qué color son los siguientes objetos?

1. la bahía
2. la arena
3. la selva
4. la espuma
5. las olas
6. el pico de una montaña
7. las colinas
8. las nubes
9. el río
10. el cielo

C. Exprese en español ideas personales sobre los temas indicados. *Use the cues as suggestions only.*

1. wanting to take a trip to Colombia
2. where you want to sunbathe
3. why you are carrying a camera
4. what you want to photograph
5. what else you want to see

CH. Complete con las palabras apropiadas.

1. San Antonio se fundó en 1718 y pronto _____.
2. El Río San Antonio pasea lentamente por _____.
3. El río ha abierto los rincones más _____.
4. Las flores que se encuentran allí nos _____.
5. Nos invitan a descansar un momento entre los _____.

D. Describa la foto de San Antonio.

Gramática I

72. Conditional Tense of Regular Verbs

All regular verbs in Spanish form the conditional by adding to the infinitive the endings given on the left. When pronouncing these forms, be careful to stress the accented í.

-ía	-íamos
-ías	-íais
-ía	-ía

dejar	beber	preferir
dejaría	bebería	preferiría
dejarías	beberías	preferirías
dejaría	bebería	preferiría
dejaríamos	beberíamos	preferiríamos
dejaríais	beberíais	preferiríais
dejarían	beberían	preferirían

The conditional expresses English *would + verb.*

| Yo lo **dejaría** en casa. | *I would leave it at home.* |
| **Preferiríamos** tomar el sol en la playa. | *We would prefer to sun ourselves on the beach.* |

Note: When *would* means *used to,* the imperfect tense, not the conditional, is used.

| En esa época **íbamos** a sacar fotos en las montañas todos los domingos. | *At that time we would go (used to go) to take pictures in the mountains every Sunday.* |

The conditional is often used with the past tenses, just as the future is often used with the present.

| **Dice** que **irá** a la selva. | *He says that he will go to the jungle.* |
| **Dijo** (**Decía**) que **haría** un segundo viaje. | *He said (used to say) that he would take a second trip.* |

PRÁCTICA

A. Cambie según el modelo.

MODELO: Dice que me llamará. Dijo que... →
Dijo que me llamaría.

1. Creen que él estudiará diferentes fenómenos naturales. Creían que él...
2. Sabemos que él estará en la capital el sábado. Sabíamos que él...
3. Creo que le gustarán las playas. Creía que...
4. Alberto dice que te encantarán los colores del mar. Alberto dijo que...
5. Sé que él comprará flores. Sabía que...
6. Él me está explicando por qué será imposible hacer un viaje a la selva. Él me explicó por qué...
7. Sé que el clima cambiará dentro de una semana. Sabía que...
8. Me han dicho que tú viajarás varias veces. Me habían dicho que...

B. Mis vacaciones. Conteste.

1. ¿Qué parte de México le gustaría visitar? ¿el sur? ¿la costa este? ¿el centro?
2. ¿Cuánto tiempo necesitaría Ud. para hacer el viaje?
3. ¿Cuánto costaría, más o menos, ir en avión?
4. ¿Sabe Ud. si hay lugares famosos cerca de la capital? Explique.
5. ¿Qué les traería Ud. a sus amigos?

6. En los Estados Unidos, ¿qué parque nacional le encantaría ver?
7. ¿Le gustaría a Ud. montar allí en bicicleta? Explique.
8. ¿Qué otros lugares famosos vería Ud.?
9. ¿Cuánto tiempo necesitaría Ud. para ver todo eso?
10. ¿Cuánto dinero necesitaríamos para hacer un viaje de una semana a Arizona para ver el Gran Cañón?

73. Conditional Tense of Irregular Verbs

The irregularities of the conditional are the same as those of the future.
(See grammar section 61.)

A. Verbs whose conditional stem is the infinitive minus the **e** of the ending

haber	→	hab(e̸)r-: habría, habrías, habría, habríamos, habríais, habrían
poder	→	pod(e̸)r-: podría, podrías, podría,...
querer	→	quer(e̸)r-: querría, querrías, querría,...
saber	→	sab(e̸)r-: sabría, sabrías, sabría,...

Note: The conditional of **hay** is **habría** (from **haber**).

B. Verbs that substitute a **d** for the **e** or **i** of the infinitive ending

poner	→	pondr-: pondría, pondrías, pondría, pondríamos, pondríais, pondrían
salir	→	saldr-: saldría, saldrías, saldría,…
tener	→	tendr-: tendría, tendrías, tendría,…
venir	→	vendr-: vendría, vendrías, vendría,…

C. Verbs whose conditional stems are unique

decir: diría, dirías, diría, diríamos, diríais, dirían

hacer: haría, harías, haría,…

D. The conditional of **haber** is combined with the past participle to form the conditional perfect.

Nos **habría gustado** ver el valle.	*We would have liked to see the valley.*
Nosotros no **habríamos hecho** ese viaje.	*We wouldn't have taken (made) that trip.*

PRÁCTICA

A. Situaciones. Lea y conteste.

hacer un viaje: Juan y Carlos / la cordillera de los Andes / picos y cascadas

1. ¿A quiénes les gustaría hacer un viaje?
2. ¿Adónde querrían ir?
3. ¿Qué podrían ver allí?
4. ¿A Ud. le gustaría acompañarlos? ¿Por qué (no)?

comprar flores: Carmen y yo / el mercado / claveles, rosas y lirios

5. ¿Qué querría comprar yo?
6. ¿Quién tendría que ir conmigo para comprarlas?
7. ¿Qué diferentes flores compraríamos?
8. ¿Qué haría Ud. en ese mercado?

la playa: varios amigos / arena / «¡Qué fantástico!»

9. ¿Adónde irías?
10. ¿Quiénes vendrían a visitarte?
11. ¿Dónde jugaríais todos?
12. ¿Qué dirían todos?

B. Entre amigos. Complete con el condicional del verbo entre paréntesis.

1. ¿A qué hora (*venir*) tú a mi casa?
2. Yo (*salir*) de la mía a las seis.
3. Pero, ¿(*poder*) llegar en media hora?
4. ¿Qué (*hacer*) tú en ese caso?
5. Yo (*pedir*) excusas diciendo que estoy enfermo.
6. Yo no (*decir*) eso. Es una excusa tonta.

7. ¿(*Saber*) ella usar bien su dinero?
8. Sin duda. Ella no (*gastar*) nunca más de lo necesario.
9. ¡Bah! Yo, en su lugar, (*querer*) vivir bien ahora, no después.

C. Situaciones difíciles.

¿Qué le diría Ud....

1. a un señor que le pregunta algo en español en la calle?
2. a un amigo (una amiga) que no quiere trabajar?
3. al profesor que lo/la vio en una fiesta después de que Ud. le dijo que estaba enfermo/a?

¿Qué haría Ud....

4. si está en la calle sin paraguas y comienza a llover?
5. si un buen amigo (una buena amiga) lo/la invita a cenar y a Ud. no le gusta lo que se sirve?
6. si un amigo (una amiga) le pide una cantidad considerable de dinero?

Vida y costumbres II

Vocabulario activo II

Sustantivos: La naturaleza

el desastre	disaster	**la roca**	rock
la estrella	star	**la tempestad, la**	storm
el huracán, el ciclón*	hurricane	**tormenta**	
la luna	moon	**el terremoto**	earthquake
la lluvia	rain	**el trueno**	thunder
el relámpago	lightning bolt	**el volcán**	volcano

Otros sustantivos

la altura	height	**el espíritu**	spirit
el castillo	castle	**el humo**	smoke
la compañía	company	**el miedo**	fear

*****Juracán** was the name of the evil god of the Taíno Indians in the Caribbean. They gave this name to cyclones, on the assumption that they were manifestations of the god's anger. This is the origin of Spanish **huracán** and English *hurricane*.

Verbos

conservar	to preserve	**fijarse bien**	to look carefully, pay careful attention
encontrarse (ue) con	to run into		
escaparse	to escape	**recordar (ue)**	to bring back to memory
fijarse	to notice	**temer**	to fear

Adjetivo

fuerte	strong

Construcciones con *se*

se ha conservado	has been preserved	**se ve**	one sees
se puede ver	one can see, can be seen		

Palabras adicionales

de día	during the day	**ni... ni...**	neither . . . nor . . .
de noche	during the night	**raras veces**	seldom

Castilla la Vieja

Rogers/Monkmeyer Press Photo Service

En Castilla la Vieja (una región de España) se ve poca hierba. El paisaje es solitario. Invita a pensar en el pasado y en el presente.

Ahora sus castillos sólo tienen la compañía del sol y de las nubes, de día, y de la luna y las estrellas, de noche. Pero las piedras y rocas saben que por aquí pasaron los héroes y heroínas de un glorioso pasado.

Hoy día los castillos son visitados raras veces, pero siempre recuerdan mil aventuras en esta tierra donde se ha conservado muy vivo el espíritu independiente de los castellanos (*Castilians*).

El volcán activo más alto del mundo

Este volcán fue temido en todos los tiempos. Se llama Cotopaxi. Está cerca de Quito, la capital del Ecuador. Tiene más de 6.000 metros de altura y es el volcán activo más alto del mundo. Si uno se fija bien, se puede ver a veces el humo que se escapa del cráter.

Bob Keily/Photo Researchers, Inc.

Hablando de fenómenos y desastres naturales

LA MAESTRA: Paco, ¿cuál te daría más miedo, una tempestad con truenos, relámpagos y mucha lluvia o una tormenta de nieve con fuertes vientos?

PACO: No sé... Realmente no me gustaría ni la una ni la otra.

LA MAESTRA: ¿Y qué desastre crees que sería peor, un terremoto, un ciclón o la erupción de un volcán?

PACO: Yo creo que un ciclón.

LA MAESTRA: No, no, no. El peor desastre fue tu último examen. ¡Preferiría no encontrarme nunca con otro desastre así!

PRÁCTICA

A. Conteste.

Castilla la Vieja

1. ¿Qué compañía tienen de día los castillos? ¿y de noche?
2. ¿Qué saben las rocas?
3. ¿Qué recuerdan hoy día los castillos?

El volcán activo más alto del mundo

4. ¿Cómo se llama el volcán más famoso del Ecuador?
5. ¿Por qué es famoso?
6. ¿Qué se puede ver si uno se fija bien?

Hablando de fenómenos y desastres naturales

7. ¿Cuál le daría a Ud. más miedo, una tempestad con truenos, relámpagos y mucha lluvia o una tormenta de nieve con fuertes vientos? ¿Por qué?
8. ¿Y qué desastre sería peor, un ciclón, un terremoto o la erupción de un volcán? Explique.
9. ¿Cuándo ocurren los peores desastres en clase?

B. Conteste.

1. ¿Qué puede Ud. ver de noche en el cielo?
2. ¿Dónde hay grandes tempestades de nieve?
3. ¿En qué meses tenemos grandes lluvias?
4. ¿Cuándo hay huracanes en nuestro país?
5. ¿Qué ocurre primero, un trueno o un relámpago?

Campaña Contra el Hambre

actual *current*
campaña *campaign*
compartir *to share*

1. ¿Dónde hay mucha hambre?
2. ¿En qué está la solución de este problema?
3. Según este anuncio, ¿qué puede Ud. hacer para ayudar a solucionar este problema?
4. ¿Qué significa la frase «Manos Unidas»?

Gramática II

74. Passive *se* Versus the Impersonal *se*

A. The term *active voice* is used when the subject of a sentence is the doer of the action; the term *passive voice* is used when the subject receives the action of the verb. Compare these sentences.

ACTIVE VOICE	PASSIVE VOICE
John remembered the disaster.	The disaster was remembered by John.
subject verb	*subject verb*

If the doer of the action (*agent*) is not stated, the passive voice in Spanish is usually expressed with the reflexive pronoun **se** and a third-person singular or plural verb form. Compare these sentences.

SINGULAR	PLURAL
Se vendió la flor.	**Se vendieron** las flores.
The flower was sold.	*The flowers were sold.*
Se temía un desastre.	**Se temían** varios desastres.
A disaster was feared.	*Several disasters were feared.*

This **se** construction can be used in any tense; the subject may precede but more often follows the verb.

B. **Se** followed by a third-person singular verb may have a general or impersonal meaning usually expressed in English by *one, you, they,* or *people*.

Se trabaja mucho aquí.	*People work hard here.*
No **se hace** eso en mi casa.	*You don't do that (That isn't done) in my house.*
¿Cómo **se dice** esto en español?	*How does one say (do you say) this in Spanish? (How is this said in Spanish?)*

PRÁCTICA

A. Complete según los modelos.

Presente

> MODELO: (terminar) el trabajo de noche →
> Se termina el trabajo de noche.

1. (recibir) las flores por la mañana.

2. (seguir) el plan del viaje.
3. (vender) objetos de cerámica.

Pretérito

> MODELO: (Vender) las joyas de la familia →
> Se vendieron las joyas de la familia.

4. (repetir) varias veces el mismo fenómeno.
5. (observar) el humo que salía del cráter.
6. (ver) entonces muchos relámpagos.

Futuro

> MODELO: (preferir) los cuadros de pintores modernos →
> Se preferirán los cuadros de pintores modernos.

7. (necesitar) días y meses para conocer la selva.
8. (saber) que hubo un fuerte terremoto.
9. (evitar) otros desastres manteniendo la calma.

B. Invente oraciones según el modelo. Luego expréselas en inglés. *Vary the verb tenses.*

> MODELO: conservar / castillo →
> Se conserva el castillo en buen estado.
> *The castle is preserved in good condition.*

1. oír / truenos
2. ver / relámpagos
3. recordar / desastre
4. guardar / castillo
5. alquilar / otra casa
6. servir / frutas tropicales
7. plantar / flores
8. comprar / otras fotos

C. Exprese en español.

1. Spanish (is) spoken here.
2. People eat too much there.
3. How is that done?
4. You (People) practice a lot.
5. How much does one receive each month?

75. Use of *pero, sino,* and *sino que*

A statement containing the word *but* usually consists of two parts, which can be represented graphically in this way.

FIRST PART		SECOND PART
Él hizo el viaje	pero	no quedó contento.
He took the trip	*but*	*was not happy (with it).*

If the first part is affirmative, *but* is always expressed by **pero**.

> Ud. mira **pero** no se fija bien. *You look but you don't pay close attention.*

If the first part is negative:

1. *but* = **pero** if it means *however*

    No fue una tempestad, **pero**   It wasn't a storm, but (however)
       llovió mucho.   it rained a lot.

2. *but* = **sino** if it means *but rather* and the second part is an incomplete
    thought (just a noun or an infinitive, for example)

    No había estrellas sino nubes.   There weren't any stars but
                                            clouds. (The second part is
                                            just a noun: **nubes**.)
    No quería salir **sino** trabajar.   He did not want to go out but
                                            rather to work. (The second
                                            part is just an infinitive:
                                            trabajar.)

3. *but* = **sino que** if it means *on the contrary* or *instead* and introduces a
    conjugated verb

    No llegaron al volcán **sino que**   They did not reach the volcano,
       volvieron al pueblo.   but (on the contrary) they
                                            returned to the village.

PRÁCTICA

A. Las estaciones. Complete con **pero**, **sino** o **sino que**.

La primavera

1. No llueve ahora, _____ lloverá pronto, porque en abril llueve mucho.
2. El pájaro que veo en el árbol no come, _____ está cantando.
3. No hay pájaros entre las flores, _____ mariposas (*butterflies*).

El verano

4. Veo a mucha gente en la arena, _____ sólo algunas personas están
    nadando.
5. Mi amiga no dijo que tenía miedo de las olas, _____ no sabía nadar.
6. No montaremos en bote de vela, _____ practicaremos el esquí acuático.

El otoño

7. Las hojas (*leaves*) no son verdes, _____ tienen tonos de amarillo, rojo y
    café.
8. No me gusta recoger las hojas, _____ acostarme en ellas.
9. Todavía no hace mucho frío, _____ ya los árboles no tienen hojas.

El invierno

10. No uso un rastrillo (*rake*) para limpiar la nieve, _____ una pala (*shovel*).

11. El muñeco de nieve (*snowman*) no lleva zapatos, ____ sí lleva sombrero.
12. Hoy no hace mucho frío, ____ todavía hay mucha nieve en la calle.

B. Complete de manera original.

1. No he visto nunca un tornado, pero...
2. No me gusta el verano, sino...
3. No dice que alquilará un bote, sino que...
4. El ciclón no llegará a esta región, pero...
5. No tengo miedo de los truenos, sino...
6. No hay piedras en la playa, sino...
7. No tendremos nunca bastante dinero para comprar un bote de vela, pero...
8. No saldré con Uds., sino que...

76. The Interrogatives *¿qué?* and *¿cuál(es)?*

In general, **¿qué?** expresses *what?* and **¿cuál(es)?** expresses *which?* The following chart presents the essential differences between them.

What	¿**qué** + *verb (other than* **ser***)?*	¿Qué dice Ud.? *What are you saying?*
	¿**cuál(es)** + **es (son)** + *definite article or possessive adjective?*	¿Cuál es la diferencia entre ellos? *What is the difference between them?* ¿Cuál es tu dirección? *What is your address?*
	Exceptions: In questions that are about profession, rank, affiliation, or nationality, or that ask for a definition, use ¿**qué?**	¿Qué es su padre, médico o enfermero? *What is her father, a doctor or a nurse?* ¿Qué es Ud., republicano o demócrata? *What are you, a Republican or a Democrat?* ¿Qué es la hepatitis? *What is hepatitis?*
Which	¿**cuál(es)** + *verb?*	¿Cuáles son sus libros? *Which are your books?*
	¿**qué** + *noun?*	¿Qué tipo de alimentación prefiere Ud.? *Which kind of food do you prefer?*

PRÁCTICA

A. Conversaciones entre amigos. **¿Qué** o **cuál(es)**?

—Hola, Pili. Vi a tu padre anoche. ¿_____[1] es él, abogado o médico?
—Es médico. ¿No lo sabías?
—Pues, no. ¿_____[2] es su especialidad?
—Es pediatra.
—¿Y en _____[3] hospital trabaja?
—En el General. ¿Lo conoces?
—No lo creo. ¿_____[4] es la dirección del hospital?
—Está en la calle Molina, esquina a... Turienza.
—¿_____[5] esquina?
—Turienza.

—Regina, ¿_____[6] es tu novio?
—El joven a la izquierda.
—¿_____[7] es su nombre?
—Raúl.
—¿Y _____[8] trabajo tiene?
—Pues, no tiene trabajo ahora. Es por eso que no nos hemos casado todavía.
—¿_____[9] vas a hacer, entonces?
—No sé...; esperar. ¿_____[10] otra cosa puedo hacer?

B. Respuestas y preguntas. Invente las preguntas sugeridas (*suggested*) por estas respuestas.

1. Mi teléfono es el 233-3386.
2. Mi madre es dentista.
3. La tercera es mi hermana.

4. Mi abuelo es alemán.
5. Ésos son mis regalos.
6. Mi bebida favorita es el café.

77. The Relative Pronouns *que* and *lo que*

The relative pronoun **que** (*that, which, who*) refers back to a noun (person, place, or thing) already mentioned, but without breaking the speaker's line of thought; thus, the clause with **que** is not separated by commas.

Ahora no tiene el atractivo **que** antes tenía.	*Now it does not have the appeal it had before.*
El señor **que** vino es nuestro médico.	*The gentleman who came is our doctor.*

Note that **que** must always be used in Spanish even though *that* can be omitted in English.

Lo que refers to a statement, an idea, or an action that is understood but not specified.

Lo que come es poco saludable.	*What he eats is not very healthful.*
No me gusta **lo que** sigue.	*I don't like what follows.*

Note that **lo que** can be expressed in English by *that which*.

PRÁCTICA

A. ¿**Que** o **lo que**?

1. Las medicinas _____ Ud. ha tomado no van a reducir la fiebre.
2. No entiendo _____ ha dicho el administrador del hospital.
3. Las personas _____ han entrado son las nuevas enfermeras.
4. Las gotas _____ Ud. ha comprado son muy conocidas.
5. La doctora _____ le recomendó ese régimen es especialista en nutrición.
6. _____ Ud. está haciendo ahora le mantendrá en buena salud.

B. Invente oraciones completas con **lo que** y una forma apropiada del verbo entre paréntesis.

1. Lo que (no entender)…
2. Lo que (traer)…
3. Lo que (preguntar)…
4. Lo que (deber)…
5. Lo que (hacer)…
6. Lo que (estar comiendo)…

Comunicación

Tengo un pan.°   *loaf of bread*

¿Qué puedo hacer con él? Un antiguo proverbio me dice que debo comer la mitad° y vender la otra para comprar flores. ¿Por qué? Porque no   *half* vivimos sólo de pan.

Yo vendería, pues, una mitad. Pero, no compraría flores. Compraría semillas° y las plantaría en buena tierra. En unas semanas, las semillas se   *seeds* transformarían en hierba, en flores y en árboles que todos podríamos admirar.

Entre las flores habría rosas y violetas. De día todo el mundo° vería su   *todo… everyone* hermosura;° de noche se cubrirían ante la luna y las estrellas. Las flores   *beauty* llenarían° valles y colinas, desiertos y montañas con sus vivos colores.   *would fill*

Allí los majestuosos árboles… pero ése sería otro cuento. Además, hoy no me queda más° pan.   *no… I have no more*

PRÁCTICA

A. Pan y poesía. Complete según el Texto.

1. Un antiguo proverbio me dice que _____ .
2. El hombre no vive sólo _____ .
3. No compraría flores sino _____ .
4. Las semillas se transformarían en _____ .
5. Todo el mundo vería su _____ .
6. Las flores llenarían _____ .

B. ¿Tiene Ud. buena memoria? *From memory reconstruct the three main paragraphs of the text by using the following cues.*

1. proverbio: decir / comer / vender
2. semillas: comprar / plantar / transformarse
3. flores: ver / cubrirse / llenar

C. Fenómenos naturales. ¿De qué hablo?

1. Es una montaña con fuego en el centro.
2. Son vientos muy fuertes.
3. Hay mucha agua y el río sube y sube.
4. La tierra se mueve.
5. Una luz cruza muy rápidamente el cielo.
6. Se oye un gran ruido (*noise*) en el cielo.
7. El viento se mueve en forma de espiral.
8. El agua cae de las nubes.

EXPRESIÓN PERSONAL

A. ¿De qué hablamos? *In groups of three, invent cues for your classmates to guess what natural phenomenon or place you are talking about.*

MODELO: 1. Es un río.   3. Está en una selva tropical.
        2. Es muy grande.   4. Este río cruza una gran parte del Brasil.

¿Cómo se llama? El Río Amazonas.

POSIBILIDADES:

1. isla / cerca de la Florida / su capital es La Habana...
2. hay mucho viento / el viento se agita (*whirls*) en dirección circular...
3. la tierra se mueve / mejor no estar en una ciudad en estos momentos...
4. ha llovido mucho / hay agua por todas partes...

B. Invente respuestas.

1. Escoja tres fenómenos o desastres naturales de la lista y diga cómo son y cómo Ud. trataría de evitar el peligro (*danger*).

   a. volcán   c. relámpago   e. huracán
   b. terremoto   d. inundación (*flood*)

2. Describa una fuerte tempestad o tormenta de su región.
3. ¿Qué cuentos o anécdotas especialmente interesantes sabe Ud. de (a) la luna, (b) las estrellas, (c) las nubes, (d) el trueno?
4. Describa un viaje que le gustaría hacer. ¿Qué sitios visitaría? ¿Qué haría allí?

C. Teatro. *With a classmate present one of the dialogues from this lesson to the class.*

CH. Chismes. (*Gossip.*) *A classmate will invent a sentence using the future; you will pass the comment along to another classmate by using the conditional.*

MODELO: dar / algo → COMPAÑERO/A: ¿Sabes? Juan le dará algo a Isabel.

UD.: Isabel, María dijo que Juan te daría algo.

1. comprar / flores
2. invitar / al cine
3. dar / dinero

4. ir con... / a un baile
5. salir / en su coche
6. ¿——?

■ *OTRA VEZ*

Examine el anuncio y conteste las preguntas.

Haga un placer el hecho de conducir su Flamante

Usted es ahora el flamante propietario de un automóvil Flamante que quiere gozar al máximo el placer de conducirle. Para lograrlo totalmente, nada mejor que darle un toque de distinción y personalidad con Accesorios Flamante.

Piense que los Accesorios Flamante pueden ofrecerle: Una gama excelente de sistemas de audición. Infinidad de artículos de Seguridad y Protección. Todo lo que Vd. necesita para mayor confort y utilidad.

¡Dé a su coche más elegancia y estilo!

audición *audio*
flamante *brand new*
gama *gamut, range*
gozar *to enjoy*
lograr *to achieve*
placer *pleasure*
toque *touch*

1. ¿Tiene su propio coche? ¿Desde cuándo? ¿Qué coche es? ¿Cómo es?
2. ¿Cuánto tiempo hace que Ud. conduce?
3. ¿A qué edad aprendió Ud. a conducir? ¿Asistió Ud. a clases especiales?
4. En su opinión, ¿es importante usar un cinturón de seguridad?
5. ¿Conduce Ud. bien? ¿Conduce Ud. después de beber alcohol?
6. ¿Qué accesorios cree Ud. que son realmente importantes para tener en un coche? ¿Tiene Ud. accesorios en su coche?
7. ¿A qué accesorios se refieren en este anuncio?

Lectura 8

Antes de comenzar

Generally, you read with more comprehension if your reading is purposeful; that is, if you read with a specific motive. For this reason, initially skimming a text is often useful, since it alerts you to the general content. Rereading then becomes a process of expansion, of "fleshing out" your first impressions. Skim the following selection by reading only the topic sentence of each paragraph. Then check your general comprehension by indicating whether the following statements are true or false.

1. The Nevado del Ruiz volcano is 50 kilometers from Armero.
2. Nevado del Ruiz had been inactive for 140 years.
3. Omaira Sánchez was a very good student in her school.
4. She had been trapped for 13 hours when the rescuers found her.
5. Because of television coverage, Omaira became a national heroine in Colombia.
6. At one point Omaira complained of being cold and numb.
7. At 8:00 in the morning a helicopter arrived from Bogotá with a hydraulic pump.
8. However, Omaira died at 9:50 that morning.

The correct answer is "true" to all statements. Now complete your first impressions with at least two careful readings.

El día en que Armero quedó sepultada

El volcán Nevado del Ruiz, de 5400 metros de altura, a 50 kilómetros de la apacible° ciudad colombiana de Armero, había estado inactivo durante 140 años. Pero el trece de noviembre de 1985, la furia combinada del fuego volcánico, el agua y la tierra descendió sobre Armero en forma de un muro[1] de lodo[2]...

    Omaira Sánchez, de trece años, era la mejor alumna de su clase y jugaba en el equipo de baloncesto de su escuela.

    Cuando la encontraron, Omaira llevaba trece horas esperando. Estaba aprisionada por las ruinas de su casa, atrapada de la cintura hacia abajo por el lodo y los escombros,[3] y por una losa[4] de cemento sobre su cabeza. Al amanecer[5] del viernes los socorristas° habían demolido la losa y tratado de remover los escombros. Pero el agua llegaba ya a la cintura de la niña. Los socorristas le pusieron

apacible: Relate **apacible** to **paz** (*peace*).

socorristas: **los que socorren** (*help*)

bajo los brazos una cámara de neumático inflada.[6] Omaira preguntó qué día era. Cuando le informaron que era viernes, dijo: «He perdido clases. No aprobaré el año».[7] El nivel del agua seguía subiendo.

Al grabar° su tragedia las cámaras de televisión, Omaira se convirtió en heroína nacional. En todas las aulas° de Colombia se colocó[8] su foto en las paredes.

grabar: What do television cameras do?

aulas: Where do students have classes in their schools?

«Tengo frío. Ya no siento el cuerpo», murmuraba Omaira. Los socorristas que la habían hallado pasaron la noche siguiente en el agua con ella, para darle calor. Juntos, entonaron° canciones infantiles. A las 3:00 de la madrugada,[9] Omaira estaba delirando: «Tengo que irme. El Señor[10] me está esperando».

entonaron: Examine the context; what do you do with songs?

A las 8:00 de la mañana, un helicóptero llevó desde Bogotá la bomba[11] hidráulica. El nivel del agua descendió poco a poco. Un médico sugirió que, para salvar a la niña, sería necesario amputarle ambas piernas arriba de las rodillas, pero Omaira estaba demasiado débil, y además no se contaba con[12] los instrumentos quirúrgicos[13] para hacer la operación. Omaira iba a morir. Llorando, los rescatistas° le lavaron el rostro[14] y peinaron cuidadosamente su cabello.

rescatistas: los que rescatan (*rescue*)

A las 9:50 de la mañana, la cabecita° de cabellos castaños cayó suavemente sobre el pecho infantil. Omaira había muerto.

cabecita: This is a diminutive of **cabeza**. / What was the color of her hair, probably?

Omaira Sánchez, aprisionada por las ruinas de su casa

Thomas Landers © Boston Globe

---

[1]*wall* [2]*mud* [3]*debris* [4]*slab* [5]*dawn* [6]*cámara... inflated inner tube* [7]*No... I won't pass this year's courses.* [8]*se... was placed* [9]*early morning* [10]*Lord* [11]*pump* [12]*no... they did not have* [13]*surgical* [14]*face*

Despúes de leer

A. Ayudando a Omaira. Asocie las frases de la derecha con las de la izquierda.

1. Los socorristas le pusieron bajo los brazos...
2. Los socorristas pasaron la noche siguiente en el agua con ella...
3. Los socorristas entonaron...
4. Los socorristas le lavaron...
5. Los socorristas peinaron cuidadosamente...

a. canciones infantiles
b. su cabello
c. una cámara de neumático inflada
ch. para darle calor
d. el rostro

B. Descripciones. Prepare dos párrafos describiendo (1) a la heroína de esta lectura y (2) a los socorristas. Considere las siguientes preguntas.

1. ¿Era buena alumna Omaira? ¿Cómo se sabe eso?
2. ¿Por qué se convirtió Omaira en heroína nacional?
3. ¿Era religiosa Omaira? Explique.
4. ¿Por qué no le amputaron las piernas a Omaira?

5. ¿Qué hicieron al principio los socorristas para sacar a Omaira?
6. ¿Qué objetos o instrumentos usaron para ayudarla?
7. ¿Qué hicieron para darle calor y confortarla?
8. ¿Qué hicieron cuando ella iba a morir?

Amigos, novios y esposos

78. Subjunctive mood: General statement
79. Formation of the present subjunctive
80. Subjunctive with verbs expressing wishes and directives
81. Subjunctive with verbs of emotion

En Montevideo, Uruguay: Charlan varios amigos universitarios

Beryl Goldberg

Enfoque cultural

La sociabilidad de los hispanos es legendaria. A los jóvenes y a los viejos les gusta estar siempre con amigos. Los jóvenes, especialmente, salen juntos (*together*) con frecuencia. Toman cerveza o vino en un bar y comen bocadillos (*hors d'oeuvres*) mientras charlan y ríen. Uno paga la cuenta por todos, pues no es costumbre que cada uno pague sólo por sí. Otro amigo pagará en el siguiente sitio.

Este tipo de sociabilidad entre muchos generalmente precede al noviazgo (*courtship*) más serio. En muchos casos el período de noviazgo es todavía bastante más largo que en los Estados Unidos. Sin embargo, las otras costumbres relacionadas con las parejas, los preparativos para una boda y el matrimonio mismo se parecen a las nuestras.

La palabra **novio/a** tiene varios significados: *boyfriend/girlfriend, sweetheart, betrothed, bridegroom/bride, newlywed.*

Vida y costumbres I

Vocabulario activo I

Sustantivos

la amistad	friendship	**la discoteca**	discotheque
el cariño	affection	**el matrimonio**	marriage, matrimony
la comprensión	comprehension, understanding		

Verbos

aconsejar	to advise	**enojarse**	to get angry
alegrarse (de)	to be glad, rejoice (about)	**jurar**	to swear; to affirm
		molestar(le) (a uno)	to bother (one)
callarse	to be(come) quiet	**odiar**	to hate
dirigirse (a) (me dirijo)	to direct (oneself) to; to go toward	**prometer**	to promise
		querer (ie), amar	to love
disculpar(se)	to excuse (oneself); to ask forgiveness	**reunirse (con)**	to meet (with); to gather
		soportar	to tolerate, endure, put up with
divertirse (ie)	to have a good time		
divorciarse	to get a divorce	**tratar de** + *infinitive*	to try to (do something)

Mandato indirecto

que hablen mal de él otros	let others say bad things about him

Adjetivos

egoísta	egotistical; selfish	**propio/a**	own
gordo/a	fat	**rubio/a**	blonde
presumido/a	presumptuous		

Palabras adicionales

en absoluto	not at all	**hacer caso (a)**	to pay attention (to)
estar de acuerdo	to agree, to be in agreement	**ponerse de buen (mal) humor**	to get in a good (bad) mood
estar equivocado/a	to be wrong	**tener celos**	to be jealous
hablar mal (bien) (de)	to say bad (good) things (about)	**tener paciencia**	to be patient
		volver (ue) a + *infinitive*	to do (something) again

Entre amigos

Carl Frank / Photo Researchers, Inc.

JUAN: ¿Carlos? ¡No lo puedo soportar! No me hace caso estos días.

LOLA: Anoche traté de aconsejarlo y se puso de mal humor.

PACO: ¡Es un presumido! Todo le molesta ahora. Nuestra amistad ha terminado. Yo juraría que odia a su propia familia.

MARIBEL: Cállense, por favor. Discúlpenme, pero creo, sinceramente, que Uds. están equivocados. Carlos está muy preocupado estos días. Sus padres se divorciaron hace un mes y un tío suyo, por el cual sentía mucho cariño, murió la semana pasada. Por eso, tengan paciencia y no se enojen con él. Además, no se debe hablar mal de los amigos.

MARÍA: Estoy de acuerdo con Maribel. Que hablen mal de Carlos otros, no sus amigos. Pronto volverá a ser el mismo con la comprensión de todos nosotros.

Una noche en la discoteca

Peter Menzel

Varios amigos se reúnen en la discoteca Media Luna. Allí todos se divierten mucho bailando y charlando. Anita se dirige a Silvia.

ANITA: Roberto y yo ya somos novios. Me prometió ayer que nos casaremos pronto.

SILVIA: ¡Ay! ¡Felicidades! ¡Cuánto me alegro!

* * *

ANDRÉS: ¿Tienes celos tú a veces?

CARMEN: ¿Yo? ¡En absoluto! Pero,... ¿quién es esa rubia gorda que está bailando con mi novio?

* * *

MARTA: El matrimonio es todavía muy importante.

ENRIQUE: Para otros.

MARTA: ¡Qué egoísta eres!

ENRIQUE: Pero tú me quieres, ¿no?

PRÁCTICA

A. ¿Qué palabras de la columna a la derecha terminan las oraciones de la columna a la izquierda?

Entre amigos

1. ¿Carlos? No lo puedo _____.
2. No me hace _____.
3. Traté de aconsejarlo y se puso _____.
4. Ahora todo le _____.
5. Nuestra amistad _____.
6. Yo juraría que _____ a su propia familia.
7. _____ por favor.
8. Creo que Uds. _____.
9. Hace un mes sus padres _____.
10. Tengan paciencia y no _____ con él.
11. Que otros _____.
12. Volverá a ser el mismo con _____.

a. de mal humor
b. odia
c. molesta
ch. Cállense
d. soportar
e. se divorciaron
f. caso
g. ha terminado
h. hablen mal de Carlos
i. la comprensión de todos nosotros
j. se enojen
k. están equivocados

Una noche en la discoteca. Ahora complete de una manera original.

13. Varios amigos _____
14. Allí todos _____
15. Anita _____
16. Roberto y yo _____
17. ¿Tienes celos tú? _____
18. El matrimonio es todavía muy importante. _____

a. ya somos novios...
b. Para otros....
c. se reúnen...
ch. ¿Yo? ¡En absoluto! Pero,...
d. se divierten...
e. se dirige...

B. Conteste.

Entre amigos

1. ¿A quién no soporta Juan? ¿Por qué?
2. ¿Qué trató de hacer anoche Lola? ¿Con qué resultado?
3. ¿Qué le molesta a Carlos estos días, según Paco? ¿Qué juraría Paco?
4. ¿Qué cree Maribel? ¿Qué les explica ella a sus amigos?
5. ¿Qué hicieron los padres de Carlos hace un mes? ¿Cuándo se murió el tío?
6. ¿Qué ayudará a Carlos a volver a ser el mismo?

Una noche en la discoteca

7. ¿Dónde se reúnen varios amigos? ¿Cómo se divierten allí?
8. ¿Quién se dirige a Silvia?
9. ¿Quiénes son novios ya?
10. ¿Tiene celos Carmen? ¿Por qué?
11. ¿Es importante el matrimonio para Enrique?
12. ¿Hay una relación romántica entre Marta y Enrique? ¿Por qué?

C. Con un compañero (una compañera) invente un diálogo similar a *Entre amigos* a base de estos verbos.

1. soportar / hacer caso
2. tratar de aconsejar / ponerse de mal humor
3. molestar / jurar
4. creer / estar equivocado
5. divorciarse / morir
6. tener paciencia / no enojarse
7. hablar mal / volver a ser

CH. Preguntas personales.

1. ¿Se enoja Ud. fácilmente? ¿Cuándo?
2. ¿Dice Ud. de vez en cuando que está equivocado (equivocada)?
3. Cuando Ud. le promete a un amigo (una amiga) que va a hacer algo, ¿lo hace siempre? Explique.
4. ¿Le molestan a veces los amigos o los parientes? Explique.
5. ¿Le es fácil o difícil a Ud. disculparse con los amigos? ¿Por qué?
6. ¿Cree Ud. que realmente odia a alguien? ¿A quién? ¿Por qué?
7. ¿Hace Ud. mucho caso a los amigos? ¿Cómo les demuestra su amistad?
8. ¿Tiene celos de otras personas? ¿De quiénes? ¿Por qué?
9. ¿Se alegraría Ud. de tener un amigo (una amiga) como Ud.? Explique.

SE QUE ESTAS AHI
Dtor. Luis del Val
0,30/3 de la madrugada

Todas las noches, Luis del Val sabe que estás ahí.
Todas las noches, Luis del Val está contigo, que no duermes, porque no quieres o porque no puedes.
Con la noticia humana, con la música sosegada.
Acompañándote a media voz.
Todas las noches, en la COPE.

a media voz *in a hushed voice*
sosegada *peaceful*

COPE
rp
RADIO POPULAR

Radio popular

1. ¿Quién es Luis del Val?
2. ¿Cuándo está contigo? ¿A qué hora te habla?
3. ¿Qué noticias te da?
4. ¿Tú a veces no duermes? ¿Por qué? ¿Qué haces entonces?
5. ¿En qué sentido (*sense*) es como un amigo tuyo Luis del Val?

De persona a persona

Gramática I

78. Subjunctive Mood: General Statement

All the verb forms that you have studied, with the exception of direct and indirect commands, belong to the *indicative* mood. The remaining tenses you will study, like the commands you already know, are in the *subjunctive* mood.

Unlike the indicative, which conveys direct statements or asserts factual certainties, the subjunctive is tinged with subjectivity. It expresses implied commands, the intellectual or emotional involvement of the speaker with an event, projections into an indefinite or uncertain future, anticipations or suppositions regardless of time, contrary-to-fact assumptions, and even statements of fact when they are considered the result of mere chance.

A typical sentence containing the subjunctive is a statement that includes a main clause (one that can stand alone) and a dependent clause whose full meaning is understood only in relation to the main clause. Study the following formula:

SUBJECT 1		SUBJECT 2
main verb (indicative)	**que**	dependent verb (subjunctive)
Yo quiero	que	Ud. **se calle**.
I want		*you to be quiet.*

This lesson and subsequent ones will examine the different uses of the subjunctive under the following labels: subjunctive in noun clauses, subjunctive in adjective clauses, and subjunctive in adverb clauses. In the first category, the subjunctive in noun clauses, the following concepts in the main clause trigger the subjunctive in the dependent clause.

1. Verbs expressing wishes and directives: wishing, permitting, advising, requesting, and so on (**Lección diez y seis**)
2. Verbs of emotion: feeling happiness, pleasure, or surprise; hoping; regretting; fearing; and so on (**Lección diez y seis**)
3. Verbs of doubt, disbelief, and denial (**Lección diez y siete**)
4. Impersonal expressions involving any of the preceding concepts (**Lección diez y siete**)

79. Formation of the Present Subjunctive

You have already used the third persons singular and plural of the present subjunctive in polite direct commands. To form the present subjunctive of all six persons of regular and irregular verbs in Spanish, drop the **-o** of the first person singular of the present indicative and add to the stem the subjunctive endings shown in the table that follows. Note that for **-ar** verbs the predominant vowel in the present subjunctive is **e**; for **-er** and **-ir** verbs, it is **a**.

-ar VERBS		-er, -ir VERBS	
-e	-emos	-a	-amos
-es	-éis	-as	-áis
-e	-en	-a	-an

	COMMANDS		PRESENT SUBJUNCTIVE OF REGULAR VERBS	
habló ↓ habl-	*-ar:* (no) hable, (no) hablen	→	hable hables hable	hablemos habléis hablen
comó ↓ com-	*-er:* (no) coma, (no) coman	→	coma comas coma	comamos comáis coman
escribó ↓ escrib-	*-ir:* (no) escriba, (no) escriban	→	escriba escribas escriba	escribamos escribáis escriban

	COMMANDS		PRESENT SUBJUNCTIVE OF IRREGULAR VERBS	
digó ↓ dig-	(no) diga, (no) digan	→	diga digas diga	digamos digáis digan

Like **decir**, the following irregular verbs preserve the irregularity of the first person singular of the present indicative throughout the six forms of the present subjunctive: **conocer** (**conozca, conozcas, conozca, conozcamos,** and so on), **hacer** (**haga, hagas,** and so on), **oír, poner, salir, tener, traer, venir,** and **ver.**

Quiero que Uds. **vean** esto.	*I want you to see this.*
¿Qué quieres que **hagamos**?	*What do you want us to do?*
¿Los discos? ¿Por qué quieren Uds. que los **traigamos**?	*The records? Why do you want us to bring them?*

PRÁCTICA

Sustituya usando el subjuntivo.

1. ¿Qué quiere su madre? —Quiere que yo *tenga paciencia.* (disculparme / callarme / traer el vino / hacerle caso)
2. ¿Qué quiere Marta? —Quiere que Enrique *prometa amarla.* (oírla siempre / conocer a su familia / venir temprano / tratar de comprenderla / no tener celos)
3. ¿Qué desean Uds.? —Deseamos que tú *no te enojes.* (jurar que vas a venir / alegrarte / aconsejarnos / decir la verdad / no ponerte esa ropa)
4. ¿Qué quiero yo? —Ud. quiere que nosotros *nos reunamos en la discoteca.* (salir con esos jóvenes / oír música / hacer muchas cosas hoy / ver esa película)
5. ¿Qué desea Carlos? —Desea que ellos *aconsejen a los estudiantes.* (salir de aquí / no odiarlo / no ponerse de mal humor / no preocuparse)
6. ¿Qué quieren Uds.? —Queremos que ellos *bailen en la fiesta.* (venir con nosotros / conocer a Susana / prometer ayudarnos / no salir tanto)

Vida y costumbres II

Vocabulario activo II

Sustantivos

el beso	kiss	**el nivel**	level
el club de relacionamiento humano	lonely hearts club	**la nuera**	daughter-in-law
		el padrino	godfather; best man
		el/la solitario/a	lonely person
el folleto	pamphlet	**el/la suegro/a**	father-in-law; mother-in-law
el gasto	expense		
la lágrima	tear	**el velo**	veil
la madrina	godmother; maid of honor	**el yerno**	son-in-law

Verbos

abrazar	to embrace
arreglar	to arrange
besar	to kiss
compartir	to share
disfrutar (de)	to enjoy
enseñar	to show
solicitar	to solicit; to request, ask for; to apply for
sorprender	to surprise

Palabras adicionales

el anillo de compromiso	engagement ring
(casarse) por la iglesia / por lo civil	(to get married) in church / in a civil ceremony
contraer (contraigo) matrimonio	to get married
disgustar(le) (a uno)	to displease (one)
ir de luna de miel	to go on one's honeymoon
¡no me digas!	you don't say!
¡Ojalá!	(Don't) I wish!

Vestidos de boda

Vestidos de boda y maniquíes en una tienda de Mérida, Yucatán (México). ¿Busca Ud. un vestido con velo largo o con velo corto? Aquí tenemos el vestido de sus sueños.

La boda de Juana

Katharine A. Lambert

JUANA: Quiero darte una noticia. ¡Me caso en dos semanas! Déjame
que te enseñe mi anillo de compromiso.

ALICIA: ¡Qué precioso! ¡Felicidades!

JUANA: Ya lo hemos arreglado todo. Nos casamos sólo por lo civil.

ALICIA: Me sorprende que no te cases por la iglesia.

JUANA: Es mejor así. Hay menos gastos.

ALICIA: ¿No temes que esta clase de boda les disguste mucho a tus
padres?

JUANA: No. Ellos prefieren que lo hagamos así. Con el dinero que nos
dieron como regalo de boda iremos de luna de miel a Miami.
Ya hemos comprado los billetes. En este folleto se explica todo
el viaje.

ALICIA: ¡No me digas! Bueno... ¡Ojalá que seas muy feliz!

¡Solitarios!

La foto de la boda

Junto a la novia está la madre del novio, que es la madrina. Al otro lado están el novio y el padre de la novia, que es el padrino. Pronto la suegra besará a su nuera y el suegro abrazará a su yerno. Habrá besos, abrazos y también algunas lágrimas.

Sybil Shelton/Peter Arnold, Inc.

NOTAS CULTURALES

1. In Hispanic weddings the **madrina** and **padrino** are the equivalent of the maid of honor and best man. The **madrina** is often the bridegroom's mother, the **padrino** the bride's father.

2. In the Hispanic world a ring is worn on a different hand depending on whether it is an engagement or a wedding ring. Both men and women who are engaged wear a ring on their left hand. Once they are married, they wear the ring on their right hand. Many married women also wear a second ring on the right hand.

3. Miami has become a major business and cultural attraction for Latin America. This is due in great part to the fact that the city now features many aspects of Hispanic culture.

PRÁCTICA

A. Complete.

Vestidos de boda

1. Vestidos de boda y...

2. ¿Busca Ud. un vestido...?

La boda de Juana

3. Quiero...
4. Déjame que...
5. Nos casamos...
6. Me sorprende que no...

7. ¿No temes que...?
8. Ellos prefieren...
9. ¡Ojalá que...!

¡Solitarios!

10. ¿Desea... matrimonio?
11. El Club de... Humano le pondrá en comunicación con personas de su mismo...
12. Solicite... gratis.
13. «La vida, si no se comparte,...»

La foto de la boda

14. Junto a la novia...
15. Al otro lado...
16. Pronto la suegra...
17. El suegro...
18. Habrá...

B. Identificaciones. *Use a word that means the same as the words in italics.*

1. Joaquín es *el esposo de mi hija.*
2. Violeta es *la esposa de mi hijo.*
3. Doña Concha es *la madre de mi esposa.*
4. Don Gilberto es *el padre de mi esposo.*
5. María es *una persona que no tiene amigos ni familia.*

C. Complete de manera diferente al texto original.

1. Quiero darte una noticia: ...
2. Mis padres (no)...
3. En este folleto se explica...
4. Con el dinero que me dieron como regalo...

CH. Situaciones. Conteste con dos o tres oraciones.

1. Ud. es miembro de un club de relacionamiento humano. ¿Cómo se llama el club? ¿Qué otros miembros tiene? ¿Por qué es Ud. miembro?
2. Ud. sale el sábado con un(a) joven. ¿Adónde van? ¿Qué hacen? ¿Le (dis)gusta el lugar? ¿Por qué?
3. Ud. se casa. ¿Cuándo? ¿Con quién? ¿Dónde? ¿Por qué?
4. Ud. (o su novia) busca un vestido de boda. ¿Cómo es el vestido que busca? ¿De qué color es? ¿Cuánto cuesta? ¿Tiene velo? ¿Es largo el velo?
5. Ud. hace un viaje. ¿Adónde? ¿Cuánto cuesta el billete? ¿Quién(es) lo/la acompaña(n)?

Gramática II

80. Subjunctive with Verbs Expressing Wishes and Directives

A. If the verb in the main clause expresses wishing, permitting, advising, requesting, and so on, the verb in the dependent clause, which is introduced by **que**, *must be in the subjunctive.* A complete listing of such verbs is not possible here, but the following are among the more common.

1. Wishes: **desear, preferir (ie), querer (ie)**

Yo **quiero (deseo)** que Ud. co-nozca a mi novia.	*I want you to meet my fiancée.*
¿**Prefieres** que **solicite** otro puesto?	*Do you prefer that I apply for a different position?*

2. Directives

    a. Granting or denying permission: **dejar, mandar** (*to order*), **permitir, prohibir** (*to forbid*)

Yo les **dejo** que **arreglen** su propia boda.	*I (will) let them arrange their own wedding.*
Ella les **manda** que **compartan** el trabajo.	*She orders them to share the work.*
¿Por qué les **permiten (prohí-ben)** Uds. que **se casen** por lo civil?	*Why do you permit (forbid) them to get married in a civil ceremony?*

    b. Giving advice: **aconsejar, recomendar (ie)**

Me **aconseja** que no le **haga** caso a Julián.	*He advises me not to pay attention to Julián.*
Les **recomiendo** que no **hablen** mal de ellos.	*I recommend that you not say bad things about them.*

    c. Making a request or suggestion: **pedir (i), rogar (ue)** (*to beg*), **sugerir (ie)**

Le **piden (ruegan)** que **tenga** paciencia.	*They ask (beg) him to be patient.*

Note that the verbs in group 2 require the use of an indirect object pronoun (**me, te, le, nos, os, les**) in the main clause.

Important: If there is no change of subject in the two clauses, Spanish requires the use of the infinitive.

Él quiere que yo lo **prometa**.	*Who wants? **He**. Who promises? **I do**.*
Él quiere **prometerlo**.	*Who wants? **He**. Who promises? **He does**.*

B. ¡**Ojalá** (**que**)...! is used to express a personal wish on the part of the speaker. It is always used with the subjunctive and is invariable in form. It comes from the Arabic expression *May Allah grant that* . . . but it does not have any religious connotations in modern Spanish.

¡**Ojalá** que **disfruten** Uds. del viaje!	*I hope that you enjoy the trip!*
¡**Ojalá** mi madre no **se enoje**!	*I hope my mother doesn't get angry!*

PRÁCTICA

A. Deseos, preferencias y recomendaciones. Complete con la forma correcta del verbo.

1. (decir) Queremos que Ud. nos _____ la verdad.
2. (levantarse) Ud. prefiere que ella _____ ahora, ¿no?
3. (conocer) Deseo que Uds. _____ a mi nuera.
4. (traer) Les recomiendo que todos _____ los documentos necesarios.
5. (poner) ¿Quiere ella que nosotros _____ el folleto aquí?
6. (enojarse) Yo les ruego que no _____.
7. (salir) ¿Me sugieres tú que yo _____ esta noche?
8. (oír) ¿Qué música me recomienda Ud. que (yo) _____?

B. Conversación entre estudiantes. Con otro/a estudiante, invente oraciones y responda según el modelo.

MODELO: (callarse) Te aconsejo que _____. →
ESTUDIANTE A: Te aconsejo que te calles.
ESTUDIANTE B: Pues yo no quiero callarme.

1. (hacer caso) Te sugiero que _____.
2. (tener paciencia) Te pido que _____.
3. (disculparse) Te recomiendo que _____.
4. (prometerlo) Deseo que _____.
5. (arreglarlo) Te mando que _____.
6. (decirlo) Te aconsejo que _____.

C. Combinaciones. Escoja una frase apropiada de la columna a la derecha y adáptela para combinarla con una frase de la columna a la izquierda.

1. Mi novio/a me pide que yo...	a. tener paciencia
2. Nuestra profesora prefiere que nosotros...	b. salir con ese chico (esa chica)
	c. amarlo/a mucho
3. Yo sugiero que tú...	ch. (no) ponerse de mal humor
	d. (no) odiar a Carlos
4. El padre de Ana le prohíbe a ella que...	e. (no) hablar mal de los amigos
	f. callarse
5. Nosotros le aconsejamos a Ud. que...	g. (no) bailar con él (ella)
	h. solicitar trabajo en ese almacén

CH. Consejos personales. Exprese una recomendación según el modelo. *Expand your sentences so that they contain the subjunctive and a touch of originality.*

> MODELO: Ud. sabe que su amigo quiere casarse el año próximo. →
> Le recomiendo (Le aconsejo, Le sugiero) que ahorre dinero.

1. Ud. sabe que dos amigos duermen menos de cinco horas cada noche.
2. Un joven quiere comprar un anillo de compromiso muy caro.
3. Una señora desea consultar a un abogado.
4. Un señor tiene una novia a quien no ama.
5. Unos novios quieren hacer un viaje de luna de miel.
6. Ud. sabe que yo voy a contraer matrimonio muy pronto.
7. Don Pedro y doña Raquel se preocupan por los gastos de la boda.
8. Carmita y Orlando quieren divorciarse.

D. Más consejos. Escoja en la columna a la derecha el deseo más apropiado para cada persona de la columna a la izquierda. Luego exprese cada deseo usando **¡Ojalá que**...!

1.	la novia	a.	pongan bastante comida en las mesas
2.	la madre de la novia	b.	conozca a una chica bonita por medio de ese club
3.	el novio		
4.	la madrina de la boda	c.	mi hija se case con un hombre bueno
5.	un invitado que tiene hambre	ch.	termine pronto esta práctica
		d.	Guillermo no olvide traer mi anillo a la iglesia
6.	un hombre solitario		
7.	una amiga de la novia	e.	mi suegra no venga a vivir con nosotros
8.	Ud.	f.	ese rubio tan guapo me hable
		g.	la madre de la novia no lleve un vestido del mismo color que el mío

E. Exprese deseos personales con **¡Ojalá que**...! Use los verbos que se dan.

1.	hacer caso	3.	tener celos	5.	reunirse
2.	enojarse	4.	tener paciencia	6.	disfrutar

81. Subjunctive with Verbs of Emotion

Verbs of emotion express projections into the future, suppositions, or subjective attitudes (see grammar section 78). Regardless of the particular meaning conveyed, they regularly require the use of the subjunctive. The most common verbs of this type are **alegrarse de**, **esperar**, **sentir (ie)** (*to be sorry, regret*), **temer**, and **tener miedo de** (*to be afraid of*). Some verbs generally used in the third person belong in this group: **disgustar**, **gustar**, **molestar**, and **sorprender**.

Me alegro de que Ud. **quiera** tanto a su suegra.	*I am glad that you love your mother-in-law so much.*
Esperamos que Uds. **disfruten** de ese viaje.	*We hope that you enjoy that trip.*
Ellos **tienen miedo de** que **gastemos** demasiado.	*They are afraid (that) we may spend too much.*
A tu novio le **disgusta** (le **molesta**, le **sorprende**) que tú **tengas** celos.	*Your boyfriend is displeased (annoyed, surprised) that you are jealous.*

PRÁCTICA

A. Invente oraciones originales según el modelo.

MODELO: Ud. esperar / ellas venir →
Ud. espera que ellas vengan esta tarde.

1. yo sentir / tú no hacer
2. a nosotras sorprendernos / Uds. no conocer
3. yo alegrarme de / ella recibir
4. Ud. temer / ellos venir
5. tu madre esperar / tú casarte
6. a él molestarle / tú no venir
7. nosotros alegrarnos de / Ud. disfrutar de
8. Ud. sentir / ella odiar
9. yo esperar / Ud. disculparse
10. nosotros tener miedo de / Uds. no tener

B. Situaciones.

A friend is coming to your house. Call him/her and express the following thoughts.

1. alegrarse / él/ella venir a visitarlo/a
2. sentir / los padres de Ud. salir esa tarde
3. esperar / él/ella tener tiempo para tomar un refresco

Your parents return home and meet your friend. They make these comments after he/she leaves.

4. molestarle / él/ella no callarse nunca
5. temer / él/ella fumar marihuana
6. disgustarle / Ud. reunirse con él/ella

C. ¿Cómo es Ud.? *Use one or more of the items given to answer each question, making the necessary changes.*

1. ¿Qué le gusta a Ud.?
—Me gusta que...
2. ¿Qué le molesta a Ud.?
—Me molesta que...
3. ¿Qué le sorprende a Ud.?
—Me sorprende que...
4. ¿De qué tiene miedo Ud.?
—Tengo miedo de que...

a. el/la profesor(a) dar un examen sin anunciarlo antes
b. tantas personas escribir a un club de solitarios
c. alguien hablar mal de un amigo suyo
ch. venir pronto una guerra muy grande
d. sus invitados disfrutar de su fiesta
e. el muchacho ser tan presumido
f. sus amigos casarse y no invitarlo
g. la gente hacer ruido (*noise*) cuando Ud. estudiar

Comunicación

Texto: Una boda en grande°

en... on a large scale

Yo no estaba muy interesado en ir a la recepción, pero como me invita-
ron.... Abracé al novio, levanté una copa de champaña para brindar
por° la novia y dije «¡Viva el amor!» Después escuché las siguientes
conversaciones.

brindar... to toast

UNA JOVEN:	El vestido de la novia es precioso.
OTRA JOVEN:	¡Y el anillo! Costaría mucho.

* * *

UN PADRE:	¿Qué trabajo tiene el novio?
OTRO PADRE:	Él estudia. Ella trabaja en un banco.

* * *

UN AMIGO:	Me alegro de que Manuel se case con una chica tan bonita.
OTRO AMIGO:	Sí, pero no todo lo que brilla° es oro.

shines

* * *

LA MADRE DE LA NOVIA:	Temo que no tengamos bastante champaña.
EL PADRE DE LA NOVIA:	No te preocupes. Todo se arreglará. Pediré más en seguida.

* * *

LA MADRE DEL NOVIO:	¿Por qué haces esas muecas°?
EL PADRE DEL NOVIO:	Este traje me queda muy estrecho° y me está matando.°

grimaces
me... is very tight on me
killing

UN TÍO DE LA NOVIA:	¡Qué estupendo es el champaña!
UNA TÍA DE LA NOVIA:	No bebas tanto, ¡por favor!

* * *

LA ABUELA DE LA NOVIA:	Estoy molida.° ¡Cómo me duelen los pies!
EL ABUELO DE LA NOVIA:	¿Eh? ¿Qué dices? ¿No quieres que bailemos?

dead tired

Parece muy fácil ca-
sarse en la Ciudad de
Guatemala, ¿no?

David Mangurian

CASESE HOY Y PAGUE DESPUES

PRÁCTICA

A. ¿Tiene Ud. buena memoria? *With a classmate reconstruct the various pairs of sentences suggested by the following cues:*

1. una joven / vestido
   otra joven / anillo
2. un padre / trabajo
   otro padre / banco
3. un amigo / me alegro
   otro amigo / oro
4. la madre de la novia / champaña
   el padre de la novia / no te preocupes

5. la madre del novio / muecas
   el padre del novio / traje
6. un tío de la novia / champaña
   una tía de la novia / ¡por favor!
7. la abuela de la novia / pies
   el abuelo de la novia / bailar

B. Personajes del **Texto**.

1. Invente dos o tres oraciones para describir un poco la personalidad o carácter de una persona del texto.
2. Las personas más importantes de la recepción, el novio y la novia, no aparecen en este diálogo. Invente varias oraciones para decir cómo son, probablemente.

C. Conteste.

1. ¿Qué es una boda «en grande»?
2. ¿Quién paga generalmente los gastos de la boda?
3. Durante la ceremonia nupcial, ¿quién está más nervioso, el novio o la novia?

4. ¿Dónde se celebra la recepción, generalmente?
5. ¿Qué personas son invitadas a la recepción?
6. ¿Quién pide tradicionalmente «la mano» de la novia? ¿A quién se la pide?

EXPRESIÓN PERSONAL

A. Complete estos breves diálogos dando una respuesta original.

1.   JUAN: Carlos no me hace caso estos días.
      UD.: _____ .
2.   ANITA: Roberto y yo nos casaremos pronto.
      UD.: _____ .
3.   ANDRÉS: ¿Tienes celos tú a veces?
      UD.: _____ .
4.   MARTA: El matrimonio es todavía muy importante.
      UD.: _____ .

B. Ideas personales. ¿Cuáles de las siguientes opiniones acepta (o no acepta) Ud.? Explique su opinión. *Use the statements as springboards to express personal opinions.*

1. Un divorcio es mejor que un mal matrimonio.
2. Las causas principales del divorcio son (a) los problemas de dinero y (b) una mala división del trabajo en casa.
3. Hay otras causas del divorcio igualmente importantes. Por ejemplo: ¿quién va a estar en casa con los niños?
4. Si el esposo y la esposa trabajan, es necesario decidir cómo van a gastar el dinero que cada uno gana.

C. Sea Ud. «Querida Teodora» y escriba consejos a los autores de las siguientes cartas.

1. Querida Teodora:

   Tengo dieciocho años. Durante toda la semana pasada mi novio (lo llamaré Carlos) no me llamó una sola vez. Anoche lo vi en una cafetería con otra chica. Estoy muy triste. ¿Qué debo decirle ahora, si me llama y quiere verme?

   Triste en Sacramento

2. Querida Teodora:

   Tengo dieciséis años y soy un poco «inocente» todavía. Varios de mis amigos hablan siempre de sus «conquistas» amorosas y ahora insisten en «educarme». Yo realmente no deseo tener esa clase de «educación», pero me gusta estar con estos amigos. ¿Qué puedo decirles para no tener disgustos?

   Inocente en Colorado

CH. Complete. *Choose at least three topics and invent two or three sentences about each.*

1. Los mejores regalos de boda
2. La luna de miel ideal
3. La mejor cualidad de mi futuro esposo (futura esposa)
4. Actividades que quiero compartir con la familia de mi esposa (esposo)
5. Mi futuro esposo (futura esposa) debe saber lo que especialmente me disgusta.

D. Cuestionario psicológico.

1. ¿Se pone Ud. de mal humor fácilmente? ¿Cuándo?
2. Cuando Ud. le promete a un amigo (una amiga) que va a hacer algo, ¿siempre trata de hacerlo? Explique.
3. ¿Le es fácil o difícil disculparse con los amigos si Ud. se ha equivocado (*have been mistaken*) en algo? ¿Por qué?
4. ¿Cree que Ud. realmente odia a alguien? ¿A quién? ¿Por qué?
5. ¿Hace Ud. mucho caso de sus amigos? ¿Cómo les demuestra su amistad?
6. Generalmente, ¿tiene Ud. paciencia con otras personas? ¿Con quién(es) no tiene Ud. paciencia?
7. ¿Cómo saluda Ud. a sus amigos generalmente? ¿los abraza? ¿los besa?

■ *OTRA VEZ*

Examine el anuncio y conteste las preguntas.

1. ¿Qué vemos en la foto?
2. ¿Sería posible ver árboles como éstos en una playa? ¿en un desierto?
3. ¿Qué podría Ud. decir de la cascada que se ve aquí? ¿Es grande? ¿Corre con mucha prisa?
4. ¿Cómo caracterizaría Ud. el tiempo que hace en este bosque? ¿Hace mucho calor o frío? ¿Llueve mucho? ¿Cómo lo sabe Ud.?
5. ¿Le gustaría a Ud. pasar unas vacaciones en este bosque? ¿Por qué (no)?
6. ¿Qué querría Ud. saber de la compañía papelera responsable de este anuncio? ¿Ud. cree que realmente quiere proteger el bosque?

bosque *forest*
disminuyendo *diminishing*
encantado *enchanted*
prensa *press*
tala *cutting*

Examen de repaso 8

A. Cambie al condicional.

1. Ellos no hacen el viaje solos.
2. Me gusta ir al Amazonas.
3. Daniel quiere hacerte un regalo.
4. Tienes que ver ese castillo.
5. ¿Por qué ponen esa roca en la carretera?
6. Una tempestad es peor que una inundación.

B. ¿**Qué**, **que**, **lo que** o **cuál**?

1. No entendimos _____ nos dijo el médico.
2. Las personas _____ se alimentan bien son más saludables.
3. _____ Ud. está comiendo no es bueno para su salud.
4. La mujer _____ conocí es policía.
5. No sé _____ es el número de teléfono de Ernesto.
6. ¿_____ es la medicina que tengo que tomar ahora?
7. ¿_____ es su padre, médico o enfermero?
8. ¿_____ síntomas tenía el enfermo?

C. Complete las oraciones con las palabras más apropiadas.

1. Por la noche, en el cielo hay _____ y _____.
2. Una _____ es una montaña muy pequeña.
3. Cuando hay una tempestad se oyen _____ y se ven _____ en el cielo.
4. Otra palabra para **huracán** es _____.
5. Cuando hay un _____ la tierra se mueve.
6. Me gusta descansar sobre la blanca _____ de la playa.
7. El _____ es una flor que simboliza las cosas puras.

CH. Complete con **pero**, **sino** o **sino que**.

1. Esa tarde las nubes no eran blancas _____ grises.
2. El Cotopaxi no es un lago _____ un volcán.
3. Saqué muchas fotos de los picos, _____ también saqué fotos de las cascadas.
4. Mi hermano no me defendió, _____ habló mal de mí.
5. No tenemos dinero, _____ haremos ese viaje.

D. Exprese en español.

1. The flowers were not sold.
2. That isn't done here.
3. Three will be bought.
4. The plan will be finished.
5. How is that said in Spanish?

E. Cambie las oraciones para incluir los sujetos indicados.

> MODELO: Mi hermana quiere escribir al club de solitarios.
> (que yo) →
> Mi hermana quiere que yo escriba al club de solitarios.

1. Yo no quiero enojarme. (que mi profesor)
2. Prefiero no tener celos. (que mi novia)
3. Ella no desea aconsejar a Pablo. (que nosotros)
4. Recomendamos tener paciencia. (que tú)
5. Queréis disfrutar de la fiesta. (que todos)

F. Cambie los infinitivos al tiempo y persona apropiados.

1. (tener) Sentimos que Ud. _____ miedo.
2. (casarse) Ud. se alegra de que ella _____.
3. (aconsejarlas) Ellas esperan que tú _____.
4. (disculparse) Me disgusta que Alicia no _____ con ellos.
5. (odiar) ¿Le sorprende a Ud. que Carlos _____ a su familia?

G. Exprese en español.

1. He swears (that) he hates me.
2. They're very worried these days.
3. We never meet with them in the afternoon.
4. I can't put up with my mother-in-law.
5. Her wedding gown has a long veil.
6. A fat blond man was kissing the bride.
7. I want them to come to the reception.

El mundo oficial

82. Other irregular present subjunctives: **dar**, **estar**, **haber**, **ir**, **saber**, **ser**
83. Subjunctive with verbs of disbelief, doubt, and denial
84. Subjunctive with impersonal expressions

85. Stem and spelling changes in the present subjunctive
86. The reflexive for unexpected occurrences

Día del voto en León, Nicaragua

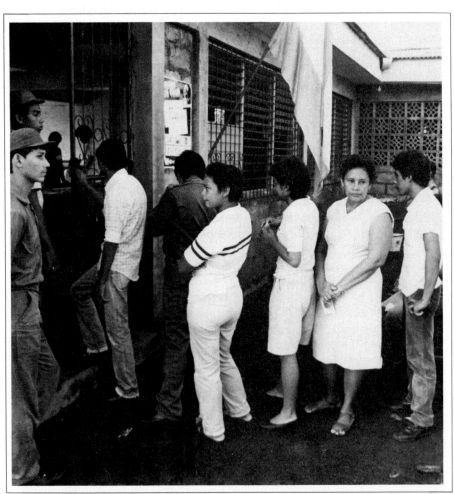

Peter Menzel / Stock, Boston

Enfoque cultural

Hay muchas formas de gobierno en el mundo hispánico. Algunos países tienen una estructura democrática, pero otros han sufrido bajo diversas dictaduras, ya sea de derecha o de izquierda. España es el único país hispánico que es una monarquía democrática, bajo el Rey Juan Carlos I.

La inestabilidad de muchos de esos gobiernos es la causa del gran número de refugiados políticos de Hispanoamérica que han entrado en los Estados Unidos en los últimos 25 años. Los centroamericanos, que antes eran pocos en este país, forman hoy grandes grupos en algunas regiones.

Costa Rica es un caso interesante, no sólo por su larga tradición democrática, sino por ser el único país en América que no tiene ejército (*army*).

Vida y costumbres I

Vocabulario activo I

Sustantivos: Formas de gobierno

el capitalismo / el/la capitalista	capitalism / capitalist	**la monarquía / el rey (la reina)**	monarchy / king (queen)
el comunismo / el/la comunista	communism / communist	**la república / el/la republicano/a**	republic / republican
la democracia / democrático/a	democracy / democratic	**el socialismo / el/la socialista**	socialism / socialist
la dictadura / el/la dictador(a)	dictatorship / dictator		

Otros sustantivos

el capítulo	chapter	**la mayoría**	majority
la carrera	career	**la minoría**	minority
las elecciones	election(s)*	**el partido**	(political) party
la entrevista	interview	**el poder**[†]	power
la fama	fame	**el/la político**	politician
el/la funcionario/a	official, civil servant	**el/la representante**	representative
la guerra	war	**la riqueza**	riches
el impuesto	tax	**el/la senador(a)**	senator
la ley	law	**el/la televidente**	television viewer

*The word **elecciones**, like **vacaciones**, is generally used in the plural in Spanish.
[†]The context of a sentence will reveal when **poder** is a noun or a verb.

Verbos

aprobar (ue)	to pass (a law, a course)	**estar seguro/a**	to be sure
convenir (convengo)	to be suitable, good for	**firmar**	to sign
cooperar	to cooperate	**sellar**	to stamp, seal
dudar	to doubt	**votar (por)**	to vote (for)

Formas irregulares del subjuntivo

dé, des, dé, den	I, you, he/she/you, you/they (may) give
sea, seas, sea, sean	I, you, he/she/you, you/they (may) be
sepa, sepas, sepa, sepan	I, you, he/she/you, you/they (may) know
vaya, vayas, vaya, vayan	I, you, he/she/you, you/they (may) go

Adjetivo

poderoso/a	powerful

Palabras adicionales

dar las gracias	to thank; to give thanks
es preciso	it is necessary
irle bien (mal) a uno	to go well (badly) for someone

Peter Menzel / Stock, Boston

El primero de mayo en Valparaíso, Chile: Una manifestación política de obreros

Formas de gobierno

Una entrevista sobre las próximas elecciones

Jean Gaumy/Magnum Photos

TERESA: ¿Qué me puede Ud. decir de nuestros senadores y representantes?

RAMÓN: ¿Qué quiere Ud. que le diga? Todos esperan que su posición les dé fama y riqueza.

TERESA: No dudo que haya una minoría de políticos interesados en el poder y en su propia carrera, pero no creo que todos sean así. Estoy segura de que la mayoría de ellos saben realmente lo que deben hacer por el pueblo y votan por las leyes que nos convienen a todos.

RAMÓN: No estoy de acuerdo. Creo que quieren ser ricos y poderosos; por eso, inventan nuevos impuestos innecesarios. ¿Y los funcionarios? Pues... «cooperan» con ellos, sellando y firmando mil papeles...

TERESA: Perdone Ud., pero es preciso que cerremos ahora este capítulo de «Entrevistas públicas». Queremos dar las gracias a todos nuestros televidentes y decirles a todos... ¡que siempre les vaya bien y muy buenas noches!

PRÁCTICA

A. Dé el adjetivo que corresponde a cada sustantivo.

1. democracia   3. república   5. socialismo
2. capitalismo   4. comunismo

B. Complete con las expresiones a la derecha.

1. ¿Qué quiere Ud. que le ____?
2. Los políticos esperan que su posición les ____.
3. No creo que todos los políticos ____.
4. ¿No es posible que la mayoría de ellos ____?
5. Es preciso que ____.

a. dé fama y riqueza
b. sepan lo que deben hacer
c. sean así
ch. cerremos este capítulo
d. diga

C. Qué palabras de la columna a la derecha podemos asociar con las palabras de la columna a la izquierda?

1. senador
2. televisión
3. mayoría
4. funcionario
5. cooperar
6. dictadura
7. rey

a. reina
b. ayudar
c. televidente
ch. dictador
d. minoría
e. representante
f. sellar

CH. Dé el nombre de un país que tenga la forma de gobierno indicada.

1. una monarquía democrática
2. una dictadura comunista
3. una democracia representativa
4. una junta de generales
5. una dictadura

D. Definiciones. ¿De qué estamos hablando?

1. el dinero que los ciudadanos pagan al gobierno
2. la esposa del rey
3. la persona que mira un programa de televisión
4. una conversación entre dos personas, con preguntas y respuestas
5. un combate entre dos naciones
6. uno de los varios segmentos que forman un libro

Gramática I

82. Other Irregular Present Subjunctives: *dar, estar, haber, ir, saber, ser*

You are already familiar with some of the following verb forms since, as explained in grammar section 28, formal direct commands are subjunctive forms.

dar:	dé, des, dé, demos, deis, den
estar:	esté, estés, esté, estemos, estéis, estén
ir:	vaya, vayas, vaya, vayamos, vayáis, vayan
saber:	sepa, sepas, sepa, sepamos, sepáis, sepan
ser:	sea, seas, sea, seamos, seáis, sean

Note: The present subjunctive form corresponding to the impersonal **hay** (*there is*) is **haya** (*there is, there be*).

Quiero que **haya** justicia para todos.	*I want (that there be) justice for all.*

PRÁCTICA

A. ¿Qué forma verbal necesitamos?

1. Él (no) prefiere que
   - a. tú y yo _____ (*ser*) miembros del partido socialista
   - b. las muchachas _____ (*ir*) temprano a la capital
   - c. Ud. _____ (*saber*) toda la verdad sobre ese político

2. Esperamos que
   - a. tú _____ (*dar*) un paseo hoy cerca de la Casa Blanca
   - b. vosotros _____ (*estar*) contentos con los nuevos representantes
   - c. no _____ (*haber*) nuevos impuestos

B. Invente oraciones según el modelo.

MODELO: Yo / querer / Ud. / ir... →
Yo quiero que Ud. vaya a la ciudad.

1. Nosotras / sentir / tú / no saber...
2. Ellos / esperar / Uds. / ir a una entrevista...
3. Nuestros padres / querer / nosotros / ser...

4. Mi madre / temer / yo no cooperar...
5. La señora Barrios / preferir / sus hijas / ver...
6. Él / alegrarse de / Juan y yo / acompañar...
7. El profesor / desear / todos nosotros / ir...
8. Yo / esperar / mi político favorito / ayudar...

C. Conteste. *Answer the first group of questions and then answer the second group without referring back to the first.*

1. ¿Quiere Ud. que seamos amigos de Rusia?
2. ¿Prefiere Ud. que no haya guerras?
3. ¿Insiste Ud. en que demos más ayuda financiera a otros países?
4. ¿Recomienda Ud. que nuestros políticos viajen a otros países?
5. ¿Teme Ud. que otros países sepan todos nuestros secretos de defensa?

6. ¿Qué (no) quiere?
7. ¿Qué (no) prefiere?
8. ¿En qué (no) insiste?
9. ¿Qué (no) recomienda?
10. ¿Qué (no) teme?

83. Subjunctive with Verbs of Disbelief, Doubt, and Denial

A. Verbs and expressions like **creer**, **estar seguro/a de**, and **parecerle** (*to seem to one*) express certainty when used affirmatively. They are followed by the indicative in the dependent clause.

Creo que él **es** republicano.	*I believe (that) he is a Republican.*
Estoy seguro de que nuestro partido **es** mejor.	*I am sure that our party is better.*

When used negatively, however, these verbs and expressions generally connote uncertainty and require the subjunctive in the dependent clause.

No creemos que **tenga** mucha habilidad ese senador.	*We don't believe (that) that senator has much talent.*
A Juana **no le parece** que su familia **tenga** que pagar más impuestos.	*It doesn't seem to Juana that her family should have to pay more taxes.*

In questions, the indicative or subjunctive may be used, depending on the certainty or uncertainty that the questioner implies.

¿**Cree** Ud. que ella **puede** votar este año?	*Do you believe that she can vote this year?* (The questioner is inclined to think that she can.)
¿**Crees** que **vengan** todos esos políticos?	*Do you think that all those politicians are coming?* (The questioner doesn't think so.)

B. **Dudar** and **negar (ie)** (*to deny*), in direct contrast to the preceding verbs, express uncertainty or denial when used affirmatively. They then require the subjunctive in the dependent clause.

Dudamos que el rey **sea** muy poderoso.	*We doubt that the king is very powerful.*
Niego que **tengan** una mayoría.	*I deny (that) they have a majority.*

If that doubt or denial is negated, however, the indicative may also be used.

No dudo que ellos **cooperan** con nosotros.	*I don't doubt they will cooperate with us.*
No niegan que ella **puede ser** una excelente gobernadora.	*They don't deny that she can be an excellent governor.*

C. The expressions **tal vez** (*perhaps*) and **quizá(s)** require the subjunctive only when the speaker wishes to imply doubt. Note that this construction has only one clause; a main clause + **que** is not used.

Quizá ella **gane** las elecciones.	*She may perhaps win the election.*
El político más conocido **tal vez sea** el senador Martínez.	*The best-known politician may perhaps be Senator Martínez.*

PRÁCTICA

A. Dé la forma apropiada del subjuntivo.

1. Niego que
    - a. mi familia (*ser*) _____ demócrata.
    - b. ella (*hacer*) _____ eso por interés personal.
    - c. él (*saber*) _____ hacer una entrevista.
    - ch. ella (*tener*) _____ tanto poder.
    - d. ellos (*querer*) _____ una monarquía.
    - e. a José (*irle*) _____ mal.

2. No creemos que
    - a. todos (*cooperar*) _____ con él.
    - b. ella (*pensar*) _____ ser la nueva candidata.
    - c. tú (*preferir*) _____ esa organización.
    - ch. ella (*tener*) _____ un programa de entrevistas.
    - d. ellos (*saber*) _____ dónde está el dictador.
    - e. vosotros (*poder*) _____ seguir tal carrera.

B. Dé la forma correcta de los verbos.

¡Hola! Me llamo Antonio. Jorge, mi hermano mayor, es ahora una persona «importante»; vive en la capital. Me alegro mucho de que (*estar*) _____[1] allí porque cada vez que yo voy a la ciudad (*poder*) _____[2] vivir en su apartamento. Mi madre insiste en que yo (*ir*) _____[3] a visitarlo varias veces cada año porque duda que él (*estudiar*) _____[4] con verdadero entusiasmo. Ella cree, además, que Jorge (*ir*) _____[5] a demasiadas fiestas. Estos meses Jorge ayuda a un senador bastante importante. Espero que (*haber*) _____[6] una fiesta en casa del senador este sábado porque yo estaré con Jorge para entonces. Naturalmente, no estoy seguro de que (invitarme) _____[7] a mí también, pero si Jorge va, yo tal vez (ir) _____[8] con él.

C. Conteste a base del texto en **B**.

1. Antonio: ¿De qué se alegra? ¿Qué espera hacer este sábado? ¿De qué no está seguro?
2. Jorge: ¿Dónde vive? ¿A quién ayuda estos meses?
3. Su madre: ¿En qué insiste? ¿Qué duda ella? ¿Qué cree?

84. Subjunctive with Impersonal Expressions

Many impersonal expressions in Spanish require the subjunctive in the dependent clause.

Es preciso (**Es necesario**, **Es importante**) que **cooperen** con nosotros.	*It is necessary (It is important) that they cooperate with us.*
¡Es una lástima (¡Qué lástima) que el funcionario no **firme** el documento!	*It's a pity (What a pity) the official won't sign the document!*
Es probable (**Es posible**) que ella no **conozca** al jefe de la junta.	*It's probable (It's possible) that she doesn't know the leader of the junta.*
Es conveniente (**Conviene**, **Es mejor**) que lo **diga** el rey mismo.	*It's advantageous (It's more suitable, It's better) that the king himself say it.*

Note in the preceding examples that not all impersonal expressions in Spanish begin with a form of the verb **ser**.

Impersonal expressions that reflect certainty require the indicative in the dependent clause.

Es verdad (**Es cierto**, **Es seguro**, **Es evidente**) que el pueblo no **espera** nada de su gobierno.	*It is true (It is certain, It is a sure thing, It is evident) that the people expect nothing from their government.*

If expressions of certainty are negative, however, they may call for the subjunctive.

No es verdad (**cierto**) que el dictador **sea** tan poderoso.	*It isn't true (certain) that the dictator is so powerful.*

Note: Impersonal expressions are followed by the infinitive when there is no expressed subject.

Es importante que **tú votes**.   *It is important that you vote.*
Es importante **votar**.   *It is important to vote.*

If the idea of "person" is of minimal or lesser importance, use an indirect object pronoun before the impersonal expression + *infinitive*.

Me es importante comprender   *It is important for me to under-*
esa ley.   *stand that law.*

PRÁCTICA

A. Cambie los infinitivos según el modelo.

MODELO: (venir) Es necesario que Uds. _vengan_ .

1. (salir) Es probable que ella _____ pronto para aparecer en la televisión.
2. (estar) Es evidente que sólo las minorías _____ con Rosales en estas elecciones.
3. (decir) Es preciso que tú le _____ la verdad al presidente.
4. (preferir) Es seguro que esos políticos _____ hablar al público.
5. (escuchar) Es necesario que ellos _____ todas las declaraciones de la junta.
6. (ganar) Es muy probable que nosotros no _____ con este partido.
7. (tener) Es cierto que tú no _____ mucha fama.

B. Exprese en español las expresiones impersonales; luego complete las oraciones.

1. *It is certain*
2. *It is necessary*
3. *It is evident*
4. *It is a pity*   que
5. *It is probable*
6. *It is not possible*
7. *It is true*

ellos / venir...
nosotros / hacer...
tú / ser...
ella / poner...
Uds. / tener...
yo / decir...
vosotros / estar...

C. Entrevista. Hágale estas preguntas a un compañero (una compañera).

MODELO: ¿necesario / todos / votar / elecciones? →
¿Es realmente necesario que todos votemos en las próximas elecciones? —Sí, es necesario que todos votemos siempre.

1. ¿verdad / todos / políticos / buscar / fama y riqueza?
2. ¿cierto / todos / países / no ser / capitalistas?
3. ¿evidente / en las democracias / haber / más libertad?
4. ¿probable / haber / guerra nuclear / este siglo (*century*)?
5. ¿preciso / nuestros representantes / tener / una educación universitaria?

Vida y costumbres II

Vocabulario activo II

Sustantivos

el/la abogado/a	lawyer
el/la alcalde(sa)	mayor
el ayuntamiento	city hall
el bien	well-being
el capitolio	capitol
la cola	line (of people)
la convivencia	living together
el costo	cost
el/la gobernador(a)	governor
el/la heredero/a	heir
el/la juez	judge
la justicia	justice
el juzgado	(judicial) court
la libertad	liberty, freedom
la oficina	office
el preámbulo	preamble
la princesa	princess
el príncipe	prince
la soberanía	sovereignty
el trono	throne
la voluntad	will; consent; determination

Verbos

atravesar (ie)	to cross, traverse
establecer (establezco)	to establish
garantizar	to guarantee
integrar	to form, make up (a whole)
marcar	to mark, indicate
proclamar	to proclaim
promover (ue)	to promote, advance

Adjetivo

griego/a	Greek

Expresión adicional

conforme a	in accordance with

Los reyes españoles

Jean Gaumy/Magnum Photos

Desde 1975, después de muchos años de dictadura bajo el general Francisco Franco, España es una monarquía democrática. Juan Carlos I es el rey, y Sofía, su esposa, es la reina. Ella era una princesa griega cuando conoció al futuro rey de España. Su hijo Felipe, Príncipe de Asturias,* es ahora el heredero del trono.

Los españoles aprobaron en 1978 una nueva constitución cuyo *(whose)* preámbulo comienza así:

CONSTITUCION

PREAMBULO

La nación española, deseando establecer la justicia, la libertad y la seguridad y promover el bien de cuantos la integran, en uso de su soberanía, proclama su voluntad de:

Garantizar la convivencia democrática dentro de la Constitución y de las leyes conforme a un orden económico y social justo.

Consolidar un Estado de Derecho que asegure el imperio de la ley como expresión de la voluntad popular.

Proteger a todos los españoles y pueblos de España en el ejercicio de los derechos humanos, sus culturas y tradiciones, lenguas e instituciones.

Promover el progreso de la cultura y de la economía para asegurar a todos una digna calidad de vida.

Establecer una sociedad democrática avanzada, y

Colaborar en el fortalecimiento de unas relaciones pacíficas y de eficaz cooperación entre todos los pueblos de la Tierra.

En consecuencia, las Cortes aprueban y el pueblo español ratifica la siguiente Constitución.

---

*In Spain the honorary title of the crown prince is **Príncipe de Asturias**; the same system is followed in England with the title *Prince of Wales*.

¡Paciencia!

En las oficinas del gobierno las colas parecen ser inevitables. Algunos ciudadanos buscan al gobernador; otros van al Ayuntamiento para ver al alcalde. Otros van al juzgado y se presentan con su abogado ante un juez.

Arvind Garg / Photo Researchers, Inc.

El capitolio de Cuba

Aunque (*Although*) en Cuba, después de la revolución de Castro, no hay ni senadores ni representantes, todavía existe el capitolio nacional. El capitolio cubano se construyó en 1929 a un costo de 20 millones de dólares. Es muy similar al capitolio norteamericano, aunque es un poco más pequeño. La Carretera Central, que atraviesa Cuba de un extremo a otro, se construyó en esa misma época. En el piso del salón principal del capitolio hay un brillante que marca el kilómetro cero de la carretera.

Carl Frank / Photo Researchers, Inc.

PRÁCTICA

A. Identificaciones. ¿Qué puede Ud. decir de estas cosas y personas?

1. una princesa griega
2. un alcalde
3. Francisco Franco
4. un brillante
5. el Príncipe de Asturias
6. un preámbulo
7. Juan Carlos I
8. la Carretera Central de Cuba

B. ¿Tiene Ud. buena memoria? *Reconstruct sentences based on the following cues.*

La nación española
1. desea establecer...
2. proclama su voluntad de...

En las oficinas del gobierno
3. algunos buscan... o van al...
4. otros se presentan...

El capitolio cubano
5. se construyó...
6. es muy similar...

La Carretera Central de Cuba
7. ...esa misma época.
8. comienza en el piso del salón donde...

C. Preguntas políticas.

1. ¿Quiénes proponen las nuevas leyes en nuestro país?
2. ¿Sabe Ud. cómo comienza el preámbulo de nuestra constitución?
3. ¿Qué garantiza nuestra constitución?
4. ¿Qué deben hacer los ciudadanos de una democracia?
5. ¿Cómo participa Ud. en el proceso político de este país? Explique.

CH. ¿Qué personas asocia Ud. con estas instituciones y edificios?

1. el gobierno del estado
2. el Ayuntamiento
3. la Casa Blanca
4. el Palacio de Buckingham
5. el Senado

Gramática II

85. Stem and Spelling Changes in the Present Subjunctive

A. The vowel changes of **-ar** and **-er** stem-changing verbs (**e → ie, o → ue**) occur in all singular forms and the third person plural of the present subjunctive. This *L* pattern is the same as that of the present indicative form.

<table>
<tr><td colspan="2" align="center">e → ie
pensar</td><td colspan="2" align="center">o → ue
volver</td></tr>
<tr><td>piense</td><td>pensemos</td><td>vuelva</td><td>volvamos</td></tr>
<tr><td>pienses</td><td>penséis</td><td>vuelvas</td><td>volváis</td></tr>
<tr><td>piense</td><td>piensen</td><td>vuelva</td><td>vuelvan</td></tr>
</table>

B. In stem-changing **-ir** verbs, singular forms and the third-person plural form of the present subjunctive again show the same changes as in the present indicative (**e → ie, o → ue,** and **e → i**). In addition, the **nosotros** and **vosotros** forms undergo the same changes as the third-person forms of the preterite (**e → i, o → u**).

$$\text{e} \begin{Bmatrix} \rightarrow \text{ie} \\ \rightarrow \text{i} \end{Bmatrix} \qquad\qquad \text{o} \begin{Bmatrix} \rightarrow \text{ue} \\ \rightarrow \text{u} \end{Bmatrix}$$

<table>
<tr><td colspan="2" align="center">sentir</td><td colspan="2" align="center">dormir</td></tr>
<tr><td>sienta</td><td>sintamos</td><td>duerma</td><td>durmamos</td></tr>
<tr><td>sientas</td><td>sintáis</td><td>duermas</td><td>durmáis</td></tr>
<tr><td>sienta</td><td>sientan</td><td>duerma</td><td>duerman</td></tr>
</table>

$$\text{e} \begin{Bmatrix} \rightarrow \text{i} \\ \rightarrow \text{i} \end{Bmatrix}$$

<table>
<tr><td colspan="2" align="center">pedir</td></tr>
<tr><td>pida</td><td>pidamos</td></tr>
<tr><td>pidas</td><td>pidáis</td></tr>
<tr><td>pida</td><td>pidan</td></tr>
</table>

Other relevant verbs include **divertirse, morir, preferir, repetir, seguir,** and **servir.**

C. In previous sections you learned several spelling changes in the present and in the preterite (see grammar sections 30, 31, and 35). The same changes occur in the present subjunctive.

1. The following changes in the present indicative are found in all six persons of the present subjunctive:

insertion of **y** construir		**g → j** dirigir		**gu → g** seguir	
PRES. IND.	PRES. SUBJ.	PRES. IND.	PRES. SUBJ.	PRES. IND.	PRES. SUBJ.
construyo	construya	dirijo	dirija	sigo	siga
construyes	construyas	diriges	dirijas	sigues	sigas
construye	construya	dirige	dirija	sigue	siga
construimos	construyamos	dirigimos	dirijamos	seguimos	sigamos
construís	construyáis	dirigís	dirijáis	seguís	sigáis
construyen	construyan	dirigen	dirijan	siguen	sigan

2. The following changes in the first person of the preterite are found in all six persons of the present subjunctive:

c → qu buscar		**g → gu** llegar		**z → c** cruzar	
PRET.	PRES. SUBJ.	PRET.	PRES. SUBJ.	PRET.	PRES. SUBJ.
busqué	busque	llegué	llegue	crucé	cruce
buscaste	busques	llegaste	llegues	cruzaste	cruces
buscó	busque	llegó	llegue	cruzó	cruce
buscamos	busquemos	llegamos	lleguemos	cruzamos	crucemos
buscasteis	busquéis	llegasteis	lleguéis	cruzasteis	crucéis
buscaron	busquen	llegaron	lleguen	cruzaron	crucen

PRÁCTICA

A. Complete.

1. El alcalde dice: «Los ciudadanos de la ciudad esperan que yo...
   a. no construir un nuevo edificio para el ayuntamiento».
   b. no volver a hacer un viaje».
   c. no pedirles más ayuda».
2. Los funcionarios proclaman: «El pueblo se alegra de que nosotros...
   a. servir a todos los ciudadanos».
   b. preferir servir al pueblo y no pensar sólo en ganar dinero».
   c. pagar más a los empleados municipales más pobres».
3. Mi madre dice: «Hijo mío, es preciso que tú...
   a. pedirle consejos a tu padre».
   b. seguir el camino de la verdad».
   c. pensar en tus responsabilidades».

4. Yo digo: «Es probable que todos nosotros...
   a. sentir fuertes emociones frente a la bandera de nuestra nación».
   b. repetir las mismas frases de los políticos».
   c. encontrar nuevas soluciones».

B. Dé la forma correcta del verbo.

1. (cerrar) Él no quiere que Josefa _____ la oficina todavía.
2. (sentarse) Nos gusta que la princesa _____ con nosotros.
3. (decirle) Espero que Uds. _____ la verdad al juez.
4. (pensar) Dudamos que él _____ antes de hablar.
5. (pedir) Le sorprende al alcalde que nosotros no _____ una reducción en los impuestos.
6. (poder) Espero que todos Uds. _____ promover la convivencia internacional.
7. (repetir) Es importante que vosotros _____ eso en el juzgado.
8. (volver) Sabe que nosotros siempre _____ a la oficina a 2:00.
9. (preferir) No es posible que todos los políticos _____ la misma cosa.
10. (morir) No creo que _____ las ideas de nuestro gobernador.

C. Situaciones. *Study these situations and invent answers for the questions based on them. Then, together with a classmate, re-create one situation as a dialogue.*

1. La semana pasada hubo un horrible tornado en su ciudad. Hoy el alcalde hablará de la crisis con el gobernador.
   a. ¿Qué es necesario que el gobernador sepa?
   b. ¿Cree Ud. que el alcalde le pida ayuda al gobernador?
   c. ¿Cuándo cree Ud. que comience a llegar esa ayuda?
   ch. ¿Qué más es preciso que hagan las autoridades?
2. Su esposo Juan (esposa Juana) pide el divorcio. Ud. no sabe por qué y, por eso, le pide a su abogado, un viejo amigo de los dos, que hable con Juan (Juana).
   a. ¿Es posible que el abogado le haga preguntas personales?
   b. ¿Duda Ud. que Juan (Juana) lo/la quiera a Ud. todavía? ¿Es posible que él (ella) ame a otra persona?
   c. ¿Cree Ud. que Juan (Juana) comience a buscar un nuevo apartamento?
   ch. ¿Cree Ud. que el abogado defienda los intereses de Juan (Juana) o los de Ud.?

86. The Reflexive for Unexpected Occurrences

Spanish employs the reflexive construction with an indirect object pronoun to indicate that certain occurrences are unexpected. The use of the reflexive suggests that the person involved with such an occurrence, generally adverse in nature, believes that the circumstances were beyond his/her control.

| Se | me | olvidó | la tarea. |

| Se | les | rompió | el plato. |

The assignment slipped my mind.   *They broke the plate.*

As shown in the preceding examples, English often expresses such reduced personal responsibility by changing the verb or with the colloquial phrase *on me, on you, on us,* and so forth. In the following examples observe that the third-person verb used with the reflexive is plural if more than one item has been dropped, broken, forgotten, and so on.

A Susana se le **cayeron** los libros.   *Susana dropped her books.*

Se te **ocurrirá** alguna idea.   *Some idea will occur to you.*

Se nos **perdieron** los libros.   *We misplaced the books. (The books got lost on us.)*

PRÁCTICA

A. Cambie según el modelo.

MODELO: olvidar el plan: a él / a mí (pretérito) →
Se le olvidó el plan.
Se me olvidó el plan.

1. perder los cheques: a ti / a ellas (futuro)
2. romper la chaqueta: a ella / a nosotros (presente)
3. ¿olvidar el dinero?: a Uds. / a ti (pretérito)

B. Exprese en español.

1. I dropped the two cups.
2. Will he forget it?
3. Nothing occurred to me.
4. We lost both maps.
5. It slipped our minds.

Comunicación

Texto: Sellos° y más sellos

Rubber stamps

Cuando tenía 19 años, decidí ir a los Estados Unidos para estudiar inglés. Fui al Ministerio del Exterior.°   *Foreign Affairs*

—Señor, quiero que alguien me diga dónde puedo obtener un pasaporte para ir a los Estados Unidos.

—Aquí mismo, pero temo que hoy no pueda atenderlo.° Vuelva Ud. mañana. *help you*

—Sí, señor. Espero no tener complicaciones.

Al día siguiente° volví al Ministerio y luego me dirigí a la estación de policía. *Al... The following day*

—¡Hombre! Este sello° está usado. ¿Es posible que Ud. me traiga...? *stamp*

—Pero, señor...

—Joven: No compliquemos las cosas; no me gusta que me hagan trampas.° ¿Quiere que le ponga una multa? Pasaré el caso al señor jefe de policía. *que... that people play tricks on me*

Una semana después el jefe autorizó mi pasaporte. *I got / signature*

Después obtuve° la firma° y sello del alcalde, del gobernador, del Ministro del Interior y, por fin, del Ministro del Exterior. *nightmare / to obtain*

¡Qué pesadilla° es sacar° un pasaporte!

PRÁCTICA

A. Complete las oraciones con palabras y frases del **Texto**.

1. Para ir a otro país necesito _____.
2. Espero que no _____ complicaciones.
3. Me dirigí a la _____.
4. —Por favor, joven, no _____ las cosas.
5. —Este sello está _____.
6. Una semana después el jefe de policía _____ mi pasaporte.
7. También es necesario obtener _____ del alcalde y del gobernador.
8. Sacar un pasaporte es _____.

B. Invente oraciones según el modelo.

MODELO: no ser necesario / Ud. sacar un pasaporte... →
No es necesario que Ud. saque un pasaporte para viajar al Canadá.

1. yo / dudar / él / ir / Estados Unidos...
2. yo / temer / ellos / no poder / atenderme...
3. ser verdad / alcalde / firmar / pasaporte...
4. sorprenderme / haber / complicaciones...
5. nosotras / esperar / ellos / no ponernos / multa...
6. ser posible / jefe / no autorizar / mi pasaporte...

C. Conteste.

1. ¿Quiénes son los senadores (representantes) de su estado en Washington?
2. ¿Qué políticos lo (la) representan en la capital de su estado?
3. ¿Quién sería un candidato (una candidata) presidencial muy bueno/a para las próximas elecciones? ¿Por qué?
4. ¿Puede Ud. votar ya? ¿Votan siempre sus padres? ¿Por qué sí (no)?

5. ¿Conoce Ud. personalmente a un político nacional? ¿Quién es? ¿Cómo es?
6. ¿Qué problemas especiales tienen hoy día los alcaldes y gobernadores?
7. ¿Hay monarquías en el mundo de hoy? ¿Dónde?

alejarse *to distance oneself*
compartir *sharing*
hospedería *boarding house*
huir *to flee*
monjes *monks*
mundanal *worldly*
ruido *noise*

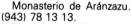

Vida contemplativa

Para alejarse del *stress* causado por nueve meses de trabajo nada mejor que huir del mundanal ruido y refugiarse en un monasterio: descanso, paz, reposo y silencio entre la naturaleza. Algunos son hoteles, otros hospederías y los hay que ofrecen la posibilidad de compartir la vida de los monjes. Algunos de ellos son:

Monasterio de Guadalupe. Teléfono (927) 36 70 00.

Monasterio de Aránzazu. (943) 78 13 13.

Monasterio de Montserrat. (93) 835 02 15.

Monasterio de Estíbaliz (945) 28 37 65.

Monasterio de San Isidro de Dueñas. (988) 77 07 01.

Monasterio de San Salvador de Leyre. (948) 88 40 11.

Monasterio de Poyo. (986) 85 19 78.

Monasterio de Oliva (948) 72 50 06.

Monasterio de la Misericordia. (976) 57 78 34.

Monasterios para la vida contemplativa

1. La vida moderna puede causar mucho «*stress*», como indica este artículo de una revista española. ¿Necesita Ud. refugiarse del «mundanal ruido»?
2. ¿Qué ofrecen los monasterios mencionados en el artículo?
3. ¿Cree Ud. que sea realmente posible encontrar descanso y paz en un monasterio?

EXPRESIÓN PERSONAL

A. Encuesta (*Survey*). ¿Qué sabe Ud. de la historia del mundo hispánico? Escoja la respuesta correcta para cada oración.

1. La guerra entre los Estados Unidos y México terminó en...
   a. 1865   b. 1913   c. 1847   ch. 1810
2. El dictador español que murió en 1975 fue...
   a. Batista   b. Lorca   c. Franco   ch. Pinochet
3. Francisco Pizarro fue el conquistador de(l)...
   a. Perú   b. México   c. Guatemala   ch. Chile
4. Durante la Segunda Guerra Mundial, España...
   a. ayudó a los alemanes   b. luchó con los Estados Unidos
   c. se mantuvo neutral   ch. mandó tanques a Mussolini
5. Simón Bolívar fue el Libertador de...
   a. Venezuela   b. México   c. España   ch. Chile

6. La Guerra de las islas Malvinas (*Falkland*) fue entre Inglaterra y…
   a. el Perú   b. Chile   c. la Argentina   ch. el Uruguay
7. Che Guevara murió cuando organizaba un grupo de guerrilleros en…
   a. el Perú   b. Nicaragua   c. Colombia   ch. Bolivia
8. Sandino es el héroe de los…
   a. hondureños   b. nicaragüenses   c. puertorriqueños   ch. cubanos
9. José Martí es el patriota más importante de…
   a. la República Dominicana   b. Jalapa   c. Cuba   ch. Andalucía
10. Pancho Villa ganó riquezas y fama durante la revolución…
   a. venezolana   b. colombiana   c. mexicana   ch. argentina

Las respuestas correctas son: 1c., 2c., 3a., 4c., 5a., 6c., 7ch., 8b., 9c., 10c.

Número de respuestas correctas:
10 = ¡Excelente!
8–9 = ¡Muy bien!
6–7 = ¡Psssch!
1–5 = ¿No lee Ud. nunca los periódicos?

B. Informes. *Select a Hispanic country, investigate its history and form of government, and give a brief report in Spanish to the class.*

■ *OTRA VEZ*

Examine el anuncio y conteste
las preguntas.

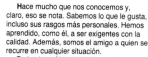
LOS MEJORES AMIGOS

Hace mucho que nos conocemos y, claro, eso se nota. Sabemos lo que le gusta, incluso sus rasgos más personales. Hemos aprendido, como él, a ser exigentes con la calidad. Además, somos el amigo a quien se recurre en cualquier situación.

De hecho, sólo trabajamos con amigos, a los que servimos muy bien; por eso somos el primer suministrador mundial de equipos compatibles.

Amigos así, siempre dejan buena memoria.

FERRANDIS & PARTNERS

MEMOREX TELEX
Primer suministrador mundial de equipos compatibles

calidad *quality*
de hecho *in fact*
equipos *equipment*
exigentes *demanding*
mundial *worldwide*
rasgos *characteristics*
se recurre *one relies on*
suministrador *provider*

1. Según el anuncio, ¿cuánto tiempo hace que nos conocemos? ¿Y cuánto tiempo hace que Ud. conoce a su mejor amigo/a?
2. Esta compañía cree que un amigo debe conocer sus rasgos más personales. ¿Está Ud. de acuerdo? ¿Se alegra Ud. de que sus amigos conozcan sus rasgos más personales?
3. ¿Quién aconseja que Ud. aprenda a ser más exigente en la calidad? ¿Por qué?
4. ¿Le sorprende que esta compañía sólo trabaje con amigos? ¿Por qué? ¿Qué vende?
5. ¿Qué dejan siempre los amigos?

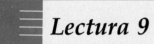

Lectura 9

Antes de comenzar

Your comprehension of any reading selection can be greatly facilitated if you learn to recognize quickly the many prepositions, adverbs, and connecting phrases (the *little* words) that make up so much of any language. For example, before beginning the essay that follows, be sure you know these words:

CONNECTING PHRASES AND
PREPOSITIONS

así que *so that, thus*
en fin *in short*
en parte *in part*
entre *between; among*
por esta razón *for this reason*
tomar en cuenta *to take into account*

Although these words often are not crucial to understanding the general meaning of a sentence, knowing their function within a sentence can help you figure out other words. If you don't know such a phrase, try translating each word literally, allowing several possible equivalents for prepositions. For example, **de** might mean *of, from, in, on,* and so on. Also, try substituting different English vowels for a given Spanish vowel. This will often help you recognize a word.

Puerto Rico

Desde la guerra de los Estados Unidos con España (1898), Puerto Rico está, en parte, bajo la jurisdicción norteameri-

cana. Es un Estado Libre Asociado que elije[1] su gobernador, los miembros de la legislatura y un comisionado° que
es representante de la isla en Washington. Los puertorriqueños son ciudadanos norteamericanos y, por esta razón,
pueden entrar libremente en los Estados Unidos.

comisionado: What is a person's title that begins with *commission*?

Durante las últimas décadas muchos puertorriqueños
han venido a Nueva York, Chicago y otras ciudades continentales, buscando mejores empleos y oportunidades. Hay
ahora una colonia de casi un millón de puertorriqueños en
Nueva York.

La vida de los puertorriqueños en los Estados Unidos
ha sido difícil porque muchos no saben inglés y no tienen
suficiente preparación° para ganar un buen sueldo.[2] También hay, por supuesto, un gran número de puertorriqueños a quienes les ha sido posible incorporarse plenamente[3]
en la vida norteamericana, y sobresalir° en la medicina, las
ciencias teóricas,° la política, el comercio, los deportes y las
bellas artes. Algunos de los muchos puertorriqueños que
han tenido éxito aquí son Eric Estrada, José Ferrer, Rita
Moreno y el grupo Menudo.

preparación: This does not exactly mean *preparation*. What might one need to get a well-paying job? a good _____?

sobresalir: Translate the two parts of this word literally: *above–to leave*; now turn it around: *to leave (come out) over (ahead)*.
teóricas: There are *applied* and _____ sciences.

La integración de Puerto Rico, como entidad política, a
los Estados Unidos tampoco ha sido fácil. De hecho, la
cuestión sigue promoviendo discusiones muy acaloradas°
entre individuos, familias y partidos políticos. Algunos
puertorriqueños quieren que su isla sea un estado más en
la unión norteamericana; otros insisten en que se separe
completamente de los Estados Unidos. La mayoría, sin
embargo, parece estar contenta de que Puerto Rico sea un
Estado Libre Asociado. En su condición de Estado Libre
Asociado, Puerto Rico tiene ciertas ventajas° y no pierde su
identidad cultural.

acaloradas: Separate this word (**a-calor-adas**) into its parts and guess.

ventajas: A close cognate that has a positive meaning.

Esto último es muy importante para los puertorriqueños. El puertorriqueño común y corriente° no puede conce-
birse° a sí mismo sino como hispanoparlante.[4] Habla
español y piensa en español. Se forja° su personalidad en
español; aprende su historia en español. En fin, vive la
vida en español y se crea° a sí mismo en español. Así que
al puertorriqueño le es imposible considerar ningún plan
político que no tome en cuenta tales factores culturales.

común... : An expression; for its meaning rely mainly on the first word.
concebirse: Replace the **b** with **v** and guess.
Se forja: A close cognate, the final part of which is spelled differently.
se crea: The corresponding English word begins with *crea-*.

¿Cuál será el destino° político de Puerto Rico? No lo
sabemos, naturalmente, pero sí° sabemos que ese destino
tendrá que estar íntimamente ligado[5] al concepto que los
puertorriqueños tienen de sí mismos.

destino: Replace the final **o** with another letter.
sí: What word in English would convey the meaning of an emphatic *yes*?

---

[1]*elects*   [2]*salary*   [3]*fully*   [4]*Spanish speaker*   [5]*tied*

Después de leer

A. Reconstrucción. *This* **Lectura** *has six paragraphs. Taking them one at a time, re-create their key points.*

1. a. guerra / España
    b. jurisdicción / Estados Unidos
    c. Estado / ciudadanos
2. a. país / década
    b. empleos / oportunidades
    c. colonia / millón
3. a. vida / difícil
    b. inglés / sueldo
    c. buen número / sobresalir

4. a. entidad / no fácil
    b. isla / estado
    c. país / Estados Unidos
5. a. puertorriqueño / hispanoparlante
    b. personalidad / historia
    c. ningún plan / tales factores
6. a. destino / Puerto Rico
    b. saber / ligado
    c. concepto / de sí mismos

B. Conteste.

1. ¿Cuándo ocurrió la guerra entre los Estados Unidos y España?
2. ¿Cuántos años hace que Puerto Rico está bajo la jurisdicción de los Estados Unidos?
3. ¿Por qué han venido muchos puertorriqueños a Nueva York y otras ciudades continentales?
4. ¿En qué campos han sobresalido algunos puertorriqueños en los Estados Unidos?
5. ¿Sabe Ud. qué ventajas y desventajas tendrá Puerto Rico si se convierte en un estado de la unión norteamericana?
6. ¿Por qué es importante el español para Puerto Rico?
7. ¿Qué tipo de plan es imposible considerar?
8. ¿Cuál será el destino político de Puerto Rico?

—Me han encargado una misión diplomática.

Otras vistas 5

Personajes del mundo hispánico

Barbara Rios/Photo Researchers, Inc.

Los novios celebran su boda en Lima, Perú

Victor Englebert/Photo Researchers, Inc.

Una reunión familiar en Sevilla, España

Jean Gaumy/Magnum Photos

El Rey Juan Carlos I de España y la Reina Sofía

Cornell Capa/Magnum Photos

Recepción de un gran personaje en Bolivia

Los transportes

La Estación Atocha
en Madrid

Beryl Goldberg

Enfoque cultural

En el mundo hispánico es muy común viajar en avión. Las cordilleras, las selvas tropicales y las enormes distancias son factores importantes que han motivado los rápidos adelantos (*advancements*) hechos en la aviación hispánica. Las principales líneas aéreas son Iberia (España), Mexicana y Aeroméxico (México), Avianca (Colombia), VIASA (Venezuela), LACSA (Costa Rica) y Aerolíneas Argentinas (Argentina). La historia de la aviación en estos países tiene ilustres capítulos. En México, por ejemplo, el gran aviador Emilio Carranza hizo los primeros vuelos sin escala (*stop*) de San Diego y Washington, D.C., a la Ciudad de México durante la época de Lindbergh. Hasta (*Even*) se organizó un desfile en su honor, en Nueva York. Poco después Carranza intentaba (*was attempting*) un vuelo sin escalas de Nueva York a la capital mexicana cuando su avión se estrelló (*crashed*) durante una violenta tempestad. Ése fue el trágico fin del gran piloto mexicano.

Vida y costumbres I

Vocabulario activo I

Sustantivos

el aeropuerto	airport	**la maleta**	suitcase
el/la agente (de viajes)	(travel) agent	**el medio**	means
el andén	(station) platform	**el metro**	subway, metro
el avión	airplane	**la partida**	departure
el boleto*	ticket	**el/la pasajero/a**	passenger
la escalera automática	escalator	**la reservación**	reservation
el espacio	space	**la sala de espera**	waiting room
el ferrocarril	railroad; train	**la salida**	exit; departure
el/la gerente	manager	**el transporte**	transport, transportation
el horario	schedule	**el tren**	train
la línea aérea	airline	**el vuelo**	flight
la llegada	arrival		

---

*In Cuba and other countries **el pasaje** is used instead of **boleto**; remember that the word **billete** is common in Spain.

Verbo

regresar	to return

Imperfecto del subjuntivo

...que cancelaran	. . . that they (should) cancel	**...que volviera**	. . . that I (should) return
...que confirmara	. . . that I (should) reconfirm		

Adjetivos

eficaz	efficient	**metropolitano/a**	metropolitan
electrónico/a	electronic	**urbano/a**	urban

Palabras adicionales

el boleto de ida y vuelta	round-trip ticket	**el boleto sencillo**	one-way ticket

En el aeropuerto

Peter Menzel / Stock, Boston

Cuando compré el boleto para viajar a Centroamérica en avión, me dijeron que era necesario que confirmara mi viaje de vuelta 24 horas antes del vuelo. Se me olvidó hacerlo, y fui al aeropuerto con mis maletas temiendo que me cancelaran el viaje. Así ocurrió. Cuando hablé con el agente de la línea aérea, me dijo: «Señor, sería mejor que Ud. volviera por la tarde para hacer una nueva reservación».

En la estación de ferrocarril

PASAJERO: Un boleto a Córdoba, por favor.
AGENTE: ¿Sencillo?
PASAJERO: No, de ida y vuelta.
AGENTE: Bien.
PASAJERO: ¿Cuándo es la hora de partida y de llegada?
AGENTE: Mire Ud. el horario electrónico.
PASAJERO: ¿De dónde sale el tren?
AGENTE: Baje Ud. por esa escalera automática junto a la salida y verá la sala de espera y las diferentes puertas.
PASAJERO: Gracias.

Hugh Rogers/Monkmeyer Press Photo Service

El metro

Peter Menzel/Stock, Boston

Éste es el tren metropolitano de la Ciudad de México. También hay metros en Santiago de Chile, Buenos Aires y Caracas. El metro es el medio de transporte más eficaz en los centros urbanos. A veces hay poco espacio en el andén cuando la gente espera el tren para regresar a casa.

PRÁCTICA

A. Complete.

En el aeropuerto

1. Era necesario que...
2. Fui al aeropuerto temiendo que...
3. Sería mejor que Ud....

En la estación de ferrocarril

4. El pasajero quiere un boleto...
5. Podemos ver la hora de partida en...
6. Baje Ud....
7. Verá Ud. la sala de espera y...

El metro

8. Hay metros en...
9. El metro es un medio de transporte muy...
10. Encontramos metros en los centros...
11. A veces hay poco espacio en el andén porque...

B. ¿Qué palabras de la columna a la derecha corresponden a las palabras de la columna a la izquierda?

1. subir o bajar	a. hacer una reservación
2. llegadas y partidas	b. regresar
3. volver	c. ida y vuelta
4. tren metropolitano	ch. horario electrónico
5. sencillo	d. escalera automática
6. vuelo	e. metro
7. agente de viajes	f. aeropuerto

C. Situaciones.

1. Ud. quiere viajar en tren y habla con un agente: ¿De dónde sale y adónde va? ¿Qué tipo de boleto pide? ¿Cuándo sale Ud. y cuándo llega?, etcétera.
2. Ud. hace un viaje en avión, pero parece que perdió (*missed*) el vuelo; tiene que hablar con el gerente: ¿Es posible hacer una nueva reservación? ¿Para cuándo? ¿Va a cambiar el horario del vuelo?, etcétera.

CH. Ud. necesita informes. ¿Qué debe preguntar en el aeropuerto?

1. sobre el precio
2. sobre la hora de salida
3. sobre la escalera automática
4. sobre el horario electrónico
5. sobre la reservación para volver
6. sobre la posibilidad de tener el asiento que Ud. prefiere

D. ¿Dónde están las personas que dicen las siguientes frases?

1. Por favor, lléveme a la calle Olmo.
2. ¿Para Ud. en la esquina de Colón y Monte?
3. ¿A qué hora sale el avión para Valparaíso?
4. Ese no es nuestro tren.
5. ¡Viene una tormenta! ¡Mira qué olas tan grandes!

detalles *details*
echar un vistazo *take a look*
fíjate *look, observe*
mirador *vantage point*
paisajes *landscapes*

SOLO PARA TUS OJOS

Oye, mira...
Date el gusto.
Viaja en tren con los cinco sentidos.
Descubrirás detalles, paisajes, gestos, que sólo entenderán tus ojos.
No dejes que se te escapen. Son tus recuerdos de viaje.
Descubrirás también que el tren está cambiando. Que ha cambiado ya.
Mira, fíjate bien.
El tren es el mirador perfecto para echarle un vistazo al mundo.

RENFE
MEJORA TU TREN DE VIDA.

Solo para tus ojos

1. ¿A qué modo de transportes se refiere este anuncio?
2. ¿Te gusta viajar en tren? ¿Por qué (no)?
3. Según este anuncio, ¿por qué es el tren el mirador perfecto para echarle un vistazo al mundo?

Gramática I

87. Regular Endings of the Imperfect Subjunctive

The imperfect subjunctive is based on the third-person plural form of the preterite. To form the imperfect subjunctive, add the following endings to the preterite stem.

-ar VERBS	
-ara	-áramos
-aras	-arais
-ara	-aran

-er, -ir VERBS	
-iera	-iéramos
-ieras	-ierais
-iera	-ieran

trabajar trabaj~~aron~~	comer com~~ieron~~	recibir recib~~ieron~~
trabajara trabajaras trabajara	comiera comieras comiera	recibiera recibieras recibiera
trabajáramos trabajarais trabajaran	comiéramos comierais comieran	recibiéramos recibierais recibieran

Note that the endings of the second and third conjugations are the same in the imperfect subjunctive.*

---

*The imperfect subjunctive has a second set of endings with exactly the same meaning: **-ar** verbs: **-ase, -ases, -ase, -ásemos, -aseis, -asen**; **-er** and **-ir** verbs: **-iese, -ieses, -iese, -iésemos, -ieseis, -iesen**. These endings are more common in Spain than in Hispanic America.

88. Sequence of Tenses with the Subjunctive

There is always a relationship between the tense of the main verb and the tense of the verb in the dependent clause. This relationship is called the *sequence of tenses*.

A. The present subjunctive is most commonly used in these sequences:

1. present indicative + present subjunctive

    Yo **deseo** que Ud. **vaya** en avión. — *I want you to go by plane.*

2. future indicative + present subjunctive

    Yo le **pediré** que **compre** un billete de ida y vuelta. — *I will ask him to buy a round-trip ticket.*

3. command + present subjunctive

    Dígale que **confirme** su reservación. — *Tell him to confirm his reservation.*

B. The more common sequences involving the imperfect subjunctive follow.

1. imperfect indicative + imperfect subjunctive

    Era necesario que él los **vendiera**. — *It was necessary for him to sell them.*

2. preterite + imperfect subjunctive

    Le mandaron que Ud. **volviera**. — *They ordered you to return.*

3. conditional + imperfect subjunctive

    Yo le **pediría** que **cancelara** el viaje. — *I would ask him to cancel the trip.*

4. present indicative + imperfect subjunctive

    Es posible que no **llegara** a tiempo. — *It's possible he didn't arrive on time.*

The combination of the *present* indicative and the *imperfect* subjunctive is possible, as illustrated. However, it is incorrect to use a present subjunctive after a verb in the imperfect indicative, the preterite, or the conditional.

C. All the rules that call for the use of the present subjunctive (after verbs of wanting, commanding, prohibiting and permitting, emotion, disbelief,

doubt and denial, and following most impersonal expressions) also apply
to the imperfect subjunctive.

PRÁCTICA

A. Cambie según el modelo.

MODELO: (salir) Era necesario que yo _____ inmediatamente. →
Era necesario que yo saliera inmediatamente.

1. (regresar) Deseábamos que ellas _____ pronto.
2. (dirigirse) Temíamos que Uds. _____ al gerente.
3. (llegar) Esperábamos que el tren _____ a las 2:00 en punto.
4. (levantarse) Yo quería que tú _____ temprano para ir al aeropuerto.
5. (esperar) Le pedimos ayer que nos _____ en la sala de espera.
6. (encontrar) Sentíamos que él no _____ la maleta.
7. (usar) Ellos le pidieron que _____ la escalera automática.
8. (conocer) Era probable que ellos _____ al piloto.

B. Cambie según el modelo.

MODELO: Quiero que Ud. entre. →
Quería que Ud. entrara.

1. Deseo que él confirme el vuelo.
2. Me alegro de que él vuelva a ver a su familia.
3. Le pido que no olvide llamar a sus padres.
4. Espero que eso no ocurra.
5. Temen que él no llegue al aeropuerto a tiempo.
6. Me alegro de que Ud. no pierda sus maletas.
7. Le pido que me acompañe a la estación de ferrocarril.
8. Dudan que él piense ir en autobús.

CADA TREN TIENE SU HISTORIA

Historias únicas, divertidas... Por un día o por un fin de semana. Una forma distinta de hacer turismo en la que Renfe
se lo organiza todo para que Ud. no se preocupe de nada. Sólo de hacer turismo.
Infórmese en Renfe y Agencias de Viaje.

89. Imperfect Subjunctive of Irregular Verbs

Since the third person plural of the preterite is used as the stem for the imperfect subjunctive, its irregularities are found throughout the imperfect subjunctive conjugation. In the following chart irregular verbs with similar imperfect subjunctive endings are grouped together to make them easier to learn.

KEY STEM LETTER	THIRD-PERSON PLURAL PRETERITE	IMPERFECT SUBJUNCTIVE
f	ir: fueron ser: fueron	fuera, fueras, fuera,... fuera, fueras, fuera,...
j	decir: dijeron traer: trajeron	dijera, dijeras, dijera,... trajera, trajeras, trajera,...
s	poner: pusieron querer: quisieron	pusiera, pusieras, pusiera,... quisiera, quisieras, quisiera,...
u	poder: pudieron saber: supieron	pudiera, pudieras, pudiera,... supiera, supieras, supiera,...
v	estar: estuvieron tener: tuvieron	estuviera, estuvieras, estuviera,... tuviera, tuvieras, tuviera,...
i	dar: dieron hacer: hicieron venir: vinieron	diera, dieras, diera,... hiciera, hicieras, hiciera,... viniera, vinieras, viniera,...

Note: **Dar** and **estar** take the **-er, -ir** endings even though they are **-ar** verbs.

Note: **Decir, traer, ir,** and **ser** drop the **i** of the imperfect subjunctive ending: **dijera, dijeras,** and so on.

PRÁCTICA

A. Cambie al subjuntivo.

MODELO: Uds. cantaron. → Yo esperaba que ___Uds. cantaran___.

1. Uds. vinieron.
   Yo quería que _____.
2. Ellos trajeron todas las maletas.
   Nosotros esperábamos que _____.

3. No quisieron venir.
    Era probable que _____.
4. No pudieron entrar en el autobús.
    Temía que _____.
5. No supieron qué puso en la maleta.
    Era mejor que _____.
6. Estuvieron aquí un día.
    Les recomendé que _____.
7. No dijiste la verdad.
    Yo temía que _____.
8. No hicieron nada.
    Les pedí que _____.

B. Invente oraciones según el modelo. *Make sure that the subjects of the two verbs are different.*

MODELO: (temer) Nosotros temíamos que no _____. →
Nosotros temíamos que él no tuviera bastante dinero para el billete.

1. (dar) Nosotros esperábamos que no _____.
2. (cancelar) Mis padres dudaban que _____.
3. (traer) Juan y María querían que _____.
4. (recibir) Era imposible que _____.
5. (ser) Sus padres esperaban que Julia _____.
6. (hacer) Yo preferiría que _____.
7. (venir con nosotros) Nos alegraríamos de que _____.
8. (poder) Todas las alumnas sentimos (*preterite*) que no _____.

90. Imperfect Subjunctive of Stem-Changing Verbs

The **-ir** stem-changing verbs that change **o** to **u** and **e** to **i** in the third-person plural preterite feature the same change throughout the imperfect subjunctive (see grammar section 35).

THIRD-PERSON PLURAL PRETERITE	IMPERFECT SUBJUNCTIVE
dormir: du**rmieron**	d**u**rmiera, d**u**rmieras, d**u**rmiera, d**u**rmiéramos, d**u**rmierais, d**u**rmieran
pedir: pi**dieron**	p**i**diera, p**i**dieras, p**i**diera, p**i**diéramos, p**i**dierais, p**i**dieran

Other verbs in this group are **divertirse, morir, preferir, repetir, seguir, sentir,** and **servir.**

PRÁCTICA

A. Invente oraciones dando una terminación apropiada.

MODELO: (repetir) Yo esperaba que él no ____. →
Yo esperaba que él no repitiera eso.

1. (pedir) Yo no quería que ella ____.
2. (servir) Tú deseabas que ellas ____.
3. (preferir) Todos esperaban que él ____.
4. (poder venir) Me alegraría de que Ud. ____.
5. (dormirse) Temía que yo ____.
6. (morir) Nadie esperaba que él ____.
7. (dirigirse) Le dijeron que ____.
8. (regresar) Yo esperaba que Ud. ____.

B. Cambie al pasado.

MODELO: Es mejor que él venda la casa. →
Era mejor que él vendiera la casa.

1. Temo que él muera joven.
2. Me alegro mucho de que Ud. prefiera esa línea aérea.
3. Le pido que vaya a la agencia pronto.
4. Esperan que Juan no siga fumando.
5. Es mejor que la niña duerma en el avión.
6. Quiero que él pague el transporte de las maletas hasta la estación de ferrocarril.
7. Es muy probable que los viajeros se diviertan mucho.
8. Temo que no haya espacio a bordo.

C. Armando y Juana van a México. Un(a) estudiante lee una pregunta y otro/a estudiante contesta, cambiando los infinitivos entre paréntesis al imperfecto de subjuntivo.

1. Cuando Uds. anunciaron (*announced*) que harían un viaje a México, ¿qué les desearon sus amigos? —Nos desearon que (poder visitar muchos lugares, divertirse mucho, traer muchos regalos, tener tiempo para verlo todo).
2. Armando, ¿qué le pediste al agente cuando compraste los boletos? —Le pedí al agente que (darme buenos asientos, decirme la hora del vuelo, poner los boletos en un sobre [*envelope*], reservarnos también asientos para la vuelta [*return*]).
3. Juana, olvidé lo que me aconsejaste hacer antes de salir para el aeropuerto. —Tienes mala memoria, Armando. Te aconsejé que (confirmar la reservación, hacer bien la maleta, llamar un taxi temprano, no estar nervioso).

Vida y costumbres II

Vocabulario activo II

Sustantivos: Los transportes

la aduana	customs	el pase	pass, permit
la agencia	agency	el/la piloto	pilot
la azafata*	stewardess, flight attendant	la puerta	gate (in an airport)
el despegue	takeoff	el servicio de bebidas	beverage service
el equipaje	luggage	el tobogán	(emergency) slide

Otros sustantivos

la bolsa de mano	handbag	la minigrabadora	cassette recorder
la cartera	briefcase; wallet	el rollo (de película)	roll (of film)

Adjetivos

delantero/a	front
trasero/a	rear
turístico/a	tourist

Verbos

abordar	to board	despegar	to take off
abrocharse	to fasten	partir	to depart
anunciar	to announce	pesar	to weigh
aterrizar	to land (an airplane)	transportar	to transport

Palabras adicionales

a bordo de	on board
darse prisa	to hurry
dejar de + *infinitive*	to stop (doing something)
estar para	to be about to
hacer las maletas	to pack (suitcases)
pensar + *infinitive*	to intend to (do something)
tener prisa	to be in a hurry

*A variety of terms are used in different Hispanic countries for *stewardess*: **azafata, auxiliar de vuelo, cabinera,** and **aeromoza.**

Antes de partir

GONZALO: ¿Cómo? Te dije que tuvieras todo el equipaje listo y que te dieras más prisa.

TOMÁS: Lo siento, pero no sabía que la maleta era tan pequeña y tuve que hacer dos. Necesito algunos rollos de película, el paraguas, la minigrabadora,...

GONZALO: Oye, el agente nos aconsejó que lleváramos sólo una maleta por persona y que fuéramos a la agencia para pesarla antes de partir. ¡Tenemos prisa, hombre!

TOMÁS: ¡Ah! Pues, entonces, dejo una maleta y llevo esta bolsa de mano conmigo a bordo del avión.

Habla una azafata

«Su atención, por favor, señores pasajeros. El avión está para despegar. Sírvanse abrochar el cinturón para el despegue y observen el aviso de no fumar. Las carteras o bolsas de mano deben guardarse debajo del asiento delantero. Nos complace anunciar que durante el vuelo habrá servicio de bebidas. Debemos anunciar, además, que nuestro piloto, el capitán Uriondo, piensa aterrizar en Lima hoy a las cuatro de la tarde. Después de pasar por la aduana peruana, un autobús transportará a todos los pasajeros del grupo turístico Amex al hotel. En caso de haber problemas, diríjanse a la puerta veintidós.»

Informes importantes

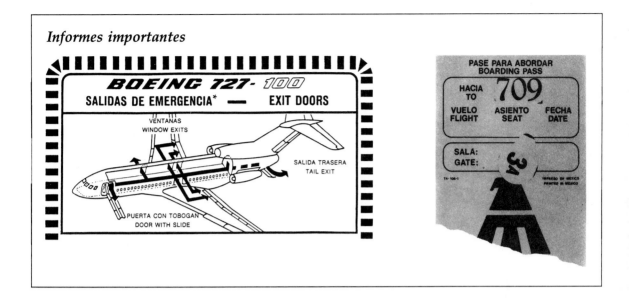

PRÁCTICA

A. Complete.

Antes de partir

1. Te dije que...
2. Lo siento, pero no sabía que...
3. El agente nos aconsejó que...
4. y que...
5. Pues, dejo...

Habla una azafata

6. El avión está...
7. Sírvanse abrochar...
8. Las carteras o bolsas de mano...
9. Habrá servicio...
10. Después de pasar por la aduana peruana,...

Informes importantes

11. El número del vuelo es...
12. El número de la sala (puerta) es...
13. En el avión hay varias salidas de...
14. También hay una puerta con...

---

*In Spain, **salidas de urgencia**.

B. Instrucciones de la azafata. *Remembering different ways of making requests in Spanish, indicate how a flight attendant would give instructions.*

1. meter
2. abrocharse
3. no fumar
4. pagar las bebidas
5. pasar por
6. tomar el autobús

C. Invente una oración usando las palabras indicadas.

> MODELO: no beber →
>   Es mejor que Ud. no beba demasiado durante el vuelo.

1. pesar las maletas
2. esperar en la sala de espera
3. llevar sólo dos maletas
4. no poner el dinero en la bolsa de mano
5. comprar cheques de viajero

Gramática II

91. Compound Subjunctive Tenses

A. The present perfect subjunctive

The present subjunctive forms of the auxiliary verb **haber** follow.

haya	hayamos
hayas	hayáis
haya	hayan

To form the present perfect subjunctive, combine one of the above forms with a past participle.

haya comprendido	hayamos comprendido
hayas comprendido	hayáis comprendido
haya comprendido	hayan comprendido

Espero que **hayan llegado** sin dificultad.	*I hope (that) they have arrived without difficulties.*
No creo que **hayan gastado** todo su dinero.	*I do not think (that) they have spent all their money.*

Note that the verb of the main clause is in the present tense: **Espero, No creo**.

B. The imperfect subjunctive forms of **haber** follow.*

hubiera	hubiéramos
hubieras	hubierais
hubiera	hubieran

To form the pluperfect subjunctive, combine one of the above forms with a past participle.

hubiera hecho	hubiéramos hecho
hubieras hecho	hubierais hecho
hubiera hecho	hubieran hecho

Era poco probable que el piloto lo **hubiera dicho**.	*It was unlikely that the pilot had said it.*
Yo no creía que Tomás **hubiera llegado** tan tarde.	*I did not believe that Tomás had arrived so late.*

Note that the verb of the main clause is in a past tense: **Era, Yo no creía**.

C. The compound subjunctive tenses imply, as shown by the examples, that something *has* happened or *had* happened. As with the simple subjunctive, there is a fixed relationship between the tense of the main-clause verb and that of the compound subjunctive verb in the dependent clause. Review and compare the following.

	SIMPLE SUBJUNCTIVE	COMPOUND SUBJUNCTIVE
PRESENT TENSE	With a present subjunctive: **Espero** que la azafata **venga**. *I hope (that) the stewardess comes.*	With a present perfect subjunctive: **Espero** que la azafata **haya venido**. *I hope (that) the stewardess has come.*
IMPERFECT OR PRETERITE TENSE	With an imperfect subjunctive: Pedro **temía** que el paquete no **llegara**. *Pedro feared (that) the package wouldn't arrive.*	With a pluperfect subjunctive: Pedro **temía** que el paquete no **hubiera llegado**. *Pedro feared (that) the package had not arrived.*

---

*The second set of imperfect subjunctive endings is also possible here: **hubiese, hubieses, hubiese, hubiésemos, hubieseis, hubiesen**.

D. The use of the compound subjunctive tenses is determined by exactly the same verbs and expressions previously presented.

In each of the following pairs of examples, the first, **a.**, calls for a present perfect subjunctive; the second, **b.**, calls for a pluperfect subjunctive. Study these sentences carefully.

1. Verbs of emotion
   a. Pedro y Raúl **temen** que lo **hayamos visto**.

   Pedro and Raúl fear (that) we have seen it.

   b. Los pasajeros **sentían** que el avión **hubiera salido** tan tarde.

   The passengers were sorry that the plane had left so late.

2. Verbs of disbelief, doubt, and denial
   a. La esposa de Jiménez no **cree** que él **haya llegado**.

   Jiménez's wife doesn't believe that he has arrived.

   b. Tomás **dudaba** que González **hubiera traído** el paraguas.

   Tomás doubted that González had brought the umbrella.

3. With impersonal expressions
   a. **Es probable** que ellos ya lo **hayan terminado**.

   It is probable that they have already finished it.

   b. **No era verdad** que ella lo **hubiera dicho**.

   It wasn't true that she had said it.

PRÁCTICA

A. Exprese en español.

1. Dudo mucho que (*they have brought your bags*).
2. No me sorprendía que (*he had done that*).
3. No era posible que (*the airplane had not yet arrived*).
4. Parece increíble que (*they have not made their reservation*).
5. Negaba que (*they had given him the pass*).
6. ¡Qué lástima que (*he has canceled it*)!
7. Era cierto que (*he had been on board the plane*).
8. Siento que (*you have had to hurry*).

B. Confirmación. *A friend has made these statements in the present perfect. Express doubt about them, using the present perfect subjunctive with the cues given.*

MODELO: Él dice que ha metido los rollos de película en la bolsa de mano. —No creo que... →
—No creo que haya metido los rollos de película en la bolsa de mano.

1. El avión ya ha aterrizado en Lima. —No creo que...
2. La azafata ha dado instrucciones a los pasajeros. —Dudo que...

3. El agente nos ha reservado un asiento. —Tal vez...
4. Ella se ha alegrado de mi viaje. —No es verdad que...
5. El tren ha salido a tiempo. —No es probable que...

C. Confirmación. *Now your friend has made statements with the pluperfect indicative. Express doubt or denial by using the pluperfect subjunctive.*

> MODELO: Los Silva habían comprado un boleto de ida y vuelta. —Yo no creía que... →
> —Yo no creía que los Silva hubieran comprado un boleto de ida y vuelta.

1. Alberto había pedido un asiento trasero, en la sección de fumar. —Negué que...
2. Mi amigo había traído dos maletas y una bolsa. —Yo no podía creer que...
3. El vuelo había sido muy incómodo. —Era posible que...
4. Ellos habían bajado por la escalera automática. —No creíamos que...
5. El pasajero había vuelto en seguida. —Dudaba que...

CH. Termine las oraciones. *In the first group use the present perfect subjunctive; in the second group use the pluperfect subjunctive. Use the verbs suggested or any others.*

With present perfect subjunctive

1. (venir) No creo que...
2. (despegar) Es muy probable que el avión...
3. (volver) Es natural que...
4. (no hacer las maletas) Tememos que...
5. (no entender) Es posible que en la agencia...

With pluperfect subjunctive

6. (no hacer) Sentí mucho que el gerente...
7. (perder) No era posible...
8. (aterrizar) Me alegré mucho de que el avión...
9. (partir) Todos dudábamos que él...
10. (salir) No me parecía probable que ella...

ESTIMADO HUESPED
DISCULPE
SU HABITACION
AUN NO ESTA LISTA.

92. Conjunctions *e* and *u*

To avoid the repetition of the same vowel sound, **y** becomes **e** before a word beginning with **i** or **hi** (but not **hie**), and **o** becomes **u** before a word beginning with **o** or **ho**.

Padres **e** hijos saben esto.   *Fathers and sons know this.*
Lo hará Juan **u** otra persona.   *Juan or another person will do it.*

PRÁCTICA

Cambie según el modelo.

MODELO: Iremos en octubre o septiembre. →
          Iremos en septiembre u octubre.

1. Tengo amigos ingleses y franceses.
2. ¡Regalos para hombres o mujeres!
3. Estos informes son interesantes y útiles.
4. ¿Cuándo dijo ella que iría, hoy o ayer?
5. Los dos países son Italia y España.
6. Me dieron ocho o siete pases.

Comunicación

Texto: En el metro

Soy jefa de la oficina de anuncios de una emisora° que está bastante lejos   *broadcasting station*
de mi casa. El martes pasado tenía prisa porque quería llegar a mi oficina
un poco más temprano. Eran las 8:00 de la mañana, mala hora para viajar
en metro.

Temía que el tren viniera atrasado.° Indignada° le dije a un señor: *late / Annoyed*
—¿Cómo es posible que no hayan pensado en la necesidad de poner°   *scheduling*
más trenes sabiendo que ésta es la hora de más tráfico?

El señor iba a responder cuando llegó un tren viejo e incómodo.° Todo   *uncomfortable*
el mundo entró a empellones.° Teníamos menos espacio que sardinas en   *a... shoving and pushing*
lata.° Cuando abrieron las puertas, la gente salió como un tiro.° Llegué al   *can / shot*
andén entre una docena° de personas, casi sin tocar el suelo. Me pareció   *dozen*
un milagro que hubiera salido con vida.

En ese momento un señor viejo me habló.
—Perdone Ud., señorita. Esta cartera... ¿es suya? La vi en el suelo y...
—¡Ay! ¡Mil gracias!
—¡De nada!

Me pareció increíble que hubiera tenido la buena suerte° de encontrar   *luck*
una persona tan honrada° y tan amable. En este mundo también tenemos   *honest*
sorpresas agradables… a veces.

PRÁCTICA

A. Conteste.

1. ¿Qué tipo de trabajo hacía la señorita que escribió esta narración?
2. ¿Qué día y qué hora eran?
3. ¿Cómo sabemos que había mucha gente en el tren?
4. ¿Qué le dijo un viejo a la señorita? ¿Qué le dio él?
5. ¿Qué clase de persona era este señor?

B. Complete las siguientes oraciones. *Describe the feelings and state of mind of the woman.*

1. Esta señorita tenía prisa porque…
2. Ella temía que…
3. Ella creía que había necesidad de poner…
4. A ella le pareció un milagro que…
5. A ella le pareció increíble que…
6. Ella pensaba que en este mundo…

C. ¿Cómo viajar en la ciudad? *Consider the different ways of traveling in a city and the possible advantages and disadvantages of each, and then tell why you would use a particular type of transportation for the five trips listed.*

DIFERENTES TRANSPORTES	VENTAJAS Y DESVENTAJAS
el autobús	cómodo / incómodo
automóvil	moderno / viejo
el metro	rápido / lento
el taxi	barato / caro
la bicicleta	tiene mucho espacio / tiene poco espacio
caminar a pie	llega a tiempo / llega atrasado

CINCO VIAJES

1. Ud. sale de casa para ir a clases.
2. Ud. acompaña a un amigo (una amiga) al aeropuerto y luego vuelve a casa.
3. Ud. visita el parque zoológico de la ciudad.
4. Ud. va al trabajo a las 7:30 de la mañana.
5. Ud. y otros amigos van al cine.

FAVOR ARREGLAR LA HABITACION

EXPRESIÓN PERSONAL

A. Describa a la clase los siguientes viajes. *The cues and questions provided may help you formulate your answers.*

1. Un viaje en avión: vacaciones / agencia de viajes / hacer las maletas / aeropuerto / línea aérea / vuelo / avión

   ¿Adónde va Ud.? ¿A qué hora sale el avión? ¿A qué hora llega? ¿Qué tipo de avión es? ¿Sirve buena comida la línea aérea?

2. Un viaje en tren: tener prisa / taxi / estación de ferrocarril / billete de ida y vuelta / horario electrónico / escalera automática / andén

   ¿Con quién viaja Ud.? ¿Por qué tiene prisa? ¿Está cerca de la estación? ¿Sabe Ud. la hora de la salida? ¿De qué andén sale el tren?

B. Teatro. *With a classmate prepare a skit based on one of the following scenes.*

1.

Ud. y el/la agente

2.

Ud. y un amigo (una amiga)

CUANDO EL SERVICIO ES PERFECTO, ES ARTE.

En el Hotel Miguel Angel el arte está continuamente presente, decorando todos sus espacios y creando los ambientes del lujo.

Y para enmarcar las valiosas piezas de museo que reposan en sus interiores, el Hotel Miguel Angel convierte también el servicio en arte.

Porque el arte de saber vivir es también el arte de saber rodearse de mil y un detalles y atenciones.

■ *OTRA VEZ*

España es ahora una nación democrática y, por eso, un miembro de la Comunidad Europea. Hace poco la Secretaría General del Parlamento Europeo en Luxemburgo convocó una oposición general para la contratación de administradores de nacionalidad española. Lea Ud. los requisitos básicos de admisión y conteste estas preguntas.

EL PARLAMENTO EUROPEO

Con vistas a la adhesión de España a la Comunidad Europea, La Secretaría General del **PARLAMENTO EUROPEO** en Luxemburgo convoca una oposición general para la contratación de

ADMINISTRADORES (F/M)

de nacionalidad española

Requisitos básicos de admisión:

☐ estudios universitarios completos de segundo ciclo en Facultades o Escuelas Técnicas Superiores, o equivalentes académicamente, sancionados por un título (preferentemente en los campos de Derecho, Ciencias Políticas y Sociales, Ciencias Económicas, Administración Pública —principalmente gestión y Administración de personal— o en el ámbito de la información). Excepcionalmente los títulos exigidos podrán ser sustituidos por una experiencia profesional en uno de los ámbitos anteriormente citados que garantice un nivel y una calidad equivalente (los candidatos deberán enviar a la mayor brevedad una copia de su expediente académico);

☐ experiencia profesional mínima de dos años en un empleo similar;

☐ profundo conocimiento del idioma español y buen conocimiento de un idioma oficial de la Comunidad Europea (alemán, danés, francés, griego moderno, inglés, italiano, neerlandés). Se tomará en consideración el conocimiento de otros idiomas oficiales de la Comunidad Europea, así como del portugués;

☐ ser de nacionalidad española;

☐ tener una edad máxima de 35 años (haber nacido después del 12 de agosto de 1949).

Fecha límite de presentación de candidaturas: 12 de agosto de 1985.

Para obtener el número del Diario Oficial que contiene las informaciones pertinentes, sírvanse dirigirse, citando la **referencia PE/30/A**, al Service de Recrutement du Parlement européen, L-2929 LUXEMBOURG. (Se ruega a los candidatos que escriban sus apellidos y dirección en letras de molde).

Las candidaturas inscritas en el formulario que contiene el Diario Oficial deberán dirigirse al Parlamento Europeo - Service de Recrutement, L-2929 LUXEMBOURG.

ámbito *area*
contratación *contracting*
convoca *convenes*
expediente *transcript*
oposición *civil service examination*
requisito *requirement, requisite*
título (*university*) *degree*

1. En su opinión, ¿por qué dice el anuncio que es preciso que los candidatos sean de nacionalidad española?

2. ¿Cuántos idiomas es necesario que sepan?

3. ¿Por qué cree Ud. que se insiste en que los candidatos hayan nacido después del 12 de agosto de 1949? ¿Le parece justo eso?

4. ¿Qué estudios universitarios son los preferidos para estos candidatos?

5. ¿Cree Ud. que la experiencia profesional garantice un nivel y una calidad equivalentes?

Examen de repaso 9

A. Dé la forma correcta del verbo entre paréntesis.

1. (ser) Todos creemos que él _____ una buena persona.
2. (ir) Dudo que ella _____ con ellos.
3. (venir) Sé que ella _____ todos los días.
4. (ver) No creo que ellos _____ esto como yo.
5. (conocer) No dudo que él _____ a los dos señores.
6. (querer) Es muy probable que ella _____ ir también.
7. (poner) ¿Dónde quería él que yo _____ esto?
8. (poder) Fue una lástima que tú no _____ venir.
9. (llevar) ¿Quién te dijo que es necesario _____ ropa cara?
10. (decir) Le recomendé que no _____ eso.
11. (volver) Me mandó que _____ a casa inmediatamente.
12. (venir) Siempre le permitiría que _____ a mi casa.
13. (funcionar) Estaba seguro de que el coche no _____ bien.
14. (traer) No querían que ella lo _____ inmediatamente.
15. (saber) No creíamos que ella lo _____.

B. Dé el imperfecto del subjuntivo.

1. Ud. prefería → que Ud. _____
2. ellos dormían → que ellos _____
3. los dos habían roto → que los dos _____
4. él moría → que él _____
5. nosotros habíamos venido → que nosotros _____

C. Cambie al pasado. *Be careful to choose correctly between the preterite and the imperfect for the main verb.*

1. Es preciso que Ud. los deje solos.
2. Tememos que ya sea demasiado tarde.
3. Niego que haga tales cosas en clase.
4. No dudo que son más famosos que yo.
5. No es cierto que ella se sienta mal.

CH. Complete según el sentido de las frases dadas en inglés.

1. A Susana _____ _____ _____ el libro.
   (*Susan dropped the book. It slipped out of her hand.*)
2. ¿No _____ _____ _____ a ti una idea?
   (*Didn't an idea come to you?*)
3. _____ _____ _____ todos los cuadernos.
   (*We lost all the notebooks.*)
4. _____ _____ _____ esa tarea.
   (*I forgot that assignment.*)

5. No _____ _____ _____ nada.
   (*Nothing occurred to him.*)

D. Dé la primera persona del presente de estos infinitivos.

1. establecer   3. atravesar   5. garantizar
2. promover   4. convenir

E. Exprese en español.

1. ¿Es Ud. la mamá (*or*) la hija?
2. ¿Quién tiene tiempo (*and*) interés?
3. Él estudia inglés (*and*) español.
4. Dejé el dinero para Raúl (*or*) Horacio.
5. Ella estudia química, biología (*and*) historia.

F. Complete.

1. El avión llevaba a 280 _____ que iban a Caracas.
2. Aquel horario anuncia las llegadas y las _____.
3. La _____ sirvió bebidas después del despegue.
4. Ese senador no es republicano. Es del otro _____.
5. El príncipe se casó con una _____ griega.
6. La primera parte de una constitución se llama el _____.
7. El general Francisco Franco fue el _____ de España por muchos años.
8. El alcalde tiene su oficina en el _____.
9. En la Corte Suprema hay nueve _____.
10. En una democracia el candidato que recibe la _____ de los votos gana las elecciones.

El mundo de los negocios

93. Subjunctive in adjective clauses: General statement
94. Subjunctive in clauses modifying indefinite persons or things
95. Subjunctive in clauses modifying negative antecedents
96. *If*-clauses
97. Softened statements

La Bolsa (*Stock Exchange*) de Santiago, Chile: ¿Quiere Ud. comprar o vender?

Peter Menzel / Stock, Boston

Enfoque cultural

El mundo es cada vez más pequeño debido a los transportes modernos y a las comunicaciones a través de los satélites. Los intereses económicos mutuos van integrando cada vez más a los países de la comunidad internacional.

El hecho de que la Ford tenga una fábrica en México afecta la vida de la viuda que vive en Carolina del Norte y que es dueña de acciones (*shares*) de esa compañía, y también la del trabajador de Detroit que pierde su empleo. El pequeño negociante (*businessman*) de Sacramento que va al banco a pedir fondos para ampliar su negocio tendrá que pagar un interés calculado, en parte, en relación con los intereses que pagan la Argentina y el Brasil por sus préstamos (*loans*) internacionales. El valor del peso en México, Chile, Colombia y el Uruguay, y el valor del austral argentino o del bolívar venozolano, del sucre ecuatoriano o del inti peruano también están relacionados con el valor de nuestro dinero.

En el mundo de las finanzas la coexistencia y la cooperación ya no son simples ideales sino necesidades inevitables de la vida diaria.

Vida y costumbres I

Vocabulario activo I

Sustantivos: La correspondencia

el buzón	mailbox	**la dirección**	address
la carta urgente	special delivery letter	**la hoja**	sheet (of paper)
la casa de correos	post office	**el mensaje**	message
el correo	mail; post office	**el/la remitente**	sender
el/la destinatario/a	addressee	**el sobre**	envelope

Otros sustantivos

el/la conocido/a	acquaintance
el chiste	joke
el descuento	discount
la liquidación (general)	(storewide) sale
el negocio	business; business dealing
la prenda (de vestir)	garment (to wear)

Verbos

devolver (ue)	to return (something)	enviar*	to send
doblar	to fold	mandar	to send
echar una carta	to mail a letter	repartir	to distribute, deliver
entregar	to deliver		

Palabras adicionales

al cabo de	at the end of	con cuidado	with care, carefully
al contado	cash	en efectivo	in cash
a plazos	in installments	por avión	airmail
aunque	although	por ciento	percent

Liquidación general

Stuart Cohen/Comstock

EL CLIENTE: Busco prendas de vestir que no sean caras.

EL DEPENDIENTE: Hoy todo es barato. No hay nada que no tenga un descuento del veinticinco por ciento.

EL CLIENTE: Me gustaría comprar un traje, aunque…

EL DEPENDIENTE: Mire Ud. éstos; son elegantes, ¿no? ¿Hay otra cosa que le interese?

EL CLIENTE: Sí, pero…, ¿podría pagar a plazos?

EL DEPENDIENTE: Lo siento, señor. En días de liquidación es necesario pagar al contado.

---

*In all forms of the present indicative except the first and second person plurals, the **i** in **enviar** is accented: **envío, envías, envía, enviamos, enviáis, envían**. The same pattern occurs in the present subjunctive: **envíe, envíes**, and so on.

Un «chiste» de la vida real

Hace varios años un amigo mío le escribió una carta a un viejo conocido suyo. Dobló la hoja con cuidado, la metió en un sobre de aspecto oficial, puso los sellos y la envió como carta urgente. Puso las palabras «Por avión» al lado de la dirección del destinatario.

Se dirigió al correo y echó la carta en un buzón. Al cabo de dos semanas, cuando el cartero vino a repartir el correo en el barrio, le devolvió la carta al remitente con el siguiente mensaje: «Imposible entregar. El destinatario murió sin dejar su nueva dirección».

PRÁCTICA

A. Conteste.

Liquidación general

1. ¿Por qué es hoy un día especial en la tienda?
2. ¿Qué busca el cliente?
3. ¿Qué descuentos ofrecen hoy?
4. ¿Cómo desea pagar el señor?
5. ¿Por qué no es posible eso hoy?

Un «chiste» de la vida real

6. ¿Cuándo escribió la carta el amigo del autor?
7. ¿A quién se la envió?
8. ¿Qué escribió en el sobre?
9. ¿Qué pasó al cabo de dos semanas?
10. ¿Qué mensaje leyó el amigo en el sobre?

B. ¿Tiene Ud. buena memoria? *With a classmate, invent sentences to reconstruct each minitext.*

Liquidación general

EL CLIENTE	EL DEPENDIENTE
1. —Busco...	2. —Hoy no hay nada...
3. —Me gustaría...	4. —¿Hay otra cosa...?
5. —¿Puedo pagar...?	6. —En días de...

Un «chiste» de la vida real. Only infinitive cues are given here. Put all verbs into the third person singular of the preterite, alternating with a classmate.

UD.		COMPAÑERO/A	
7. escribir	10. escribir	13. doblar	16. dirigirse
8. meter	11. echar	14. poner	17. venir
9. enviar	12. devolver	15. poner	18. entregar

C. Un juego. *Put the following statements in a logical order. Then personalize the sequence by conjugating the infinitives and adding a few details.*

1. echar la carta al buzón
2. meter la carta en un sobre
3. escribir una carta

4. comprar sellos en el correo
5. escribir la dirección en el sobre
6. poner un sello en el sobre

CH. Identificaciones rápidas. ¿Cómo se llama...?

1. la persona que envía la carta
2. el individuo que la recibe
3. el hombre que entra en la tienda para comprar
4. la persona que reparte las cartas
5. la persona que vende diferentes artículos en una tienda

La inversión a corto plazo, ágil, rápida y elástica.

Gramática I

93. Subjunctive in Adjective Clauses: General Statement

When a noun in the main clause is described by the entire dependent clause, the dependent clause is referred to as an adjective clause. Adjective clauses are the second kind of structure in which the subjunctive is used. Noun clauses were presented in sections 80–84. In the following example, the entire statement introduced by **que** modifies the noun **sobre** in the main clause.

MAIN CLAUSE CONTAINING A NOUN	QUALIFYING STATEMENT FUNCTIONING AS AN ADJECTIVE
Necesito **un sobre** *I need an envelope*	**que** sea más grande. *that is larger.*

The use of the subjunctive in adjective clauses can be divided into two categories: subjunctive in clauses modifying indefinite persons or things (grammar section 94) and subjunctive in clauses modifying negative antecedents (grammar section 95).

94. Subjunctive in Clauses Modifying Indefinite Persons or Things

The subjunctive is used in an adjective clause that refers to an *indefinite person, object, place,* or *event*.

Necesito un secretario que me **ayude** a contestar la correspondencia.	*I need a secretary who will help me answer my correspondence.*

Note: If the words *some* or *any* can be inserted before the noun in the main clause, the noun is probably indefinite.

If the person, object, or event is definite, however, the indicative, not the subjunctive, is used in the adjective clause.

Conozco a una cartera que **sabe** español.	*I know a letter carrier who knows Spanish.*

Note that the personal **a** is required since in this sentence **una cartera** refers to a definite person. Remember that the personal **a** is also required when **alguien** or **nadie** is a direct object.

¿Conoce Ud. **a alguien** que **pueda** aconsejarme?	*Do you know anyone who can advise me?*
No conozco **a nadie** que **quiera** hacer un negocio ahora.	*I don't know anyone who wants to make a business deal now.*

PRÁCTICA

Complete con la forma apropiada del verbo entre paréntesis.

1. (ser) Busco una liquidación que _____ mejor que ésta.
2. (hacer) Prefiero ir a una tienda que _____ descuentos.
3. (costar) Quiero comprar un traje que no _____ más de $99,00.
4. (estar) ¿Hay alguna casa de correos que _____ cerca de aquí?
5. (pagar) Necesito un compañero de cuarto que _____ la mitad del alquiler.
6. (decir) Hágame un anuncio que _____ «TODO AL CONTADO».
7. (pedir) Tengo dos amigos que siempre me _____ dinero.
8. (entender) Conozco a una señorita que _____ muy bien el mundo de los negocios.
9. (poder) ¿Hay alguien que _____ llevar esta carta urgente al correo?
10. (haber) Buscamos un dependiente que _____ estudiado toda clase de negocios.

95. Subjunctive in Clauses Modifying Negative Antecedents

If an adjective clause qualifies a noun contained in a negative statement
(main clause), its verb must be in the subjunctive.

No compro prendas que **sean** más caras.	*I do not buy clothes that are (may turn out to be) more expensive.*
No había nadie allí que **pudiera** ayudarlo.	*There was no one there who could help him.*

PRÁCTICA

A. Complete con la forma apropiada del verbo entre paréntesis.

1. (costar) Allí no venden nada que _____ tanto como tú dices.
2. (ser) En los almacenes no hay ropa que _____ realmente barata.
3. (repartir) No hay nadie que _____ las cartas.
4. (saber) Busco un dependiente que _____ hablar francés.
5. (vender) ¿Conoce Ud. a alguna persona que _____ sellos?
6. (ir) Sé que hay dos autobuses que _____ en esa dirección.
7. (preferir) Aquí hay muchos vendedores que _____ visitar al cliente en persona.
8. (pedir) No había un solo cliente que no _____ descuento.
9. (conocer) No había nadie que _____ ese negocio.

B. Complete las oraciones de la columna a la izquierda usando frases de la columna a la derecha. ¡Cuidado con el verbo!

1. Quiero comprar un negocio que no...	a. ser inteligentes
2. Busco una señora mayor que...	b. saber ruso
3. No conozco a nadie que...	c. ser fáciles
4. Prefiero sellos que...	ch. ser grandes
5. ¿Hay aquí alguien que...?	d. costar mucho
6. Lo peor es que no hay soluciones que...	e. cuidar a mis niños
7. Aquí no tenemos empleados que...	f. saber la respuesta
8. ¿Puede Ud. encontrar sobres que...?	g. ser banquero ·
	h. ser del Perú

C. Complete empleando un verbo en el subjuntivo.

1. Quiero comprar una casa con jardín. Por eso busco una casa que...
2. Estos autos cuestan menos de 1.000 dólares, ¿no? —No, señor, no tenemos autos que...
3. Parece que el correo está muy lejos. ¿Hay por aquí un buzón donde...?
4. Esto está en francés. ¿Hay alguien aquí que...?
5. Gano poco dinero. ¿No tiene Ud. abrigos que...?

CH. Situaciones. *With a classmate, construct and complete the sentences in these brief dialogues.*

Ud. habla con la cartera.

UD.: ¿No traer Ud. / alguna carta / que / venir / de Sudamérica?
ELLA: No creo que...
UD.: ¿Haber visto / sobres / que / tener / sellos del extranjero (*from abroad*)?
ELLA: No hay ninguno...

 Vida y costumbres II

Vocabulario activo II

Sustantivos: Los negocios

los ahorros	savings	la cuenta de ahorros	savings account
el archivo	file; filing cabinet	el depósito	deposit
el/la cajero/a	bank teller; cashier	los fondos	funds
la calculadora	calculator	el interés	interest
la calidad	quality	la inversión	investment
la cantidad	amount	el mostrador	counter
la computadora*	computer	el surtido	stock, supply on hand
la cuenta corriente	checking account		

Sustantivos: Tiendas

la carnicería	butcher shop	la pastelería	sweet shop; pastry shop
la joyería	jewelry shop	la sastrería	tailor shop
la lechería	milk (dairy) store	la tintorería	dry cleaners
la panadería	bread shop (bakery)	la zapatería	shoe store
la papelería	stationery store		

Verbos

cobrar	to cash; to collect; to charge	marcharse	to go away
depositar	to deposit	negociar	to trade; to buy and sell; to negotiate
invertir (ie)	to invest		

Palabras adicionales

a corto (largo) plazo	short (long) term
algo	somewhat

*In Spain, **el ordenador**

Negociando en un banco

Sybil Shelton/Peter Arnold, Inc.

Una clienta muy joven y algo tímida se acerca al mostrador para hablar con la cajera.

LA CAJERA: Buenos días. ¿Desea cobrar un cheque?

LA CLIENTA: No. Quisiera abrir una cuenta.

LA CAJERA: ¿Una cuenta corriente o una cuenta de ahorros?

LA CLIENTA: De ahorros. Quiero ahorrar todo el dinero posible.

LA CAJERA: En ese caso tal vez Ud. pudiera invertir a largo plazo.

LA CLIENTA: Lo haría si tuviera más fondos.

LA CAJERA: Por las inversiones a seis meses pagamos ahora el 10 por ciento de interés. Naturalmente, con este tipo de cuenta Ud. no puede usar cheques.

LA CLIENTA: Sólo tengo una cantidad muy pequeña.

LA CAJERA: ¿Cuánto quiere Ud. depositar hoy?

LA CLIENTA: Para abrir mi cuenta, ¿podría Ud. poner como primer depósito este cheque de veinticinco dólares?

LA CAJERA: Pues..., para abrir una cuenta hay un depósito mínimo de cien dólares.

LA CLIENTA: ¿Verdad? Ah, entonces me marcho y volveré otro día.

Máquinas modernas

¡Computadoras de último modelo!
    ¡Calculadoras de bolsillo!

Tenemos un surtido completo de archivos, escritorios, muebles de metal, sillas y sillones.

No vendemos nada que no sea de primera calidad. Ofrecemos un descuento del 10% durante este mes.

Stuart Cohen/Comstock

Tiendas y más tiendas

Stuart Cohen/Comstock

En el sector comercial de una ciudad se encuentra una gran variedad de tiendas. Hay papelerías, carnicerías, lecherías, panaderías, sastrerías, tintorerías, pastelerías, joyerías, zapaterías y muchas más.

PRÁCTICA

A. Conteste.

Negociando en un banco

1. ¿Quién se acerca al mostrador donde está la cajera?
2. ¿Qué clases de cuentas hay en un banco?
3. ¿Qué clase de cuenta prefiere la señorita?
4. ¿Le gustaría a la señorita invertir a largo plazo?
5. ¿Cuánto paga este banco por inversiones a seis meses?
6. ¿Cuánto podría depositar hoy la señorita?
7. ¿Por qué no le es posible hacer eso?
8. ¿Qué dice al final la señorita?

Máquinas modernas

9. ¿Cómo podría Ud. hacer cálculos rápidamente?
10. ¿Cómo se llaman las calculadoras muy pequeñas?
11. ¿Qué artículos para la oficina se anuncian aquí?
12. ¿De qué calidad son las calculadoras que venden?

Tiendas y más tiendas

13. ¿Adónde iría Ud. si quisiera comprar panecillos (sobres o lápices, filetes o chuletas, anillos o relojes)?
14. ¿Qué compraría Ud. en una carnicería (lechería, sastrería)?
15. ¿Adónde lleva Ud. un traje que está sucio?

B. Conteste. ¿Qué harías...?

MODELO: ¿Qué harías si tuvieras mucho dinero? →
Si tuviera mucho dinero, lo invertiría a largo plazo.

1. ¿Qué harías si tuvieras hambre?
2. ¿Qué harías si tuvieras mucho sueño?
3. ¿Qué harías si tuvieras sed?
4. ¿Qué harías si tuvieras mucho trabajo hoy?
5. ¿Qué haría Ud. si en la tienda de ropa no hicieran descuentos?
6. ¿Qué haría un cartero si no pudiera entregar una carta?

C. ¿Cómo se dice en español? *Try to give the Spanish words very quickly.*

1. *amount*
2. *cashier*
3. *computer*
4. *account*
5. *investment*
6. *calculator*
7. *counter*
8. *savings*
9. *files*
10. *funds*

CH. Entrevista. *Talk to a teller (another classmate) about opening an account. He/ She will ask you questions about your banking needs, and you will ask him/her about the bank's rules and general procedures. Here are some possible questions.*

EL CAJERO (LA CAJERA)

1. ¿Qué tipo de cuenta prefiere Ud.?
2. ¿Quiere Ud. ahorrar dinero? ¿Piensa usar cheques?
3. ¿Cuántos cheques piensa Ud. escribir al mes?

UD.

¿Hay un depósito mínimo?

¿Gana interés una cuenta corriente?

¿Qué interés paga el banco ahora sobre inversiones a seis (doce) meses?

Casa de Madrid

1. ¿Qué interés considera Ud. bueno para el dinero invertido? En otras palabras, ¿qué interés le interesa?
2. Si Ud. llamara el número (900) 111011, ¿con quiénes podría hablar?
3. ¿Prefiere Ud. un interés alto a corto plazo (por poco tiempo) o un interés más bajo a largo plazo (por mucho tiempo)? ¿Por qué?

Gramática II

96. *If*-Clauses

A. Many sentences containing *if*-clauses do *not* require the subjunctive, including sentences that are of either of the following two types.

1. Automatic conditions

Here the relationship between the two parts of the sentence is almost one of cause and effect; if one course of action or state is true, then another naturally follows.

Si el jefe **está** cansado, **se marcha** temprano.	*If the boss is tired, he leaves early.*
Si no **trabajaba**, no **era** feliz.	*If he did not work, he was not happy.*

The *if*-clauses in these examples contain the present and the imperfect indicative tenses, respectively, not the subjunctive.

2. Probable future conditions

These conditions express a similar relationship but with regard to a future action; something that is very likely to happen in the future is followed by a result directly dependent on it.

Si **viene** mañana, le **devolveré** el dinero.	*If he comes tomorrow (and it is very likely that he will), I will return the money to him.*

This type of *if*-clause requires the present indicative tense.

B. There are two types of sentences containing *if*-clauses, however, that always call for the use of the *imperfect subjunctive*. In these constructions the *if*-clause may either precede or follow the main clause, as indicated in the following chart.

OPTION 1:	*IF*-CLAUSE	MAIN CLAUSE
	SI + IMPERFECT SUBJUNCTIVE	CONDITIONAL VERB
	Si yo **fuera** la cajera,	le **diría** al jefe que necesitamos una computadora.
	If I were the teller,	*I'd tell the boss (that) we need a computer.*

OPTION 2:	MAIN CLAUSE	IF-CLAUSE
	CONDITIONAL VERB	SI + IMPERFECT SUBJUNCTIVE

Le **diría** al jefe que necesitamos una computadora   si yo **fuera** la cajera.
I'd tell the boss (that) we need a computer   *if I were the teller.*

1.   Contrary-to-fact conditions

When the speaker expresses something in the *if*-clause that he or she knows is contrary to fact, the verb in that clause is in the subjunctive. The result clause, which necessarily contains an imaginary circumstance, requires a verb in the conditional.

Si yo **fuera** rica, **ahorraría** mucho dinero.   *If I were rich (I know that I am not), I would save a lot of money.*

Si él **tuviera** más fondos, **abriría** una cuenta de ahorros.   *If he had more money (I know that he doesn't), he would open a savings account.*

2.   Improbable future actions and conditions

If the speaker anticipates a future action that is not likely to take place, he or she can convey that uncertainty by using a subjunctive in the *if*-clause.

Si ella **viniera** mañana, la **invitaría** a una pastelería.   *If she should come tomorrow (and I am not at all sure that she will), I would invite her to a pastry shop.*

Si no **pudiera** pagar mis deudas, **pediría** dinero prestado.   *If I couldn't pay my debts (and this isn't likely, because I have a good job), I would borrow money.*

Note that in both instances, the conditional is used in the main clause and the imperfect subjunctive is used in the *if*-clause.

PRÁCTICA

A. Buscando excusas. Un(a) estudiante le pide a otro/a estudiante que haga algo. El otro (La otra) contesta con una excusa, como se hace en el modelo.

MODELO: Por favor, acompáñame a las tiendas. (No tengo tiempo.) →
Te acompañaría si tuviera tiempo.

1.   Ve con nosotros al cine esta tarde. (No puedo.)
2.   Por favor, llévame al centro en tu coche. (Mi coche no funciona.)
3.   Vamos a caminar un rato por el parque. (No hace buen tiempo.)

4. ¿Quieres comer en el restaurante Las Milpas? (La comida allí no es buena.)
5. Debes consultar al médico. (No me siento mal.)
6. Compremos esa ropa a crédito. (No traigo mi tarjeta.)
7. ¿Quieres darme la dirección de la profesora? (No sé dónde vive.)
8. Toma hoy el examen final. (No estoy preparado.)
9. Por favor, hágame una copia de esta carta a máquina. (No tengo máquina de escribir.)
10. Ahorren Uds. $50 todas las semanas. (No ganamos buen sueldo [*salary*].)

B. Ud. es consejero financiero (consejera financiera). Aconseje a las siguientes personas, usando el imperfecto de subjuntivo de los infinitivos que se dan.

Su amigo Juanito tiene muchas deudas (*debts*) y sus amigos no quieren prestarle dinero.

—Juanito, si tú no (*gastar*)[1] tanto, no tendrías tantas deudas. Si (*abrir*)[2] una cuenta de ahorros en un banco y (*poner*)[3] allí una parte de tu sueldo todas las semanas, no necesitarías pedir dinero a tus amigos. Y si no (*pedir*)[4] dinero constantemente a tus amigos, tendrías más amigos.

La Srta. Aguilar necesita comprar un auto, pero es nueva en el pueblo y el banco no quiere prestarle dinero.

—Srta. Aguilar, si Ud. (*ser*)[5] una residente antigua de este pueblo, tendría crédito establecido en todas partes. Y si Ud. (*conocer*)[6] a personas que (*poder*)[7] garantizarla y esas personas (*firmar*)[8] su solicitud (*application*), el banco le prestaría el dinero para comprar el auto. Otra solución sería que su jefe (*querer*)[9] anticiparle (*advance you*) dinero de su sueldo.

C. Mi sueño imposible. Invente discursos breves sobre lo que Ud. haría si fuera posible.

MODELO: ir / prestar →
¡Estoy tan cansada de estudiar! Iría ahora mismo a España o a México si el banco me prestara el dinero para comprar un boleto de ida y vuelta. También iría si sólo pudiera comprar un boleto de ida.

1. marcharse / tener
2. depositar / poder
3. alejarse / decir
4. invertir / saber
5. vivir / casarme

CH. Complete estas narraciones con el imperfecto de subjuntivo de los infinitivos.

Amalia buscaba trabajo

Amalia buscaba un trabajo que (*ser*)[1] fácil y donde le (*pagar*)[2] un buen sueldo. Pero sólo hablaba inglés. Sabía que podría ganar mucho más si (*saber*)[3] también español. Había estudiado español, pero no había aprendido mucho. Era evidente que si (*practicar y estudiar*)[4] más, hablaría mucho mejor. Una amiga le dijo que si (*hacer*)[5] un viaje a México y (*quedarse*)[6] allí por varios meses, tendría mejores resultados, y decidió hacerlo.

Sueños

Si yo (*ganar*)[7] la lotería, pondría una parte del dinero en una cuenta de ahorros a largo plazo y compraría una casa que (*tener*)[8] jardín y piscina y que (*estar*)[9] en un buen barrio. También ayudaría a mis amigos si ellos lo (*necesitar*)[10] y les prestaría dinero si me lo (*pedir*).[11]

97. Softened Statements

The imperfect subjunctive* of **deber**, **poder**, and **querer** may be used in place of the present, which is often considered too forceful and direct. Compare the following pairs of sentences.

Ud. **debe** visitar ese país.	*You must visit that country.*
Ud. **debiera** visitar ese país.	*You really ought to visit that country.*
¿**Puede** Ud. hacerme efectivo este cheque?	*Can you cash this check for me?*
¿**Pudiera** Ud. hacerme efectivo este cheque?	*Could you cash this check for me?*
Yo **quiero** que Ud. vaya al banco inmediatamente.	*I want you to go to the bank immediately.*
Yo **quisiera** que Ud. fuera al banco inmediatamente.	*I would really like you to go to the bank immediately.*

---

*The conditional can be used as an alternate for the imperfect subjunctive in the cases that follow.

Ud. **debería** visitar ese país.
¿**Podría** Ud. hacerme efectivo el cheque?
Yo **querría** que Ud. fuera al banco inmediatamente.

PRÁCTICA

Cambie según el modelo. Luego exprese las oraciones en inglés.

MODELO: Ud. debe aprender a usar la computadora. →
Ud. debiera aprender a usar la computadora.
You really should (ought to) learn to use the computer.

1. Quiero ir a su oficina.
2. No debes viajar sin mi permiso.
3. Quiero cambiar estos cheques.
4. No debo enviarlo pero lo voy a enviar.
5. Quiero tener un momento libre para ir a la liquidación.
6. ¿Puede Ud. depositar cien dólares?

Comunicación

Texto: En el banco

MIGUEL: Señorita, quisiera comprar pesos. ¿A qué tipo de cambio° me los daría Ud.? — *exchange rate*

SEÑORITA: Hoy están a veintisiete por° dólar. — *per*

MIGUEL: ¿Tan poco vale el dólar hoy?

SEÑORITA: Lo siento, señor. No hay ningún banco que pague más.

MIGUEL: Parece que hoy día no hay nada que marche bien.° — *marche... is going right*

SEÑORITA: ¿Trae Ud. dólares?

MIGUEL: No, señorita. ¿Podría Ud. hacer efectivos estos tres cheques de viajero°? — *cheques... traveler's checks*

SEÑORITA: ¡Cómo no! Pero no olvide firmarlos.

MIGUEL: ¿Es verdad que, si yo vendiera estos cheques en el mercado negro, recibiría más pesos que en el banco?

SEÑORITA: Sí, algunos lo hacen, aunque no debieran hacerlo. Por ejemplo, si la persona que le ofrece el cambio resultara° ser un agente del gobierno, Ud. tendría que pagar una fuerte° multa. — *should turn out* / *heavy*

MIGUEL: ¿Ud. cree?

SEÑORITA: Sí, es muy posible... Lleve Ud. este recibo° al cajero. Él le dará el dinero. — *receipt*

MIGUEL: ¿Ud. no tiene billetes? La cola ahí° es enorme. — *there*

SEÑORITA: Lo siento. Yo no tengo dinero.

MIGUEL: ¡Qué lástima!

NOTAS CULTURALES

1. El peso es la unidad (*unit*) monetaria de muchos países hispánicos, pero no de todos. El valor de un peso con relación al dólar es también diferente según el país. Los países que tienen el peso como unidad monetaria son Bolivia, Colombia, Cuba, Chile, México, la República Dominicana y el Uruguay. Las monedas de los otros países son las siguientes:

la Argentina	el austral	Nicaragua	el córdoba
Costa Rica	el colón	Panamá	el balboa
el Ecuador	el sucre	el Paraguay	el guaraní
El Salvador	el colón	el Perú	el inti
España	la peseta	Puerto Rico	el dólar
Guatemala	el quetzal	Venezuela	el bolívar
Honduras	el lempira		

(*continued*)

2. En muchos casos, el nombre de la unidad monetaria de un país tiene un origen histórico o tradicional. Cinco de estas monedas tienen nombres de personajes históricos: Colón (*Columbus*); Sucre y Bolívar, dos patriotas sudamericanos; Lempira, un jefe indígena que luchó contra los conquistadores; y Balboa (Vasco Núñez de Balboa), el conquistador español que descubrió el Océano Pacífico.

El origen de otros nombres es también interesante: el quetzal es un hermoso pájaro de Centroamérica que los mayas adoraban; guaraní es la tribu indígena del Paraguay y también el nombre de la segunda lengua oficial de este país; el inti lleva el nombre del dios del sol de los incas.

PRÁCTICA

A. Un estudiante será Miguel y una estudiante será la cajera. Complete los espacios en blanco sin consultar el texto.

MIGUEL: Señorita, quisiera comprar pesos. ¿A qué tipo de cambio me los _____ Ud.?

CAJERA: Hoy _____ a veintisiete por dólar. No hay ningún banco que _____ más. ¿Trae Ud. dólares?

MIGUEL: No, señorita, cheques de viajero. ¿Podría Ud. _____?

CAJERA: ¡Cómo no! Pero no olvide _____.

MIGUEL: ¿Es verdad que si yo _____ estos cheques en el mercado negro, _____ más pesos?

CAJERA: Sí, pero si la persona que le ofrece el cambio resultara ser _____, Ud. _____ una fuerte multa.

B. Examine este cheque y conteste las preguntas.

1. fecha
2. nombre del acree-
   dor (la persona
   que recibe el
   cheque)
3. firma del deudor
   (la persona que
   paga con el
   cheque)

```
┌─────────────────────────────────────────────────────────┐
│                    BANCO DE LA NACIÓN                     │
│                                                          │
│ Antonio Oyarzún                                     281  │
│ Calle Luz, Nº 2973                                       │
│ Santiago, Chile                    1 _____     │
│                                                          │
│ Páguese* a la orden de 2 _____  $ _____  │
│                                                          │
│                                                          │
│ _____ │
│                                                          │
│ Anotación _____         3 _____   │
│        07893   100227   1458   217   028                 │
└─────────────────────────────────────────────────────────┘
```

1. ¿Cómo se llama el banco?
2. ¿Sabemos quién es el dueño de la libreta de cheques? Explique.
3. Cerca de la fecha hay un número. ¿Qué nos dice ese número?
4. ¿Qué nos dicen los números que aparecen en la última línea del cheque?

EXPRESIÓN PERSONAL

A. Explíquele a un compañero (una compañera) qué es necesario para...

1. cambiar un cheque en un banco
2. cambiar dólares por pesos
3. obtener dinero cuando no tiene ahorros
4. pagar un artículo donde no aceptan cheques
5. comprar ropa o zapatos cuando no tiene fondos

B. Cuestionario bancario. Hágale estas preguntas a un compañero (a una compañera) de clase.

1. ¿Tiene Ud. una cuenta corriente o una cuenta de ahorros en el banco?
2. ¿Cuándo hace Ud. depósitos? ¿Cuánto dinero deposita cada vez?
3. ¿Qué piden con frecuencia para probar su identidad (cuando Ud. presenta un cheque personal)?
4. ¿Qué datos tiene Ud. que dar en un cheque?
5. ¿A cómo está hoy la peseta? ¿el peso mexicano?

C. Invente un diálogo con un compañero (una compañera) de clase sobre las siguientes situaciones.

1. Ud. quiere hacer efectivo un cheque, pero la cajera (el cajero) no lo (la) conoce.
2. Ud. quiere comprar ropa elegante, pero no sabe adónde ir. Pida informes a un amigo (una amiga).

---

*Note that impersonal orders such as **Páguese** call for a polite command followed by **se**: **¡Dígase!** (*Tell!*), **¡Escríbase!** (*Write!*), **¡Póngase!** (*Put!*), and so on.

CH. Una tarjeta de crédito. Conteste a base del anuncio.

1. ¿Cómo interpreta Ud. la expresión «Como caída del cielo»?
2. Si una persona tiene esta tarjeta, ¿cómo puede pagar sus compras?
3. Además de comprar a crédito, ¿qué hará una persona con esta tarjeta?
4. ¿Dónde puedo obtener esta tarjeta?
5. ¿De qué otra manera puedo obtenerla?

■ *OTRA VEZ*

Vamos a suponer que Ud. iba al congreso internacional celebrado en Barcelona en agosto de 1989 y que quería que yo, como su representante personal, le hiciera todos los arreglos. Examine el *Boletín de Reserva de Hotel* y conteste estas preguntas.

1. ¿Qué hotel preferiría Ud. que yo le reservara? ¿Cuántas estrellas tendría?
2. ¿Quisiera Ud. que el hotel le guardara una habitación doble o sencilla (*single*)?
3. ¿Cuál es la fecha de llegada (y salida) que Ud. preferiría que yo indicara al hotel?
4. Si fuera posible, ¿se quedaría Ud. más tiempo en Barcelona? ¿Por qué?

 **ASOCIACION INTERNACIONAL DE HISPANISTAS**

X CONGRESO
Barcelona, 21 - 26 de Agosto de 1989

BOLETIN DE RESERVA DE HOTEL

APELLIDOS _____ NOMBRE_____

DIRECCION _____ TELEFONO _____

C.P. Y CIUDAD _____ PAIS _____

PRECIO DE LAS HABITACIONES

HOTEL	Categoría	Hab. DOBLE	Hab. SINGLE
Avenida Palace	*****	13.550.- ptas.	10.470.- ptas.
Ritz	*****	13.550.- ptas.	10.470.- ptas.
Alexandra	****	9.855.- ptas.	7.390.- ptas.
Barcelona	****	7.760.- ptas.	6.100.- ptas.
Condes de Barcelona	****	10.080.- ptas.	8.175.- ptas.
Cristal	****	7.760.- ptas.	6.100.- ptas.
Cristina	****	7.760.- ptas.	6.100.- ptas.
Regente	****	7.760.- ptas.	6.100.- ptas.
Astoria	***	5.500.- ptas.	3.850.- ptas.
Balmes	***	5.500.- ptas.	3.850.- ptas.
Condado	***	7.000.- ptas.	4.900.- ptas.
Tres Torres	***	7.000.- ptas.	4.900.- ptas.
Mitre	***	7.000.- ptas.	4.900.- ptas.
Zenit·	***	7.000.- ptas.	4.900.- ptas.

Nota: Todos los precios indicados incluyen el Desayuno y los Impuestos.

DATOS DE LA RESERVA DESEADA

HOTEL ELEGIDO_____
(Indicar nombre de tres hoteles, por orden de preferencia

TIPO DE HABITACION: □ DOBLE   □ SINGLE
(Señalar con X)

Fecha de llegada _____ Fecha de salida _____

Lectura 10

Antes de comenzar

When reading in a series or list of words, let the words you know guide you in figuring out the general category that applies to all of them. For example, in the second sentence of paragraph 1 of this reading, you should recognize a list of professions. In paragraph 2 there is a list of published items. Even though you may not know the meaning of each word, recognizing the general category should help you understand the paragraph in question.

As you relate words, try to spot spelling changes (for example, diminutive or augmentative endings, accent marks) that may suggest different meanings. Example: **fabricar** → **fábrica**.

Los cubanos en la Florida

Hoy viven en el sur de la Florida más de° un millón de cubanos. Miles de ellos son banqueros, médicos, abogados y profesores. Han establecido numerosos y prósperos negocios, contribuyendo así al desarrollo económico de Miami y otras ciudades.

También han contribuido enormemente a la vida cultural de la Florida. Ahora ya se publican allí periódicos, revistas y libros en español. También se organizan concursos[1] y se dan premios° literarios a los autores jóvenes cubanos. Hay grupos de teatro profesional que presentan dramas tradicionales y contemporáneos en español. Ciertas universidades ahora tienen artistas y escritores hispánicos en residencia. No siempre fue así.

Al principio[2] no les fue fácil. Abundan° las anécdotas—unas tristes y otras humorísticas—que relatan sus primeros intentos° de adaptación a lo que nosotros llamamos «the American way of life», es decir, la vida estadounidense.°

Mi amigo cubano Raúl cuenta cómo él iba muchas veces con sus tías al Refugio de Miami para recibir comida. No había trabajo y tenían muy poco que comer. El gobierno federal les daba siempre grandes cantidades de huevos en polvo[3] y mantequilla de maní.[4] Pero… a ningún cubano —¡absolutamente ninguno!— me dice Raúl, le gustaba la mantequilla de maní. Él, muy joven entonces, tenía que comerse su parte… y también la de sus tías.

de: Remember that, before a number, **de** does not mean *of*. More _____ one million Cubans. What word could logically be used in the blank?

premios: If there are contests, there must also be _____ for the winners.

Abundan: This is obviously a cognate, but since it's a verb, it cannot mean *abundant*. What English verb is similar?
intentos: This is not *intentions*; if you know **intentar**, you might guess the meaning of this word.
estadounidense: Remember the earlier discussion of compound words. What words go together to form this one? What part of speech is it?

Alex Webb/Magnum Photos

Varios amigos cubanos pasan el rato en Miami.

Naturalmente, era poco probable que los cubanos encontraran empleo, porque, aunque muchos eran profesionales, no sabían inglés. Por eso, tuvieron que aceptar trabajos humildes° y duros.° Entre otros se cuenta el caso de un cubano que era banquero en La Habana. Fue rechazado[5] por los bancos de Miami, donde intentó ingresar,[6] y aceptó, por fin, un modesto empleo de $45 por semana en una fábrica de calzado.[7] Después de terminar su trabajo del día, volvía por la noche otra vez a la fábrica porque deseaba que sus compañeros le enseñaran todos los diferentes aspectos de fabricar zapatos. Año y medio más tarde, era vicepresidente de la compañía, y hoy es presidente de un banco de Miami.

Al mismo tiempo que buscaban asegurar° su vida material, los cubanos en la Florida querían asegurar° también la continuación de su vida espiritual, de su arte y de su cultura. Ahora parece que se oye hablar español en cada esquina de Miami. Hasta se ve, de vez en cuando,[8] un pequeño letrero en algunas tiendas que anuncia: «*English spoken here*».

humildes: Note the first three letters of this word and come back to it after you've read several more sentences. / **duros:** The word referred to is not *easy* or *soft* but _____ .

asegurar: This verb is used in this sentence with slightly different meanings. What does it imply in each case?

[1]*contests*   [2]**Al...** *At first*   [3]**en...** *powdered*   [4]**mantequilla...** *peanut butter*   [5]*rejected*   [6]*(to) enter*   [7]*shoe*   [8]**de...** *from time to time*

NOTAS CULTURALES

1. The settlement of thousands of Cuban immigrants in southern
    Florida has profoundly changed the social and cultural makeup of
    that area. There is an increasing abundance of Spanish-language
    newspapers, magazines, books, radio stations, and so on. Any
    commercial venture must be prepared to deal with its customers
    in Spanish. Many restaurants cater entirely to Cuban tastes or at
    least feature traditional Cuban dishes on their menus.
2. The Cuban migration to Florida in the early 1960s was largely one
    of professionals. Many of the Cubans who came in that first
    wave were doctors, lawyers, professors, and so on. Those who
    came in 1980, the second migration, tended, for the most part, to
    be nonprofessionals. Still, since many moved in with relatives in
    Florida and in other states, the integration of the majority of
    these new immigrants was rapid and smooth.

Después de leer

A. Complete. *Select the word or phrase that best completes each statement. Do
not refer to the reading.*

1. Hoy viven en el sur de la Florida más de _____ cubanos.
    a. 600.000   b. 500.000   c. 1.000.000
2. Al asegurar su vida material, los cubanos querían asegurar también la
    continuación de su vida _____.
    a. exterior   b. espiritual   c. literaria
3. _____ no les fue fácil.
    a. De vez en cuando   b. Al principio   c. Al mismo nivel
4. Abundan las anécdotas de cómo fueron sus primeros _____ de adapta-
    ción a lo que llamamos «*the American way of life*».
    a. intentos   b. concursos   c. premios
5. Mi amigo Raúl iba muchas veces con sus tías al Refugio de Miami para
    recibir _____.
    a. comida   b. calzado   c. hojas
6. El gobierno federal les daba grandes cantidades de _____.
    a. prósperos negocios   b. huevos en polvo   c. revistas
7. A ningún cubano le gustaba la mantequilla de _____.
    a. maní   b. manzana   c. plátano
8. Los cubanos tuvieron que aceptar trabajos _____ y duros.
    a. humildes   b. profesionales   c. fáciles
9. Un hombre que era banquero en La Habana fue _____ por los bancos
    de Miami.
    a. rechazado   b. calzado   c. aceptado

10. Los cubanos de Miami han contribuido mucho al _____ económico de la ciudad.
    a. nivel   b. desarrollo   c. letrero
11. Parece ahora que se oye español en cada _____.
    a. revista   b. esquina   c. concurso
12. Hasta se ve ahora un _____ en algunas tiendas que anuncia «*English spoken here*».
    a. pequeño letrero   b. nivel nuevo   c. caso aislado

Answers: 1c., 2b., 3b., 4a., 5a., 6b., 7a., 8a., 9a., 10b., 11b., 12a.

B. ¿Tiene Ud. buena memoria? Conteste.

1. ¿Qué profesiones se mencionan en esta lectura?
2. ¿Qué recibían los cubanos en el Refugio?
3. ¿Por qué no les fue fácil a los cubanos encontrar empleo?
4. ¿Cuántos cubanos viven hoy en el sur de la Florida?
5. ¿Por qué fueron difíciles los primeros intentos de adaptación?
6. ¿A qué han contribuido los cubanos en la Florida?
7. ¿Cómo se manifiesta la cultura hispánica de Miami ahora?
8. ¿Qué pequeño letrero se ve de vez en cuando en algunas tiendas? ¿Por qué?

El mundo profesional

98. Subjunctive in adverb clauses: General statement
99. Subjunctive in adverb clauses of purpose and proviso
100. Subjunctive in adverb clauses of time

101. Subjunctive after **aunque**
102. Resultant state
103. **Ser** and **estar** (another look)

Esta señorita está interesada en los avances de la «alta tecnología».

Peter Menzel

Enfoque cultural

El mundo profesional está experimentando (*experiencing*) cambios radicales en todas partes. Hay nuevas empresas, nuevos métodos y también nuevas soluciones en que nunca pensamos. Los oficios (*trades*) y profesiones tienen ahora otra orientación. Muchas sociedades van más allá de (*beyond*) la industrialización para entrar en una nueva etapa que se llama la etapa de la alta tecnología y de nuevos servicios. Las comunicaciones de toda clase—a través de satélites y rayos láser, como también el mundo de los autómatas (*robots*)—han creado nuevas necesidades y nuevas preocupaciones.

Todo esto ofrece una gran diversidad de trabajos, pero también crea serios dilemas para el mundo hispánico. Ha sido necesario crear nuevos programas universitarios y atraer a un profesorado (*faculty*) que se interese en las investigaciones (*research*) más recientes. También ha sido necesario instalar nuevas máquinas para facilitar esta investigación y enseñanza.

Con los cambios tecnológicos han venido cambios sociales. Quizá el más importante sea la entrada de gran número de mujeres en el campo tecnológico y en las profesiones.

Vida y costumbres I

Vocabulario activo I

Sustantivos: Los obreros

el/la albañil	bricklayer	el/la minero	miner
el/la carpintero/a	carpenter	el/la plomero/a	plumber
el/la electricista	electrician	el/la fontanero/a	

Sustantivos: Los profesionales

el/la contador(a) (público/a)	(certified public) accountant	el/la ingeniero/a	engineer
		el/la técnico/a	technician, tradesperson

Otros sustantivos

el aislamiento	isolation; insulation	la máquina de afeitar	electric shaver
el cobre	copper	el martillo	hammer
la conexión	connection	la mina	mine
los conocimientos	knowledge	la pieza	part (of a machine)
la empresa	enterprise, commercial undertaking	la secadora	dryer
		el serrucho	handsaw
la experiencia	experience	el sueldo	salary
la herramienta	tool	la tubería	(water) pipes
la lavadora	washer		

Verbos

ajustar	to adjust	solicitar	to apply for (a position); to solicit (applicants for a position)
decidirse	to make up one's mind		
instalar	to install		
matarse	to get killed (in an accident)	valer la pena	to be worthwhile
		valer (valgo)	to be worth
reparar	to repair, fix		

Adjetivos

bilingüe	bilingual
financiero/a	financial
verdadero/a	real; true

Palabras adicionales

a menos que	unless	después de que	after
antes de que	before	hasta que	until
¡claro!	of course! naturally!	para que	in order that
con tal que	provided (that)	tener en cuenta	to take into account

Somos el N° 1 porque damos el mejor servicio.

Los obreros y el dueño de la casa

Peter Menzel

EL CARPINTERO: ¿Saben? El dueño de la casa quiere que yo termine las paredes antes de que se instale el aislamiento. No sabe nada de carpintería.

EL PLOMERO: Yo no puedo poner la tubería del sótano hasta que él decida dónde quiere instalar la lavadora y la secadora. Tendré un verdadero problema a menos que se decida antes del lunes.

EL ELECTRICISTA: Aunque no lo crean, mi caso es peor. Me ha pedido que no haga algunas conexiones, para que el precio del trabajo sea más bajo. Dice que él las hará después de que el albañil y el pintor terminen su trabajo.

EL CARPINTERO: Sé que tiene problemas de dinero...

EL ELECTRICISTA: ¿Por qué no pinta él la casa? Es más fácil que hacer conexiones eléctricas..., con tal que no se caiga... y se mate.

En la mina

David Mangurian

Mineros de la mina El Salvador, de Chile, donde casi todas las minas están nacionalizadas. El cobre es la exportación más importante de Chile.

¿Quiere Ud. trabajar?

3M MEXICO S.A. DE C.V.

SOLICITA:

★ **ING. QUIMICO**
(pasante y)

★ **ING. MECANICO**
(Proyectos).

★ **CONTADOR DE COSTOS**

★ **SECRETARIA BILINGUE**

★ **TECNICO DE SERVICIO**
(Electricidad y/o Electrónica con conocimientos de inglés no indispensable).

OFRECEMOS: BUEN SUELDO. Atractivo plan de perstaciones. Semana do 5 días. Amplia proyección dentro de la Empresa.

Interesados favor do comunicarse al TEL. 577-21-00 EXT. 109, con el Lic. R. SANCHEZ BARROSO, para concertar entrevista personal.

Las reparaciones

EL CLIENTE: ¿Cuánto me cobraría por reparar esta máquina de afeitar?

EL TÉCNICO: Dos mil pesetas.

EL CLIENTE: ¿Tanto? Casi no vale la pena.

EL TÉCNICO: Las reparaciones no son baratas. Hacen falta herramientas especiales hasta para ajustar una pieza de poca importancia.

EL CLIENTE: ¡Claro! ¡Ya sé que Ud. no va a usar un serrucho o un martillo!

EL TÉCNICO: Además, hay que tener en cuenta los años de experiencia.

EL CLIENTE: ¡Naturalmente!

PRÁCTICA

A. Diálogos. Con un compañero (una compañera) invente diálogos usando las siguientes palabras.

Los obreros y el dueño de la casa

EL CARPINTERO: paredes / aislamiento / carpintería

EL PLOMERO: tubería / lavadora y secadora / lunes

EL ELECTRICISTA: conexiones / precio / el albañil y el pintor

EL CARPINTERO: problemas de dinero

EL ELECTRICISTA: pintar / fácil / no caerse

Las reparaciones

EL CLIENTE: ¿cobrarme / máquina de afeitar?

EL TÉCNICO: _____

EL CLIENTE: ¿valer?

EL TÉCNICO: reparaciones / herramientas

EL CLIENTE: serrucho

EL TÉCNICO: además / tener en cuenta

EL CLIENTE: _____

B. Asociaciones. ¿Qué palabras de la columna a la derecha asocia Ud. con los individuos de la columna a la izquierda? *This exercise is also a review of vocabulary from previous lessons.*

1. carpintero
2. plomero (fontanero)
3. electricista
4. técnico

a. las conexiones
b. el aislamiento
c. el horno
ch. el inodoro
d. la tubería
e. una puerta más
f. el agua caliente
g. la lavadora
h. un estante
i. las luces

C. *¿Quiere Ud. trabajar?* Conteste.

1. ¿Qué clase de ingenieros busca esta compañía?
2. ¿Qué otros profesionales se necesitan?
3. ¿Qué les ofrece la compañía a los empleados?
4. ¿Qué debe hacer la persona interesada?

CH. Conteste.

1. Generalmente, ¿dónde se instala la mayor parte de la tubería en una casa?
2. ¿Cuánto gana por hora, más o menos, un carpintero (fontanero, electricista)? ¿Por qué reciben un salario bastante alto algunos técnicos?
3. ¿Dónde trabaja un minero?
4. ¿Qué mineral es la exportación más importante de Chile?
5. ¿Qué herramientas usa un carpintero?
6. ¿Para qué se usa una máquina de afeitar?
7. ¿Qué podría cortar Ud. con un serrucho?
8. ¿Qué sabe una secretaria bilingüe?
9. ¿Cuánto cuesta hoy día, más o menos, un martillo (un serrucho, una máquina de afeitar, una lavadora, una secadora)?
10. ¿Qué debe tener en cuenta la persona que quiere hacer trabajos especializados en su propia casa?

citando *citing*
empresa *company*
imprescindible *absolutely necessary*
perfil *profile*
tamaño *size*

Empresa multinacional

1. ¿Cómo es la empresa que publica este anuncio? ¿Qué posición ofrece?
2. ¿Qué formación (educación) y experiencia deben tener los candidatos interesados?
3. ¿Por qué cree Ud. que el conocimiento del inglés es «imprescindible»?
4. ¿Qué cualidades personales busca esta empresa en el futuro «jefe de producto»?

Gramática I

98. Subjunctive in Adverb Clauses: General Statement

You've already studied the subjunctive in noun clauses and adjective clauses. In both cases the dependent clause containing the subjunctive is introduced by **que**. The third (and final) kind of structure in which the subjunctive is used is the adverb clause. Here the dependent clause is introduced by an adverbial conjunction and modifies the verb of the main clause.

MAIN CLAUSE CONTAINING A VERB	QUALIFYING STATEMENT FUNCTIONING AS AN ADVERB
Yo trabajo *I am working*	**para que** coma mi familia. *so that my family can eat.*

In this example, the clause introduced by the adverbial conjunction **para que** indicates the reason for working.

The use of the subjunctive in adverb clauses can be divided into these categories: subjunctive in adverb clauses of purpose and proviso (grammar section 99), subjunctive in adverb clauses of time (grammar section 100), and subjunctive after **aunque** (grammar section 101).

99. Subjunctive in Adverb Clauses of Purpose and Proviso

The adverbial conjunctions **para que** (*in order that, so that*), **a menos que** (*unless*), **con tal (de) que** (*provided that*), and **en caso de que** (*in case*) always require the use of the subjunctive in the dependent clause because they stipulate a condition that does not yet exist.

Le dio ese libro **para que** entendiera mejor la psiquiatría.	*He gave him that book so that he would understand psychiatry better.*
No le daré crédito **a menos que** trabaje.	*I will not grant (give) her credit unless she works.*
Yo iré a ver al contador **con tal que** Ud. vaya también.	*I will go to see the accountant on the condition that you go also.*
No lo reciba **en caso de que** venga a hacerle una entrevista.	*Do not receive him in case he comes to interview you.*

PRÁCTICA

A. Una recomendación. Complete con la forma correcta del verbo entre paréntesis.

En caso de que Ud. (*necesitar*)[1] un carpintero, llame a Carlos Suárez. Es muy bueno, pero cobra mucho. Por eso, no lo llame a menos que Ud. (*tener*)[2] bastante dinero. Carlos trabaja con cuidado para que su trabajo siempre (*ser*)[3] bueno; en mi casa el año pasado él no pudo hacer cierta reparación y salió en seguida para (*comprar*)[4] la herramienta apropiada. Vale la pena pagar mucho con tal de que el trabajo (*haber*)[5] quedado bien.

B. Buscando un buen trabajo. Imagine que su compañero (compañera) busca trabajo. Déle consejos según el modelo.

> MODELO: el día de la entrevista salir de tu casa temprano / para que / llegar a tiempo →
> El día de la entrevista sal de tu casa temprano para que llegues a tiempo.

1. llevar un traje / para que / la jefa tener una buena impresión
2. llegar a su oficina un poco temprano / a menos que / tú realmente no querer el empleo
3. hacerle tú preguntas sobre la compañía / para que / ver que tú tener mucho interés
4. no pedir más dinero / con tal de que / el sueldo ser suficiente
5. después de la entrevista escribirle una carta / para que / ella saber que tú ser muy cortés (*courteous*)

100. Subjunctive in Adverb Clauses of Time

The subjunctive is required whenever an expression of time introduces a statement implying futurity. If future time is not implied, a verb in the indicative is used. This is always the case when the main verb is in the present tense, indicates habitual action, or is in a past tense. Compare the uses in the chart that follows.

Because of its meaning, the conjunction **antes (de) que** (*before*) is always used with the subjunctive.

Él no podrá volver **antes de que** hagan su trabajo el albañil y el pintor.	*He can't return before the bricklayer and the painter do their work.*
Él no pudo volver **antes de que** terminaran las conexiones eléctricas.	*He could not return before they finished the electrical connections.*

TIME EXPRESSION	WITH PRESENT OR PAST IN MAIN CLAUSE	WITH FUTURE IN MAIN CLAUSE
cuando	Siempre se lo doy cuando lo pide. *I always give it to him when he asks for it.*	Se lo daré cuando lo **pida**. *I'll give it to him when he asks for it.*
después de que	Fui después de que llegaste. *I went after you arrived.*	Iré después de que **llegues**. *I shall go after you arrive.*
hasta que	Él estuvo hablando hasta que ella salió. *He was speaking until she left.*	Hablará hasta que ella **salga**. *He will speak until she leaves.*
tan pronto como	Comenzamos a pintar tan pronto como vinieron. *We began to paint as soon as they came.*	Comenzaremos a pintar tan pronto como **vengan**. *We will begin to paint as soon as they come.*

PRÁCTICA

A. Complete según el modelo.

MODELO: (ver) →
Ayer le hablé cuando lo __vi__ .
Mañana le hablaré cuando lo __vea__ .

1. (ir a la capital)
   Siempre vemos una película cuando _____ .
   Veremos una película cuando _____ .
2. (dar)
   No le hablaron hasta que el albañil _____ una explicación.
   No le hablarán hasta que el albañil _____ una explicación.
3. (terminar)
   Habló después de que el plomero _____ la instalación.
   Hablará después de que el plomero _____ la instalación.

4. (anunciar)
No quería dar una opinión antes de que el dueño _____ sus planes.
No va a dar una opinión antes de que el dueño _____ sus planes.
5. (solicitar)
Lo contrataron en esa empresa tan pronto como _____ el trabajo.
Lo contratarán en esa empresa tan pronto como _____ el trabajo.

B. ¿Qué hará Ud. hoy tan pronto como…? Invente un monólogo en serie, según el modelo.

MODELO: bañarse → Tan pronto como me levante hoy, me bañaré. Tan pronto como me bañe hoy,…

1. afeitarse
2. vestirse
3. desayunarse
4. salir de casa
5. tomar el autobús
6. ir a mis clases
7. ver a mis amigos
8. ¿_____?

C. Cambie las acciones del ejercicio **B** al pasado.

MODELO: Tan pronto como me levanté ayer, me bañé. Tan pronto como me bañé ayer,…

101. Subjunctive After *aunque*

If a speaker sees an event as a mere possibility when making a statement introduced by **aunque** (*although, even if*), he or she must use the subjunctive.

Juan no será nunca un gran músico, **aunque practique** todos los días.

Juan will never be a great musician even if he practices every day.

Aunque ella **tenga** dinero en billetes, pagará con un cheque.

Although she may have the cash, she will pay with a check.

If the event is seen as a fact and not as a possibility, the speaker uses the indicative.

Juan no será nunca un gran músico, **aunque practica** todos los días.

Juan will never be a great musician even though he practices every day.

Aunque ella **tendrá** dinero en efectivo, **pagará** con un cheque.

Although she will have the cash, she will pay with a check.

In the last two sentences, *he practices every day* and *she will have the cash* are seen as facts.

PRÁCTICA

¿Subjuntivo o no? Complete con la forma apropiada del verbo entre paréntesis.

1. María es millonaria.
   Aunque ella (*ser*) rica, vive en una casa muy pequeña.
2. Su hermano Juan es muy simpático, pero no muy inteligente.
   Aunque Juan no (*ser*) un genio, siempre saca buenas notas porque estudia mucho.
3. Su otro hermano, Tomás, es un técnico muy bueno, pero siempre cobra precios razonables.
   Tomás hará un buen trabajo aunque no (*cobrar*) mucho.
4. Su padre vuelve hoy pero no sabe a qué hora llega el tren.
   Aunque él (*llegar*) tarde, espera estar en tu casa a las 3:00.
5. María no necesita la ayuda de su padre, pero tal vez sus hermanos la necesiten.
   Su padre insiste en ayudarles, aunque no (*necesitar*) nada.

 Vida y costumbres II

Vocabulario activo II

Sustantivos: Las profesiones

el comercio	commerce, business	el pago de derechos	payment of fees
el/la dentista	dentist	la pedagogía	education
el derecho	law	el/la psiquiatra	psychiatrist
la ingeniería: civil, de minas, eléctrica, mecánica	engineering: civil, mining, electrical, mechanical	la psiquiatría	psychiatry
		la química	chemistry
		el/la químico	chemist
el/la maestro/a	teacher	el/la trabajador(a) social	social worker
la matrícula	registration fees		
la odontología	dentistry	el/la veterinario/a	veterinarian

Otros sustantivos

la brevedad	brevity	el manejo	management, handling
el duplicador	duplicating machine, duplicator	el plano	blueprint
		el ramo	branch (of a field)
el título	(academic) degree		
el líder	leader		

Verbos

copiar	to copy
(él) está muerto	he is dead
están copiadas	are copied
están terminados	they are finished
no está reparado	it isn't repaired
será manejada	it will be handled

Adjetivos

deseable	desirable
laboral	(pertaining to) labor
universitario/a	university

Maneras de ganarse la vida

UNIVERSIDAD DEL ESTADO

Campo (Título)	Años	Campo (Título)	Años
Arquitectura		Medicina	
(Arquitecto / Arquitecta)	4	(Doctor / Doctora)	6
Comercio		(Enfermero / Enfermera)	3
(Contador / Contadora)	4	(Veterinario / Veterinaria)	6
Derecho		Odontología	
(Abogado / Abogada)	4	(Dentista)	4
Farmacia		Pedagogía	
(Farmacéutico / Farmacéutica)	4	(Maestro / Maestra)	4
Ingeniería: Civil, de Minas, Eléctrica, Mecánica		Psiquiatría	
(Ingeniero / Ingeniera)	5	(Psiquiatra)	5
		Química	
		(Químico / Química)	4
		Socio-Economía	
		(Sociólogo / Socióloga)	4
		(Economista)	4
		(Trabajador / Trabajadora Social)	4

Matrícula
Días de matrícula: abril 1–5; Pago de derechos: abril 1–5

¡Importante oportunidad!

IMPORTANTE EMPRESA LIDER EN SU RAMO, SOLICITA:

GERENTE RELACIONES LABORALES

- GRADO UNIVERSITARIO.
- Experiencia mínima de 4 años en manejo de Relaciones Laborales.
- Inglés deseable.

Interesados enviar curriculum al APARTADO POSTAL 843, México, D. F., a la mayor brevedad posible. (Toda la información recibida será manejada con la mayor confidencialidad).

La farsa en la oficina

VICEPRESIDENTE A: ¿Están terminados los planos para la fábrica?

VICEPRESIDENTE B: Sí, pero no se han copiado, jefe. Señor C, ¿por qué no están copiados todavía?

VICEPRESIDENTE C: El duplicador se rompió ayer, señor. Señor D, ¿por qué no está reparado todavía?

VICEPRESIDENTE D: El técnico que iba a venir se enfermó. Señor E, ¿cómo está el técnico hoy?

VICEPRESIDENTE E: Está muerto, jefe.

PRÁCTICA

A. Las profesiones. Complete. Dé el nombre del profesional indicado en cada oración.

1. Me gustaría construir una casa moderna y cómoda. Tengo que consultar a _____.
2. Todo médico necesita un experto en la preparación de medicinas, esto es, _____.
3. Hay una persona que examina todas las cuentas de nuestra compañía: _____.
4. Yo aprecio mucho a las personas que me dan mis medicinas cuando estoy en el hospital: _____.
5. Voy a enseñar inglés; ya tengo mi título de _____.
6. Consultaré a un médico que pueda descubrir la causa de mis complejos mentales: _____.

7. Conozco a un señor que es experto en enfermedades de animales: _____.

8. Busco un individuo que hable con mi vecina, cuya familia necesita ayuda financiera: _____.

9. Están construyendo el metro. Por eso han llamado a _____.

10. Me duele un diente (*tooth*); por eso tengo que ver al _____.

B. Definiciones. Invente oraciones para definir a los siguientes profesionales. *Try not to refer back to exercise* **A**.

1. veterinario	6. farmacéutico
2. médica	7. maestro
3. arquitecto	8. dentista
4. contador	9. enfermera
5. ingeniero	10. psiquiatra

C. *¡Importante oportunidad!* Conteste.

1. La empresa: ¿Es importante? ¿Cómo se sabe? ¿Qué solicita?

2. El nuevo gerente: ¿Qué título debe tener? ¿Y cuánta experiencia? ¿En qué? ¿Debe ser bilingüe?

3. Los interesados: ¿Qué deberán enviar? ¿Adónde? ¿Cuándo? ¿Cómo será manejada toda la información recibida?

CH. *La farsa en la oficina.* Cada funcionario responde, humildemente, a su superior y luego hace una pregunta, en tono imperioso, a su inferior. Con varios compañeros de clase reconstruya el breve diálogo.

A: ¿estar terminado…?
B: copiar / ¿por qué no…?
C: romperse / ¿por qué no…?
D: enfermarse / ¿cómo…?
E: morir

Gramática II

102. Resultant State

Spanish uses **estar** with a past participle to indicate the state or condition that *results from* the actions expressed by the passive voice or the **se** construction. Compare the sentences that follow.

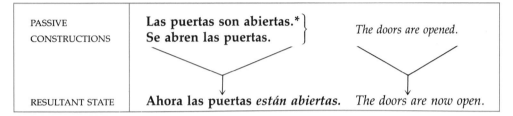

PASSIVE CONSTRUCTIONS	**Las puertas son abiertas.*** ⎫ **Se abren las puertas.** ⎭	*The doors are opened.*
RESULTANT STATE	**Ahora las puertas** *están abiertas.*	*The doors are now open.*

The past participle in this construction also agrees with the noun it modifies. The resultant-state construction can be used in all tenses, but in the past the imperfect is preferred.

PASSIVE CONSTRUCTIONS

La casa fue pintada (por la familia).

Se pintó la casa.

The house was (being) painted (by the family).

RESULTANT STATE

La casa estaba bien **pintada**.

The house was well painted.

---

*The true passive is formed with **ser** and a past participle: **Los libros fueron publicados.**
The books were published.

PRÁCTICA

A. Cambie según los modelos.

MODELO: Se (*instala*) la secadora. → La secadora está instalada.

1. Se (*pide*) el almuerzo.
2. Se (*venden*) las herramientas.
3. Se (*ajusta*) el motor.
4. Se (*organizaron*) las empresas.
5. Se (*anuncia*) el programa.

MODELO: (*Vendió*) las cinco cocinas eléctricas. →
Las cinco cocinas eléctricas estaban vendidas.

6. Se (*instalaron*) las luces.
7. Se (*pintaron*) las paredes.
8. Se (*abren*) las puertas.
9. Se (*pagaron*) los derechos.
10. Se (*copió*) el plano.

B. Complete con **estar** y el participio pasado.

1. Si vemos que han terminado la casa, decimos: —…
2. Cuando un hombre ha muerto, digo: —…
3. Si sabemos que han invitado a Pedro, decimos: —…
4. Después de apagar el televisor, digo: —…
5. Mi hermano me pregunta si están haciendo el pan. Le contesto: —…

103. *Ser* and *estar* (Another Look)

Basic uses of **ser** and **estar** were presented in **Lección tres**. Here is a summary of those uses and also some of the subtleties you will learn in intermediate Spanish.

A. Use only **ser** to express the concepts that follow.

1. Identification

¿Qué **es**? —**Es** profesor.
¿Qué día **es**? —**Es** sábado.
Y este coche, ¿qué **es**? —**Es** un Rolls Royce.

2. Origin

¿De dónde **es**? —**Es** de Venezuela. **Es** venezolano.

3. Possession

Los libros **son** de Carmen.

4. Material

> La mesa **es** de madera.

5. Telling time

> **Son** las cinco.

6. Equating

> Cuatro más seis **son** diez.

B. Use only **estar** to express the concepts that follow.

1. Location

> **Estoy** en Los Ángeles.
> Susana **está** en su último año de estudios.

2. To form the progressive

> **Están** estudiando.
> **Estaba** leyendo.

3. To form idioms

> **Estamos de acuerdo** contigo.
> El vestido **está de moda**.
> La farmacia **está de turno** esta noche.

C. Use either **ser** or **estar** as the examples that follow indicate.

SER	ESTAR
ser + *adjective* = NORM from the speaker's point of view	**estar** + *adjective* = change from NORM from the speaker's point of view
¿Cómo **es**? —**Es** malo (loco, joven, viejo, rico, pobre, alto, bajo, etcétera).	¿Cómo **está**? —**Está** malo (loco, joven, viejo, rico, pobre, alto, bajo, etcétera). (The speaker did not expect to find the subject in the condition noted.)
Roberto **es** pobre.	Roberto **está** pobre. (The speaker did not expect Roberto to be poor.)
Ella **es** joven.	Ella **está** joven. (The speaker did not expect the person to be so young.)
Las montañas **son** altas. (The speaker is objectively describing the mountains as being high.)	Las montañas **están** altas. (The speaker did not expect the mountains to be as high as they appear now.)

Although the preceding explains most usages of **ser** and **estar** with adjectives, there are some subtle exceptions. For example:

1. La nieve **es** blanca.
   (The speaker is objectively describing the snow as being white.)

   La nieve **está** blanca.
   (The speaker implies awareness that the snow might become less white *in the future*.)

2. El coche **fue** destruido por Juan.
   (This is the true passive construction. The agent is known.)

   El coche **estuvo** destruido.
   (This is the resultant state. The agent is not known.)

   La puerta **fue** cerrada.
   (An agent could be added.)

   La puerta **estaba** cerrada.
   (No agent can be added.)

3. La fiesta **es** en el hotel.
   (**Fiesta** represents an *event*.)

   La fiesta **está** en el hotel.
   (The *location* where the fiesta is taking place is stressed.)

PRÁCTICA

A. ¿**Ser** o **estar**? *Fill in the blanks with the correct verb form.*

Normalmente yo _____¹ un estudiante inteligente, pero hoy no _____² seguro. _____³ muy nervioso porque mañana tengo un examen difícil de matemáticas a las 8:00. Ahora _____⁴ las 6:00 de la tarde y ya _____⁵ cansado. Necesito estudiar mucho, pero _____⁶ necesario dormir. ¡No quiero escribir mañana que dos y dos _____⁷ cinco! _____⁸ pensando en llamar a mi amiga Roberta, quien _____⁹ muy lista para las matemáticas. ¡Ojalá que me ayude!

B. ¿**Ser** o **estar**? Complete.

1. _____ en California pero _____ de Texas.
2. Voy a graduarme en tres meses. _____ en mi último año de estudios en la universidad.
3. Fueron al teatro para el concierto, pero la puerta _____ cerrada.
4. Mi amigo Miguel nunca tiene dinero. _____ pobre.
5. La música clásica siempre _____ de moda.
6. Acabo de recibir una «A» en el examen y _____ muy contenta.
7. La mesa _____ de plástico y por eso no _____ muy cara.
8. Mi abuela tomó tres píldoras para dormir y ahora _____ dormida.

C. Un viaje reciente. *Write a description of a recent trip, using several adjectives with **ser** and **estar**. What did you see? What people did you meet and what were they like? Was it a positive experience?*

Comunicación

Texto: *Sobre gustos° no hay nada escrito*   *tastes*

EL PADRE: Me alegro de que Nicolás tenga afición° a las ciencias y a las   *tenga... is fond of*
finanzas.

LA MADRE: Pues... que estudie ingeniería, a menos que prefiera ser
arquitecto.

EL PADRE: O que se especialice en computadoras.

LA MADRE: No sé... Me ha hablado de su entusiasmo por la medicina, aun
cuando tenga que estudiar por varios años.

EL PADRE: De todos modos,° mejor será esperar hasta que él haga la elec-   *De... In any case*
ción final.

LA MADRE: Sí, eso es mejor, para que no diga después que la decisión fue
nuestra.

EL PADRE: ¿Es verdad que te gustan la electrónica y la física nuclear?

EL HIJO: Hasta cierto punto.°   *Hasta... Up to a point.*

EL PADRE: Discutiremos esta cuestión después de que tú hayas escogido° tu   *chosen*
futura especialización.

EL HIJO: ¿Saben? Creo que me gustaría escribir guiones° para la tele.   *film scripts*

LA MADRE: ¿Sí?

EL HIJO: ¡Sí! Y primero, voy a estudiar inglés. ¿Qué les parece?

NOTAS CULTURALES

1. National industries in Hispanic countries are currently facing difficult economic times, partly because of foreign competition. For this reason, some countries have passed protectionist legislation in an attempt to promote domestic firms.
2. At present many Hispanic universities, responding to the demands of industry and technology, have modern, diversified programs of study. The two-year general course found in most American universities (freshman and sophomore years) is usually part of the high-school curriculum in the Hispanic world; colleges and universities focus on professional studies.

PRÁCTICA

A. Invente preguntas sobre el **Texto**, empleando las siguientes expresiones. *Test your classmates with your questions.*

1. tener afición a
2. especializarse en
3. hablar con entusiasmo de
4. hacer la elección final
5. escoger la futura especialización
6. escribir guiones para

B. Preguntas personales.

1. ¿En qué se especializa Ud.? ¿Por qué?
2. ¿Qué otros campos le interesan especialmente? ¿Por qué?
3. ¿Cuánto dinero espera Ud. ganar?
4. ¿Qué papel han tenido sus padres en estas decisiones? ¿Qué le han aconsejado ellos?
5. ¿Decide Ud. a favor de una profesión por el dinero que se puede ganar o por otras razones? Explique.

EXPRESIÓN PERSONAL

A. Diversión. *Come to class with a statement in Spanish describing what someone in one of the professions or services does. Present your statement to the class. Your classmates will try to identify the occupation.*

B. Invención. *Complete the sentences, using any appropriate conjunctions. Be creative!*

MODELO: Esperaré aquí _____. →
Esperaré aquí hasta que Ud. vuelva (hasta que llegue el tren / con tal que Ud. vuelva / a menos que Ud. decida hacer otra cosa).

1. Buscaré trabajo _____.
2. Me casaré con _____.
3. Viajaremos a Toronto _____.
4. Viviremos en _____.
5. No gastaremos mucho _____.
6. Pediré más tiempo libre _____.
7. Ganaré mucho dinero _____.
8. Estaré muy contento/a de mi vida _____.

C. Teatro. En colaboración con un compañero (una compañera), presente a la clase las siguientes conversaciones.

1. Una madre (Un padre) habla con su hijo (hija) de sus planes para el futuro.
2. Dos amigas (amigos) conversan sobre sus estudios y la matrícula que tienen que pagar.
3. El dueño (La dueña) de un edificio habla de algunos problemas con un carpintero, un electricista o un fontanero.

CH. Libros y más libros. Examine este anuncio y conteste.

1. ¿Cuántas profesiones, más o menos, se mencionan en este anuncio?
2. ¿Qué han hecho todos estos individuos y 450 millones de personas más?
3. ¿En qué planeta ocurre todo esto?
4. De todas las profesiones mencionadas aquí, ¿cuál le gustaría a Ud. practicar? ¿Por qué?
5. ¿Cómo se llama la casa editorial?

En un planeta llamado Tierra, poetas, escritores, juglares, filósofos, científicos, sacerdotes, profesores, niños, un rey vestido de púrpura, matemáticos, geógrafos, artistas, estudiantes, cuatro piratas en un galeón, arquitectos, guerreros, políticos, editores, astrónomos, doctores, violinistas y contrabajistas, dos astronautas en órbita, y 450 millones de personas más, han escrito libros para que otros los lean.

ZIG-ZAG **ZZ**
Garantía editorial

■ *OTRA VEZ*

Lea el anuncio y conteste las preguntas.

alimentación *food, diet*
cosechas *crops*
crecimiento *growth*
ensayos *experiments*
malas hierbas *weeds*
nocivos *harmful*
pruebas *tests*
rindan *(may) yield*
semillas *seeds*
sometidosa *subjected to*
tercio *one-third*
vertiente *side, aspect*

ASI NO HAY QUIEN VIVA

Ni los parásitos, ni las malas hierbas, ni ninguno de esos insectos tan nocivos para las cosechas. A todos ellos los tenemos, en Sandoz, sometidos a permanente observación. Porque un tercio de la cosecha mundial es destruida por estos elementos. Porque una gran parte del tercer mundo podría tener la alimentación asegurada si no fuese por esos parásitos.

Es por ello que Sandoz investiga constantemente. Realizando ensayos en las zonas climáticas más diversas y difíciles. Invirtiendo grandes sumas de dinero. Desarrollando todo tipo de pruebas para obtener los más eficaces herbicidas, fungicidas e insecticidas.

Y paralelamente a esta labor, nos dedicamos con la misma intensidad a la otra vertiente. A la del crecimiento. A la de las semillas y los fertilizantes. Con el fin de que nuestros campos rindan más y mejor. De que todas las mesas tengan cada día unos productos más ricos y saludables.

Y es que, para su mayor bienestar, Sandoz va por delante.

Por delante

1. ¿Cómo se llama la compañía responsable por este anuncio? Esta compañía investiga constantemente, invierte grandes cantidades de dinero y realiza ensayos en las zonas climáticas más diversas y difíciles. ¿Qué quiere obtener?
2. ¿Por qué quiere controlar los parásitos y los insectos? ¿Quiénes podrían tener la alimentación asegurada si no fuera por esos parásitos?
3. ¿Qué más hace esta compañía a fin de que nuestras mesas tengan productos más ricos y saludables? Si Ud. fuera presidente (presidenta) de esta compañía, ¿cuál es la primera cosa que haría?
4. ¿Conoce Ud. a otros que se dediquen a esta labor? ¿Quiénes son?
5. ¿Tiene Ud. algunas dudas sobre un anuncio de este tipo? Explique. Si Ud. tuviera el dinero, ¿lo invertiría en una compañía como ésta? ¿Por qué (no)?

Examen de repaso 10

A. Dé la forma apropiada del verbo entre paréntesis.

1. (ver) Cuando lo _____, le daré el dinero.
2. (entregar) Te llamaré después de que el cartero me _____ la correspondencia.
3. (meter) Ella siempre doblaba la hoja cuatro veces cuando la _____ en el sobre.
4. (tener) ¿Has recibido alguna carta que _____ un sello extranjero?
5. (devolver) Si Juana me manda un cheque, se lo _____ en seguida.
6. (ser) Necesito un coche que no _____ muy viejo.
7. (saber) ¿Conoce Ud. una persona que _____ ruso?
8. (acompañarme) No quiero salir solo. Iré al teatro con tal de que Ud. _____ .
9. (llegar) Quería saber quién me había escrito. Por eso, esperé hasta que _____ la correspondencia.
10. (estudiar) Sé que no es muy inteligente. No recibirá buenas notas aunque _____ mucho.
11. (entender) Le hablé muy alto para que me _____ .
12. (salir) Se lo preguntaré a él antes de que _____ .
13. (decir) No lo creería aunque Ud. me lo _____ .
14. (morir) Nadie esperaba que él _____ así.
15. (recibir) No te daremos regalos a menos que _____ buenas notas (*grades*).
16. (poder) No había nadie allí que _____ hacerlo.
17. (trabajar) Si nosotros _____ más, no nos pagaría más. Entonces, ¿por qué trabajar tanto?
18. (repetir) ¿Haría él lo que le pides si tú se lo _____?
19. (dar) Si yo se lo dijera, ¿qué me _____ Ud.?
20. (comprar) ¿Estarías más contento si yo te lo _____?

B. Complete con **ser** o **estar**.

1. Estudié diez horas para el examen y sé que _____ lista.
2. Ricardo es mi amigo, pero nunca _____ de acuerdo conmigo en la política.
3. San Francisco _____ al norte de Los Ángeles.
4. Espero encontrar un buen apartamento, pero ahora _____ viviendo con mis padres.
5. Josefina _____ hermosa con su nuevo vestido.
6. Mi cuarto siempre es muy limpio, pero hoy _____ sucio.

C. Complete con **estar** y el participio pasado.

1. Después de hacer el pan, digo: «_____».
2. Después de abrir las maletas, digo: «_____».
3. Después de servir la cena, mi madre dijo: «_____».
4. Después de terminar mi trabajo, digo: «Mi trabajo _____».
5. Después de pintar sus dos coches, Alberto dice: «_____».

CH. Conteste usando oraciones completas.

1. ¿Con qué empleado (empleada) habla Ud. cuando va al banco?
2. ¿Cómo se llama la persona que pone la tubería en el sótano?
3. ¿Qué cursos de ingeniería puede Ud. estudiar en la universidad? (dé un mínimo de dos)
4. ¿Qué herramientas usa un carpintero?
5. ¿En qué tipo de mina trabajan los mineros en Chile?
6. ¿Qué documento sirve como identificación en el banco?

D. Complete.

1. Abriré en este banco dos cuentas diferentes: una _____ y una _____.
2. Yo sabía que en esa tienda todo sería muy barato hoy porque vi un anuncio que decía: «_____».
3. En el banco siempre veo dos máquinas eléctricas muy importantes: _____ y _____.
4. No quiero gastar mi dinero. ¡Todo lo contrario! Quiero _____.

E. Vocabulario. Exprese en español.

1. (with) cash	4. to mail a letter	7. the envelope
2. as soon as	5. the bricklayer	8. in installments
3. airmail	6. to send	9. to cash a check

APPENDICES

Appendix 1: Verbs

A. Regular Verbs: Simple Forms

INFINITIVE PRESENT PARTICIPLE PAST PARTICIPLE	INDICATIVE					SUBJUNCTIVE		IMPERATIVE[1]
	PRESENT	IMPERFECT	PRETERITE	FUTURE	CONDI-TIONAL	PRESENT	IMPERFECT[2]	
to speak speaking spoken	I speak, do speak, am speaking, etc.	I was speaking, used to speak, spoke, etc.	I spoke, did speak, etc.	I shall (will) speak, etc.	I should (would) speak, etc.	(that) I (may) speak, etc.	(that) I (might) speak, etc.	speak don't speak let's speak
ar								
hablar hablando hablado	hablo hablas habla hablamos habláis hablan	hablaba hablabas hablaba hablábamos hablabais hablaban	hablé hablaste habló hablamos hablasteis hablaron	hablaré hablarás hablará hablaremos hablaréis hablarán	hablaría hablarías hablaría hablaríamos hablaríais hablarían	hable hables hable hablemos habléis hablen	hablara hablaras hablara habláramos hablarais hablaran	habla tú no hables hable Ud. hablemos hablen Uds.
er								
comer comiendo comido	como comes come comemos coméis comen	comía comías comía comíamos comíais comían	comí comiste comió comimos comisteis comieron	comeré comerás comerá comeremos comeréis comerán	comería comerías comería comeríamos comeríais comerían	coma comas coma comamos comáis coman	comiera comieras comiera comiéramos comierais comieran	come tú no comas coma Ud. comamos coman Uds.
ir								
vivir viviendo vivido	vivo vives vive vivimos vivís viven	vivía vivías vivía vivíamos vivíais vivían	viví viviste vivió vivimos vivisteis vivieron	viviré vivirás vivirá viviremos viviréis vivirán	viviría vivirías viviría viviríamos viviríais vivirían	viva vivas viva vivamos viváis vivan	viviera vivieras viviera viviéramos vivierais vivieran	vive tú no vivas viva Ud. vivamos vivan Uds.

[1]The **vosotros** commands are: **hablad, no habléis; comed, no comáis; vivid, no viváis.**
[2]The imperfect subjunctive has another set of endings: **-se, -ses, -se, -semos, -seis, -sen; hablase, hablases; aprendiese, aprendiésemos; vivieseis, viviesen.**

B. Regular Verbs: Perfect Forms

	INDICATIVE				SUBJUNCTIVE	
PRESENT PERFECT	PLUPERFECT	PRETERITE PERFECT	FUTURE PERFECT	CONDITIONAL PERFECT	PRESENT PERFECT	PLUPERFECT[1]
I have spoken, etc.	*I had spoken, etc.*	*I had spoken, etc.*	*I shall (will) have spoken, etc.*	*I should (would) have spoken, etc.*	*(that) I (may) have spoken, etc.*	*(that) I might have spoken, etc.*
he	había...	hube...	habré...	habría...	haya	hubiera...
has	habías...	hubiste...	habrás...	habrías...	hayas	hubieras...
ha hablado	había...	hubo...	habrá...	habría...	haya hablado	hubiera...
hemos comido	habíamos...	hubimos...	habremos...	habríamos...	hayamos comido	hubiéramos...
habéis vivido	habíais...	hubisteis...	habréis...	habríais...	hayáis vivido	hubierais...
han	habían...	hubieron...	habrán...	habrían...	hayan	hubieran...

[1]The pluperfect subjunctive also features the alternate set of endings: **hubiese hablado, hubieses vivido**, etc.

C. Irregular Verbs

This section gives only irregular forms, not entire verb conjugations. If a form is not listed, you can assume that it is regular.

andar *to walk; to go*
Preterite anduve, anduviste, anduvo, anduvimos, anduvisteis, anduvieron
Imperfect subjunctive anduviera, anduvieras, anduviera, anduviéramos, anduvierais, anduvieran

caer *to fall*
Present participle cayendo
Past participle caído
Present indicative caigo, caes, cae, caemos, caéis, caen
Preterite caí, caíste, cayó, caímos, caísteis, cayeron
Present subjunctive caiga, caigas, caiga, caigamos, caigáis, caigan
Imperfect subjunctive cayera, cayeras, cayera, cayéramos, cayerais, cayeran

conducir *to conduct, drive*
Present indicative conduzco, conduces, conduce, conducimos, conducís, conducen
Preterite conduje, condujiste, condujo, condujimos, condujisteis, condujeron
Present subjunctive conduzca, conduzcas, conduzca, conduzcamos, conduzcáis, conduzcan
Imperfect subjunctive condujera, condujeras, condujera, condujéramos, condujerais, condujeran

dar *to give*
Present indicative doy, das, da, damos, dais, dan
Preterite di, diste, dio, dimos, disteis, dieron
Present subjunctive dé, des, dé, demos, deis, den
Imperfect subjunctive diera, dieras, diera, diéramos, dierais, dieran

decir *to say; to tell*
Present participle diciendo
Past participle dicho
Present indicative digo, dices, dice, decimos, decís, dicen
Preterite dije, dijiste, dijo, dijimos, dijisteis, dijeron
Present subjunctive diga, digas, diga, digamos, digáis, digan
Imperfect subjunctive dijera, dijeras, dijera, dijéramos, dijerais, dijeran
Future diré, dirás, dirá, diremos, diréis, dirán
Conditional diría, dirías, diría, diríamos, diríais, dirían
Imperative di

estar *to be*
Present indicative estoy, estás, está, estamos, estáis, están
Preterite estuve, estuviste, estuvo, estuvimos, estuvisteis, estuvieron
Present subjunctive esté, estés, esté, estemos, estéis, estén
Imperfect subjunctive estuviera, estuvieras, estuviera, estuviéramos, estuvierais, estuvieran

haber   *to have*
Present indicative   he, has, ha, hemos, habéis, han
Preterite   hube, hubiste, hubo, hubimos, hubisteis, hubieron
Present subjunctive   haya, hayas, haya, hayamos, hayáis, hayan
Imperfect subjunctive   hubiera, hubieras, hubiera, hubiéramos, hubierais, hubieran
Future   habré, habrás, habrá, habremos, habréis, habrán
Conditional   habría, habrías, habría, habríamos, habríais, habrían

hacer   *to do; to make*
Past participle   hecho
Present indicative   hago, haces, hace, hacemos, hacéis, hacen
Preterite   hice, hiciste, hizo, hicimos, hicisteis, hicieron
Present subjunctive   haga, hagas, haga, hagamos, hagáis, hagan
Imperfect subjunctive   hiciera, hicieras, hiciera, hiciéramos, hicierais, hicieran
Future   haré, harás, hará, haremos, haréis, harán
Conditional   haría, harías, haría, haríamos, haríais, harían
Imperative   haz

ir   *to go*
Present participle   yendo
Present indicative   voy, vas, va, vamos, vais, van
Imperfect indicative   iba, ibas, iba, íbamos, ibais, iban
Preterite   fui, fuiste, fue, fuimos, fuisteis, fueron
Present subjunctive   vaya, vayas, vaya, vayamos, vayáis, vayan
Imperfect subjunctive   fuera, fueras, fuera, fuéramos, fuerais, fueran
Imperative   ve

oír   *to hear*
Present participle   oyendo
Past participle   oído
Present indicative   oigo, oyes, oye, oímos, oís, oyen
Preterite   oí, oíste, oyó, oímos, oísteis, oyeron
Present subjunctive   oiga, oigas, oiga, oigamos, oigáis, oigan
Imperfect subjunctive   oyera, oyeras, oyera, oyéramos, oyerais, oyeran
Imperative   oye

poder   *to be able, can*
Present participle   pudiendo
Preterite   pude, pudiste, pudo, pudimos, pudisteis, pudieron
Imperfect subjunctive   pudiera, pudieras, pudiera, pudiéramos, pudierais, pudieran
Future   podré, podrás, podrá, podremos, podréis, podrán
Conditional   podría, podrías, podría, podríamos, podríais, podrían

poner   *to put, place*
Past participle   puesto
Present indicative   pongo, pones, pone, ponemos, ponéis, ponen
Preterite   puse, pusiste, puso, pusimos, pusisteis, pusieron
Present subjunctive   ponga, pongas, ponga, pongamos, pongáis, pongan
Imperfect subjunctive   pusiera, pusieras, pusiera, pusiéramos, pusierais, pusieran
Future   pondré, pondrás, pondrá, pondremos, pondréis, pondrán
Conditional   pondría, pondrías, pondría, pondríamos, pondríais, pondrían
Imperative   pon
Like **poner**: **componer** (*to compose*), **oponer** (*to oppose*), **proponer** (*to propose*)

querer   *to wish, want*
Preterite   quise, quisiste, quiso, quisimos, quisisteis, quisieron
Imperfect subjunctive   quisiera, quisieras, quisiera, quisiéramos, quisierais, quisieran
Future   querré, querrás, querrá, querremos, querréis, querrán
Conditional   querría, querrías, querría, querríamos, querríais, querrían

reír   *to laugh*
Present participle   riendo
Past participle   reído
Present indicative   río, ríes, ríe, reímos, reís, ríen
Preterite   reí, reíste, rió, reímos, reísteis, rieron
Present subjunctive   ría, rías, ría, riamos, riais, rían
Imperfect subjunctive   riera, rieras, riera, riéramos, rierais, rieran
Imperative   ríe

saber   *to know*
Present indicative   sé, sabes, sabe, sabemos, sabéis, saben
Preterite   supe, supiste, supo, supimos, supisteis, supieron
Present subjunctive   sepa, sepas, sepa, sepamos, sepáis, sepan
Imperfect subjunctive   supiera, supieras, supiera, supiéramos, supierais, supieran
Future   sabré, sabrás, sabrá, sabremos, sabréis, sabrán
Conditional   sabría, sabrías, sabría, sabríamos, sabríais, sabrían

salir   *to go out, leave*
Present indicative   salgo, sales, sale, salimos, salís, salen
Present subjunctive   salga, salgas, salga, salgamos, salgáis, salgan
Future   saldré, saldrás, saldrá, saldremos, saldréis, saldrán
Conditional   saldría, saldrías, saldría, saldríamos, saldríais, saldrían
Imperative   sal

ser   *to be*
Present indicative   soy, eres, es, somos, sois, son
Imperfect indicative   era, eras, era, éramos, erais, eran
Preterite   fui, fuiste, fue, fuimos, fuisteis, fueron
Present subjunctive   sea, seas, sea, seamos, seáis, sean
Imperfect subjunctive   fuera, fueras, fuera, fuéramos, fuerais, fueran
Imperative   sé

tener   *to have*
Present indicative   tengo, tienes, tiene, tenemos, tenéis, tienen
Preterite   tuve, tuviste, tuvo, tuvimos, tuvisteis, tuvieron
Present subjunctive   tenga, tengas, tenga, tengamos, tengáis, tengan
Imperfect subjunctive   tuviera, tuvieras, tuviera, tuviéramos, tuvierais, tuvieran
Future   tendré, tendrás, tendrá, tendremos, tendréis, tendrán
Conditional   tendría, tendrías, tendría, tendríamos, tendríais, tendrían
Imperative   ten
Like **tener**: *detener* (*to detain*), **mantener** (*to maintain*), **obtener** (*to obtain*)

traer   *to bring*
Present participle   trayendo
Past participle   traído
Present indicative   traigo, traes, trae, traemos, traéis, traen
Preterite   traje, trajiste, trajo, trajimos, trajisteis, trajeron
Present subjunctive   traiga, traigas, traiga, traigamos, traigáis, traigan
Imperfect subjunctive   trajera, trajeras, trajera, trajéramos, trajerais, trajeran

valer   *to be worth*
Present indicative   valgo, vales, vale, valemos, valéis, valen
Present subjunctive   valga, valgas, valga, valgamos, valgáis, valgan
Future   valdré, valdrás, valdrá, valdremos, valdréis, valdrán
Conditional   valdría, valdrías, valdría, valdríamos, valdríais, valdrían

venir   *to come*
Present participle   viniendo
Present indicative   vengo, vienes, viene, venimos, venís, vienen
Preterite   vine, viniste, vino, vinimos, vinisteis, vinieron
Present subjunctive   venga, vengas, venga, vengamos, vengáis, vengan
Imperfect subjunctive   viniera, vinieras, viniera, viniéramos, vinierais, vinieran
Future   vendré, vendrás, vendrá, vendremos, vendréis, vendrán
Conditional   vendría, vendrías, vendría, vendríamos, vendríais, vendrían
Imperative   ven

ver   *to see*
Past participle   visto
Present indicative   veo, ves, ve, vemos, veis, ven
Imperfect indicative   veía, veías, veía, veíamos, veíais, veían
Preterite   vi, viste, vio, vimos, visteis, vieron
Present subjunctive   vea, veas, vea, veamos, veáis, vean

D. Stem-Changing Verbs

1. **e** → **ie** *and* **o** → **ue**

comenzar   *to begin*
Present indicative   comienzo, comienzas, comienza, comenzamos, comenzáis, comienzan
Present subjunctive   comience, comiences, comience, comencemos, comencéis, comiencen
Imperative   comienza

volver   *to return*
Present indicative   vuelvo, vuelves, vuelve, volvemos, volvéis, vuelven
Present subjunctive   vuelva, vuelvas, vuelva, volvamos, volváis, vuelvan
Imperative   vuelve

Some other common verbs of this type are:

acostarse (ue) *to go to bed*	**jugar (ue)** *to play*
cerrar (ie) *to close*	**llover (ue)** *to rain*
costar (ue) *to cost*	**negar (ie)** *to deny*
doler (ue) *to hurt*	**nevar (ie)** *to snow*
empezar (ie) *to begin*	**pensar (ie)** *to think*
encontrar (ue) *to meet; to find*	**perder (ie)** *to lose*
	querer (ie) *to wish, want*
entender (ie) *to understand*	**sentarse (ie)** *to sit down*

2. e → ie, i *and* o → ue, u

preferir   *to prefer*
Present participle   prefiriendo
Present indicative   prefiero, prefieres, prefiere, preferimos, preferís, prefieren
Preterite   preferí, preferiste, prefirió, preferimos, preferisteis, prefirieron
Present subjunctive   prefiera, prefieras, prefiera, prefiramos, prefiráis, prefieran
Imperfect subjunctive   prefiriera, prefirieras, prefiriera, prefiriéramos, prefirierais, prefirieran
Imperative   prefiere

dormir   *to sleep*
Present participle   durmiendo
Present indicative   duermo, duermes, duerme, dormimos, dormís, duermen
Preterite   dormí, dormiste, durmió, dormimos, dormisteis, durmieron
Present subjunctive   duerma, duermas, duerma, durmamos, durmáis, duerman
Imperfect subjunctive   durmiera, durmieras, durmiera, durmiéramos, durmierais, durmieran
Imperative   duerme

Other verbs with similar changes are:
divertirse (ie, i)   *to enjoy oneself*
morir (ue, u)   *to die*
sentir (ie, i)   *to feel*

3. e → i, i

pedir   *to ask for*
Present participle   pidiendo
Present indicative   pido, pides, pide, pedimos, pedís, piden
Preterite   pedí, pediste, pidió, pedimos, pedisteis, pidieron
Present subjunctive   pida, pidas, pida, pidamos, pidáis, pidan
Imperfect subjunctive   pidiera, pidieras, pidiera, pidiéramos, pidierais, pidieran
Imperative   pide

Other **-ir** *verbs of this type are:*
repetir (i, i)   *to repeat*
seguir (i, i)   *to follow*
servir (i, i)   *to serve*

E. Verbs with Spelling (Orthographic) Changes

1. c → qu

buscar   *to look for*
Preterite   busqué, buscaste, buscó, buscamos, buscasteis, buscaron
Present subjunctive   busque, busques, busque, busquemos, busquéis, busquen
Like **buscar:** **explicar** (*to explain*), **sacar** (*to take out*), **significar** (*to mean*), **tocar** (*to play music*)

2. c → zc

conocer   *to know, be acquainted*
Present   conozco, conoces, conoce, conocemos, conocéis, conocen
Present subjunctive   conozca, conozcas, conozca, conozcamos, conozcáis, conozcan
Like **conocer:** **aparecer** (*to appear*), **establecer** (*to establish*), **ofrecer** (*to offer*)

3. z → c

comenzar (ie)   *to begin*
Preterite   comencé, comenzaste, comenzó, comenzamos, comenzasteis, comenzaron
Present subjunctive   comience, comiences, comience,
comencemos, comencéis, comiencen
Like **comenzar**: **cruzar** (*to cross*), **empezar (ie)**
(*to begin*), **organizar** (*to organize*)

4. g → gu

llegar   *to arrive*
Preterite   llegué, llegaste, llegó, llegamos, llegasteis,
llegaron
Present subjunctive   llegue, llegues, llegue, llegue-
mos, lleguéis, lleguen
Like **llegar**: **jugar (ue)** (*to play a game*), **negar (ie)**
(*to deny*), **pagar** (*to pay*), **rogar (ue)** (*to beg*)

5. g → j

corregir (i, i)   *to correct*
Present indicative   corrijo, corriges, corrige, corregi-
mos, corregís, corrigen
Present subjunctive   corrija, corrijas, corrija, corrija-
mos, corrijáis, corrijan
Like **corregir**: **dirigir** (*to direct*), **escoger** (*to choose*),
proteger (*to protect*)

6. gu → g

seguir (i, i)   *to follow*
Present indicative   sigo, sigues, sigue, seguimos,
seguís, siguen
Present subjunctive   siga, sigas, siga, sigamos, sigáis,
sigan

7. i → y

creer   *to believe*
Preterite   creí, creíste, creyó, creímos, creísteis,
creyeron
Imperfect subjunctive   creyera, creyeras, creyera,
creyéramos, creyerais, creyeran
Like **creer**: **leer** (*to read*)

construir   *to build, construct*
Present indicative   construyo, construyes, construye,
construimos, construís, construyen
Preterite   construí, construíste, construyó, construimos, construisteis, construyeron
Present subjunctive   construya, construyas, construya, construyamos, construyáis, construyan
Imperfect subjunctive   construyera, construyeras,
construyera, construyéramos, construyerais,
construyeran
Like **construir**: **contribuir** (*to contribute*), **incluir**
(*to include*)

Appendix 2: Answers to *Exámenes de repaso*

Examen de repaso 1

A.   1. la 2. el 3. el 4. la 5. la
B.   1. ingleses 2. españoles 3. lápices
     4. lecciones 5. profesores 6. calles
C.   1. Tú 2. Vosotros 3. Yo 4. Nosotros
CH. 1. vengo 2. comentamos 3. Estudian
     4. contestan 5. escriben 6. digo 7. como
     8. trabajan 9. charláis (charlan) 10. haces
D.   1. ¿Cómo se llama Ud.? 2. ¡Adiós! ¡Hasta
     mañana! 3. Buenas tardes, señora.
E.   1. Sí, (No, no) tengo clases todos los días.
     2. Leo las noticias en el periódico (en un café).
     3. En la clase yo estudio (escribo en la pizarra,
     converso en español, pronuncio las palabras

nuevas, practico con un compañero de clase,
etcétera).   4. Me gusta charlar con los amigos
en la clase (la biblioteca, un restaurante, un
café, etcétera).

F.   1. «La Cabaña» es un restaurante famoso de
     Buenos Aires.   2. Hay muchas señoritas en la
     clase.   3. La señora Ortiz es una profesora
     mexicana.

G.   1. el libro de mi hermana 2. al profesor 3. un
     buen

H.   1. un reloj 2. una carta 3. el cuadro 4. los
     cuadernos 5. un hombre 6. con 7. quisiera

8. leer   9. una cosa   10. bajo/baja   11. ella
12. cuatro regalos

Examen de repaso 2

A.   1. está   2. es   3. estamos   4. son   5. son
6. son   7. están   8. son   9. son
B.   1. este   2. estos   3. esta
C.   1. Cuarenta y uno más (y) diez y siete (diecisiete) son cincuenta y ocho.   2. Once más diez
y seis (dieciséis) son veinte y siete (veintisiete).
3. Sesenta y nueve más catorce son ochenta y
tres.   4. Setenta y ocho menos diez y siete son
sesenta y uno.
CH. 1. Tengo hambre   2. tenemos mucho frío
3. hace buen tiempo   4. Tengo que estudiar
5. haciendo   6. Está lloviendo (Llueve)   7. tiene
sed   8. Hace mucho viento   9. miran (están
mirando)   10. Hace fresco
D.   1. el abrigo   2. la camisa   3. los pantalones
4. los calcetines   5. los zapatos   6. la falda
7. el suéter   8. las medias   9. el bolso   10. la
blusa
E.   1. una ganga   2. el verano   3. el fin de semana
4. No importa.   5. Es la una y media   6. a las
cuatro de la mañana
F.   1. Es la una y cuarto (quince).   2. Son las seis y
media.   3. Son las doce menos veinte.   4. Es la
una menos cuarto.

Examen de repaso 3

A.   1. prima   2. parientes   3. esposa   4. menor
5. viuda   6. película   7. setenta   8. quinientos
9. orquesta   10. canción   11. parejas
12. grabadora
B.   1. Venga...   2. Hablen...   3. Llegue...
4. No coman...   5. Busca...   6. No vaya...
7. Escribe...   8. No gastes...   9. Comprad...
10. Haced...   11. Piensen...   12. No cierre...
C.   1. pueden   2. entiendo   3. cierran
4. queremos   5. Vuelves   6. salgo   7. sé
8. Conocen   9. traigo   10. ponemos   11. oye
12. ves
CH. 1. Mi   2. Tu   3. Su   4. Nuestra   5. Su
D.   1. none   2. a   3. a   4. none   5. a   6. a / a
E.   1. quinientos noventa y siete   2. seis millones,
trescientos cuarenta y ocho mil, setecientos
quince   3. mil setenta y nueve

Examen de repaso 4

A.   1. practiqué   2. trajiste   3. durmió   4. no
dijeron   5. sirvió   6. no pudo
B.   1. Quiero recibirla(s)...   2. Yo la estaba esperando (Yo estaba esperándola)...   3. Sé que Ud.
me...   4. Ponlas...   5. No lo hagas...   6. Ella
no lo quiso comprar (Ella no quiso comprarlo).
C.   1. la cuenta   2. la bañera   3. hoy día   4. debajo
de   5. alquilar   6. la gente   7. escribir a
máquina   8. la pared   9. el comedor   10. de
vacaciones   11. el alquiler   12. casi
CH. 1. ¡Di algo!   2. ¡Sal ahora!   3. ¡Jueguen mañana!
4. ¡Comience a estudiar!   5. ¡Ven con nosotros!
6. ¡Ve más tarde!   7. ¡No lo haga!   8. ¡Salid
vosotros!   9. ¡No vayas al sótano!   10. ¡No
pague la cuenta!
D.   1. No, somos los segundos (terceros).   2. No,
jugué el primer (segundo, cuarto) partido.
3. No, participamos en el primer (tercer,
quinto) campeonato.   4. No, trabajo en el tercer (cuarto) despacho.   5. No, dormí en la tercera (séptima) cama.   6. No, Ud. habló por el
quinto (tercer) teléfono.
E.   1. Fuimos...   2. ¿Hiciste...?   3. Di...   4. Fue...
5. ¿Qué dijeron...?   6. ¿Adónde fueron...?
7. ¿Dónde estuvieron...?   8. Trajimos...
9. ¿Quiénes vieron...?   10. No limpié...

Examen de repaso 5

A.   1. lechuga / tomates   2. plátano (melón) /
naranja (manzana)   3. postre   4. naranja o café
(agua, leche)   5. una multitud
B.   1. comía   2. iba   3. prefería   4. eran
5. gustaban   6. pensaba
C.   1. A Juanita le gusta el jamón con huevos.
2. Me encantan esos vasos.   3. A mi amigo
(amiga) no le gustaba el pescado.   4. ¿Te gusta
la mantequilla?
CH. 1. Me invitó...   2. explicarte...
3. sirviéndoles...   4. Déjele...   5. No nos
compre...
D.   1. Era   2. organicé   3. Compré   4. hice
5. Puse   6. Eran   7. llegaron   8. llevaban
9. rompió   10. cayeron   11. estaban   12. Era
E.   1. dijo / conocía   2. supe / compraste / costó
3. conocía / conocí / vino   4. fuimos / Quisimos
(Queríamos) / pudimos   5. Sabía / eran
F.   1. Se la   2. Se los   3. Se lo   4. Se las   5. Se lo

Examen de repaso 6

A. 1. ¿Te sientes (Se siente, Se sienten, Os sentís) bien? 2. Nos levantamos a las seis. 3. ¿Dónde encontraste (encontró, encontraron, encontrasteis) eso? 4. Ellos lo habían hecho. 5. ¿Qué obras podemos ver allí? 6. ¿Ha (Has / Han / Habéis) pedido dinero?

B. 1. Quería acostarme. 2. ¡No se afeite (te afeites)! 3. No compramos ningún vestido. 4. Se cuidan de la piel. 5. Se sentaban aquí. 6. Me dormí. 7. Ese muchacho no sabe nada. 8. ¿Han venido los obreros?

C. 1. ¡Vístase Ud.! 2. ¡Siéntese Ud.! 3. ¡Levántese Ud.!

CH. 1. No, no nos levantamos a las cuatro. 2. Me acuesto en mi (la) cama (en el dormitorio). 3. No, no nos dormimos en nuestras clases. 4. Me despierto a las seis (siete, ocho). 5. En un mercado mexicano Ud. puede comprar ponchos, sarapes, cestas (conchas, figuritas de arcilla, mantillas, bordados, etcétera). 6. He visto cuadros, estatuas, cerámica, piezas de ónix, etcétera. 7. He visitado el Museo del Prado (Madrid), el Museo de Antropología (México), etcétera.

D. 1. Ella es una amiga mía. 2. Soy mayor que ella. 3. Tengo tantas joyas como ellos/as. 4. Tengo tanto dinero como tú (Ud.)

E. 1. He entrado 2. ha dado 3. he pasado 4. hemos terminado 5. ha sido 6. ¿Habías cubierto? 7. había hablado 8. había venido 9. había roto 10. había observado

F. 1. prisa 2. mano 3. papel (de diferentes colores) 4. espejo 5. pintura 6. brillantes

G. 1. ¡Siéntese (Siéntate) aquí! 2. una mujer elegantísima 3. hacer eso tampoco 4. los labios 5. dos esculturas 6. no los (las) he visto

Examen de repaso 7

A. 1. por 2. para 3. Por 4. por 5. para 6. por 7. para 8. para 9. Para / por 10. por

B. 1. los pobres 2. los casados 3. los enfermos

C. 1. No sé si tendrá fiebre. 2. Le pondrán… 3. Saldremos… 4. Ella sabrá… 5. Vosotros haréis… 6. Vendré a buscar…

CH. 1. dar una receta 2. subir y bajar 3. seguir fumando 4. atropellar a un peatón 5. parar cerca del semáforo 6. cambiar una llanta

D. 1. comenzará 2. llegará 3. verán 4. tendrán

5. Podrán 6. será

E. 1. de 2. a 3. de 4. de 5. a

F. 1. Hace diez años que ella maneja (conduce) (un coche). 2. El choque ocurrió hace cinco minutos. 3. Hacía media hora que paseábamos. 4. ¿Cuánto tiempo hace que cambió (cambiaste) el aceite? 5. ¿Dónde estará él? 6. Él se casó con María.

G. 1. No, no iré con Ud. 2. No, el policía no me dijo nada de Uds. 3. No, José no está sentado entre ellos. 4. No, ningún camión (un camión no) me atropelló a mí. 5. No, las gotas son para mí, ti, él, ella, etc. 6. No, no podré cambiar esa llanta sin Ud. 7. No, el auto no era para mí.

Examen de repaso 8

A. 1. no harían 2. Me gustaría 3. querría 4. Tendrías 5. pondrían 6. sería

B. 1. lo que 2. que 3. Lo que 4. que 5. cuál 6. ¿Cuál 7. ¿Qué 8. ¿Qué

C. 1. nubes / estrellas 2. colina 3. truenos / relámpagos 4. ciclón 5. terremoto 6. arena 7. lirio

CH. 1. sino 2. sino 3. pero 4. sino que 5. pero

D. 1. No se vendieron las flores. 2. Eso no se hace aquí. 3. Se comprarán tres. 4. Se completará el plan. 5. ¿Cómo se dice eso en español?

E. 1. Yo no quiero que mi profesor se enoje. 2. Prefiero que mi novia no tenga celos. 3. Ella no desea que (nosotros) aconsejemos a Pablo. 4. Recomendamos que (tú) tengas paciencia. 5. Queréis que todos disfruten de la fiesta.

F. 1. tenga 2. se case 3. las aconsejes 4. se disculpe 5. odie

G. 1. Jura que me odia. 2. Están preocupados estos días. 3. Nunca nos encontramos (nos reunimos) con ellos en (por) la tarde. 4. No puedo aguantar (tolerar) a mi suegra. 5. Su vestido de boda tiene un velo largo. 6. Un hombre gordo y rubio besaba a la novia. 7. Quiero que vengan a la recepción.

Examen de repaso 9

A. 1. es 2. vaya 3. viene (vendrá) 4. vean 5. conoce (conozca) 6. quiera 7. pusiera 8. pudieras 9. llevar 10. dijera 11. volviera

12. viniera 13. funcionaba 14. trajera
15. supiera
B. 1. prefiriera 2. durmieran 3. hubieran roto
4. muriera 5. hubiéramos venido
C. 1. Era preciso que Ud. los dejara solos.
2. Temíamos que ya fuera demasiado tarde.
3. Negaba (Negué) que hiciera tales cosas en
clase. 4. No dudaba que eran más famosos
que yo. 5. No era cierto que ella se sintiera
mal.
CH. 1. Se le cayó. 2. Se te ocurrió. 3. Se nos perdieron. 4. Se me olvidó. 5. Se le ocurrió.
D. 1. establezco 2. promuevo 3. atravieso
4. convengo 5. garantizo
E. 1. o 2. e 3. y 4. u 5. e
F. 1. pasajeros 2. partidas 3. azafata 4. partido
5. princesa 6. preámbulo 7. dictador
8. ayuntamiento 9. jueces 10. mayoría

Examen de repaso 10

A. 1. vea 2. entregue 3 . metía 4. tenga
5. devuelvo (devolveré) 6. sea 7. sepa 8. me
acompañe 9. llegó 10. estudie 11. entendiera

12. salga 13. dijera 14. muriera 15. recibas
16. pudiera 17. trabajáramos 18. repitieras
19. daría 20. comprara
B. 1. estaba, estoy 2. está 3. está 4. estoy
5. está 6. está
C. 1. Está hecho el pan 2. Están abiertas las maletas 3. Está servida la cena 4. Está terminado
5. Mis dos coches están pintados
CH. 1. Hablo con el cajero/la cajera cuando voy al
banco. 2. La persona que pone la tubería en el
sótano se llama el fontanero/la fontanera (el
plomero/la plomera). 3. Puedo estudiar ingeniería química, civil, de minas, de carreteras,
eléctrica. 4. Un carpintero usa un martillo y
un serrucho. 5. Los mineros en Chile trabajan
en las minas de cobre. 6. El carnet de manejar
(El carnet de seguridad social) sirve en el
banco.
D. 1. corriente / de ahorros 2. Liquidación General 3. la computadora y la calculadora
4. ahorrarlo
E. 1. al contado 2. tan pronto como 3. por avión
4. echar una carta 5. el albañil 6. enviar
(mandar) 7. el sobre 8. a plazos 9. cobrar un
cheque

Appendix 3: Punctuation, Capitalization, and Syllabication

Punctuation

Spanish punctuation rules are very similar to those of English. Note, however, the following exceptions.

1. The comma is used more frequently in Spanish to separate adjectival and adverbial phrases of more than three or four words

    Con absoluta calma, se presentó en la recepción.

    The comma is not used before **y** or **o** in a series of items.

    En la mesa había libros, cuadernos, lápices y bolígrafos.

2. In Spanish, dashes are frequently used to separate dialogue from other types of narration.

    —Se lo doy ahora mismo— dijo el vendedor.

    Quotation marks generally set off words or phrases not used with their normal meanings or indicate that a passage is being quoted. In these cases all punctuation marks go outside the second set of quotation marks.

    Luego afirmó: «Quien mucho habla, poco dice».

3. Spanish uses inverted initial interrogation and exclamation marks.

>   ¿Cómo se llama Ud.?
>   ¡Qué clase!

Note that question marks enclose only the part of the sentence that actually asks a question.

>   Ud. no es de México, ¿verdad?
>   Pero, ¿cómo es posible?

Capitalization

Here are the main differences between Spanish and English capitalization.

1. In Spanish, adjectives of nationality, the days of the week, and the names of the months are not capitalized (unless they are the first word in a sentence).

>   Era un señor uruguayo.
>   Vendrá el lunes, 24 de noviembre.

2. In Spanish only the first letter of a title is capitalized (unless the title also includes a proper noun).

>   *Elogio de la inteligencia y la imaginación*
>   *Vida y obra de José Martí*

Dividing Words into Syllables

1. A single consonant forms a new syllable with the vowel that follows it. (Remember that **ch, ll,** and **rr** are single consonants in Spanish.)

>   ca-ma   gui-ta-rra
>   mu-cho   ca-ba-llo

2. When combined with **l** or **r**, most consonants form indivisible consonantal groups that count as one consonant.

>   la-bra-dor   Pe-dro
>   a-pli-ca-ción   ha-blo

3. Paired consonants are divided in the middle. (Remember, however, that combinations such as **bl, br, pl, pr, cl, cr, fl, fr**, etc., generally count as one consonant.)

>   Car-men   es-tu-dia
>   Al-fre-do   Mar-ga-ri-ta

4. If more than two consonants occur together, the last consonant (or consonantal group) forms a new syllable with the vowel(s) that follow(s) it.

>   pers-pec-ti-va   cons-truc-ción

Summary

v = vowel; c = consonant (consonantal group)

>   v—c v   E-le-na, li-bro
>   v c—c v   an-da, pos-tre, ins-ti-tu-ción

VOCABULARIES

The Spanish-English vocabulary contains most of the words that appear in the text. Exceptions include identical cognates that do not appear in chapter vocabulary lists, verb conjugations, most regular past participles, and proper names of individuals. The number in parentheses after some definitions refers to the lesson in which a word appears in an active vocabulary list (*P* stands for **Preliminares**); vocabulary that is not included in the **Vocabulario** lists is not numbered here. The English-Spanish vocabulary includes all words and expressions in the chapter vocabulary lists, as well as all vocabulary necessary to do the English-Spanish translation exercises in the text and in the workbook that accompanies the text.

The gender of nouns is indicated except (1) for masculine nouns ending in **-o** and feminine nouns ending in **-a**, and (2) where meaning makes gender clear. Stem changes and spelling changes are shown for verbs: **dormir** (**ue**, **u**); **llegar** (**gu**). Verbs that have stem changes as well as spelling changes are followed by two sets of parentheses: **comenzar** (**ie**) (**c**). The conjugations of verbs marked *irreg.* are found in Appendix 1.

Words that begin with **ch** and **ll** are found under separate headings, following the letters **c** and **l**, respectively. Within words, too, **ch**, **ll**, and **ñ** follow **c**, **l**, and **n**; for example, **leche** follows **lector**, **ella** follows **elude**, and **año** follows **anuncio**.

Abbreviations

adj.	adjective	*m.*	masculine
adv.	adverb	*Mex.*	Mexico
conj.	conjunction	*n.*	noun
d.o.	direct object	*obj. of prep.*	object of a preposition
f.	feminine	*p.p.*	past participle
fam.	familiar	*pl.*	plural
form.	formal	*poss.*	possessive
gram.	grammar	*prep.*	preposition
i.o.	indirect object	*pron.*	pronoun
inf.	infinitive	*refl. pron.*	reflexive pronoun
inv.	invariable	*s.*	singular
interj.	interjection	*Sp.*	Spain
irreg.	irregular	*sub. pron.*	subject pronoun
L. A.	Latin America		

Spanish-English

A

a to (P); at (*with time*) (2)
abajo below
abierto/a *p.p.* open(ed)
abogado/a lawyer (17)
abordar to board (18)
abrazar (c) to embrace (16)
abrazo hug, embrace (7)
abreviado/a abbreviated
abrigo (over)coat (3)
abril *m.* April (P)
abrir (*p.p.* **abierto/a**) to open (2)
abrocharse to fasten (18)
absoluto/a absolute; **en absoluto** not at all (16)
abstener (*like* **tener**) to abstain
abuelo/a grandfather, grandmother (5); **abuelos** grandparents
abundancia abundance
abundar to be plentiful, abound
aburrido/a: estar aburrido/a to be bored (3); **ser aburrido/a** to be boring (3)
acá here
acabar (de) + *inf.* to have just (*done something*)
academia academy
académico/a academic
acalorado/a heated
accesorio *n.* accessory
accidente *m.* accident
acción *f.* action; *pl.* shares (*stock market*)
aceite *m.* oil; motor oil (14); **aceite de oliva** olive oil (9)
aceituna olive (2)
acelerador *m.* accelerator
aceptar to accept (4)
acera sidewalk (14)
acercarse (qu) (a) to approach, draw near (to)
acetilsalicílico: ácido acetilsalicílico acetylsalicylic acid
acidez *f.* acidity
aclarar to rinse; **aclararse** to clear up
acompañar to accompany; to go with (5)
acondicionador *m.* conditioner

aconsejar to advise (16)
acontecimiento event
acostar (ue) to put to bed; **acostarse** to go to bed (11)
acreedor(a) creditor
actitud *f.* attitude
actividad *f.* activity
activo/a active
actor *m.* actor (6)
actriz *f.* (*pl.* **actrices**) actress (6)
actuación *f.* performance
actual current, present (13)
actuar to act; to work
acuático/a aquatic, pertaining to water; **esquí acuático** *m.* water skiing (7)
acuerdo agreement; **de acuerdo** agreed; **estar de acuerdo** to agree, be in agreement (16)
achura offal (*waste parts of a butchered animal*)
adaptación *f.* adaptation
adaptar to adapt
adecuado/a adequate
adelantarse to go forward; to advance
adelante: hacia adelante forward (6)
adelanto *n.* advance; progress
ademán *m.* (hand) gesture
además besides, in addition
adhesión *f.* adherence; membership
adiós *m.* good-bye (P)
adivinar to guess
adjetivo adjective
adjunto/a enclosed, attached
administración *f.* administration; management; **administración de personal** personnel management; **administración pública** public administration
administrador(a) administrator, manager
admiración *f.* admiration
admirar(se) to admire (oneself)
admisión *f.* admission; acceptance; **examen de admisión** *m.* entrance examination
admitir to admit; to allow (4)

¿adónde? where (to)?
adorar to worship, adore
adornar to adorn, decorate (10)
adquisitivo/a: poder adquisitivo *m.* purchasing power
aduana *s.* customs (18); **pasar por la aduana** to go through customs
adverbio adverb
advertir (ie, i) to warn, inform
aéreo/a: línea aérea airline (18)
aeróbico/a aerobic
aerolínea airline
aeromoza (airline) stewardess
aeropuerto airport (18)
afectar to affect
afeitar(se) to shave (oneself) (11); **máquina de afeitar** electric shaver (20)
afición *f.*: **tener afición (a)** to have a liking for, to like, to be fond of
afirmación *f.* statement
afirmativo/a affirmative
africano/a African
agencia agency (18); **agencia de viajes** travel agency
agente *m./f.* agent (18); **agente de viajes** travel agent (18)
ágil agile; flexible
agitado/a agitated, irritated
agitar(se) to shake; to flutter
agosto August (P)
agradable agreeable, pleasant
agregar (ue) to add
agresión *f.* aggression; attack, assault
agricultura agriculture
agua *f.* (*but* **el agua**) water (5)
aguacate *m.* avocado
aguacero rainstorm (4)
águila *f.* (*but* **el águila**) eagle
aguinaldo tip (*given at Christmas time*)
ahí there
ahora now (1); **ahora mismo** right now, right away (13)
ahorrar to save (*money, fuel, etc.*) (14)
ahorros *n.* savings (19); **cuenta de ahorros** savings account (19)

aire *m.*   air; **al aire libre**   open-air

aislado/a   isolated

aislamiento   isolation; insulation (20)

ají *m.*   chili pepper

ajo   garlic

ajustar   to adjust (20)

al (*contraction of* **a** + **el**)   to the; **al** + *inf.*   upon, while, when + *verb form*; **al contrario**   on the contrary; **al mes**   per month (6)

álamo   poplar

albañil *m., f.*   bricklayer (20)

alcalde *m.*   mayor (17)

alcaldesa (*female*)   mayor (17)

alcanzar (**c**)   to reach

alcaparra   caper

alcoba   bedroom (8)

alcohólico/a   alcoholic

alcoholismo   alcoholism (13)

alegrarse (**de**)   to be glad, rejoice (about) (16)

alegre   happy (5)

alegría   happiness, joy

alejarse (**de**)   to withdraw, go away (from)

alemán, alemana *n., adj.* German; **alemán** *m.*   German (language)

alfombra   rug, carpet (8)

algo *pron.*   something, anything (5); *adv.*   somewhat (19)

alguien   someone, anyone (10)

algún, alguno/a   some, any; **alguna vez**   once; ever

algunos/as   some (10)

alimentación *f.*   nourishment (13)

alimentar(se)   to feed (oneself)

alimento   food (13)

alma *f.* (*but* **el alma**)   soul, spirit

almacén *m.*   department store (2)

almorzar (**ue**) (**c**)   to have lunch

almuerzo   lunch (9)

aló   hello (answering telephone)

Alpes *m.*   Alps

alquilar   to rent (7)

alquiler *m.*   rent

alto/a   high; tall (3); **en voz alta**   aloud, out loud

altura   height (15)

alumno/a   student (1)

allá *adv.*   there (15)

allí *adv.*   there (3)

ama de casa *f.* (*but* **el ama**) housekeeper

amable   friendly, nice (1)

amanecer (**zc**)   to dawn

amante *m., f.*   lover, sweetheart

amar   to love (16)

amarillo/a   yellow (3)

Amazonas *m., s.*   Amazon

amazónico/a *adj.*   Amazonian, Amazon

ambiente *m.*   environment, atmosphere; **medio ambiente**   environment

ámbito   environment, atmosphere; scope; field

ambos/as *adj.*   both

ambulancia   ambulance

ameno/a   pleasant (11)

americano/a *n., adj.*   American

amigo/a   friend (P)

amistad *f.*   friendship (16)

amor *m.*   love (6)

amoroso/a   amorous

ampliar   to broaden, round out

amplio/a   ample, large; spacious (8)

amputar   to amputate

análisis *m.*   analysis

ancho/a   wide

Andalucía   Andalusia (*region of Spain*)

andaluz, andaluza   Andalusian

andar   to run, function (*machines*); **andar en bicicleta**   to ride a bicycle (7)

andén *m.*   (station) platform (18)

anécdota   anecdote

anillo   ring (*jewelry*) (11); **anillo de compromiso**   engagement ring (16)

animal *m.*   animal

aniversario   anniversary

anoche *adv.*   last night (7)

anotación *f.*   annotation

ante *prep.*   before, in the presence of (10)

antena   antenna

anteriormente   previously

antes *adv.*   sooner, before; **antes de** *prep.*   before (7); **antes (de) que** *conj.*   before (20)

anticipar   to anticipate; to bring forward, advance

antiguo/a   old, ancient; former

antojitos *pl.*   appetizers (*Mex.*)

antónimo   antonym

antropología   anthropology

anual   annual

anunciar   to announce (18)

anuncio   announcement; ad, (*television or radio*) commercial (6)

año   year; **al año**   per year; **Año Nuevo**   New Year; **el año pasado** (**próximo**)   last (next) year; **tener** _____ **años**   to be _____ years old (4)

apacible   calm, peaceful

apagar (**gu**)   to turn off, put out (*a light or electrical appliance*) (8); to put out (*a fire*)

aparato   apparatus, appliance; **aparato eléctrico**   electrical appliance

aparecer (**zc**)   to appear

apartado postal (**de correos**) post-office box

apartamento   apartment (8)

apellido   last name

aplaudir   to applaud

aplazamiento   postponement, deferment

aplazar (**c**)   to postpone, defer

aplicar (**qu**)   to apply, put on

apodo   nickname

aportar   to provide

apoyo   support

apreciar   to appreciate (10); to esteem, value

aprender   to learn (5)

apretar (**ie**)   to press down (on)

aprisionado/a   imprisoned, trapped

aprobar (**ue**)   to approve; to pass (*a law, a course*) (17)

apropiado/a   appropriate

aquel, aquella *adj.*   that (*over there*)

aquello *pron.*   that, that thing, that fact (*over there*)

aquéllos/as *pron.*   those (*over there*)

aquí *adv.*   here (1); **aquí mismo**   right here; **por aquí**   around here, this way

arándano   cranberry

árbol *m.*   tree; **árbol de Navidad**   Christmas tree

arcilla   clay

arciprestal   *of or pertaining to an archpriest*

archivo *n.*   filing cabinet, file (19)

arena   sand (15)

arete *m.*   earring (11)

argentino/a *n., adj.*   Argentine, Argentinian

arma *m.* (*but* **el arma**) weapon, arm; **llamada a las armas** call to arms (10)

armario clothes closet (8)

armonía harmony

arquitecto/a architect

arquitectura architecture

arrancar (**qu**) to start (*a car*) (14)

arreglar to repair (14); to arrange (16)

arreglo arrangement

arriba *adv.* above, over; **hacia arriba** up, face-up

arroz *m.* rice (4)

arte *f.* (*but* **el arte**) (6); **bellas artes** fine arts (6)

arteria artery

arterial pertaining to arteries (13); **presión arterial** *f.* blood pressure (13)

artesanía craftsmanship; handicraft (12)

artesano/a artisan, craftsperson (12)

artículo article; **artículo definido** *gram.* definite article; **artículo indefinido** indefinite article

artificial: fuegos artificiales *pl.* fireworks

artista *m., f.* artist

artístico/a artistic

asado roast; barbecued beef

ascensor *m.* elevator (8)

asegurar to secure, assure; to insure

así so, thus, that way; **así es la vida** that's life (4); **así así** so-so (P)

asiento seat (14)

asistir (**a**) to attend, go (to) (*a class, social function, and so on*)

asociación *f.* association

asociar to associate

aspecto aspect; **tener mal aspecto** to look bad, not well

aspiradora sweeper, vacuum cleaner (8)

aspirina aspirin (13)

astronauta *m., f.* astronaut

astronómico/a astronomical, astronomic

astrónomo astronomer

Asturias Asturias (*a region of Spain*)

atacar (**qu**) to attack

ataque *m.* attack (13); **ataque al corazón** heart attack (13)

atención *f.* attention; **prestar atención** to pay attention (9)

atender (**ie**) to take care of

atento/a (**a**) mindful, aware (of)

aterrizar (**c**) to land (*an airplane*) (18)

Atlántico Atlantic (Ocean)

atleta *m., f.* athlete

atracciones *f., pl.* entertainment; **parque de atracciones** *m.* amusement park; fairground

atractivo *n.* attraction, charm, lure

atractivo/a attractive (13)

atraer (*like* **traer**) to attract

atrapado/a caught, trapped

atrás *adv.* behind; **hacia atrás** backward (6); **marcha atrás** reverse

atrasado/a late

atravesar (**ie**) to cross, traverse (19)

atropellar to hit, run over (14)

audición *f.* audition; concert

auditorio auditorium

aula *f.* (*but* **el aula**) classroom

aumento increase

aun *adv.* even (13); **aun cuando** although, even though; **aun más** even more

aún *adv.* still, yet

aunque *conj.* although (19)

ausencia absence

austral *m.* *monetary unit of Argentina*

auténtico/a authentic

auto car

autobús *m.* bus (2)

autómata *m.* robot

automático/a automatic

automóvil *m.* car, automobile

autónomo/a autonomous; **buceo autónomo** skin (scuba) diving

autopista *m.* freeway

autor(a) author, writer

autoridad *f.* authority (10)

autorización *f.* authorization

autorizar (**c**) to authorize

auxiliar de vuelo *m., f.* steward, stewardess, flight attendant (18)

avance *m.* advancement

avanzar (**c**) to advance (15)

avenida avenue

aventura adventure

averiguar (**gü**) to find out

aves *f. pl.* fowl, poultry

aviación *f.* aviation

aviador(a) aviator

avión *m.* airplane (18); **por avión** airmail (19)

aviso warning; announcement

¡ay! *interj.* alas!

ayer *adv.* yesterday (P)

ayuda help, assistance

ayudante *m., f.* assistant

ayudar to help (5)

ayuntamiento city hall (17)

azafata stewardess (18)

azteca *m., f.* Aztec

azúcar *m.* sugar

azul *m.* blue (3)

B

bahía bay (15)

bailar to dance (6)

bailarín, bailarina (professional) dancer

baile *m.* dance (6)

bajar to go down; to lower (13); **bajar** (**de**) to get down (from), to get off (of); **bajar de peso** to lose weight (13)

bajo *prep.* under, underneath (10)

bajo/a short (*height*) (3)

balboa *m.* *monetary unit of Panama*

balcón *m.* balcony (10)

baloncesto basketball (7)

bálsamo balm, balsam

ballet folklórico *m.* folk dance

banana banana (9)

bancario/a *adj.* bank; banking

banco bank (*financial institution*) (2)

bandera flag

banquero/a banker

banquete *m.* banquet

bañar to bathe; **bañarse** to take a bath (11)

bañera bathtub (8)

baño: (cuarto de) baño bathroom (8)

bar *m.* bar, café

barato/a cheap, inexpensive

barbería   barber shop
barco   boat
barra   bar (*of chocolate*)
barrio   neighborhood; district (*of a city*) (2)
basado/a   based
basar   to base (15)
basarse (en)   to base oneself (on); to be based (on)
base *f.*   base, basis; **a base de**   based on; on the basis of
básico/a   basic
basquetbol *m.*   basketball (7)
basta   it is enough
bastante *adv.*   rather, quite (a lot) (6); *adj.*   enough, sufficient
bata   robe, housecoat
baúl *m.*   trunk (14)
beber   to drink (2)
bebida   drink, beverage; **servicio de bebidas**   beverage service (18)
béisbol *m.*   baseball (7)
bélico/a   warlike, violent
belleza   beauty (11)
bello/a   beautiful; **bellas artes** *f.*   fine arts (6)
beneficiarse (de)   to benefit (from)
beneficio   benefit
besar   to kiss (16)
beso   kiss (16)
biblioteca   library (1)
bicicleta   bicycle (7); **montar (andar, pasear) en bicicleta**   to ride a bicycle (7)
bien *m.*   well-being (17)
bien *adv.*   well, fine (P); **ahora bien**   now then, well now; **¡bien!**   fine (4); **bien + *adj.***   very + *adj.*   **está bien**   it's okay, fine; **hablar bien (de)**   to say good things (about) (16); **muy bien**   very well, fine (P); **¡qué bien!**   great!
bienestar *m.*   well-being (13)
bilingüe   bilingual (20)
billete *m.*   ticket (6); **billete de ida y vuelta**   round-trip ticket
biología   biology
bis *adv.*   twice
bistec *m.*   steak
blanco/a   white (3); **en blanco y negro**   black and white (*television*) (8)

blando/a   soft; **lentes de contacto blandos** *f.*   soft contact lenses
blusa   blouse (3)
boca   mouth (11)
bocadillo   sandwich; appetizer
bocina   horn (*automobile*); **tocar la bocina**   to sound the horn
boda   wedding (8); **madrina de la boda**   maid of honor; **regalo de boda**   wedding gift (8); **vestido de boda**   wedding dress
boletín *m.*   bulletin
boleto   ticket (18); **boleto de ida**   one-way ticket; **boleto de ida y vuelta**   round-trip ticket (18); **boleto sencillo**   one-way ticket (18)
bolígrafo   (ballpoint) pen (1)
bolívar *m.*   *monetary unit of Venezuela*
boliviano/a *n., adj.*   Bolivian
bolsa   bag; stock exchange; **bolsa de mano**   handbag (18)
bolsillo   pocket; **calculadora de bolsillo**   pocket calculator
bolso   purse (3)
bomba hidráulica   hydraulic pump
bonito/a   pretty (3)
bordado   embroidery work (12)
bordo: a bordo de   on board (18)
borracho/a   drunk, intoxicated (14)
bosque *m.*   forest; **bosque encantado**   enchanted forest
bota   boot (3)
bote *m.*   boat (7)
boxeo   boxing (7)
Brasil *m.*   Brazil
brasileño/a   Brazilian
brazo   arm (11)
breve   short (*length*)
brevedad *f.*   brevity (20)
brillante *n. m.*   diamond (11)
brillar   to shine
brindar (por)   to toast (*someone or something with drink*)
brindis *m.*   toast
buceo autónomo   skin (scuba) diving
buen, bueno/a   good (2); **buenos días**   good morning (P); **buenas tardes**   good afternoon (P); **buenas noches**

good evening, good night (P); **hacer buen tiempo**   to be good weather (4); **ponerse de buen humor**   to get in a good mood (16)
bueno *adv.*   well, okay (2)
buey *m.*   ox
bulevar *m.*   boulevard (14)
burro   donkey
buscar (qu)   to look (for) (3)
busto   bust
butaca   arm chair, easy chair; seat (*in a theater*)
buzón *m.*   mailbox (19)

C

caballero   gentleman
caballo   horse
cabaña   cabin, hut
cabaret *m.*   night club, cabaret
cabello   hair
cabelludo: cuero cabelludo   scalp
cabeza   head; **dolor de cabeza** *m.*   headache (13)
cabinera   stewardess
cabo: al cabo de   at the end of (19)
cacería *n.*   hunting
cada *inv.*   each (2); every
cadena   network (*television*)
caer *irreg.*   to fall (10); **caerse**   to fall down
café *m.*   coffee (2); café (2); **café con leche**   coffee with milk (2); **café solo**   black coffee
cafeína   caffeine
cafetería   restaurant, coffee shop (1)
caída   falling, fall
caja   box; bank
cajero/a   bank teller, cashier (19)
calcetines *m., pl.* (*s.* **calcetín**)   socks (3)
calculado/a   calculated
calculadora   calculator (19); **calculadora de bolsillo**   pocket calculator
cálculo   calculation
calefacción *f.*   heating (8)
calendario   calendar (4)
calidad *f.*   quality (19)
caliente   hot (8)
calma   calmness, tranquility
calmar(se)   to calm (down) (13)

calor *m.* heat; **hacer calor** to be hot (*weather*) (4); **tener calor** to be (feel) hot (4)

caloría calorie (13); **contar calorías** to count calories

calzado footwear

calzoncillos underpants

callarse to be(come) quiet (16); to hush

calle *f.* street (2)

callejero/a *adj.* pertaining to the street

cama bed (5)

cámara camera (2); **orquesta de cámara** chamber orchestra

camarero/a waiter, waitress (9)

cambiar to change; to cash (14)

cambio change; (rate of) exchange (*currency*)

camello camel

caminar to walk (7)

camino street, road; way; **abrir camino** to make or clear a way; **en camino** on the way

camión *m.* truck; **camión de remolque** tow truck (14)

camioneta station wagon; small truck (14)

camisa shirt

camiseta T-shirt

camisón de noche *m.* nightgown

campana bell (10)

campaña campaign

campeón *m., f.* champion

campeonato championship (7)

campo country(side); field; **esquiar a campo travieso** to cross-country ski

Canadá *m.* Canada

canal *m.* (TV) channel; canal

canalizado/a piped

canasta basket

cancelar to cancel

canción *f.* song (5)

cancha tennis court (7)

candidato/a candidate

candidatura candidacy

canela cinnamon

cansado/a tired (3); tiresome (3)

cansarse to get tired

cantante *m., f.* singer (6)

cantar to sing (5)

cantidad *f.* amount (19)

caña (sugar) cane

cañón *m.* canyon; **el Gran Cañón** the Grand Canyon

capital *f.* capital (city)

capitalismo capitalism (17)

capitalista *m., f.* capitalist (17)

capitán *m.* pilot, captain

capitolio capitol (17)

capítulo chapter (17)

cara face (11)

carácter *m.* character (15), personality

caracterizar (c) to characterize

¡caramba! good gracious! for heaven's sake!

carbohidrato carbohydrate

carcajada loud burst of laughter

cargar (gu) to carry (10)

Caribe *m.* Caribbean; **Mar Caribe** *m.* Caribbean Sea

cariño affection (16)

carne *f.* meat (9); **carne de cerdo** pork (9); **carne de cordero** lamb (9); **carne de vaca** beef (9)

carnet (de conducir, manejar) driver's license (14)

carnicería butcher shop (19)

caro/a expensive (2)

carpintería carpentry

carpintero/a carpenter (20)

carrera career (17); race

carretera highway (14)

carro car (2)

carroza float (*in a parade*)

carta letter (2); **carta urgente** special delivery letter (19); **echar una carta** to mail a letter

cartera briefcase; wallet (18)

cartero/a mail carrier (10)

cartón *m.* cardboard (10)

casa house (4); **a casa** (to) home (*after verbs of motion*) (4); **casa de correos** post office (19)

casado/a married (5)

casarse (con) to get married (to) (13); **casarse por la iglesia** to get married in church (16); **casarse por lo civil** to get married in a civil ceremony (16)

cascada cascade; waterfall (15)

casero/a *adj.* family-style; homestyle; *n.* owner, proprietor

casete *m.* cassette

casi *adv.* almost (7)

caso case; **en caso de que** in case; **hacer caso (a)** to pay attention (to) (16)

castaño/a chestnut brown (hair)

castellano/a *n., adj.* Castilian

Castilla Castile (*region of Spain*)

castillo castle (15)

catálogo catalogue

catedral *f.* cathedral

categoría category

católico/a *n., adj.* Catholic

catorce fourteen (P)

causa cause; **a causa de** because of

causar to cause

caza *n.* hunting

cazuela meat and vegetables cooked together in a pot

cebolla onion

celebración *f.* celebration

celebrar to celebrate (7)

celos: tener celos to be jealous (16)

cemento cement

cena dinner, supper (3)

cenar to eat dinner (supper) (3)

centavo cent (3)

centro downtown (2); center; **centro comercial** shopping center

Centroamérica Central America

centroamericano/a *n., adj.* Central American

cerámica *s.* ceramics (12)

cerca *adv.* near, close by; **cerca de** *prep.* near to, close to

cerdo pork (9); **chuleta de cerdo** pork chop (9)

ceremonia ceremony

cero zero

cerrar (ie) to close

cerveza beer (2)

cesta basket (12); curved wicker paddle used in **jai alai**

ceviche *m.* spiced dish of raw fish marinated in lemon juice

ciclismo cycling (7)

ciclo cycle

ciclón *m.* cyclone

cielo sky (10)

cien, ciento one hundred (3); **por ciento** percent (19)

ciencia science; **ciencia ficción** science fiction; **ciencias políticas** political science

científico/a *n.* scientist; *adj.* scientific

cierto/a certain, sure, true; **es cierto** it is certain, sure

cinco five (P)

cincuenta fifty (3)

cine *m.* movies, cinema (6); movie theater (6)

cinta tape (*for tape recorder*) (6)

cintura waist

cinturón *m.* belt; **cinturón de seguridad** seat belt (14)

círculo circle (4)

circunstancia circumstance

ciruela plum

citar to cite, quote

ciudad *f.* city (1)

ciudadano/a citizen (10)

civil civil; **casarse por lo civil** to get married in a civil ceremony (16); **ingeniería civil** civil engineering (20)

claramente clearly

¡claro! of course! naturally! (20)

clase *f.* class (1); **compañeros de clase** classmates (1); **sala de clase** classroom (1); **toda clase de** all kinds of (12)

clásico/a classic(al)

clasificado/a classified

clavel *m.* carnation

cliente/a client (2)

clima *m.* climate

climático/a climatic

clínica clinic

club *m.* club; **club de relacionamiento humano** lonely hearts club (16)

cobrar to cash; to collect; to charge (19)

cobre *m.* copper (20)

cocido/a *adj.* boiled, cooked; **cocido cazuela** stew, meat and vegetables cooked together in a pot

cocina kitchen (8); cooking; **cocina eléctrica (de gas)** electric (gas) stove (8); **lección de cocina** *f.* cooking lesson; **libro de cocina** cookbook (8)

cocinar to cook

coche *m.* car, automobile (2)

coexistencia coexistence

cofradía brotherhood; society

cola line (*of people*) (17)

colaboración *f.* collaboration, help

colchón *m.* mattress

colección *f.* collection

colina hill (15)

colocar (qu) to place, put

colombiano/a *n., adj.* Colombian

colón *m.* *monetary unit of Costa Rica and El Salvador*

colonia colony

colono/a colonist; laborer

color *m.* color; **televisor a (en) colores** *m.* color television set (8)

coloreado/a colored, tinted

columna column

collar *m.* necklace (11)

combate *m.* fight, combat; **dar combate** to fight, battle

combinación *f.* combination

combinar to combine

combustible *m.* fuel

comedor *m.* dining room (8)

comentar to talk about (2), discuss

comentario commentary

comenzar (ie) to begin (7)

comer to eat (2)

comercial *adj.* commercial; business; **anuncio comercial** ad, commercial; **centro comercial** shopping center

comercio commerce, business (20)

cómico/a funny

comida meal, dinner (5)

comisionado/a commissioner; committee member

como *conj.* like, as (7); as a; since; **como si** as if

¿cómo? how?, what? (2); **¿cómo es?** what is he/she like?; **¿cómo está(s)?** how are you (P); **¡cómo no!** of course! (14); **¿cómo que...?** what do you mean, . . .?; **¿cómo se dice...?** how do you say . . .? **¿cómo se llama Ud.?, ¿cómo te llamas?** what is your name?

cómoda dresser, chest of drawers (8)

comodidad *f.* comfort

cómodo/a comfortable (3) (11)

compañero/a companion (1); comrade; **compañeros de clase** classmates (1)

compañía company (15)

comparativo *gram.* comparative

compartir to share (16)

compasión *f.* compassion, pity

complacer (zc) to please

complejo/a complex (12)

completar to complete

completo: por completo completely

completo/a complete

complicación *f.* complication

componente *m.* component, part

componer (*like* **poner**) to compose

composición *f.* composition

compra purchase; **de compras** shopping

comprar to buy (2)

compras: de compras shopping (3); **ir de compras** to go shopping (3)

comprender to understand (5)

comprensión *f.* comprehension, understanding (16)

comprobar (ue) to prove

compromiso obligation, engagement; **anillo de compromiso** engagement ring (16)

computadora computer (19)

común common

comunicación *f.* communication

comunicar(se) to communicate

comunidad *f.* community

comunismo Communism (17)

comunista *m., f.* Communist (17)

con *prep.* with (1); **con frecuencia** frequently (2); **con tal (de) que** *conj.* provided that (20)

concebirse (i, i) to conceive of oneself, understand oneself

conceder to grant

concentración *f.* concentration

concepto concept, idea

concertar (ie) to arrange

concierto concert (6)

concreto/a concrete

concurso contest; congregation; assembly

condado county

condenar to condemn

condicional *m. gram.* conditional

conducción *f.* driving

conducir *irreg.* to drive (14); **carnet de conducir** *m.* driver's license (14)
conductor(a) driver
conexión *f.* connection (20)
confesar (ie) to confess
confesión *f.* confession
confianza confidence; **con plena confianza** with all confidence
confidencialidad *f.* confidentiality
confirmación *f.* confirmation
confirmar to confirm
conforme satisfied; **conforme a** in accordance with (17)
confort *m.* comfort
confortar to comfort
congelado/a frozen
congreso congress
conjunto (*musical*) group; suite
conmemorar to commemorate
conmigo with me (14)
conocer (zc) to know (5); **llegar a conocerse** to become known
conocido *n.* acquaintance (19)
conocido/a *adj.* known, well-known
conocimiento(s) knowledge (20)
conquista conquest
conquistador(a) conqueror
consabido/a usual, traditional; above-mentioned
consagrado/a time-honored
conscientemente consciously
conseguir (i, i) (g) to get, obtain
consejero/a counselor, advisor
consejo (piece of) advice (11)
conservar to preserve (15)
consideración *f.* consideration; **tomar en consideración** to take into consideration
considerar to consider, think
consigo with (to) himself/herself/yourself (*form.*)
consistir (en) to consist (of)
constantemente constantly
constitución *f.* constitution
constituir (y) to constitute, form
construcción *f.* construction
construir (y) to build, construct (10)
consultar to consult
consultorio (doctor's) office (13)

consumir to consume
consumo consumption
contacto contact; **lentes de contacto blandos** *f.* soft contact lenses
contado: al contado (with, in) cash (19)
contador(a) (público/a) (certified public) accountant (20)
contaminación *f.* pollution
contar (ue) to count; to tell, relate
contemplar to contemplate
contemplativo/a contemplative
contemporáneo/a contemporary
contener (*like* **tener**) to contain (12)
contenido contents
contentarse to be contented, satisfied (14)
contento/a happy, satisfied (3)
contestar to answer (1)
contexto context
contigo with you (*fam.*)
continente *m.* continent
continuación *f.* continuation
continuamente *adv.* continuously
contra *prep.* against (10)
contrabajista *m., f.* contrabassist, contrabass player
contraer (*like* **traer**): **contraer matrimonio** to get married (16)
contrario/a opposite, contrary; **al contrario** on the contrary (4); **(todo) lo contrario** (quite) the opposite
contraste *m.* contrast
contratación *f.* hiring
contratar to hire
contribución *f.* contribution
contribuir (y) to contribute
controlar to control
conveniencia convenience
conveniente convenient; **es conveniente** it is advantageous, advisable
convenir (*like* **venir**) to be suitable, good for (17)
convento convent
conversación *f.* conversation
conversar to converse (1)
convertir (ie, i) to convert, change, transform; **convertirse en** to become

convivencia coexistence; living together (17)
convocar (qu) to summon
cooperación *f.* cooperation
cooperar to cooperate (17)
copa glass (9); (alcoholic) drink; **copa de vino** glass (full) of wine (9); **copa para (el) vino** wine glass (9)
copia duplicate, copy
copiar to copy (20)
corazón *m.* heart; **ataque al corazón** *m.* heart attack (13)
corbata necktie (3)
cordero lamb
cordialmente cordially; sincerely
cordillera mountain chain (15)
córdoba *m.* *monetary unit of Nicaragua*
coreografía choreography
coro choir
correcto/a correct, right
corregir (i, i) (j) to correct
correo mail (19); post office (19); **casa de correos** post office (19)
correr to run (10)
correspondencia correspondence
corresponder to correspond
corrida de toros bullfight (7)
corriente *adj.* current; **cuenta corriente** checking account (19)
cortar to cut (11)
Corte Suprema *f.* Supreme Court
cortés courteous
corto/a short (*in length*) (2); **a corto plazo** short-term (19)
cosa thing (1)
cosecha harvest, crop
costa coast
costar (ue) to cost (6)
costarricense *n. m., f., adj.* Costa Rican
costo cost (17)
costumbre *f.* custom
cotidiano/a daily
cotillón *m.* cotillion (*dance*)
creación *f.* creation
crear to create
creatividad *f.* creativity
crecer (zc) to grow
crecimiento growth
crédito credit; **a crédito** on credit (3); **tarjeta de crédito** credit card

creer (y) (en) to believe (in); to think (4)
crema cream
criollo/a Creole
crisis *f.* crisis
criticar (qu) to criticize
crónica chronicle
crónico/a chronic
cruel cruel, hardhearted
cruz *f.* (*pl.* **cruces**) cross
cruzar (c) to cross (3)
cuaderno notebook (1)
cuadro picture, painting (2)
¿cuál? what? which? (2);
    ¿cuál(es)? which one(s)? (2)
    cualidad *f.* quality
cualquier(a) any
cuando when (2)
¿cuándo? when? (2)
cuanto how much; **en cuanto**
    conj. as soon as; **en cuanto a**
    prep. with regard to,
    regarding
¿cuánto/a? how much? (2)
¿cuántos/as? how many? (2)
cuarenta forty (3)
cuarto room (8); **compañero/a**
    de cuarto roommate; **cuarto**
    de baño bathroom (8); (**las**
    dos) y cuarto (two) fifteen,
    quarter after (two) (*with time*);
    (**las dos) menos cuarto** a
    quarter till (two)
cuarto/a fourth
cuatro four (P)
cuatrocientos/as four hundred
cubano/a *n., adj.* Cuban
cubierto/a *p.p.* covered
cubista Cubist
cubrir (*p.p.* **cubierto/a**) to
    cover (12)
cuchara spoon (9)
cucharada spoonful
cucharita teaspoon (9)
cuchillo knife
cuello neck (11)
cuenta account; bill (8); **cuenta**
    de ahorros savings account
    (19); **cuenta corriente** check-
    ing account (19); **darse cuenta**
    de to realize (19); **tener en**
    cuenta to take into account
    (20)
cuento short story (6)
cuero leather; **cuero cabelludo**
    scalp
cuerpo body (11)

cuestión *f.* matter (of), issue,
    question
cuestionario questionnaire
cueva cave
cuidado care; **con cuidado**
    with care, carefully (19);
    ¡cuidado! careful! (14);
    tener cuidado to be careful
cuidadosamente carefully
cuidar (de) to take care (of)
    (11)
culinario/a culinary
cultura culture
cumpleaños *m. s.* birthday (4)
cuna cradle
cupón *m.* coupon
curar to cure (13)
curioso/a curious
cursiva *s.* italics
curso course (*of study*), class
cuyo/a *poss.* whose

CH
champaña *m.* champagne
champú *m.* shampoo
chaqueta jacket (3)
charlar to chat (1)
charro sombrero, wide-
    brimmed hat
cheque *m.* check; **cambiar/**
    hacer efectivo un cheque to
    cash a check (19); **cheque de**
    viajero traveler's check;
    libreta de cheques checkbook
chequera checkbook (8)
chico/a child; boy, girl (3);
    young man, young woman (3)
chileno/a *n., adj.* Chilean
chinchona quinine
chino/a *n., adj.* Chinese; **chino**
    m. Chinese (*language*)
chisme *m.* gossip, piece of
    gossip
chiste *m.* joke (19)
chocar (qu) (con) to collide
    (with), crash (into) (14)
chocolate *m.* chocolate (6)
chofer *m., f.* driver (14)
choque *m.* crash, collision (14)
chorro spout of water; jet,
    spurt, stream
chuleta chop; **chuleta de cerdo**
    pork chop (9)
chute *m.* a shot or goal (soccer)

D
dama lady, woman

danés, danesa *adj.* Danish;
    m. Danish (language)
danza dance
daño damage, harm; **hacerse**
    daño to be hurt (*in an acci-
    dent*), to hurt oneself (14)
dar *irreg.* to give (3); **dar las**
    gracias to thank, give thanks
    (17); **darse cuenta de** to real-
    ize (19); **darse prisa** to hurry
    (18); **dar un paseo** to take a
    walk (3); **dar vuelta** to turn
    around (6); to go around (*with-
    out a fixed direction*) (14)
datos *pl.* information, facts
de *prep.* of, from (P); about, in
    (1); **de lujo** deluxe (8); **de**
    nada you're welcome (14)
debajo *adv.* underneath, below;
    debajo de *prep.* underneath
    (4)
deber (+ *inf.*) to be obliged to,
    have to, must, ought to (4)
debido a due to
débil weak
década decade
decidir to decide; **decidirse** to
    make up one's mind (20)
décimo/a tenth
decir *irreg.* to say, tell (2); **decir**
    la verdad to tell the truth; **es**
    decir that is to say (11); **¡no**
    me digas! you don't say! (16)
decisión *f.* decision
declaración *f.* declaration
declarar to declare
decorado/a decorated (10)
decorar to decorate
dedicar (qu) to dedicate; **dedi-**
    carse to dedicate oneself
dedo finger (11); **dedo índice**
    index finger
defender (ie) to defend
defensa defense
definición *f.* definition
definido/a definite; **artículo**
    definido *gram.* definite article
definir to define
definitivamente *adv.* for good,
    once and for all
dejar to let, leave; **dejar de** +
    inf. to stop (*doing something*)
    (18)
del (*contraction of* **de** + **el**) of
    the; from the
delante *adv.* in front, ahead;
    delante de *prep.* in front of

(4); **por delante**   in front, ahead

delantero/a *adj.*   front (18)

delgado/a   slender, thin

delicioso/a   delicious

demasiado *adv.*   too (much)

demasiado/a *adj.*   too much (4)

democracia   democracy (17)

demócrata *m., f.*   Democrat

democrático/a   democratic (17)

demoler (ue)   to demolish

demostrar (ue)   to demonstrate

denso/a   dense

dentista *m., f.*   dentist (20)

dentro de *prep.*   within, inside of

departamento   department; apartment (8)

dependiente/a   clerk, salesperson (2)

deponer (*like* **poner**) to depose

deporte *m.*   sport (7); **deportes acuáticos**   water sports

deportivo/a *adj.*   sport(s) (14); **coche deportivo** *m.*   sports car

depositar   to deposit (19)

depósito   deposit (19)

derecha: a la derecha (de)   to the right (of); **hacia la derecha**   toward the right (*directions*) (6)

derecho   right; law (20); *pl.*   customs duty; fees (20)

derecho *adv.*   (straight) ahead; **seguir (i, i) (g) todo derecho**   to go straight ahead (14)

derecho/a *adj.*   right

derredor: en derredor   round about

desagradable   disagreeable

desaparecer (zc)   to disappear (14)

desaprobación *f.*   disapproval

desarrollar   to develop

desarrollo   development (15)

desastre *m.*   disaster (15)

desayunar(se)   to eat breakfast

desayuno   breakfast (1)

descafeinado/a   decaffeinated

descansar   to rest (4)

descanso   rest (11)

descapotable   convertible (car)

descendencia   descent (15)

descender (ie)   to descend, go down

descomponer (*like* **poner**) to decompose

desconocidos/as *n.*   strangers

descremado/a   skim (milk)

describir (*p.p.* **descrito/a**)   to describe

descripción *f.*   description

descrito/a *p.p.*   described

descubierto/a *p.p.*   discovered

descubrimiento   discovery

descubrir (*p.p.* **descubierto/a**)   to discover

descuento   discount (19)

descuido   mistake, negligence

desde *prep.*   from; since (3); **¿desde cuándo?**   since when?; **desde entonces**   since then, from that time on; **desde luego**   of course; **desde que** *conj.*   since

deseable   desirable (20)

desear   to desire, want, wish (1)

deseo   desire

desfilar   to parade (file by) (10)

desfile *m.*   parade

desgracia   misfortune; **por desgracia**   unfortunately (14); **¡qué desgracia!**   what (a) misfortune! (5)

deshacer (*like* **hacer**) to destroy, undo

desierto   desert

desigual   unequal

desinflado/a   punctured, flat (*of a tire*) (14)

desnudo/a   nude

despacho   study; office (8)

despegar (gu)   to take off (*airplane*) (18)

despegue *m.*   (*airplane*) takeoff (18)

despertar(se) (ie)   to wake (up) (11)

después *adv.*   afterward; later (3); **después de** *prep.*   after (7); **después de que** *conj.*   after (20)

destinatario/a   addressee (19)

destino   destination; destiny

destruido/a   destroyed

desventaja   disadvantage

detalle *m.*   detail

detener (*like* **tener**) to detain (12); **detenerse**   to stop

deterioro   deterioration, damage

detrás de *prep.*   behind (4)

deuda   debt

deudor(a)   debtor

devolver (ue) (*p.p.* **devuelto/a**)

to return (*something*) (19)

día *m.*   day (P); **buenos días**   good morning (P); **día a día**   day to day; **de día**   during the day (15); **hoy día**   nowadays (7); **todos los días**   every day (1)

diálogo   dialogue

diapositiva   slide, transparency

diario   daily newspaper

diario/a   daily (12)

dibujo   drawing (1); cartoon

diccionario   dictionary

diciembre *m.*   December (P)

dictador(a)   dictator (17)

dictadura   dictatorship (17)

dicho/a *p.p.*   said

diecinueve   nineteen (P)

dieciocho   eighteen (P)

dieciséis   sixteen (P)

diecisiete   seventeen (P)

diente *m.*   tooth

diez   ten (P)

diferencia   difference

diferente   different (3)

difícil   difficult (3)

dificultad *f.*   difficulty

dilema *m.*   dilemma

dinámico/a   dynamic

dinero   money (3)

Dios *m. s.*   God; **¡Dios mío!**   good heavens! (9); **¡por Dios!**   for heaven's sake!

diplomático/a   diplomatic

dirección *f.*   address (19); direction

directo/a: en directo   live (*TV or radio program*)

director(a)   manager, director

dirigirse (j) (a)   to direct (oneself) to, go toward (16)

disco   (phonograph) record (6)

discoteca   discothèque (16)

disculpar(se)   to excuse (oneself); to ask forgiveness (16)

discurso   speech (*to a group*)

discusión *f.*   discussion, argument

discutir   to discuss; to argue

diseño   design, pattern (12)

disfrutar (de)   to enjoy (16)

disgustar(le) (a uno) (*like* **gustar**)   to displease (one) (16)

disgusto   dissatisfaction; displeasure

disminuir (y)   to diminish

disponer (*like* **poner**)   to dispose

distancia distance; **larga distancia** long-distance (*telephone call*)
distinción *f.* distinction
distinguido/a distinguished
distinto/a different
distribución *f.* distribution
diversidad *f.* diversity, variety
diversión *f.* diversion, entertainment, amusement
diverso/a diverse; different
divertido/a amusing, funny, pleasant
divertirse (ie, i) to have a good time (16)
dividir to divide
divino/a divine
división *f.* division
divorciado/a divorced
divorciarse to get a divorce
divorcio divorce
doblar to turn (14); to fold (19)
doble *n. m., adj.* double
doce twelve (P)
docena dozen
doctor(a) doctor
doctrina doctrine
documento document
dólar *m.* dollar (3)
doler (ue) to hurt (11)
dolor *m.* pain; **tener dolor de** to have a pain in
domicilio residence, home
domingo Sunday (P)
dominicano/a *n.* person from the Dominican Republic; *adj.* Dominican
dominio dominion, control (10)
don title of respect used with a man's first name
donde where
¿dónde? where? (P); **¿adónde?** where (to)?; **¿de dónde?** from where? (P)
doña title of respect used with a woman's first name
dorado/a golden
dormir (ue, u) to sleep; **dormirse** to fall asleep (11)
dormitorio bedroom (8)
dorso: al dorso on the back part, on the reverse (side)
dos two (P)
doscientos/as two hundred
drama *m.* play, drama
dramático/a dramatic
droga drug

ducha shower (8)
duda doubt; **sin duda** without a doubt
dudar (de) to doubt (17)
dueño/a owner; landlord, landlady
dulces *m.* sweets, candy (10)
duplicador *m.* duplicating machine, duplicator (20)
durante *prep.* during (3)
durar to last
duro/a hard

E
e and (*used instead of y before words beginning with i or hi*)
ecológico/a ecological
economía economy
económico/a economical; economic
economista *m., f.* economist
ecuador *m.* equator
ecuatoriano/a *n., adj.* Ecuadorian
echar to throw; **echar un vistazo** to glance (18); **echar una carta** to mail a letter
edad *f.* age
edición *f.* edition
edificio building
editorial *m.* editorial, leading article; *f.* **casa editorial** publishing house
educación *f.* education
educar (qu) to educate
educativo/a educational
efectivo/a effective; (**dinero**) **en efectivo** cash; **hacer efectivo un cheque** to cash a check
efecto effect
eficaz (*pl.* **eficaces**) efficient (18)
eficiente efficient
egoísta egotistical; selfish (16)
¿eh? *tag phrase with approximate English equivalent of* okay?
ejecutivo/a *n., adj.* executive
ejemplar *m.* copy; number, issue
ejemplo: por ejemplo for example (7)
ejercicio exercise (13); **hacer ejercicio** to exercise, do exercise(s)
ejército army
el the (*m. definite article*)

él *sub. pron.* he; *obj. of prep.* him
elaborar to elaborate; to make; to work on (*something*) (12)
elástico/a flexible, elastic
elecciones *f.* (*usually plural*) election(s) (17)
electricidad *f.* electricity
electricista *m., f.* electrician (20)
eléctrico/a electric(al) (8); **aparato eléctrico** electric appliance; **cocina eléctrica** electric stove (8)
electrónica *s.* electronics
electrónico/a electronic (18)
elegancia elegance
elegante elegant
elegir (i, i) (j) to select, choose
elemento element
eliminar to eliminate
ella *sub. pron.* she; *obj. of prep.* her
ello: es por ello that's why
ellos/as *sub. pron.* they; *obj. of prep.* them
embargo: sin embargo nevertheless, however (15)
embellecimiento embellishment, beautification
emergencia emergency
emisora broadcasting station
emoción *f.* emotion
empanada meat pie (9)
empellones: a empellones rudely, with pushing and shoving
empeorar to worsen, deteriorate
empezar (ie) (c) to begin; **empezar a + inf.** to begin to (*do something*) (10)
empleado/a employee
emplear to use
empleo job, employment
empresa enterprise, commercial undertaking (20); management
empresario/a employer; manager
en *prep.* in; at; on (1)
enamorado/a in love
encantado/a enchanted, delighted (to meet you)
encantamiento enchantment
encantarle a uno to enchant, delight one; to love (7)
encargar (ue) to entrust with, put in charge of; **encargarse**

de to take charge of, undertake responsibility for
encender (ie) to turn on (*a light or electrical appliance*) (8); to light; to set (*a fire*) (8)
encima *adv.* above; **encima de** above, on top of (4); **por encima** above
encontrar (ue) to find (12); **encontrarse con** to run into (15)
encuesta survey, poll
energía energy
enero January (P)
énfasis *m. s.* emphasis
enfermarse to get sick
enfermedad *f.* illness (13)
enfermero/a nurse (13)
enfermo/a sick (3)
enfoque *m.* focus
enfrentarse (con) to face, confront
enfriar to cool
enjuagar (ue) to rinse
enjuague *m.* rinsing
enmarcar (qu) to frame
enojarse to get angry (16)
enorme enormous
enredado/a tangled
ensalada salad (4)
ensayo test, trial
enseñanza teaching
enseñar to teach (1); to show (16)
entender (ie) to understand (6)
enterrado/a buried
entidad *f.* entity; concern
entonar to sing
entonces *adv.* then (2)
entrada ticket (6); entrance (12)
entrar to enter (1)
entre *prep.* between, among (7)
entregar (gu) to deliver (19)
entremeses *m. pl.* appetizers
entrenador(a) trainer, coach
entretener (like tener) to entertain
entrevista interview (17)
entrevistar to interview
entusiasmo enthusiasm
enviar to send (19)
epidermis *f.* epidermis, skin
época era, epoch, time (4)
equipaje *m.* luggage (18)
equipo team (*in sporting events*) (7)
equivalente equivalent

equivocado/a mistaken; wrong; **estar equivocado/a** to be wrong (16)
erupción *f.* eruption
escala stopover
escalera step ladder; **escalera automática** escalator (18)
escalón *m.* step, stair
escándalo scandal
escaparse to escape (15)
escena scene
escenario stage; scene
escoger (j) to choose, select
escollo danger
esconderse to hide (oneself)
escribir to write (2); **escribir a máquina** to type (8); **máquina de escribir** typewriter (8)
escritor(a) writer
escritorio desk (8)
escuchar to listen (to)
escuela school (5)
escultor(a) sculptor, sculptress
escultura sculpture (12)
ese, esa *adj.* that
ése, ésa *pron.* that one
esfera sphere (4)
esmeralda *n.* emerald
eso that, that thing, that fact; **eso es** that's right; **por eso** for that reason, therefore (4)
esos/as *adj.* those
ésos/as *pron.* those (ones)
espacio space (18); **espacio en blanco** blank space
espalda back (11); **de espaldas** with one's back turned
España Spain
español(a) *n.* Spaniard (1); *adj.* Spanish; **español** *m.* Spanish (language) (1)
especia spice
especial special
especialidad *f.* specialty
especialista *m., f.* specialist
especialización *f.* specialization; major field of study
especializado/a specialized
especializarse (c) (en) to specialize (in); to major (*in an academic area*)
especialmente especially
específico/a specific
espectáculo spectacle; entertainment; show
espectador(a) spectator (12)

espejo mirror (11)
espera: sala de espera waiting room (18)
esperar to wait (for); to expect to; to hope (4)
espía *m., f.* spy
espinacas *pl.* spinach (9)
espiral *f.* spiral; corkscrew
espíritu spirit (15)
espiritual spiritual
espléndido/a splendid
esposo/a husband, wife (4)
espuma foam (15)
esquí *m.* skiing (7); **esquí acuático/a** water skiing (7)
esquiar to ski (7); **esquiar a campo traviesa** to cross-country ski
esquina (street) corner (14)
establecer (zc) to establish (17)
establo stable
estación *f.* station; season (P)
estado state; **Estados Unidos** United States
estadounidense *n. m., f.* person from the United States; *adj.* of the United States
estante *m.* bookshelf, bookcase (8)
estar *irreg.* to be (3); **estar de acuerdo** to agree, be in agreement (16); **estar equivocado/a** to be wrong (16); **estar para** + *inf.* to be about to (*do something*) (18); **estar seguro/a** to be sure (17)
estatua statue (10)
este *m.* east
este/a *adj.* this (4); **esta noche** tonight (4)
éste, ésta *pron.* this (one)
estilo style (12); **estilo de vida** life style
estimado/a dear, esteemed (greeting in a letter)
estimular to stimulate
estirar to stretch (11)
esto *pron.* this, this thing, this matter; **por esto** therefore, for this reason; **todo esto** all this
estoicismo stoicism
estómago stomach (11)
estos/as *adj.* these (4)
éstos/as *pron.* these (ones)
estrecho/a tight
estrella star (15)
estrellarse to crash

estreno première, first performance (6)
estructura structure
estudiante *m., f.* student (P)
estudiar to study (1)
estudio study
¡estupendo/a! great! (8)
etapa stage; epoch, period
etcétera et cetera
Etiopía Ethiopia
etiqueta etiquette (9)
Europa Europe
europeo/a *n., adj.* European
eventualmente *adv.* eventually
evidente evident
evitar to avoid (13)
exacto/a exact, precise
exageración *f.* exaggeration
exagerar to exaggerate
examen *m.* exam, test (1)
examinar to examine (1)
excelente excellent
excepcional exceptional
excesivo/a excessive
excursión *f.* excursion, trip
excusa excuse
exhibición *f.* exhibition
exhibir to exhibit
exigente *adj.* demanding, exacting
exigido/a required
existir to exist
éxito success; **tener éxito** to be successful
expediente *adj.* expedient; *n. m.* file, record
experiencia experience (20)
experimentar to experience
experto/a expert (7)
explicación *f.* explanation
explicar (qu) to explain (4)
explosión *f.* explosion
exponer (*like* **poner**) to explain, expose
exportación *f.* exportation, export
exportar to export
exposición *f.* exhibition; show; display
expresar to express
expresión *f.* expression
expresionista expressionist
expresivo/a expressive
expreso/a express
expuesto/a explained, exposed
exquisito/a exquisite
extender (ie) to spread

extensión *f.* extension
extenso/a extensive (12)
extranjero/a foreign (1); foreigner
extraño/a strange
extraordinario/a extraordinary
extravagancia extravagance
extremo end, extreme
exuberante exuberant

F
fábrica factory (11)
fabricar (qu) to manufacture, make
fabuloso/a fabulous
fácil easy (3)
facilidad *f.* facility
facilitar to facilitate
factura bill, invoice
falda skirt (3)
falso/a false
falta: hacer falta to be lacking; to need (9)
Fallas celebrations in Valencia, Spain, on the feast of St. Joseph
fama fame (17)
familia family
familiar *n. m.* relative, member of the family; *adj.* of or pertaining to the family
famoso/a famous
fantástico/a fantastic
farmacéutico/a *n.* pharmacist; *adj.* pharmaceutical
farmacia pharmacy, drugstore (5)
faro headlight (14)
fascículo fascicle (*division of a book*)
favor *m.* favor; **por favor** please (5)
favorito/a favorite
febrero February (P)
fecha date (*calendar*) (4)
felicidad *f.* happiness; **felicidades** *pl.* congratulations (8)
felicitar to congratulate (10)
feliz (*pl.* **felices**) happy, joyful (3)
feminismo feminism
fenómeno phenomenon
feo/a ugly
feria fair (15)
ferrocarril *m.* railroad, train (18)

fértil fertile
fertilizante *m.* fertilizer
festivo: (día) festivo holiday
ficción *f.*: **ciencia ficción** science fiction
fiebre *f.* fever (13)
fiesta party; celebration; holiday
figura figure
figurita (*diminutive form of* **figura**) small figure, figurine (12)
fijarse (en) to notice (15); **fijarse bien** to look carefully, pay careful attention (15)
filete *m.* fillet (*of beef or fish*)
fin *m.* end; **a fin de que** so that, in order that; **con el fin de** with the purpose of; **en fin** in short; **fin de semana** weekend (4); **por fin** finally (2)
final *n. m., adj.* final; **al final** at the end
finalmente *adv.* finally
financiero/a financial (20)
finanza finance
finca farm
fino/a fine
firma signature
firmar to sign (17)
física *s.* physics
físico/a physical; **educación física** *f.* physical education
flamante brand-new; splendid
flan *m.* custard (*made with caramel sauce and baked in the oven*) (9)
flor *f.* flower (5); **flor de jamaica** *typical Christmas beverage made with flowers from the Jamaica plant* (*Mexico*)
florero flower vase (10)
folklórico/a folkloric; **ballet folklórico** *m.* folk dance
folleto pamphlet (16)
fondo: al (en el) fondo at the back (bottom), to the rear (12); *pl.* funds (19)
fonendoscopio stethoscope
fono (*abbreviation*) phone
fontanero/a plumber (20)
footing *m.* jogging; **practicar (hacer) el footing** to jog (7)
forjar to create, forge
forma form; manner
formación *f.* training; upbringing

formar to form; to make
formidable marvelous, terrific
formulario form
fortaleza fortitude; courage
fotocopia photocopy
foto(grafía) *f.* photograph;
  sacar (tomar) fotos to take
  pictures
fracasado/a unsuccessful
francamente *adv.* frankly
francés, francesa *n.* French person (1); *adj.* French; **francés**
  m. French (language) (1)
Francia France
frase *f.* phrase; sentence
frecuencia: con frecuencia frequently (2)
frecuente frequent
freír (i, i) to fry
frenar to put on the brakes (14)
freno(s) brake(s) (14)
frente a *prep.* opposite, in front
  of (12)
fresco/a fresh; **hacer fresco**
  to be cool (*weather*) (4)
frijoles *m. pl.* beans
frío cold(ness); **hacer frío** to
  be cold (*weather*) (4); **tener frío**
  to be (feel) cold (4)
frío/a cold (11)
frito/a fried; **patatas fritas**
  French fries (2)
frontón *m.* jai alai court
fruta fruit (5)
fruto fruit; result
fuego fire (10); heat; flame
fuente *f.* source
fuera de *prep.* outside of
fuerte strong (15); loud
fumar to smoke (13); **sección de
  (no) fumar** *f.* (no) smoking
  section
función *f.* show, performance
  (6); function
funcionar to function; to run,
  work (*pertaining to machines*)
funcionario/a official, civil
  servant
fundar to found (15); to
  establish
fungicida *m.* fungicide
furia fury
fútbol *m.* soccer (7); **fútbol
  (norte)americano** football
futuro *n.* future
futuro/a future

G
galeón *m.* galleon
galón *m.* gallon
gallo: Misa del Gallo Midnight
  Mass
gama range, gamut
ganadería cattle raising; cattle,
  livestock
ganar to earn (3); to win (7)
ganas: tener ganas de + *inf.* to
  feel like (*doing something*)
ganga bargain (3)
garaje *m.* garage (8)
garantía guarantee
garantizar (c) to guarantee (17)
garganta throat (13)
gas *m.* gas; heat; **cocina de gas**
  gas stove (8)
gaseosa: bebida gaseosa carbonated drink
gasoil *m.* diesel (*fuel*)
gasolina gasoline (14)
gasolinera gasoline (*service*)
  station (14)
gastar to spend (3)
gasto expense (16)
gastronomía gastronomy
gato cat (5); (automobile) jack
  (14)
generación *f.* generation
general *adj.* general; **en general**
  generally, in general; **por lo
  general** generally, in general;
  n. m. general
generoso/a generous
genio genius
gente *f. s.* people (7)
geografía geography
geógrafo/a geographer
geología geology
gerente *m., f.* manager (18)
gestión *f.* management
gesto gesture
gigante *m.* giant
gimnasia: hacer gimnasia to do
  calisthenics (13)
gimnasio gymnasium (13)
girar to spin, turn (*a wheel*)
girasol *m.* sunflower
giro postal money order, postal
  order
glaciar *m.* glacier
globo balloon
glorieta traffic circle (14)
glorioso/a glorious
gobernado/a governed

gobernador(a) governor (17)
gobernar (ie) to govern
gobierno government
gol *m.* goal (7)
golf *m.* golf (7)
golpear to hit, beat (10)
gordo/a fat (16)
gotas (medicine) drops (13)
gótico/a Gothic
gozar (c) (de) to enjoy
grabadora tape recorder (6)
grabar to record
gracias thanks (P); **dar las gracias** to thank, give thanks
  (17); **mil gracias** a thousand
  thanks; **muchas gracias** thank
  you very much, many thanks
gracioso/a funny, amusing
graduado/a graduate
graduarse to graduate
gramática grammar
gran great
grande large (2); big
grasa *n.* fat
gratis free
gratitud *f.* gratitude,
  gratefulness
gratuitamente *adv.* free, for
  nothing
gratuito/a free
grave grave, important, serious
griego/a *n., adj.* Greek (17);
  griego *n.* Greek (language) (17)
gripe *f.* flu (13)
gris gray
gritar to shout; to cry out (5)
grito cry, shout (10); **gritos: a
  gritos** by shouting (5)
grueso/a thick (14)
grupo group
guapo/a handsome, beautiful
  (11); **guapísimo/a** extremely
  beautiful (11)
guaraní *m.* *monetary unit of
  Paraguay*
guardar to guard (15)
guardia: estar de guardia to be
  open all night
guatemalteco/a *n., adj.*
  Guatemalan
guayabera men's embroidered
  shirt made of light material
guerra war (17); **Segunda
  Guerra Mundial** Second
  World War; **guerra nuclear**
  nuclear war

guerrero/a warrior, soldier
guerrillero/a *n.* guerrilla
  fighter
guía guide
guión *m.* script
guisante *m.* pea (9)
guitarra guitar (6)
gustar to be pleasing (P); to
  like; **¿le gusta(n)…? ¿te gus-
  ta(n)…?** do you like . . .?;
  me gusta… I like . . . (P)
gusto like; preference; pleasure
  (4); taste; **mucho gusto**
  pleased to meet you (1)

H
haber *irreg.; inf. form of* **hay**; to
  have (*auxiliary*)
habilidad *f.* ability
habitación *f.* room (8); bedroom
habitante *m., f.* inhabitant
hábito habit (13)
hablar to speak (1); **hablar mal
  (bien) (de)** to say bad (good)
  things (about) (16)
hace: hace (media hora) (a half
  hour) ago (14)
hacer *irreg.* to do, to make (2);
  hace buen/mal tiempo it's
  good/bad weather (4); **hacer
  calor (fresco, frío, sol,
  viento)** to be hot (cool, cold,
  sunny, windy) (*weather*) (4);
  hacer caso (a) to pay attention (to); **hacer efectivo un
  cheque** to cash a check; **hacer
  el footing** to jog (7); **hacer
  falta** to be lacking; to need
  (9); **hacer gimnasia** to do calisthenics (13); **hacer las maletas** to pack (suitcases) (18);
  hacer trampas to play tricks,
  cheat; **hacer un viaje** to go
  on (take) a trip (15); **hacer una
  pregunta** to ask a question;
  hacerse daño to be hurt (*in
  an accident*), to hurt oneself
  (14); **¿qué tiempo hace hoy?**
  what's the weather like today?
  (4)
hacia *prep.* toward (6); **hacia
  adelante** forward (6); **hacia
  atrás** backward (6); **hacia la
  derecha** toward the right (6);
  hacia la izquierda toward the
  left (6)

hallar to find
hambre *f.* (*but* **el hambre**)
  hunger; **tener hambre**
  to be hungry (4)
hasta *prep.* until; **hasta que**
  conj. until (20); **hasta luego**
  until (I see you) later (P); **hasta
  mañana** until tomorrow, see
  you tomorrow (P)
hay there is, there are (P);
  ¿hay? is there? are there?
  (P); **¿qué hay?** what's up?,
  what's new?(P); **hay que** +
  inf. one must (*do something*);
  it's necessary to (*do something*)
hecho event; fact; **de hecho** in
  fact (15); **el hecho de que** the
  fact that
hecho/a *p.p.* made, done;
  hecho/a a mano hand-made
helado ice cream
helicóptero helicopter
hemisferio hemisphere; **hemisferio occidental** western
  hemisphere
hepático/a *adj.* hepatic, liver
hepatitis *f.* hepatitis
herbicida *m.* weed-killer,
  herbicide
heredero/a heir (*to the throne*)
  (17)
herida wound, injury (13)
hermano/a brother, sister (5)
hermoso/a beautiful, attractive
  (3)
hermosura beauty
héroe *m.* hero (10)
heroico/a heroic
heroína heroine (10)
heroísmo heroism
herramienta tool (20)
hielo ice
hierba grass (11)
hijo/a son, daughter (5)
hilo thread (15)
hipertensión *f.* hypertension,
  high blood pressure
hipocondríaco/a
  hypochondriac
hispánico/a Hispanic (2)
hispanista *m., f.* Hispanist,
  lover of things Hispanic
hispano/a Hispanic (*person*)
Hispanoamérica Spanish America
hispanoamericano/a *n., adj.*
  Spanish-American

hispanoparlante Spanish-
  speaking
historia history; story
histórico/a historic
hoja sheet (*of paper*) (19); leaf
hola hello, hi (P)
holandés, holandesa Dutch
hombre *m.* man (2)
homenaje *m.* homage
homogéneo/a homogeneous
hondureño/a *n.* native of
  Honduras; *adj.* of or relating
  to Honduras
hongo mushroom
honor *m.* honor; **en honor
  de** in honor of
honra honor
honrado/a honest, upright
hora hour (2); **¿a qué hora?**
  (at) what time?; **por hora**
  per hour; **¿qué hora es?**
  what time is it?
horario schedule (18)
horno oven; **horno de microondas** microwave oven (8)
horror: película de horror
  horror show (movie)
hortaliza vegetable
hospedería hostelry, inn
hospital *m.* hospital
hospitalización *f.* hospitali-
  zation
hotel *m.* hotel
hoy today (P); **hoy día** nowadays (7)
huella footprint; track
huésped(a) guest
huevo egg (9); **huevos rancheros** *scrambled eggs with chili peppers and tomatoes* (9)
huir to flee, escape
humano/a *adj.* human; **club
  de relacionamiento humano**
  lonely hearts club
humilde humble
humo smoke (15)
**humor: ponerse de buen (mal)
  humor** to get in a good (bad)
  mood (16)
humorístico/a humorous
huracán *m.* hurricane (15)

I
ibérico/a Iberian
ida: boleto de ida one-way
  ticket; **(boleto/billete) de ida**

y vuelta (*m.*)   round-trip (ticket) (18)
identidad *f.*   identity
identificación *f.*   identification
identificar (**qu**)   to identify
idioma *m.*   language
iglesia   church; **casarse por la iglesia**   to get married in church (16)
igual   equal, same
igualmente   equally, the same (1)
iluminar   to illuminate, light up
ilusión *f.*   illusion
ilustre   illustrious
imaginación *f.*   imagination
imaginar   to imagine
imitar   to imitate
imperfecto *gram.*   imperfect (*verb forms*)
imperioso/a   overbearing; imperative
impermeable *m.*   raincoat (4)
implicar (**qu**)   to implicate, involve
imponer (*like* **poner**)   to impose
importancia   importance
importante   important
importar   to be important, matter; **no importa**   it doesn't matter (3)
importe *m.*   price; amount
imposible   impossible
imprescindible   essential, indispensable
impresión *f.*   impression
impresionante   impressive
impresora   printer
impuesto   tax (17)
impulso   impulse, thrust
inactivo/a   inactive
inalámbrico/a: teléfono inalámbrico   cordless telephone (8)
inauguración *f.*   opening
inaugural   inaugural, opening
inca *m.*   Inca
incentivo   incentive
incidente *m.*   incident
incluido/a   included
incluir (**y**)   to include
incluso/a *adv.*   even, including
incómodo/a   uncomfortable
incorporarse   to join
increíble   incredible
incremento   increase

independencia   independence; **Día de la Independencia** *m.*   Independence Day
indicaciones *f. pl.*   directions
indicado/a   indicated
indicar (**qu**)   to indicate (4); to point out
índice: dedo índice   index finger
indígena *m., f.*   indigenous
indignado/a   infuriated
indio/a *n., adj.*   Indian (12)
indirecto/a   indirect; **objeto indirecto** *gram.*   indirect object
indispensable   essential
individuo   individual, person
industrialización *f.*   industrialization
inestabilidad *f.*   instability
inevitable   unavoidable
inexplorado/a   unexplored
infantil   of or pertaining to a child; **jardín infantil** *m.*   kindergarten
infección *f.*   infection (13)
inferior   below (4)
infinidad *f.*   infinity
infinitamente *adv.*   infinitely
infinitivo *gram.*   infinitive
inflado/a   inflated
información *f.*   information
informar   to inform; **informarse**   to inquire, find out
informativo/a   informative
informe *m.*   report; *pl.* information, news
ingeniería   engineering (20); **ingeniería civil**   civil engineering (20); **ingeniería de minas**   mining engineering (20); **ingeniería eléctrica**   electrical engineering (20); **ingeniería mecánica**   mechanical engineering (20)
ingeniero/a   engineer (20)
Inglaterra   England
inglés, inglesa *n.*   English person (1); *adj.* English; **inglés** *m.* English (language) (1)
ingrediente *m.*   ingredient (9)
ingresar   to enter, enroll
iniciar   to initiate
iniciativa: tomar iniciativas   to take initiatives
inmediatamente   immediately

innecesario/a   unnecessary
inocente   innocent
inodoro   toilet
inscripción *f.*   inscription
inscrito/a   registered; entered
insecticida *m.*   insecticide
insecto   insect
insinuar   to insinuate
insistencia   insistence
insistir en + *inf.*   to insist on (*doing something*)
inspeccionar   to inspect
instalación *f.*   installation
instalar   to install (20)
instantáneo/a   instant
instante *m.*   instant
institución *f.*   institution
instituto   institute
instrucción *f.*   instruction
instrumento   instrument
insuficiencia   insufficiency; failure
insultar   to insult
insulto   insult
integración *f.*   integration
integrar   to form, make up (*a whole*) (17)
intelectual *n. m., f., adj.*   intellectual
inteligencia   intelligence
inteligente   intelligent
intencionado/a   intentioned
intensidad *f.*   intensity
intenso/a   intense
intentar   to try, attempt
intento   intent; attempt
interés *m.*   interest (19)
interesante *adj.*   interesting
interesar   to interest; to be interested (in)
internacional   international
interpretación *f.*   interpretation
interpretar   to interpret
interpretativo/a   interpretative
intersección *f.*   intersection
inti *m.*   *monetary unit of Peru*
íntimo/a   intimate
inundación *f.*   flood
inútil   useless
invención *f.*   invention
inventar   to invent
inversión *f.*   investment (19)
invertido/a   reversed; invested
invertir (**ie, i**)   to invest (19)
investigación *f.*   investigation

investigar to investigate
invierno winter (P)
invitación *f.* invitation
invitado/a *n.* guest; *adj.* invited
invitar to invite (4)
inyección *f.* injection; **poner una inyección** to give a shot, injection (13)
ir *irreg.* to go (3); **ir de compras** to go shopping (3); **ir de luna de miel** to go on one's honeymoon (16); **ir(le) bien (mal) a uno** to go well (badly) for someone (17); **irse** to leave, go away
ironía irony
irónico/a ironic
irritado/a irritated, annoyed
isla island (11)
Italia Italy
italiano/a *n., adj.* Italian; **italiano** Italian (language)
izquierda left; **a la izquierda** to the left; **hacia la izquierda** toward the left (6)

J
jabón *m.* soap (8)
jai alai *m.* Basque handball (7)
jamás never
jamón *m.* ham (2)
Japón *m.* Japan
japonés, japonesa *n.* Japanese; **japonés** *m.* Japanese language
jarabe *m.* (cough) syrup
jardín *m.* garden (7); **jardín infantil** kindergarten
jarra earthen jar
jefe/a boss (4)
jeroglífico/a hieroglyphic
Jesucristo Jesus Christ
joven *n. m., f.* young man, young woman (1); *adj.* young (2)
joya jewel (11)
joyería jewelry shop (19)
juego game
jueves *m. s.* Thursday (P)
juez *m., f. (pl.* **jueces**) judge (17)
jugador(a) player (7)
jugar (ue) (gu) to play (*a sport*)

jugo juice (2); **jugo de limón** lemon juice; **jugo de naranja** orange juice (2)
juguete *m.* toy (10)
julio July (P)
junio June (P)
junta board (of directors); military junta
junto a *prep.* next to (9)
juntos/as together
jurar to swear; to affirm (16)
jurisdicción *f.* jurisdiction
justicia justice (17)
justificación *f.* justification
justificado/a justified
justo/a fair
juzgado (judicial) court (17)

K
kilo kilogram (*approx. 2.2 pounds*)
kilómetro kilometer (*approx. 0.62 miles*)
kiosco kiosk (*small outdoor stand where a variety of items are sold*)

L
la the (*f. definite article*); *d. o. pron.* you (*form. s.*); her; it (*f.*) (8)
labios lips (*mouth*) (11)
laboral *adj.* (*pertaining to*) labor (20)
laboratorio laboratory
lado side (9); **al lado de** beside
lago lake (7)
lágrima tear (16)
laguna lagoon
lámpara lamp (8)
lana wool
lápiz *m.* (*pl.* **lápices**) pencil (1)
largo/a long (2); **a larga distancia** long-distance (*telephone call*); **a largo plazo** long-term (19); **a lo largo de** along, throughout (the course of)
las the (*f. pl. definite article*); *d. o. pron.* you (*form. pl.*); them (*f.*) (8)
lástima pity; **es una lástima** it's a pity (6); **¡qué lástima!** what a shame!
lata (tin) can
latino/a Latin

lavabo washbowl (8)
lavadora washer (20)
lavandería laundry
lavaplatos *m. s.* dishwasher (8)
lavar to wash (5); **lavarse** to wash oneself (11)
le *i. o. pron.* to/for you (*form. s.*) (9); him, her, it
lección *f.* lesson (1)
lector(a) reader
lectura reading
leche *f.* milk (9); **café con leche** *m.* coffee with milk (2)
lechería milk (dairy) store (19)
lechuga lettuce (9)
leer (y) to read (2)
legendario/a legendary
legislatura legislature
legumbres *f.* vegetables (9)
lejos *adv.* far; **a lo lejos** in the distance (15); *prep.* **lejos de** far from
lempira *m.* monetary unit of Honduras
lengua language (1); **lengua extranjera** foreign language
lentamente slowly (15)
lentes de contacto *f.* contact lenses; **lentes de contacto blandos** soft contact lenses
lento/a slow
les *i. o. pron.* to/for you (*form. pl.*); them (9)
letras de molde print, printing
letrero sign (14)
levantar to lift, raise; **levantarse** to get up (11)
ley *f.* law (17)
leyenda legend
liberación *f.* liberation
libertad *f.* liberty, freedom (17)
libre free; **al aire libre** outdoors
libreta savings book; **libreta de cheques** checkbook
libro book (1); **libro de cocina** cookbook (8); **libro de texto** textbook
licencia license
líder *m.* leader (20)
ligado/a tied, bound
ligero/a light (*weight*); **más ligero** lightest (*weight*)
límite *m.* limit
limón *m.* lemon

limonada lemonade
limpiar to clean (5)
limpio/a clean (5)
lindo/a pretty
línea line; **línea aérea** airline (18)
liquidación (general) *f.* (storewide) sale (19)
líquido/a liquid
lirio lily
Lisboa Lisbon
lista list
listo/a ready (3); sharp (intelligent), clever (3)
literario/a literary
litro liter (14)
lo *d. o. pron.* you (*form. s.*); him; it (*m.*) (8); **lo que** what, that which; **lo** + *adj.* the ____ part/thing
localidad *f.* seat, ticket
loción *f.* lotion
loco/a crazy
lodo mud
lógica logic (9)
lógico/a logical
lograr to achieve; to attain
lomo: bistec de lomo *m.* steak
los the (*m. pl. definite article*); *d. o. pron.* you (*form. pl.*); them (*m.*) (8)
losa de cemento cement slab
lote *m.* portion
lotería lottery
lucha battle
luchar to fight
luego *adv.* then, later (6); **desde luego** of course; **hasta luego** until (I see you) later (P)
lugar *m.* place (15)
lujo luxury (14); **de lujo** deluxe (8)
lujoso/a luxurious (14)
luna moon (15); **ir de luna de miel** to go on one's honeymoon (16)
lunes *m. s.* Monday (P)
luz *f.* (*pl.* **luces**) light (8)

LL
llamada call; **llamada a las armas** call to arms (10)
llamado/a named, called
llamar to call (4); **llamarse** to be named, called (P); **¿cómo**

se llama Ud.? ¿cómo te llamas? what is your name? (P); **me llamo** ____ my name is ____ (P)
llanta tire (14); **llanta de repuesto** spare tire (14); **llanta desinflada** flat tire
llave *f.* key (14)
llegada arrival (18)
llegar (gu) to arrive (3); **llegar a conocerse** to become known
llenar to fill (10); to fill out
lleno/a (de) filled (with) (10)
llevar to wear (3); to have; to carry; to take
llorar to cry (5)
llover (ue) to rain (4)
lluvia rain (15)

M
madera wood (10)
madre *f.* mother (5)
madrileño/a from Madrid
madrina godmother (16); maid of honor
madrugada dawn; early morning
maestro/a *n.* master; teacher (20); *adj.* skilled; **obra maestra** masterpiece (12)
magia magic
mágico/a magic(al)
magnífico/a magnificent
mago: los Reyes Magos the Magi, the Three Wise Men
maíz *m.* corn
majestad *f.* majesty
majestuoso/a majestic
mal *adv.* badly; **hablar mal (de)** to say bad things (about) (16); **hacer mal tiempo** to be bad weather (4)
mal, malo/a bad (2); **ponerse de mal humor** to get in a bad mood (16); **¡qué mala suerte!** what bad luck! (7)
maldito/a lousy, damned
maleta suitcase (18); **hacer las maletas** to pack (suitcases) (18)
maletero trunk (14)
maltratar to mistreat
Malvinas: Islas Malvinas Falkland Islands
mamá mommy, mom (5)
mambo *Latin American dance*

mami *f.* mommy
manchado/a stained
mandar to order; to send (19)
mandato command
manejable manageable
manejar to drive (14); to handle (20); **carnet de manejar** *m.* driver's license (14)
manejo management; handling (20)
manera manner, way; **de esta manera** in this way; **de ninguna manera** by no means; **la única manera** the only way
manguera hose (14)
maní *m.*: **mantequilla de maní** peanut butter
manifestación *f.* political demonstration
manifestarse (ie) to appear
maniquí *m.* mannequin
mano *f.* hand (11); **a mano** by hand (12); **bolso/a de mano** handbag (18)
mantel *m.* tablecloth (5)
mantener (*like* **tener**) to maintain (13)
mantenimiento maintenance (14)
mantequilla butter (9); **mantequilla de maní** peanut butter
mantilla shawl (12)
manzana apple
mañana *n.* morning; *adv.* tomorrow (P); **de la mañana** in the morning; **hasta mañana** until (I see you) tomorrow (P); **por la mañana** in the morning (2); **todas las mañanas** every morning
mañanero/a early-rising
mapa *m.* map (1)
maquillarse to put one's makeup on
máquina machine; **escribir a máquina** to type (8); **máquina de afeitar** electric shaver (20); **máquina de escribir** typewriter (8); **máquina de remar** rowing machine
mar *m., f.* sea; **Mar Caribe** Caribbean Sea
maravilloso/a wonderful (8)
marca registrada registered trademark

marcar (qu)   to mark, indicate (17)

marco: marco de trabajo   framework

marcha atrás   in reverse

marcharse   to go away (19)

marfil *m.*   ivory

mariachi *m.*   Mexican band/type of music with trumpets, guitars, violins

marihuana   marijuana

mariposa   butterfly

marisco   shellfish

marítimo/a   sea; maritime

martes *m. s.*   Tuesday (P)

martillo   hammer (20)

marxista *m., f.*   Marxist

marzo   March (P)

más   more (4); most; **es más** what's more; **más de la cuenta** more than one should have; **más o menos**   more or less; **más ____ que**   more ____ than; **¿qué más?**   what else?

masaje *m.*   massage

matarse   to be (get) killed (*in an accident*) (20)

matemáticas *pl.*   mathematics

materia   subject (*in school*)

matrícula *s.*   registration fees (20); registration

matricularse   to register, enroll

matrimonio   marriage; matrimony (16); **contraer matrimonio**   to get married

máximo   maximum

máximo/a   maximum (14)

maya *n. m., f., adj.*   Mayan

mayo   May (P)

mayor   older (5); greater, greatest; **la mayor parte**   most, the majority; *n. m.* adult

mayoría   majority (17)

me *d. o. pron.*   me; *i. o. pron.* to/for me; *refl. pron.*   myself

mecánico/a *n.*   mechanic; operator (10); *adj.*   mechanical; **ingeniería mecánica**   mechanical engineering (20)

media: (las dos) y media   (two) thirty, half past (two) (*with time*)

medianoche *f.*   midnight (10)

medias *pl.*   stockings (3)

medicamento   medicine

medicina   medicine

médico/a *n.*   doctor (13); *adj.*   medical (13)

medio *n. s.*   means (18); middle; **en medio de**   in the middle of; **medio ambiente**   environment; **por medio de**   by means of

medio/a *adj.*   half; middle; **a media voz**   in a low voice

mediodía *m.*   midday, noontime

Mediterráneo: Mar Mediterráneo *m.*   Mediterranean Sea

mejor   better (11); best

mejorar   to improve

melocotón *m.*   peach

melón *m.*   melon (cantaloupe) (9)

memoria   memory

mencionar   to mention

menor   younger (5); minor

menos   less; minus; least; (**las dos**) **menos cuarto**   quarter til (two) (*with time*); **más o menos** more or less; **menos ____ que**   less ____ than; **por lo menos**   at least; **a menos que** *conj.*   unless (20)

mensaje *m.*   message (19)

mensual   monthly

mensualidad *f.*   monthly payment

mentalmente *adv.*   mentally

mente *f.*   mind

menú *m.*   menu

menudo/a   small, minute; **gente menuda** *f.*   children

mercado   market (5); **mercado al aire libre**   open-air market

merengue *m.*   *Caribbean dance*

merienda   snack, light meal

mes *m. s.*   month (P); **al mes** per month (6)

mesa   table (1)

mesero/a   waiter, waitress (*Mex.*) (9)

metal *m.*   metal

meter   to put in(to) (7)

método   method

metro   subway, metro (18); meter

metropolitano/a   metropolitan (18)

mexicanidad *f.*   Mexican spirit

mexicano/a *n., adj.*   Mexican

México   Mexico

mezclar   to mix

mi(s) *poss.*   my (3)

mí *obj. of prep.*   me

microondas: horno de microondas   microwave oven (8)

miedo   fear (15); **tener miedo (de)**   to be afraid (of)

miel *f.*   honey; **ir de luna de miel**   to go on one's honeymoon (16)

miembro   member

mientras *conj.*   while (2)

miércoles *m. s.*   Wednesday (P)

mil *m.*   a thousand, one thousand

milagro   miracle

milagroso/a   miraculous

miligramo   milligram

militancia   militancy

militar *adj.*   military

milla   mile

millón (de) *m.*   million

mina   mine (*gold, silver, and so on*) (20); **ingeniería de minas**   mining engineering (20)

minero/a   miner (20)

miniatura: en miniatura   in miniature

minigrabadora   cassette recorder (18)

mínimo/a   minimum (14)

ministerio   ministry

ministro/a   minister

minoría   minority (17)

minuto   minute (*unit of time*)

mío/a *poss.*   my, (of) mine

mirador *m.*   vantage point, lookout (*place of observation*)

mirar   to look at; to watch (1)

misa   mass (*religious ceremony*); **Misa del Gallo**   Midnight Mass

misericordia   mercy, compassion

misión *f.*   mission

mismo *n.*   same (one) (4)

mismo/a   same; **ahora mismo** right now, right away (13)

misterioso/a   mysterious

mitad *f.*   half

mito   myth

mixto/a   mixed

mixtura   mixture; compound

mobiliario   furniture

moda   fashion, style; **de moda**   in style

modelo   model

moderación *f.* moderation
moderado/a moderate
moderno/a modern (8)
modesto/a modest
modificar (qu) to modify
modo way, manner; **de todos modos** anyway, in any case
mojado/a wet
molde: letras de molde print, printing
mole poblano *m.* mole (*turkey in chocolate-based chili sauce*)
molestar to bother; **molestar(le) (a uno)** to bother (one) (16)
molido/a ground; beat, worn-out
molino: molino de viento windmill
momento moment; **en este momento** at the moment, right now
monarquía monarchy (17)
monasterio monastery
moneda currency
monetario/a: unidad monetaria *f.* monetary unit
monje *m.* monk
monólogo monologue
montaña mountain
montar en bicicleta to ride a bicycle (7)
monumento monument
moreno/a brunette, dark-skinned
morir (ue, u) to die
mostrador *m.* counter (19)
motivar to motivate
moto(cicleta) *f.* motorcycle (6)
motor *m.* motor (14)
mover (ue) to move
movilidad *f.* mobility
muchacho/a boy, girl (2); *m.* fellow
mucho *adv.* much, a lot (P)
mucho/a a lot of, many (1); **muchas gracias** thank you very much, many thanks; **mucho gusto** pleased to meet you (1); **muchas veces** frequently, a lot
mudador mover; moving equipment
mueble *m.* piece of furniture; *pl.* furniture (8)
mueca grimace
muerte *f.* death (2)

muerto/a *p. p.* dead (20)
muestra sample; specimen
mujer *f.* woman (2)
mula mule
multa fine (14); (traffic) ticket; **poner una multa** to fine (14)
multinacional multinational
múltiple multiple; many
mundanal: huir del mundanal ruido to flee the hubbub of worldly life
mundial *adj.* world
mundo world (4)
municipalidad *f.* municipality
muñeca doll (5)
muñeco de nieve snowman
murmurar to murmur
músculo muscle
museo museum (10)
música music (5)
músico/a musician
mutuo/a mutual
muy very (P)

N

nacer (zc) to be born (10)
nacimiento birth; nativity scene
nación *f.* nation
nacional national
nacionalidad *f.* nationality
nacionalizado/a nationalized
nada nothing, not anything (5); **de nada** you're welcome (14); **nada de nuevo** nothing new (P)
nadar to swim (7)
nadie no one, nobody, not anybody
naranja orange (P); **jugo de naranja** orange juice (2)
nariz *f.* (*pl.* **narices**) nose (11)
narración *f.* narration
narrador(a) narrator
natación *f.* swimming (7)
natalidad: control de la natalidad *m.* birth control
naturaleza nature
naturalmente *adv.* naturally
Navidad *f.* Christmas (4)
necesario/a necessary
necesidad *f.* necessity
necesitar to need (3)
neerlandés *m.* Dutch (language)
negar (ie) to deny
negativo/a negative

negociante *m., f.* trader, dealer, merchant
negociar to trade, buy and sell, negotiate (19)
negocio business; business dealing (19)
negro/a black (3); **en blanco y negro** black-and-white (*television*) (8)
Neptuno Neptune
nervioso/a nervous
neto/a: peso neto net weight
neumático tire
neumático/a pneumatic
nevar (ie) to snow
ni *conj.* neither; nor; **ni...ni...** neither. . . nor. . . (15)
nicaragüense *n., adj.* Nicaraguan
nieto/a grandson, grand-daughter (5)
nieve *f.* snow (4); **muñeco de nieve** snowman
ningún, ninguno/a no, none, not any; **de ninguna manera** in no way
niñera baby sitter; nursemaid
niño/a boy, girl (5); **de niño/a** as a child
nivel *m.* level (16)
no no (P); **no importa** it doesn't matter (3); **ya no** no longer (5)
noble *m.* nobleman
noción *f.* notion, idea
nocivo/a harmful
noche *f.* night; **buenas noches** good evening/night (P); **de la noche** in the evening; **de noche** during the night (15); **esta noche** tonight (4); **por la noche** in the evening, at night (2); **toda la noche** all night (*long*); **todas las noches** every night
Nochebuena Christmas Eve
nombre *m.* (first) name
nominalizado/a *gram.* nominalized
normalizar (c) to normalize
normalmente *adv.* normally
norte *m.* north
Norteamérica North America
norteamericano/a *n., adj.* North American
nos *d. o. pron.* us; *i. o.*

pron. to/for us; *refl.*
pron. ourselves
nosotros/as *sub. pron.* we; *obj.*
of prep. us
nota grade (*in a class*); note
notablemente *adv.* notably
notar to notice, note
noticia news item; *pl.* news
(2)
novecientos/as nine hundred
novedad *f.* novelty; fad; hap-
pening, (recent) event
novela novel
noveno/a ninth
noventa ninety (3)
noviazgo courtship,
engagement
noviembre November (P)
novio/a boyfriend, girlfriend
(5); bridegroom, bride; *m.*
pl. sweethearts; bride and
groom
novísimo/a newest
nube *f.* cloud (15)
nuclear nuclear; **física nuclear**
nuclear physics; **guerra**
nuclear nuclear war
nuera daughter-in-law (16)
nuestro/a *poss.* our; (of) ours
nueve nine (P)
nuevo/a new (1); **Año**
Nuevo New Year
número number
numeroso/a numerous
nunca never (10)
nupcial: ceremonia nupcial
wedding ceremony
nutrición *f.* nutrition (13)
nutricional nutritional

O

o or (2)
obesidad *f.* obesity (13)
objeto object; **objeto (in)directo**
gram. (in)direct object
obra work (*of art*); **obra maestra**
masterpiece (12)
obrero/a worker (10)
observación *f.* observation
observar to observe
observatorio observatory
obsidiana obsidian
obtener (*like* **tener**) to get,
obtain
ocasión *f.* occasion

occidental: hemisferio occidental
western hemisphere
occidente *m.* west
océano ocean; **Océano**
Atlántico Atlantic Ocean;
Océano Pacífico Pacific
Ocean
octavo/a eighth
octubre October (P)
ocupado/a busy
ocupar to occupy (4)
ocurrir to occur, happen (10)
ochenta eighty (3)
ocho eight (P)
ochocientos/as eight hundred
odiar to hate (16)
odontología dentistry (20)
oeste *m.* west
oferta offer, special
oficial *adj.* official
oficina office (17)
oficio trade
ofrecer (zc) to offer (4) (12)
oído (inner) ear
oír *irreg.* to hear (5)
ojalá (que) I hope, wish (that);
¡ojalá! (Don't) I wish! (16)
ojo eye (11)
ola wave (*water*) (11)
oliva olive; **aceite de oliva**
m. olive oil (9)
olvidar to forget (10); **olvidarse**
de to forget about
olla pot
once eleven (P)
ónix *m.* onyx
onza ounce
opción *f.* option
ópera opera
operación *f.* operation
opinión *f.* opinion
oponer (*like* **poner**) to oppose
oportunidad *f.* opportunity
oposición *f.* opposition
opuesto/a opposite
oración *f., gram.* sentence
órbita: en órbita in orbit
orden *m.* order (*sequence*); *f.*
order, command; **a sus**
órdenes at your service (1)
ordenador *m.* computer (*Sp.*) (19)
oreja ear (11)
organización *f.* organization
organizar (c) to organize
orientación *f.* orientation;
aspect

oriental Oriental; eastern
oriente *m.* east
origen *m.* origin
oro gold (11)
orquesta orchestra (6); **orquesta**
de cámara chamber orchestra;
orquesta sinfónica symphony
orchestra
os *d. o. pron.* you (*fam. pl. Sp.*);
i. o. pron. to/for you (*fam. pl.*
Sp.); *refl. pron.* yourselves
(*fam. pl. Sp.*)
oscuridad *f.* darkness
oscuro/a obscure, not well
known; dark (*in color*); **a oscu-**
ras in the dark
otoño fall (*season*) (P)
otro/a other, another (1); **otra**
vez again
otros/as others
ovación *f.* ovation
oye *interj.* listen, hey (11)

P

pacana pecan
paciencia patience; **tener**
paciencia to be patient (16)
paciente *n. m., f., adj.* patient
Pacífico: Océano Pacífico
Pacific Ocean
padre *m.* father (5); *pl.* parents
(5)
padrino godfather (16); best
man
paella paella (*Spanish dish made*
with rice, shellfish, chicken, and
saffron)
pagar (gu) to pay (3)
página page
pago payment; **pago de dere-**
chos payment of fees (20)
país *m. s.* country, nation (2)
paisaje *m.* landscape;
countryside
pájaro bird (15)
pala shovel
palabra word (1)
palacio palace
palma de la mano palm of the
hand
palmera palm tree (11)
palo stick (10)
paloma dove
pan *m.* bread (5)
panadería bread shop
(bakery) (19)

panameño/a *n., adj.*
Panamanian
panecillo roll, bun (9)
panqueque *m.* pancake
pantaletas *pl.* panties
pantalones *m. pl.* pants (3)
pañuelo handkerchief
papa potato (9)
papá *m.* dad, papa (5)
papaverina papaverine (*alkaloid used as antispasmodic medication*)
papel *m.* paper (1); role
papelera paper mill
papelería stationery store (19)
papelero/a *adj.* paper
papi *m.* daddy
paquete *m.* package
par *m.* pair
para *prep.* for (2); in order to (2); **para que** in order that (20)
parabrisas *m. s.* windshield (14)
parador *m.* *state-run hotel in Spain*
paraguas *m. s.* umbrella (4)
paraguayo/a *n., adj.* Paraguayan
paralelamente *adv.* parallel, in a parallel direction
parar to stop (14)
parásito parasite
parecer (**zc**) to seem; **parecerle** to appear (to you/him/her)
pared *f.* wall (8)
pareja couple (6)
paréntesis *m. s., pl.* parenthesis, parentheses; **entre paréntesis** in parentheses
pariente *m., f.* relative (5)
Parlamento Parliament
parque *m.* park (7); **parque de atracciones** amusement park; fairground; **parque zoológico** zoo
parqueadero parking lot
párrafo paragraph
parrillada barbecue
parte *f.* part (9); **en todas partes** everywhere; **en parte** partly, in part; **la mayor parte** the majority
participante *m., f.* participant
participar to participate
participio participle; **participio de presente** present participle; **participio pasado** past participle

particular private; particular
partida departure (18)
partido game, match (7); (political) party (17)
partir to depart (18); **a partir de** starting at (10)
parvulario/a *pertaining to infants*
pasabocas snacks
pasado/a last; past (*in time*) (7)
pasaje *m.* ticket; passage
pasajero/a passenger (18)
pasaporte *m.* passport
pasar to pass, spend (*time*); to happen; **pasando el rato** killing time (2); **pasar el rato** to pass (spend) the time (of day) (2); **pasar por la aduana** to go through customs; **¿qué te pasa?** what's the matter with you?
Pascua(s) Easter; *pl.* Christmas; **Felices Pascuas** Merry Christmas
pase *m.* pass, permit (18); **pase para abordar** boarding pass
pasear to stroll (2); **pasear en bicicleta** to ride a bicycle (7)
paseo stroll, promenade; **dar un paseo** to take a walk (3)
pasión *f.* passion
pasivo/a passive
paso step (6); pace
pastel *m.* cake; pastry; pie
pastelería sweetshop; pastry shop (19)
pastilla pill, tablet (13)
pastor(a) shepherd, shepherdess
patata potato (2); **patatas fritas** French fries (2)
patrimonio patrimony
patriota *m., f.* patriot
patrón *m.* pattern
patronato patronage, sponsorship; society
paz *f.* (*pl.* **paces**) peace
peatón, peatona pedestrian (14)
pecho breast, chest
pedagogía education (20)
pedagógico/a *adj.* teaching
pediatra *m.* pediatrician
pedir (**i, i**) to request, ask for (6); to order (6); **pedir posada** to ask for lodging; **pedir prestado/a** to borrow (10)
pegatina sticker

peinado hairdo (11)
peinarse to comb one's hair (11)
película film; movie (6); **rollo de película** roll of film (18)
peligro danger
peligroso/a dangerous
pelo hair (11)
pelota ball (7)
peluquería beauty shop (11); barber shop
pena pain; **¡qué pena!** what a shame!; **valer la pena** to be worthwhile (20)
penicilina penicillin (13)
penitente *m., f.* penitent (10)
pensamiento thought
pensar (**ie**) to think; **pensar de** to think (have an opinion) about (*with questions*); **pensar en** to think about; **pensar que** to think (*have an opinion*) that; **pensar** + *inf.* to intend to (*do something*) (18)
pensión *f.* boarding house
peor worse (11); **lo peor** the worst thing, part
pequeño/a small (2)
percibir to perceive
percolado: recién percolado freshly brewed (*coffee*)
perder (**ie**) to lose (7)
perdonar to pardon, forgive
peregrino/a pilgrim
perejil *m.* parsley
perfecto/a perfect; **presente perfecto** *m. gram.* present perfect (tense)
perfil *m.* profile
perfume *m.* perfume
periódicamente *adv.* periodically
periódico newspaper (2)
período period, time
perjudicar (**qu**) to harm
perla pearl (11)
permanecer (**zc**) to remain
permanente *adj.* permanent
permiso permission
permitir to permit, let (12)
pero but (1)
peronista: doctrina peronista *the doctrine of Juan Perón*
perro dog (5)
persa: gato persa Persian cat
persona person
personaje *m.* character (*of a*

story, play)
personal personal; personnel
personalidad *f.* personality
perspectiva perspective, point of view (12)
pertinente pertinent
peruano/a *n., adj.* Peruvian
pesadilla nightmare
pesar to weight (18); **a pesar de** in spite of (14)
pesas weigh (13); **levantar pesas** to lift weights
pesca fishing (7)
pescado fish (9)
pescar (qu) to fish (7)
peseta *monetary unit of Spain* (3)
peso weight (13); *monetary unit of Bolivia, Colombia, Cuba, Chile, Mexico, the Dominican Republic, and Uruguay;* **bajar de peso** to lose weight (13)
pétalo petal
picado/a minced
picnic *m.* picnic
pico (mountain) peak (15)
pie *m.* foot (11); **a pie** on foot
piedra stone (11)
piel *f.* skin (11)
pierna leg (11)
pieza piece (*of art*) (12); part (*of a machine*) (20)
pijamas pajamas
píldora pill (13)
piloto *m., f.* pilot (18)
pimienta pepper (9)
pino pine
pintar to paint (11); **pintarse** to put on makeup
pintor(a) painter (12)
pintoresco/a picturesque (12)
pintura painting (12); **pintura mural** mural painting
piña pineapple (12)
piñata piñata (*papier mâché figure filled with candy, toys, etc.*)
pirata *m.* pirate
piscina swimming pool (7)
piso floor; apartment (*Sp.*) (8)
pista de tenis tennis court
pizarra chalkboard (1)
placa license plate
placentero/a pleasant, charming
placer *m.* pleasure
plan *m.* plan
planeta *m.* planet
plano blueprint (20); map

planta plant; floor, story (*of a building*)
plantar to plant
plástico plastic
plata silver (11)
plátano banana; plantain (9)
platillo saucer; small dish (9)
plato plate (5); dish; course (*of a meal*)
playa beach (4)
plaza (town) square; mall; plaza; marketplace (2); space
plazo: a corto (largo) plazo short-(long-)term (19); **a plazos** in installments (19)
plena: con plena confianza with full confidence
plenamente *adv.* completely
plomero/a plumber (20)
pluscuamperfecto *gram.* past perfect (tense)
población *f.* population (15)
poblano: mole poblano *m.* mole (*turkey in a chocolate-based chili sauce*)
pobre poor (3)
poco *n.* a (little) bit; **un poco (de todo)** a little bit (of everything) (2); *adv.* little, not very (much) (2); **poco a poco** little by little; **poco probable** not likely, unlikely; **por poco** + *present* almost + *past tense* (14); **(un) poco** *adv.* (a) little (3)
poco/a little (3); *pl.* few
poder *irreg.* to be able (6); *n. m.* power (17)
poderoso/a powerful (17)
poema *m.* poem
poesía poetry
poeta *m.* poet
polca polka
policía *m., f.* police officer; *f.* police (force)
policíaco/a *adj.* police, detective (6); **cuento/novela policíaco/a** detective story/ novel
política *s.* politics (2)
político *m., f.* politician (17)
político/a political; **ciencias políticas** *pl.* political science
polvo: en polvo powdered
pollo chicken
poncho cape that slips over one's head (12)

poner *irreg.* to put, place (5); **poner una inyección** to give a shot, injection (13); **poner una multa** to fine (14); **ponerse** to put on (*clothes*) (11); **ponerse de buen (mal) humor** to get in a good (bad) mood (16); **ponerse** + *adj.* to become; to get + *adj.*
por *prep.* in (*the morning, evening, and so on*) (2); for; along; through, by (2); **por aquí** around here, this way; **por avión** airmail (19); by plane; **por ciento** percent; **por delante** in front, ahead; **por desgracia** unfortunately; **por ejemplo** for example (7); **por eso** for that reason, therefore (4); **por favor** please (5); **por fin** finally (2); **por hora** per hour; **por lo general** generally; **por lo menos** at least; **por poco** + *present* almost + *past* (14); **por primera vez** for the first time; **por suerte** luckily (14); **por supuesto** of course (4); **por teléfono** by (on the) telephone (4)
¿por qué? why? (1); **¿por qué no?** why not?
porción *f.* portion
porque because (1)
portátil portable
portugués, portuguesa *n., adj.* Portuguese; *m.* Portuguese (language)
posada inn; **dar posada** to give lodging; **pedir posada** to ask for lodging
posesivo/a possessive
posibilidad *f.* possibility
posible possible
posición *f.* position
postal postal; **apartado postal** post-office box; **giro postal** money order
postre *m.* dessert (9); **de postre** for dessert (9)
práctica practice
practicante *m., f.* paramedic (13)
practicar (qu) to practice (1); to participate in (*sports*); **practicar el footing** to jog (7)
práctico/a practical
preámbulo preamble (17)

preceder to precede
precio price (3); **a mitad de precio** half-price
precioso/a very beautiful (8); **piedras preciosas** precious stones
preciso/a precise, clear; **es preciso** it is necessary (17)
precolombino/a pre-Columbian
predominar to predominate, prevail
preferencia preference
preferentemente *adv.* preferably
preferir (ie, i) to prefer (6)
pregunta question (1); **hacer una pregunta** to ask a question
preguntar to ask (a question) (1)
prehispánico/a pre-Hispanic
prehistoria prehistory
prehistórico/a prehistoric
premio prize
prenda garment; **prenda de vestir** garment to wear (19)
prensa press
preocupación *f.* concern, worry (12)
preocupado/a worried, preoccupied (3)
preocuparse (por) to worry (about)
preparación *f.* preparation
preparar to prepare (1)
preparativos preparations
preposición *f., gram.* preposition
preposicional: pronombre preposicional *gram.* prepositional pronoun
presencia presence
presentación *f.* introduction, presentation
presentar to present; to introduce
presente *n. m., adj.* present
presidencial presidential
presidente/a president
presión *f.* pressure; **(alta) presión arterial** (high) blood pressure (13)
prestaciones *f.* benefits
prestado/a: pedir prestado/a to borrow (10)
préstamo loan

prestar to lend (9); **prestar atención** to pay attention (9)
prestigio prestige
presumido/a presumptuous (16)
presuponer (*like* **poner**) to presuppose
pretensión *f.* pretension; aim
pretérito *gram.* preterite
previo/a previous
primavera spring (*season*) (P)
primer, primero/a *adj.* first (3); **primero** *adv.* first; **lo primero** the first thing, the most important thing (5); **por primera vez** for the first time
primo/a cousin (5)
princesa princess (17)
principalmente *adv.* principally
príncipe *m.* prince (17)
principio beginning (10); **al principio** at the beginning, at first; **a principios de** in the beginning of
prisa haste (11); **darse prisa** to hurry (18); **tener prisa** to be in a hurry (18)
privado/a private
probable probable, likely; **es probable** it is probable, likely; **poco probable** not likely, unlikely
probar (ue) to prove
problema *m.* problem
procesión *f.* procession
proceso process
proclamar to proclaim (17)
producir (*like* **conducir**) to produce
producto product
profesión *f.* profession
profesional *n. m., f., adj.* professional
profesionalidad *f.* professionalism
profesor(a) professor, instructor (P)
profundamente *adv.* deeply (13)
profundo/a deep, profound (13)
programa *m.* program
prohibir to forbid, prohibit
promesa promise
prometer to promise (16)
promover (ue) to promote, advance (17)
pronombre *m.* pronoun

pronto soon (3); **tan pronto como** as soon as
pronunciación *f.* pronunciation
pronunciar to pronounce (1)
propiedad *f.* property
propietario/a owner
propina tip, gratuity
propio/a own (16)
proponer (*like* **poner**) to propose
propósito: a propósito by the way
próspero/a prosperous; **Próspero Año Nuevo** Happy (Prosperous) New Year
protección *f.* protection
proteger (j) to protect
proteína protein
proverbio proverb
provincia province (3)
próximo/a next (4); near; **futuro próximo** near future
proyección *f.* projection
proyecto project
prueba test
(p)sicológico/a psychological
(p)sicólogo/a psychologist
(p)siquiatra *m., f.* psychiatrist (20)
(p)siquiatría psychiatry (20)
publicar (qu) to publish
público *n.* public
público/a public; **administración pública** public administration; **contador(a) público/a** (certified public) accountant (20)
pueblo village; (a, the) people (10)
puerta door (1); goalpost, gate (*in a soccer match*) (7); gate (*in an airport*) (18)
puertorriqueño/a *n., adj.* Puerto Rican
pues well (P); since; why
puesto seat; place
puesto/a *p. p.* put, placed
pulgar *m.* thumb
pulsera bracelet (11)
pulso pulse (13)
punto point; dot; period; **en punto** exactly, on the dot (*time*)
purificante: crema purificante cleansing cream
puro/a pure
púrpura purple

Q

que that (4); who (*relative pron.*) (4); **es que** it's because; **lo que** what, that which

¿qué? what?, which? (P); **¡qué desgracia!** what (a) misfortune! (5); **¿qué hay?** what's up?, what's new? (P); **¡qué lástima!** what a shame!; **¡qué mala suerte!** what bad luck! (7); **¡qué suerte!** what luck! (1); **¡qué** + *noun* + **más** + *adj.* what a(n) + *adj.* + *noun*! (**¡Qué hombre más alto!** What a tall man!)

quedar to remain, be left; **quedarse** to stay, remain

quemar to burn (10)

querer *irreg.* to want (6); to love (*someone*) (16)

querido/a dear (*term of affection; salutation in a letter*)

queso cheese (2)

quetzal *m.* *monetary unit of Guatemala*

quien who

¿quién(es)? who? (P); **¿a quién?** (to) whom?

química chemistry (20)

químico *m., f.* chemist (20)

quince fifteen (P)

quinientos/as five hundred

quinina quinine

quinto/a fifth

quirúrgico/a surgical

quisiera I would like (2)

quitar to take away (10); **quitarse** to take off (*clothing*)

quizá(s) *adv.* perhaps, maybe (9)

R

radio *m.* (*L. A.*) instrument; *f.* (*Sp.*) radio (6)

raíz (*pl.* **raíces**) root

ramo branch (*of a field*) (20)

ranchero: huevos rancheros *scrambled eggs with chili peppers and tomatoes* (9)

rancho ranch

rápido *adv.* fast, rapidly

rápido/a fast, rapid, quick

raqueta racquet (7)

raro/a rare, unusual; **raras veces** seldom (15)

rasgo *n.* feature; characteristic

rastrillo rake

rato short period of time (11); **pasando el rato** killing time (2); **pasar el rato** to pass (spend) the time (of day) (2); **un rato** a while

rayo láser laser beam

raza: Día de la Raza Columbus Day

razón *f.* reason (14); (**no**) **tener razón** to be right (wrong)

razonable reasonable (3)

reacción *f.* reaction

real royal; real

realidad reality; **en realidad** really

rebanada slice

rebelión *f.* rebellion

recepción *f.* reception; front desk

receta prescription (13)

recetar to prescribe

recibir to receive (7)

recibo *n.* receipt

recién casado newlywed

recién percolado freshly brewed (*coffee*)

reciente recent

recientemente recently (13)

reclamación *f.* claim

reclinable *adj.* reclining (14)

recoger (**j**) to pick up (10)

recomendación *f.* recommendation

recomendar (**ie**) to recommend

reconstrucción *f.* reconstruction

reconstruir (**y**) to reconstruct

recordar (**ue**) to remember (8); to bring back to memory (15)

recrear to recreate

recuerdo *n.* memory

recuperar to recover; to salvage

recurrir to turn (to); to appeal

recurso recourse; resource

red *f.* network

reducción *f.* reduction

reducir (*like* **conducir**) to reduce (13)

reembolso refund

referencia reference

referirse (**ie, i**) (**a**) to refer (to)

reflejar to reflect (12)

reflexivo/a *gram.* reflexive; **verbo reflexivo** reflexive verb

reformación *f.* reform, reformation

refresco refreshment, soft drink (2)

refrigerador *m.* refrigerator (8)

refugiado/a político/a political refugee

refugiarse to take shelter

refugio: Refugio de Miami Miami Refugee Center

regalo gift (2); **regalo de boda** wedding gift (8)

regatear to bargain

régimen *m.* regimen, schedule; routine; diet (13)

región *f.* region

registrado/a: marca registrada registered trademark

regresar to return (*to a place*)

reina queen (12)

reír (**i, i**) to laugh (10)

relación *f.* relation, relationship; **con relación a** in relation to

relacionamiento: club de relacionamiento humano *m.* lonely hearts club (16)

relacionar to relate

relámpago lightning bolt (15)

relatar to relate; to tell, narrate

relativo/a *adj.* relative

relato report, account

religioso/a religious

reloj *m.* watch (2)

rellenar to fill out (*a form*)

remar to row; **máquina de remar** rowing machine

remedio medicine; remedy (5); **remedio casero** home remedy

remitente *m., f.* sender (19)

remitir to send

remolcar (**qu**) to tow (14)

remolque: camión de remolque *m.* tow truck

remoto/a remote, distant

remover (**ue**) to remove

rendido/a worn-out, exhausted

renovar (**ue**) to renew

renta income

reparación *f.* repair

reparar to repair, fix (20)

repartición *f.* distribution

repartir to distribute, deliver (19)

reparto *m.* distribution

repasar to review (11)

repaso review

repetir (**i, i**) to repeat

reposar to lie, rest
reposo rest
representación *f.* representation
representante *m., f.* representative
representar to represent (12)
representativo/a *adj.* representative
república republic (17)
republicano/a republican (17)
repuesto: llanta de repuesto spare tire (14)
requerir (ie, i) to require
requisito requirement
rescatar to rescue; to ransom
rescatista *m., f.* rescuer
reserva reservation
reservación *f.* reservation (18)
reservar to reserve
resfriado cold (*illness*) (13)
residencia residence
residente *m., f.* resident
residir to reside
resolver (ue) (*p.p.* **resuelto/a**) to solve, resolve
resonar (ue) to resound
respirar to breathe (13)
responder to answer, respond
responsabilidad *f.* responsibility
responsable responsible (5)
respuesta answer, response
restaurante *m.* restaurant (2)
restaurar to restore
resultado result
resultar to result; to turn out
resumir to summarize
resurrección *f.:* **Pascua de Resurrección** Easter
retención *f.* retention
retener (*like* **tener**) to retain
retirar to withdraw, take away
retiro *n.* (military) retreat
retratar to portray; to do a portrait (12)
retreta (military) retreat
reunión familiar *f.* family reunion
reunir to make, assemble; **reunirse (con)** to meet (with); to gather (16)
revelar to reveal
revista magazine (6)
revolución *f.* revolution
rey *m.* king (12); *pl.* king and queen (the kings) (12); **los**

Reyes Magos the Magi, the Three Wise Men
rico/a rich (3)
rincón *m.* (inside) corner (15); remote place
río river (15)
riqueza wealth; riches (17)
robar to rob, steal (10)
roca rock (15)
rodear to surround (15)
rodilla knee
rogar (ue) (gu) to beg
rojo/a red (3); **la Cruz Roja** the Red Cross
rollo de película roll of film (18)
romano/a Roman
romántico/a romantic
romper (*p.p.* **roto/a**) to break, tear (10)
ropa clothing
ropero closet (8)
rosa *n.* rose
rosado/a pink (3)
rosca threads (of a screw)
rosquilla doughnut
rostro face
rotativo/a *adj.* revolving
roto/a *p.p.* broken
rubí *m.* (*pl.* **rubíes**) ruby (11)
rubio/a blond(e) (16)
rueda wheel
ruido noise
ruinas (*archaeological*) ruins
rumba rumba (*dance*)
Rusia Russia
ruso/a *n., adj.* Russian; **ruso** Russian (language)

S

sábado Saturday (P)
saber *irreg.* to know (5); **saber + inf.** to know how to (*do something*); **¡ya lo sé!** I know it (that)! (4)
sabor *m.* taste, flavor
sabroso/a tasty, delicious
sacar (qu) to get, obtain; to take out, remove; **sacar fotos** to take photos
sacerdote *m.* priest (10)
sacrificio sacrifice
sagrado/a: la Sagrada Familia the Holy Family
sal *f.* salt (9)

sala room; living room (8); **sala cuna** nursery; **sala de clase** classroom (1); **sala de espera** waiting room (18)
saladito salty snack
salario salary
salchicha pork sausage
saldo balance; payment
salida exit (18); departure (18)
salir *irreg.* to leave, go out (5)
salón *m.* living room (8); large room, salon (12)
salsa *type of Caribbean dance;* sauce
salud *f.* health (13)
saludable healthy, healthful (13)
saludar to greet
salvadoreño/a *n., adj.* Salvadoran
salvar to save
san, santo/a *n.* saint; *adj.* holy; blessed; **Semana Santa** Holy Week
sancionado/a sanctioned
sandalias sandals (3)
sándwich *m.* sandwich
sangría *drink made from red wine, oranges, lemons and carbonated soda*
sanitario/a: autoridades sanitarias *f.* health authorities
sarape *m.* serape (*type of shawl placed over one's shoulder*) (12)
sardinas sardines
sartén *f., m.* frying pan
sastrería tailor shop (19)
satélite *m.* satellite
satírico/a satirical
satisfacción *f.* satisfaction
satisfecho/a satisfied
se *impersonal* one; *refl. pron.* yourself (*form.*); himself; herself; yourselves (*form.*); themselves
seborrea seborrhea (*skin condition*)
secadora dryer (20)
sección *f.* section; **sección de (no) fumar** (no) smoking section
seco/a dry
secretario/a secretary (4)
secreto *n.* secret
sector *m.* sector; **sector comercial** business sector

sed *f.* thirst; **tener sed** to be thirsty (4)

segmento segment

seguida: en seguida at once (13)

seguir (i, i) (g) to follow (13); to continue (13); **seguir todo derecho** to go straight ahead (14)

según according to

segundo/a second; **Segunda Guerra Mundial** Second World War

seguridad *f.* safety, assurance (14); security; **cinturón de seguridad** *m.* seat belt

seguro/a sure, certain; **estar seguro/a** to be sure (17)

seis six (P)

seiscientos/as six hundred

selección *f.* selection

seleccionado/a chosen

selva jungle (15)

sellar to stamp, seal (17)

sello stamp

semáforo traffic light (14)

semana week (P); **fin de semana** *m.* weekend; **Semana Santa** Holy Week

semilla seed

Senado Senate

senador(a) senator (17)

sencillo/a single; **boleto sencillo** one-way ticket (18)

sendero path, track

seno security, refuge

sentar (ie) to seat; **sentarse (ie)** to sit down (11)

sentir (ie, i) to regret; to feel; to feel sorry; **lo siento** I'm sorry (*about it*) (4); **sentirse (ie, i)** to feel (11)

señor (Sr.) man, gentleman, sir (P)

señora (Sra.) woman, lady, madam (P)

señorita (Srta.) young lady; miss (P)

separar to separate

septiembre September (P)

séptimo/a seventh

sepultado/a buried; trapped

ser *irreg.* to be (3)

serie *f.* series

serio/a serious (13)

serrucho handsaw (20)

servicio service; **servicio de bebidas** beverage service (18)

servilleta napkin (9)

servir (i, i) to serve

sesenta sixty (3)

sesión *f.* session

setecientos/as seven hundred

setenta seventy (3)

sevillano/a of or pertaining to Seville (*city in Spain*)

sexto/a sixth

si if (P); whether; why

sí yes (P); indeed

siamés, siamesa Siamese

siempre always (1)

siesta nap; siesta

siete seven (P)

siglo century

significado meaning

significar (qu) to mean

siguiente following, next

silencio silence

silvano/a *adj.* pertaining to the forest

silla chair (1)

sillón *m.* easy chair (8)

simbolizar (c) to symbolize

símbolo symbol

simpático/a nice, likable, pleasant (1)

sin *prep.* without; **sin embargo** however, nevertheless

sinceramente sincerely

sinfonía symphony

sinfónico/a: orquesta sinfónica symphonic orchestra

sino but (*rather*)

sinónimo synonym

síntoma *m.* symptom (13)

sintonizar (c) to tune (in)

sirope *m.* syrup

sistema *m.* system

sitio site, place (7)

situación *f.* situation

smoking: camisa de smoking formal shirt

soberanía sovereignty (17)

sobre *n. m.* envelope (19); *prep.* about, on (1); **sobre todo** above all, especially

sobrenatural supernatural

sobresalir (*like* **salir**) to excel, stand out

sobrino/a nephew, niece (5)

sociabilidad sociability

social social; **Seguro Social**

Social Security; **trabajador(a) social** social worker (20)

socialismo socialism (17)

socialista *m., f.* socialist (17)

sociedad *f.* society

socio/a member

sociólogo/a sociologist

socorrer to help, assist, relieve

socorrista *m., f.* person trained in first aid

socorro first aid

sofá *m.* sofa, couch (8)

sol *m.* sun; **hacer sol** to be sunny (4); **tomar el sol** to sunbathe (4)

solamente *adv.* only

solicitar to solicit (16); to request, ask for (16); to apply for (*a position*) (20); to solicit (*applicants for a position*) (20)

solicitud *f.* application

sólido/a solid

solitario/a *n.* lonely person (16); *adj.* lonely, solitary

sólo *adv.* only (3)

solo/a *adj.* alone; **café solo** *m.* black coffee

soltero/a single, unmarried (5)

solución *f.* solution

solucionar to solve, resolve

sombrero hat (3)

sometido/a subjected

sonar (ue) to ring; to sound

sonreír (i, i) to smile (15)

sonrisa smile

soñar (ue) (con) to dream (about) (11)

sopa soup

soportar to tolerate, endure, put up with (16)

sorprender to surprise (16)

sorpresa surprise

sosegado/a calm, quiet

sostén *m.* bra

sostener (*like* **tener**) to maintain, affirm

sótano basement (8)

su *poss.* his; her; its; your (*form. s., pl.*), their(s)

suave soft

suavemente softly (15)

subir to go up (into/onto) (13); to get on/in (*a plane, car, and so on*); to raise; to carry up

subjetivo/a subjective

subjuntivo (*gram.*) subjunctive

sucio/a dirty (5)
sucre *m.* *monetary unit of Ecuador*
Sud América South America
Sudamérica South America
sudamericano/a South American
suegro/a father-in-law, mother-in-law (16)
sueldo salary (20)
suelo floor, ground (10)
suelto/a loose (fitting) (3)
sueño sleepiness; dream; **¡es un sueño!** it's a dream! (8); **tener sueño** to be sleepy (4)
suerte *f.* luck; **buena suerte** good luck; **mala suerte** bad luck; **por suerte** luckily; **¡qué mala suerte!** what bad luck! (7); **¡qué suerte!** what luck! (1); **tener suerte** to be lucky
suéter *m.* sweater (3)
suficiente sufficient, enough
sufrir to suffer
sugerencia suggestion
sugerir (ie, i) to suggest (12)
Suiza Switzerland
suizo/a *n., adj.* Swiss (person)
sujeto (*gram.*) subject
suma sum
suministrador(a) supplier
suministrar to supply, provide
superelegante super elegant
superior above (4)
superlativo (*gram.*) superlative
supermercado supermarket
suponer (*like* **poner**) to suppose (12)
supremo/a: Corte Suprema *f.* Supreme Court
supuesto: por supuesto of course (4)
sur *m.* south
suroeste *m.* southwest
surrealista *m., f.* surrealist
surtido stock, supply on hand (19)
suscribir to sign (up), subscribe
suscripción *f.* subscription
sustancia substance
sustantivo *gram.* noun
sustitución *f.* substitution
sustituir (y) to substitute
sutil subtle
suyo/a *poss.* your, (of) yours (*form. s., pl.*); his; her, (of) hers; its; their, (of) theirs

T
tabaco tobacco (13)
tableta tablet
tachar to cross out
tajada piece; slice
tal(es) *adj.* such (7); *adv.* **tal vez** perhaps, maybe; *conj.* **con tal (de)** provided (that)
tala felling (of trees); destruction
talón *m.* check
tamaño size (12)
también also (1)
tampoco neither, not either
tan as, so (3); **tan _____ como** as _____ as; **tan pronto como** as soon as
tanque *m.* tank
tanto *adv.* so much
tanto/a/os/as so much, many
tapas *Sp. pl.* appetizers, snacks
tapiz *m.* (*pl.* **tapices**) tapestry (12)
tapizado/a upholstered (14)
tapón con rosca *m.* screw-on cap
taquilla ticket office, box office
tarde *f.* afternoon, evening; **buenas tardes** good afternoon/evening (P); **de la tarde** in the afternoon; **por la tarde** in the afternoon (2); *adv.* late (4); **más tarde** later
tarea homework (1)
tarifa tariff, rate; fare
tarjeta card (10); **tarjeta de crédito** credit card
taxi *m.* taxi
taza cup (9)
te *d. o. pron.* you (*fam. s.*) (9); *i. o. pron.* to/for you (*fam. s.*) (9); *refl. pron.* yourself (*fam. s.*)
té *m.* tea (6)
teatro theater (6)
técnico/a *n.* technician, tradesperson (20); *adj.* technical
tecnología technology
tecnológico/a technological
tejedor(a) *n.* weaver (12); *adj.* (*pertaining to*) weaving
tejer to weave (12)
tela cloth (12)
telecomunicación *f.* telecommunication
telefónica telephone company
telefónico/a by telephone

teléfono telephone; **teléfono inalámbrico** cordless telephone (8); **por teléfono** by (on the) telephone (4)
telenovela soap opera (6)
televidente *m., f.* television viewer (17)
televisión *f.* television (6)
televisor *m.* television set (8); **televisor a (en) colores** color television (8); **televisor en blanco y negro** black and white television (8)
tema *m.* theme, topic (10)
temer to fear (15)
temperatura temperature
tempestad *f.* storm (15)
templo temple, church
temprano *adv.* early (4)
tenedor *m.* fork (9)
tener *irreg.* to have (2); **tener _____ años** to be _____ years old (4); **tener calor/frío** to be (feel) warm/cold (4); **tener celos** to be jealous (16); **tener dolor de** to have a pain in; **tener en cuenta** to take into account (20); **tener éxito** to be successful; **tener ganas de** + *inf.* to feel like (*doing something*); **tener hambre** to be hungry (4); **tener mal aspecto** to look bad, not well; **tener miedo de** to be afraid of; **tener paciencia** to be patient; **tener prisa** to be in a hurry (18); **tener que** + *inf.* to have to (*do something*) (4); **(no) tener razón** to be right (wrong) (4); **tener sed** to be thirsty (4); **tener sueño** to be sleepy (4); **tener suerte** to be lucky
teniente *m.* lieutenant
tenis *m.* tennis (7); **zapatos de tenis** tennis shoes (3)
tensión *f.* tension
teórico/a theoretical
tercer, tercero/a third
tercio *n.* third
terciopelo velvet (14)
terminación *f.* finish (14); ending
terminar to end, finish (6)
término term
terremoto earthquake (15)
terreno terrain
territorio territory

tesoro treasure
texto text; **libro de texto** textbook
ti *obj. of prep.* you (*fam. s.*)
tiempo time (6); weather (4); *gram.* (verb) tense; **a tiempo** on time; **hace buen/mal tiempo** it's good/bad weather (4); **¿qué tiempo hace hoy?** what's the weather like today? (4)
tienda store (2)
tierra ground, earth (12)
tímido/a timid
tinto/a: vino tinto red wine
tintorería dry cleaners (19)
tío/a uncle, aunt (5)
típico/a typical
tipo kind, type
tiquete *m.* ticket
tirar to throw away
tiro shot (of a gun)
titular *m., f.* holder (of an academic degree)
título title: (academic) degree (20)
tiza chalk (1)
toalla towel (8)
tobogán *m.* slide (18)
tocadiscos *m. s.* record player (6)
tocar (qu) to touch (5); to play (*a musical instrument*) (5); to toll (*a bell*) (10)
tocino bacon
todavía *adv.* still, yet
todo everything; **un poco de todo** a little bit of everything (2)
todo/a *adj.* all (1); every (1); **de todo precio** in all price ranges; *adv.* **de todos modos** anyway; **por todas partes** everywhere; **sobre todo** above all, especially; **seguir todo derecho** to go straight ahead (14); **toda clase de** all kinds of (12); **todos los días** every day (1)
tolerante tolerant
tomar to take (2); to drink (2); to eat; **tomar el sol** to sunbathe (4); **tomar en consideración** to take into consideration
tomate *m.* tomato (9)
tonificar (qu) to tone up
tono tone

tonto/a foolish, stupid
toque *m.* touch
tormenta storm
toro bull; **corrida de toros** bullfight (17); **plaza de toros** bullring
toronja grapefruit
tortilla omelet (*Sp.*) (9); tortilla (*Mex.*) (9); **tortilla española** potato omelet (9)
tos *f. s.* cough (13)
tostada toast (9)
total *n. m., adj.* total
trabajador(a) worker; **trabajador(a) social** social worker (20)
trabajar to work (1)
trabajo work (6); job
tradición *f.* tradition
tradicional traditional
traducción *f.* translation
traer *irreg.* to bring (5)
tráfico traffic (2)
tragedia tragedy
trágico/a tragic
traje *m.* suit (*clothing*) (3)
trampa: hacer trampas to play tricks, cheat
tranquilo/a calm, tranquil
transferencia transfer
transformación transformation
transformar to transform, change
tránsito transit, traffic
transportar to transport (18)
transporte *m.* transport, transportation (18)
tras *prep.* after (10)
trasero/a rear (18)
trasladar to transport, move
tratamiento treatment
tratar de + *inf.* to try to (*do something*) (16); **tratarse de** to be a matter of
través: a través de through (13)
travieso/a mischievous; **esquiar a campo travieso** to cross-country ski
trece thirteen (P)
treinta thirty (3)
tremendo/a tremendous, extreme
tren *m.* train (18)
tres three (P)
trescientos/as three hundred
tribu *f.* tribe
tributario tributary

trigo wheat
triste sad (3)
triunfador(a) triumphant (13)
triunfo triumph
trompeta trumpet
trono throne (17)
trueno thunder (15)
tu *poss.* your (*fam. s.*) (3)
tú *sub. pron.* you (*fam. s.*)
tubería (water) pipes (20)
tumba tomb
turco/a: baño turco turkish bath
turismo tourism; automobile
turístico/a *adj.* tourist (18)
turno: estar de turno to be open at night
tuyo/a *poss.* your, (of) yours (*fam. s.*)

U

u or (*used instead of o before words beginning with o or ho*)
ubicado/a located
úlcera ulcer
último/a last; latest
un, uno/a one (P); a, an (*indefinite article*)
únicamente *adv.* only
único/a only; unique
unidad *f.* unit
unido/a united; **Estados Unidos** United States
unión *f.* union
unipersonal for one person
universidad *f.* university (1)
universitario/a *adj.* university (20)
uña (finger, toe)nail (11)
urbanización *f.* housing (residential) development; city district
urbano/a urban (18)
urgencia urgency, emergency
urgente urgent
usado/a used
usar to use (1)
uso use
usted (Ud., Vd.) *sub. pron.* you (*form. s.*); *obj. of prep.* you (*form. s.*); **¿y usted?** and (what about) you?
ustedes (Uds., Vds.) *sub. pron.* you (*form. pl.*); *obj. of prep.* you (*form. pl.*)
usualmente *adv.* usually
utensilio utensil

útil   useful
utilidad *f.*   usefulness, utility
utilización *f.*   use
utilizar (c)   to use, make use of

V

vaca   cow
vacaciones *f. pl.*   vacation; **de vacaciones**   on vacation (7)
valenciano/a *n., adj.*   (person) from Valencia (*region of Spain*); **paella valenciana**   *dish made with rice, shellfish, chicken, and saffron*
valer *irreg.*   to be worth (20); **valer la pena**   to be worthwhile (20)
valioso/a   precious, valuable
valor *m.*   value (12)
vals *m. s.*   waltz
valle *m.*   valley (15)
vaquero/a: pantalones vaqueros *m. pl.*   jeans
variado/a   varied (12)
variedad *f.*   variety
varios/as   several; various (1)
vaso   glass (5)
vaya: ¡vaya, vaya!   well, really! (8)
vecino/a   neighbor (10)
vegetal *m.*   vegetable
vehículo   vehicle
veinte   twenty (P)
vela: bote de vela *m.*   sailboat
velo   veil (16)
velocidad *f.*   speed (14)
vencido/a   expired
vendedor(a)   seller, vendor (12)
vender   to sell (2)
venezolano/a *n., adj.*   Venezuelan
venir *irreg.*   to come (2)
venta   sale (3)
ventaja   advantage
ventana   window (1)
ver *irreg.*   to see (5); **a ver**   let's see
verano   summer (P)
veras: ¿de veras?   really?
verbo   verb
verdad *f.*   truth; **decir la verdad**   to tell the truth; **¿verdad?**   right? isn't that true? really? (1)

verdadero/a   real; true (20)
verde   green
verdoso/a   green(ish)
verdura   vegetable
versátil   versatile
versión *f.*   version
verso   verse
vertiente *f.*   slope
vestido   dress
vestir (i, i)   to dress; **vestirse** to get dressed (11)
veterinario/a   veterinarian (20)
vez *f.* (*pl.* **veces**)   time, occasion (6); **a veces**   at times (5); **de vez en cuando**   from time to time; **en vez de**   in place of, instead of (10); **muchas veces**   frequently, a lot; **otra vez**   again; **por primera vez**   for the first time; **raras veces**   rarely, seldom; **tal vez**   perhaps; **una vez**   once
viaducto   viaduct
viajar   to travel
viaje *m.*   trip (15); **agencia de viajes**   travel agency; **agente de viajes** *m., f.*   travel agent (18); **de viaje**   on a trip; **hacer un viaje**   to go on (take) a trip (15)
viajero/a   traveler; **cheque de viajero** *m.*   traveler's check
vicepresidente/a   vice-president
víctima   victim (14)
victoria   victory
vida   life (2); **así es la vida**   that's life (4); **mi vida**   dear (*expression of affection*)
viejo/a *n.*   old(er) man/woman; *adj.* old (1)
viento   wind; **hace (mucho) viento**   it's (very) windy (4)
viernes *m. s.*   Friday (P)
villancico   Christmas carol
vinagre *m.*   vinegar (9)
vino   wine (2); **vino tinto**   red wine
violento/a   violent
violeta *n.*   violet; *adj.* violet, purple
violín *m.*   violin (6)
violinista *m., f.*   violin player
virtud *f.*   virtue
visión *f.*   vision
visita   visit (5)

visitar   to visit
víspera   day before; eve (*of a holiday*)
vista   view
vistazo: echar un vistazo   to glance (18)
visto/a *p.p.*   seen
vitalidad *f.*   vitality
vitamina   vitamin
viudo/a   widower, widow (5)
¡viva!   hurrah!; **¡viva _____!**   long live _____!, hurrah for _____!
vivir   to live (2)
vivo/a   lively; alive; intense
vocabulario   vocabulary
volante *m.*   steering wheel (14)
volcán *m.*   volcano (15)
volcánico/a   volcanic
volumen *m.*   volume, size
voluntad *f.*   will (17); consent (17); determination (17)
volver (ue) (*p.p.* **vuelto/a**)   to return (*to a place*) (6); **volver a + inf.**   to do (*something*) again (16)
vosotros/as *sub. pron.*   you (*fam. pl. Sp.*); *obj. of prep.* you (*fam. pl. Sp.*)
votar (por)   to vote (for) (17)
voto   vote
voz *f.* (*pl.* **voces**)   voice; **a media voz**   in a low voice, softly; **en voz alta**   aloud, out loud, in a loud voice; **en voz baja**   in a low voice
vuelo   flight (18); **auxiliar de vuelo** *m., f.*   steward, stewardess, flight attendant (18)
vueltas: dar vueltas   to turn around (6); to go around (*without a fixed direction*) (14)
vuelto/a *p.p.*   returned; (**boleto**) **de ida y vuelta**   round-trip (ticket) (18)
vuestro/a *poss.*   your (*fam. pl. Sp.*); (of) yours (*fam. pl. Sp.*)

Y

y   and (P); plus; (**las dos**) **y cuarto**   quarter after (two) (*with time*)

ya   already, now; **¡ya lo sé!** I
know it (that)! (4); **ya no**   no
longer (5); **ya que**   since
yerba   herb
yerbatero/a   herbal, herb
yerno   son-in-law (16)
yo *sub. pron.*   I

yupi *m., f.*   Yuppie

Z
zapatería   shoe store (19)
zapatos   shoes (3); **zapatos de
tenis**   tennis shoes (3)

zarzuela   *musical comedy or
operetta*
zócalo   plaza, town square
zona   zone
zoológico/a: parque zoológico
m.   zoo
zorro   fox

English-Spanish

A
able; to be able   poder *irreg.*
about   de; sobre
above   superior
accept   aceptar
accident (*automobile*)   **choque** *m.*
accompany   acompañar
accordance: in accordance with
conforme a
according to   **según**
account   **cuenta**; checking
account   **cuenta corriente**;
savings account   **cuenta de
ahorros**; on account of   **por**; to
take into account   **tener en
cuenta**
accountant   **contador(a)**; certified public accountant   **conta-
dor(a) público/a**
acquaintance   **conocido/a**
actor   **actor**
actress   **actriz** (*pl.* **actrices**)
ad   **anuncio**
address   **dirección** *f.*
addressee   **destinatario/a**
adjust   **ajustar**
admit   **admitir**
adorn   **adornar**
advance   **avanzar (c); promover
(ue)**
advantageous   **conveniente**
advice   **consejo**
advise   **aconsejar**
affection   **cariño**
affirm   **jurar**
afraid: to be afraid (of)   **tener
miedo (de)**
after *prep.*   **después de, tras;**
conj.   **después (de) que**

afternoon   **tarde** *f.*; in the afternoon   **por la tarde, de la tarde**
afterward *adv.*   **después**
again   **otra vez**; to do (*something*)
again   **volver a** + *inf.*
against *prep.*   **contra**
agency   **agencia**
agent   **agente** *m., f.*; travel
agent   **agente de viajes**
ago: (a half hour) ago   **hace
(media hora)**
agree   **estar de acuerdo**
ahead: straight ahead   **todo
derecho**
air   **aire** *m.*; outdoor, open-air;
adj.   **al aire libre**
airline   **línea aérea**
airmail   **por avión**
airplane   **avión** *m.*
airport   **aeropuerto**
alcoholism   **alcoholismo**
alive   **vivo/a**
all   **todo/a**; not at all   **en
absoluto**
allow   **admitir, permitir**
almost *adv.*   **casi**
alone *adj.*   **solo/a**
already   **ya**
also   **también**
although *conj.*   **aunque**
always   **siempre**
amount   **cantidad** *f.*
ample   **amplio/a**
ancient   **antiguo/a**
and   **y, e** (*before words beginning
with i and hi*)
angry   **enojado/a**; to get
angry   **enojarse**
announce   **anunciar**

announcement   **anuncio**
another   **otro/a**
answer *v.*   **contestar**
any: not any   **ningún, nin-
guno/a**
apartment   **apartamento, departamento, piso** (*Sp.*)
appliance   **aparato**; electrical
appliance   **aparato eléctrico**
apply: to apply (*for a
position*)   **solicitar**
appreciate   **apreciar**
approach   **acercarse (qu) (a)**
April   **abril** *m.*
arm   **brazo; arma** (weapon)
arrange   **arreglar**
arrival   **llegada**
arrive   **llegar (gu)**
art   **arte** *f.* (*but* **el arte**); fine arts
bellas artes
as *conj.*   **como; tan**
ask (for)   **pedir (i, i), solicitar;
preguntar** (*with questions*)
asleep: to fall asleep   **dormirse
(ue, u)**
aspirin   **aspirina**
assignment   **tarea**
assurance   **seguridad** *f.*
at   **a, en**
attack   **ataque** *m.*; heart attack
ataque al corazón
attend   **asistir (a)**
attendant: flight attendant   **auxiliar de vuelo** *m., f.*
attention: to pay attention   **prestar atención, hacer caso**
attractive   **hermoso/a, atrac-
tivo/a**
August   **agosto**

aunt **tía**
authority **autoridad** *f.*
automobile **coche** *m.*
avoid **evitar**
away: to go away (from) **alejarse (de), marcharse**

B

back **espalda**; at the back **al (en el) fondo**; on the back (part) **al dorso**
backward **atrás**
bad **mal, malo/a**
bakery **panadería**
balcony **balcón** *m.*
ball **pelota**
banana **banana, plátano**
bank **banco**
barber shop **peluquería**
bargain *v.* **regatear**; *n.* **ganga**
base **basar**
baseball **béisbol** *m.*
basement **sótano**
basket **cesta**
basketball **baloncesto, basquetbol** *m.*
bath **baño**
bathe **bañarse**
bathroom **cuarto de baño**
bathtub **bañera**
bay **bahía**
be **estar** *irreg.*; **ser** *irreg.*; to be _____ years old **tener** _____ **años**; to be (feel) warm (hot) **tener calor**; to be (feel) cold **tener frío**; to be hungry **tener hambre**; to be thirsty **tener sed**; to be about to (*do something*) **estar para** + *inf.*; to be in a hurry **tener prisa**
beach **playa**
beans **frijoles** *m.*
beat *v.* **golpear**
beautiful **hermoso/a, guapo/a**; very beautiful **precioso/a**; extremely beautiful **guapísimo/a**
beauty **belleza**; beauty shop **peluquería**
because **porque**
bed **cama**; to go to bed **acostarse (ue)**
bedroom **alcoba, dormitorio, habitación** *f.*
beef **carne (de vaca)** *f.*
beer **cerveza**

before *prep.* **ante, antes de**; *conj.* **antes de que**
begin **comenzar (ie) (c); empezar (ie) (c)**
beginning **principio**
behind **detrás**
believe **creer (y)**
bell **campana**
below **inferior; debajo** *adv.*
belt **cinturón** *m.*; seat belt **cinturón de seguridad**
besides **además**
better **mejor**
between **entre**
beverage **bebida**; beverage service **servicio de bebidas**
bicycle **bicicleta**
big **gran, grande**
bilingual **bilingüe**
bill **cuenta**
bird **pájaro**
birthday **cumpleaños** *m. s.*
black **negro/a**
blond(e) **rubio/a**
blood **sangre** *f.*; blood pressure **presión arterial** *f.*
blouse **blusa**
blue **azul**
blueprint **plano**
board *v.* **abordar**; on board **a bordo de**
boat **bote** *m.*
body **cuerpo**
book **libro**
bookcase **estante** *m.*
bookshelf **estante** *m.*
boot **bota**
bored: to be bored **estar aburrido/a**
boring: to be boring **ser aburrido/a**
born: to be born **nacer (zc)**
borrow **pedir prestado/a**
boss **jefe/a**
bother *v.* **molestar**
boulevard **bulevar** *m.*
boxing (*sport*) **boxeo**
boy **chico, muchacho, niño**
boyfriend **novio**
bracelet **pulsera**
brakes **frenos**; to put on the brakes **frenar**
branch (*of a field*) **ramo**
bread **pan** *m.*; bread shop, bakery **panadería**
break *v.* **romper**

breakfast **desayuno**
breathe **respirar**
brevity **brevedad** *f.*
bricklayer **albañil** *m., f.*
bride **novia**
bridegroom **novio**
briefcase **cartera**
bring **traer** *irreg.*
brother **hermano**
build **construir (y)**
building **edificio**
bullfight **corrida de toros**
bun **panecillo**
burn **quemar**
bus **autobús** *m. s.*
business **negocio, comercio**
but **pero**
butcher shop **carnicería**
butter **mantequilla**
buy **comprar**

C

cabinet: filing cabinet **archivo**
calculator **calculadora**
calendar **calendario**
calisthenics **gimnasia** *s.*; to do calisthenics **hacer gimnasia**
call *v.* **llamar**; *n.* **llamada**
called: to be called **llamarse**
calm *v.* **calmar**; to calm down **calmarse**
calorie **caloría**
camera **cámara**
can *v.* **poder** *irreg.*
Canada **el Canadá** *m.*
candy **dulces** *m. pl.*
cane (sugar) **caña**
cantaloupe **melón** *m.*
cape **poncho**
capitalism **capitalismo**
capitalist **capitalista** *m., f.*
capitol **capitolio**
car **carro, coche** *m.*; **auto, automóvil** *m.*
card **tarjeta**
cardboard **cartón** *m.*
care: to take care (of) **cuidar (de)**; with care **con cuidado**
career **carrera**
careful! **¡cuidado!**
carefully **cuidadosamente, con cuidado**; to look carefully **fijarse bien**
carnation **clavel** *m.*
carpenter **carpintero/a**
carpet **alfombra**

carry **cargar (gu)**
cascade **cascada**
cash *v.* **cambiar, cobrar;** to cash a check **cambiar (hacer efectivo) un cheque;** (with, in) cash **al contado**
cashier **cajero/a**
castle **castillo**
cat **gato**
celebrate **celebrar**
cent **centavo**
ceramics **cerámica** *s.*
certain **cierto/a;** it is certain **es cierto;** to be certain (of) **estar seguro/a (de)**
chair **silla;** easy chair **sillón** *m.*
chalk **tiza**
chalkboard **pizarra**
championship **campeonato**
change *v.* **cambiar**
channel **canal** *m.*
chapter **capítulo**
character (pertaining to personality) **carácter** *m.*
charge *v.* **cobrar**
chat *v.* **charlar**
cheap **barato/a**
check **cheque** *m.;* to cash a check **cambiar (hacer efectivo) un cheque**
checkbook **libreta de cheques; chequera**
cheese **queso**
chemist **químico** *m., f.*
chemistry **química**
chest: chest of drawers **cómoda**
chicken **pollo**
chocolate **chocolate** *m.*
chop **chuleta;** pork chop **chuleta de cerdo**
Christmas **Navidad** *f.*
cinema **cine** *m.*
circle **círculo;** traffic circle **glorieta**
citizen **ciudadano/a**
city **ciudad** *f.;* city hall **ayuntamiento**
class **clase** *f.;* **asignatura**
classmate **compañero/a de clase**
classroom **sala de clase**
clay **arcilla**
clean *v.* **limpiar;** *adj.* **limpio/a**
cleaner: dry cleaners **tintorería**
clerk **dependiente/a**

clever **listo/a**
client **cliente/a**
closet **ropero, armario**
cloth **tela**
clothing **ropa**
cloud **nube** *f.*
club: lonely hearts club **club de relacionamiento humano**
coffee **café** *m.;* coffee shop **cafetería**
cold: to be (feel) cold **tener frío;** it's cold (*weather*) **hace frío;** *n.* cold (*illness*) **resfriado;** *adj.* **frío/a**
collect **cobrar**
collide **chocar (qu)**
collision **choque** *m.*
colored **coloreado/a**
comb: to comb one's hair **peinarse**
come **venir** *irreg.*
comfortable **cómodo/a**
command **orden** *f.*
commerce **comercio**
commercial *adj.* **comercial;** television or radio commercial **anuncio (comercial);** commercial district **barrio comercial**
common **común**
Communism **comunismo**
Communist **comunista** *m., f.*
companion **compañero/a**
company **compañía**
complete **completar**
complex **complejo/a**
compose **componer** (*like* **poner**)
comprehension **comprensión** *f.*
computer **computadora, ordenador** *m.* (*Sp.*)
comrade **compañero/a**
concern **preocupación** *f.*
concert **concierto**
congratulate **felicitar**
congratulations **felicidades** *f. pl.*
connection **conexión** *f.*
consent **permiso, voluntad** *f.*
construct **construir (y)**
contain **contener** (*like* **tener**)
contemplate **contemplar**
content: to be content **contentarse**
continue **seguir (i, i)**
contrary **contrario;** on the contrary **al contrario**
control **dominio**
converse **conversar**

cook *v.* **cocinar**
cookbook **libro de cocina**
cool: it's cool (*weather*) **hace fresco**
cooperate **cooperar**
copper **cobre** *m.*
copy *v.* **copiar**
corner (*street*) **esquina**
cost *v.* **costar (ue);** *n.* **costo**
cough **tos** *f.*
counter **mostrador** *m.*
country **país** *m.*
couple **pareja**
course **asignatura;** of course! **¡por supuesto! ¡cómo no! ¡claro!**
court (*tennis*) **cancha;** (of law) **juzgado**
cousin **primo/a**
cover *v.* **cubrir**
craftsmanship **artesanía**
craftsperson **artesano/a**
crash **chocar (qu);** *n.* **choque** *m.*
credit **crédito;** on credit **a crédito**
cross **atravesar (ie); cruzar (c)**
cry **llorar;** cry out **gritar**
cup **taza**
cure **curar**
current *adj.* **actual**
custard **flan** *m.*
customs **aduana** *s.*
cut **cortar**
cycling **ciclismo**
cyclone **ciclón** *m.*

D

dad **papá**
daily **diario/a**
dairy **lechería**
dance *v.* **bailar;** *n.* **baile** *m.*
dark (*in color*) **oscuro/a**
date (*calendar*) **fecha**
daughter **hija**
daughter-in-law **nuera**
day **día** *m.;* during the day **de día;** every day **todos los días**
dead **muerto/a** *p.p.*
dealing: business dealing **negocio**
dear **querido/a**
death **muerte** *f.*
December **diciembre** *m.*
decorate **adornar**
decorated **adornado/a, decorado/a**

deep **profundo/a**
deeply **profundamente**
degree (academic) **título**
deliver **entregar (gu), repartir**
deluxe **de lujo**
democracy **democracia**
democratic **democrático/a**
dentist **dentista** *m., f.*
dentistry **odontología**
deny **negar (ie) (gu)**
depart **partir**
department: department store
  almacén *m.*
departure **partida; salida**
deposit *v.* **depositar;** *n.*
  depósito
descent **descendencia**
design **diseño**
desirable **deseable**
desire *v.* **desear;** *n.* **deseo**
desk **escritorio**
dessert **postre** *m.;* for dessert **de postre**
detain **detener** (*like* **tener**)
detective (novel) **(novela) poli-
  cíaco/a**
determination **voluntad** *f.*
development **desarrollo**
diamond **brillante** *m.*
dictator **dictador(a)**
dictatorship **dictadura**
die **morir (ue, u)**
diesel (*fuel*) **gasoil** *m.*
diet **régimen** *m.*
different **diferente**
difficult **difícil**
dining: dining room
  comedor *m.*
dinner **cena, comida;** to eat
  dinner **cenar**
dirty **sucio/a**
disappear **desaparecer (zc)**
disaster **desastre** *m.*
discothèque **discoteca**
discount **descuento**
discuss **comentar, discutir**
dish **plato;** small dish **platillo**
dishwasher **lavaplatos** *m. s., pl.*
displease **disgustar** (*like* **gustar**)
distance **distancia;** in the distance **a lo lejos**
distribute **repartir**
district (*of a city*) **barrio**
divorce *v.* **divorciar;** to get a
  divorce **divorciarse**
do **hacer** *irreg.;* to do calisthenics **hacer gimnasia**

doctor **médico/a**
dog **perro**
doll **muñeca**
dollar **dólar** *m.*
dominion **dominio**
door **puerta**
dot **punto;** on the dot
  (*time*) **en punto**
doubt **dudar (de)**
down: to go down **bajar**
downtown **centro**
drawers: chest of drawers
  cómoda
drawing **dibujo**
dream (of) *v.* **soñar (ue) (con);**
  n. **sueño**
dress **vestido**
dressed: to get dressed **vestirse
  (i, i)**
dresser **cómoda**
drink *v.* **beber, tomar;** *n.*
  bebida; soft drink
  refresco
drive **conducir** *irreg.,* **manejar**
driver **chofer** *m., f.*
drop (*liquid*) **gota**
drugstore **farmacia**
drunk **borracho/a**
dry cleaners **tintorería** *s.*
dryer **secadora**
due (to) **debido (a)**
duplicating machine
  duplicador *m.*
during *prep.* **durante; por;** during the day **de día;** during
  the night **de noche**

E
each **cada** *inv.*
ear **oreja**
early **temprano**
earn **ganar**
earring **arete** *m.*
earth **tierra**
earthquake **terremoto**
east **este** *m.*
Easter **Pascua(s)**
easy **fácil**
eat **comer, tomar;** to eat dinner
  (supper) **cenar**
education **pedagogía**
efficient **eficaz** (*pl.* **eficaces**)
egg **huevo**
egotistical **egoísta**
eight **ocho**
eight hundred **ochocientos/as**
eighteen **dieciocho**

eighty **ochenta**
elaborate *v.* **elaborar**
election(s) **elecciones** *f. pl.*
electric(al) **eléctrico/a**
electrician **electricista** *m., f.*
electronic **electrónico/a**
elevator **ascensor** *m.*
eleven **once**
embrace *v.* **abrazar (c);**
  n. **abrazo**
embroidery (work) **bordado**
employee **empleado/a;** civil
  service employee **funciona-
  rio/a**
end *v.* **terminar;** *n.* **fin** *m.,*
  final *m.;* weekend **fin de
  semana;** in the end **al final;**
  at the end of **al cabo de**
endure **soportar**
engagement **compromiso**
engineer **ingeniero/a**
engineering **ingeniería**
English **inglés, inglesa;** English
  (language) **inglés** *m.*
enjoy **disfrutar (de)**
enormous **enorme**
enough **bastante;** it is enough
  basta
enter **entrar (en)**
enterprise **empresa**
entrance **entrada**
envelope **sobre** *m.*
epoch **época**
equally **igualmente**
era **época**
escalator **escalera automática**
escape *v.* **escaparse**
establish **establecer (zc)**
etiquette **etiqueta**
even *adv.* **aun, incluso, hasta**
evening **noche** *f.;* in the evening **por la noche, de la noche**
every **todo/a;** every day
  todos los días
everything: a little bit of everything **un poco de todo**
exam **examen** *m.*
examine **examinar**
example **ejemplo;** for example
  por ejemplo
excuse *v.* **disculpar**
exercise **ejercicio**
exit **salida**
expect (*to do something*) **esperar
  + *inf.***
expense **gasto**
expensive **caro/a**

experience **experiencia**
expert **experto/a**
explain **explicar (qu)**
expose **exponer** (*like* **poner**)
extensive **extenso/a**
eye **ojo**

F
face **cara**
factory **fábrica**
fair **feria**
fall *v.* **caer** (*irreg.*); to fall in love
  (with) **enamorarse (de)**;
  n. (*autumn*) **otoño**
fame **fama**
fashion: in fashion **de moda**
fasten (the seatbelt) **abrocharse**
  (**el cinturón**)
fat **gordo/a**
father **padre**
father-in-law **suegro**
favor **favor** *m.*
fear *v.* **temer**; *n.* **miedo**
February **febrero**
feel **sentirse (ie, i)**; to feel sorry **sentir (ie, i)**; to feel cold,
  warm/hot **tener frío/calor**;
  to feel like (*doing something*)
  tener ganas de + *inf.*
fees **derechos** *pl.*
fever **fiebre** *f.*
fifteen **quince**
fifty **cincuenta**
figure **figura**
figurine **figurita**
file **archivo**; to file (parade)
  by **desfilar**
filing: filing cabinet **archivo**
fill *v.* **llenar**
filled (with) **lleno/a (de)**
film **película**; roll of film **rollo**
  de película
finally **por fin**
financial **financiero/a**
find **encontrar (ue)**
fine *n.* **multa**; *adv.* **bien**;
  v. **poner una multa**
finger **dedo**
finish *v.* **terminar**;
  n. **terminación** *f.*
fire **fuego**
first *adj.* **primer, primero/a**;
  adv. **primero**; the first
  thing **lo primero**
fish *v.* **pescar (qu)**; *n.* **pescado**
fishing **pesca**

five **cinco**
five hundred **quinientos/as**
fix *v.* **reparar**
flat **desinflado/a** (*with tires*)
flight **vuelo**
floor **piso, suelo**
flower **flor** *f.*; flower
  vase **florero**
flu **gripe** *f.*
foam **espuma**
fold *v.* **doblar**
follow **seguir (i, i) (g)**
food **alimento**
foot **pie** *m.*
for **para, por**; for that reason
  por eso
forbid **prohibir**
foreign **extranjero/a**
forget **olvidar**; to forget
  (about) **olvidarse (de)**
forgiveness: to ask
  forgiveness **disculparse**
fork **tenedor** *m.*
form *v.* **integrar, formar**
former **antiguo/a**
forty **cuarenta**
forward **adelante**
found **fundar**
four **cuatro**
four hundred **cuatrocientos/as**
fourteen **catorce**
freedom **libertad** *f.*
French **francés, francesa**;
  French (language) **francés** *m.*
French fries **patatas (papas)**
  fritas
frequently **con frecuencia**
fresh **fresco/a**
Friday **viernes** *m. s., pl.*
friend **amigo/a**
friendly **amable**
friendship **amistad** *f.*
fries: French fries **patatas**
  (papas) fritas
from **de; desde**
front **delantero/a**; in front
  of **frente a**
fruit **fruta**
funds **fondos**
furniture: (single) piece of furniture **mueble** *m.*; furniture (*in*
  general) **muebles** *pl.*

G
game **partido**
garage **garaje** *m.*
garden **jardín** *m.*

garment **prenda**
gasoline **gasolina**; gasoline
  (service) station **gasolinera**
gate (*in an airport, a soccer match,*
  and so on) **puerta**
gather **reunirse (con)**
generally **generalmente**
gentleman **señor (Sr.)**
gesture: (*facial*) **gesto**;
  (*hand*) **ademán** *m.*
get **sacar (qu)**; to get up
  levantarse; to get married
  (to) **casarse (con), contraer**
  matrimonio
gift **regalo**
girl **chica, muchacha, niña**
girlfriend **novia**
give **dar** *irreg.*; to give an injection, shot **poner una inyec-**
  ción; to give thanks **dar las**
  gracias
glad: to be glad (about)
  alegrarse (de)
glass **copa, vaso**; glass for
  (wine) **copa para (vino)**; glass
  of (wine) **copa de (vino)**
go **ir** *irreg.*; to go to bed **acos-**
  tarse (ue); to go shopping **ir**
  de compras; to go out **salir**
  irreg.; to go down **bajar**; to
  go up **subir**; to go around
  dar vueltas; to go straight
  ahead **seguir todo derecho**;
  to go on a trip **hacer un**
  viaje; to go to, to go (in the
  direction of) **dirigirse a**; to
  go away (from) **alejarse (de),**
  marcharse
goal (*sports*) **gol** *m.*
godfather **padrino**
godmother **madrina**
gold **oro**
golf **golf** *m.*
good **buen, bueno/a**; good
  morning **buenos días**; good
  afternoon **buenas tardes**;
  good evening/night **buenas**
  noches; to be good for **con-**
  venir (*like* **venir**)
good-bye **adiós**
governor **gobernador(a)**
gown: wedding gown **vestido**
  de boda
granddaughter **nieta**
grandfather **abuelo**
grandmother **abuela**
grandson **nieto**

grass **hierba**
great **estupendo/a; gran, grande**
Greek **griego/a**; Greek (language) **griego**
green **verde**; green(ish) **verdoso/a**
groom **novio**
ground **suelo, tierra**
guarantee **garantizar (c)**
guitar **guitarra**
gymnasium **gimnasio**

H
habit **hábito**
hair **pelo**
hairdo **peinado**
half: it's half-past (two) **son (las dos) y media**
hall(way) **pasillo**; city hall **ayuntamiento**
ham **jamón** m.
hammer **martillo**
hand **mano** f.; by hand **a mano**
handbag **bolsa de mano**
handball **jai alai** m.
handling **manejo**
handsaw **serrucho**
handsome **guapo/a**
happen **ocurrir**
happy **alegre, contento/a, feliz** (pl. **felices**)
haste **prisa**
hat **sombrero**
hate v. **odiar**
have **tener** irreg.; to have to (do something) **deber, tener que** + inf.; to have a good time **divertirse (ie, i)**
he **él**
head **cabeza**
headache **dolor de cabeza** m.
headlight **faro**
health **salud** f.
healthy **saludable**
hear **oír** irreg.
heat **calor** m.
heating **calefacción** f.
heaven **cielo**; for heaven's sake! **¡por Dios!**
height **altura**
heir **heredero/a**
hello interj. **hola**; (answering telephone) **diga, aló**
help v. **ayudar**

her poss. **su**; obj. of prep. **ella**; d.o. pron. **la**; i.o. pron. (to/for her) **le**
here adv. **aquí**
hero **héroe**
heroine **heroína**
hey! **¡oye!** interj.
high **alto/a**
highway **carretera**
hill **colina**
him obj. of prep. **él**; d.o. pron. **lo**; i.o. pron. (to/for him) **le**
his poss. **su**
Hispanic **hispánico/a**
hit v. **golpear, atropellar**
home **casa**; (to) home (after verbs of motion) **a casa**
homework **tarea**
honeymoon **luna de miel**
hope v. **esperar**
hose **manguera**
hot: to be (feel) hot **tener calor**; it's hot (weather) **hace calor**; adj. **caliente**
hour **hora**
house **casa**
how? **¿cómo?**; how are you? **¿cómo está(s)?**; how much? **¿cuánto/a?**; how many? **¿cuántos/as?**
however **sin embargo**
hug n. **abrazo**
hundred: one hundred **cien, ciento**
hunger **hambre** f. (but **el hambre**)
hurricane **huracán** m.
hurry: to be in a hurry **tener prisa; darse prisa**
hurt **doler (ue)**; to be hurt (in an accident) **hacerse daño**
husband **esposo**
hush v. **callarse**

I
I **yo**
if **si**
illness **enfermedad** f.
important: to be important **importar**
impose **imponer** (like **poner**)
in **en, de, por**; in (the morning, evening, and so on) **por (la mañana, la noche, etcétera)**
incredible **increíble**

Indian **indio/a**
indicate **marcar (qu), indicar (qu)**
inexpensive **barato/a**
infection **infección** f.
ingredient **ingrediente** m.
injection **inyección** f.
injury **herida**
inside (of) prep. **dentro (de)**
install **instalar**
installments: in installments **a plazos**
instead (of) **en vez (de)**
instructor **profesor(a)**
insulation **aislamiento**
insult v. **insultar**
intend: to intend to (do something) **pensar (ie)** + inf.
intense **vivo/a**
interest v. **interesar**; n. **interés** m.
intersection (of a street) **bocacalle** f., **intersección** f.
interview **entrevista**
intoxicated **borracho/a**
invent **inventar**
invest **invertir (ie, i)**
investment **inversión** f.
invite **invitar**
island **isla**
isolation **aislamiento**
it obj. of prep. **él/ella**; d.o. pron. **lo/la**; i.o. pron. (to/for it) **le**
its poss. **su**

J
jack (automobile) **gato**
jacket **chaqueta**
January **enero**
jealous: to be jealous **tener celos**
jewel **joya**
jewelry: jewelry shop **joyería**
jogging **jogging** m., **el footing** m.; v. **practicar (hacer) el footing**
joke **chiste** m.
joyful **feliz** (pl. **felices**)
judge **juez** m., f. (pl. **jueces**)
juice **jugo**; orange juice **jugo de naranja**
July **julio**
June **junio**
jungle **selva**
justice **justicia**

K

key **llave** *f.*
kill **matar**; killing time **pasando el rato**
killed: to be (get) killed (*in an accident*) **matarse**
kinds: all kinds (of) **toda clase (de)**
king **rey**
kiss *v.* **besar**; *n.* **beso**
kitchen **cocina**
knife **cuchillo**
know (*a fact*) (*how to do something*) **saber** *irreg.* (+ *inf.*); to know (*someone*), to be acquainted with **conocer (zc)**
knowledge **conocimientos** *pl.*

L

labor *adj.* **laboral**
lack: to be lacking **faltar, hacer falta**
lady (Mrs.) **señora (Sra.)**; Miss **señorita (Srta.)**
lake **lago**
lamb (*meat*) **carne de cordero** *f.*
lamp **lámpara**
land **aterrizar (c)**
landlady **dueña**
landlord **dueño**
landscape **paisaje** *m.*
language **lengua**
large **grande; amplio/a**
last **pasado/a; último/a**
late **tarde**
later **más tarde; luego; después**; see you later **hasta luego**
latest **último/a**
laugh **reír (i, i)**
law **ley** *f.*; **derecho**
lawyer **abogado/a**
leader **líder** *m.*
learn **aprender**
leave **salir** *irreg.*; to leave (behind) **dejar**
left **izquierdo/a**; to be left (remaining) **quedar**; to the left (of) **a la izquierda (de)**; toward the left **hacia la izquierda**
leg **pierna**
lend **prestar**
lesson **lección** *f.*
let **dejar, permitir**

letter **carta**; special delivery letter **carta urgente**; to mail a letter **echar una carta**
lettuce **lechuga**
level **nivel** *m.*
liberty **libertad** *f.*
library **biblioteca**
license: driver's license **carnet** *m.*
life **vida**; that's life **así es la vida**
light **luz** *f.* (*pl.* **luces**); traffic light **semáforo**
lightning (bolt) **relámpago**
likable **simpático/a**
like *v.* **gustar**; *conj.* **como**
lily **lirio**
line (*of people*) **cola**
lips (*mouth*) **labios**
listen (to) **escuchar**; *interj.* **¡oye!**
liter **litro**
little: a little bit (of everything) **un poco (de todo)**; *adj.* **poco/a**; *adv.* **poco**
live *v.* **vivir**
lively **vivo/a**
living: living together **convivencia**
living room **sala, salón** *m.*
logic **lógica**
lonely: lonely person **solitario/a**; lonely hearts club **club de relacionamiento humano** *m.*
long **largo/a**; long-term **a largo plazo**
longer: no longer **ya no**
look: to look at **mirar**; to look for **buscar (qu)**; to look carefully **fijarse bien**
loose (fitting) **suelto/a**
lose **perder (ie)**; to lose weight **bajar de peso**
lot: a lot *adj.* **mucho/a**; *adv.* **mucho**
love *v.* **amar, encantar, querer** *irreg.*; *n.* **amor** *m.*
luck **suerte** *f.*; what (bad) luck! **¡qué (mala) suerte!**
luckily **por suerte**
luggage **equipaje** *m.*
lunch *v.* **almorzar (ue) (c)**; *n.* **almuerzo**
luxurious **lujoso/a**
luxury **lujo**

M

machine **máquina**
madam **señora**
magazine **revista**
maid of honor **dama de honor**
mail *v.* **echar**; to mail a letter **echar una carta**; *n.* **correo**; mail carrier **cartero/a**
mailbox **buzón** *m.*
maintain **mantener** (*like* **tener**)
maintenance **mantenimiento**
majority **mayoría**
make **hacer** *irreg.*; **elaborar**; to make up one's mind **decidirse**; to make up (a whole) **integrar**
mall **centro comercial**
mama **mamá**
man **hombre** *m.*; best man **padrino**
management **manejo**
manager **gerente** *m., f.*
many **muchos/as**; how many? **¿cuántos/as?**
map **mapa** *m.*
March **marzo**
mark **marcar (qu)**
market **mercado**
marriage **matrimonio**
married: to get married (to) **casarse (con), contraer matrimonio**; *adj.* **casado/a**
master **maestro/a**
masterpiece **obra maestra**
match (*in sporting events*) **partido**
matrimony **matrimonio**
matter: it doesn't matter **no importa**
maximum **máximo/a**
May **mayo**
maybe *adv.* **quizá(s)**
mayor **alcalde** *m.*, **alcaldesa** *f.*
me *obj. of prep.* **mí**; *d. o. pron.* **me**; *i. o. pron.* (to/for me) **me**; with me **conmigo**
meal **comida**
means **medio**
meat **carne** *f.*
mechanic(al) **mecánico/a**
medical **médico/a**
medicine **medicina, remedio**
meet (with) **reunirse (con)**
melon **melón** *m.*
memory: to bring back to memory **recordar (ue)**

message **mensaje** *m.*
metro **metro**
metropolitan **metropolitano/a**
microwave **microondas** *pl.;*
    microwave oven **horno de**
    microondas
midnight **medianoche** *f.*
milk **leche** *f.;* milk store,
    dairy **lechería**
million **millón (de)** *m.*
mine *n.* **mina**
miner **minero/a**
minimum *n.* **mínimo;**
    adj. **mínimo/a**
mining *adj.* **de minas**
minority **minoría**
mirror **espejo**
misfortune **desgracia**
Miss **señorita (Srta.)**
modern **moderno/a**
mom **mamá**
mommy **mamá**
monarchy **monarquía**
Monday **lunes** *m. s., pl.*
money **dinero**
month **mes** *m.;* per month **al**
    mes
monthly **mensual**
mood **humor** *m.;* to get in a
    good (bad) mood **ponerse de**
    buen (mal) humor
moon **luna**
more **más**
morning **mañana;** good mor-
    ning **buenos días;** in the
    morning **de la mañana, por**
    la mañana
mother **madre**
mother-in-law **suegra**
motor **motor** *m.;* motor oil
    aceite *m.*
motorcycle **moto(cicleta)** *f.*
mountain **montaña;** mountain
    chain **cordillera;** (mountain)
    peak **pico**
mouth **boca**
movie **película**
movies, movie theater **cine** *m.*
Mr. **señor (Sr.)**
Mrs. **señora (Sra.)**
much *adj.* **mucho/a;** *adv.*
    mucho; how much?
    ¿cuánto/a?
museum **museo**
music **música**
must *v.* **deber**
my *poss.* **mi**

N
nail (*finger, toe*) **uña**
name: first name **nombre** *m.;*
    last name **apellido;** my name
    is _____ **me llamo** _____;
    what is your name? **¿cómo**
    se llama Ud.? ¿cómo te
    llamas?
named: to be named **llamarse**
napkin **servilleta**
nation **país** *m. s.*
necessary **necesario/a;** it is
    necessary **es preciso, es**
    necesario
neck **cuello**
necklace **collar** *m.*
necktie **corbata**
need *v.* **necesitar, hacer falta**
negotiate **negociar**
neighbor **vecino/a**
neighborhood **barrio**
neither *adv.* **tampoco;** *conj.* **ni;**
    neither . . . nor . . . **ni...**
    ni...
nephew **sobrino**
never **nunca, jamás**
nevertheless **sin embargo**
new **nuevo/a;** nothing
    new **nada de nuevo**
news **noticias** *pl.;* news
    (item) **noticia**
newspaper **periódico**
next **próximo/a**
next to **junto a**
nice **simpático/a, amable**
niece **sobrina**
night **noche** *f.;* at night **por la**
    noche; during the night **de**
    noche; last night **anoche**
nine **nueve**
nine hundred **novecientos/as**
nineteen **diecinueve**
ninety **noventa**
no **no**
no one **nadie**
nor *conj.* **ni;** neither . . .
    nor . . . **ni... ni...**
north **norte** *m.*
nose **nariz** *f.* (*pl.* **narices**)
not: not any **ningún, nin-**
    guno/a
notebook **cuaderno**
nothing **nada;** nothing new
    nada de nuevo
notice *v.* **fijarse**
nourishment **alimentación** *f.*
November **noviembre** *m.*

now **ahora;** right now
    ahora mismo
nowadays **hoy día**
nurse **enfermero/a**
nutrition **nutrición** *f.*

O
obesity **obesidad** *f.*
obliged: to be obliged **deber**
obscure **oscuro/a**
obtain **obtener** (*like* **tener**); **sacar**
    (qu)
occasion **vez** *f.* (*pl.* **veces**)
occupy **ocupar**
occur **ocurrir**
October **octubre** *m.*
of **de**
offer **ofrecer (zc)**
office **oficina, despacho;** doc-
    tor's office **consultorio**
official *n.* **funcionario/a**
oil **aceite** *m.;* olive oil **aceite**
    de oliva *m.*
okay **bueno, bien**
old **viejo/a, antiguo/a**
older **mayor**
olive **aceituna;** olive oil **aceite**
    de oliva *m.*
omelet **tortilla;** potato omelet
    tortilla española
on **en, sobre**
once: at once **en seguida**
one **un, uno/a**
only *adv.* **sólo**
open **abrir**
operator **mecánico/a**
oppose **oponer** (*like* **poner**)
opposite *prep.* **frente a**
or **o, u** (*before words beginning*
    with **o** *or* **ho**)
orange *n.* **naranja**
orchestra **orquesta**
order *v.* **pedir (i, i), mandar;** *n.*
    (*sequence*) **orden** *m.;* in order
    to (*do something*) **para** + *inf.;*
    in order that **para que**
other *adj.* **otro/a**
ought: ought to (*do something*)
    deber + *inf.*
our *poss.* **nuestro/a**
outside of *prep.* **fuera de**
oven **horno;** microwave oven
    horno de microondas
overcoat **abrigo**
own *adj.* **propio/a**
owner **dueño/a**

P

pack: to pack (suitcases) **hacer las maletas**
pain: to have a pain in **tener dolor de**
paint *v.* **pintar**
painter **pintor(a)**
painting **cuadro, pintura**
palm: palm tree **palmera**
pamphlet **folleto**
pants **pantalones** *m. pl.*
papa **papá**
paper **papel** *m.*
parade *v.* **desfilar;** *n.* **desfile** *m.*
paramedic **practicante** *m., f.*
parents **padres** *m.*
park **parque** *m.*
part **parte** *f.; (of a machine)* **pieza**
party **fiesta;** *(political)* **partido**
pass *v.* **pasar; aprobar (ue)** *(a law, a course);* to pass the time (of day) **pasar el rato;** *n.* **pase** *m.*
passenger **pasajero/a**
past **pasado/a**
pastry shop **pastelería**
patience **paciencia**
patient: to be patient **tener paciencia**
pattern **diseño**
pay **pagar (gu);** to pay attention **prestar atención, hacer caso**
payment **pago;** payment of fees **pago de derechos**
pea **guisante** *m. pl.*
peak **pico**
pearl **perla**
pedestrian **peatón**
pen **pluma;** ballpoint pen **bolígrafo**
pencil **lápiz** *m. (pl.* **lápices)**
penicillin **penicilina**
penitent **penitente** *m., f.*
people **gente** *f. s.*
pepper **pimienta**
per **por**
percent **por ciento**
performance **función** *f.;* première performance **estreno**
perfume **perfume** *m.*
perhaps *adv.* **quizá(s);** **tal vez**
permit *v.* **permitir;** *n.* **pase** *m.*
perspective **perspectiva**
Peru **Perú** *m.*

pharmacy **farmacia**
photograph: *v.* to take a photo(graph) **sacar una foto;** *n.* **foto(grafía)** *f.*
pick: to pick up **recoger (j)**
picture **cuadro**
picturesque **pintoresco/a**
pie: meat pie **empanada**
piece *(of art)* **pieza**
pill **pastilla, píldora**
pilot **piloto** *m., f.*
pineapple **piña**
pink **rosado/a**
pipes: water pipes **tubería** *f. s.*
pity **lástima;** what a pity! **¡qué lástima!**
place *v.* **poner** *irreg.; n.* **lugar** *m.,* **sitio;** in place of **en vez de**
plan **plan** *m.*
plantain **plátano**
plate **plato**
platform **andén** *m.*
play *(a sport)* **jugar (ue) (gu) a;** *(a musical intrument)* **tocar (qu)**
player **jugador(a)**
pleasant **ameno/a, simpático/a**
please **por favor**
pleased: pleased to meet you **mucho gusto**
pleasing: to be pleasing **gustar**
pleasure **gusto**
plumber **fontanero/a; plomero/a** *(L. A.)*
pocket **bolsillo**
point **punto;** point of view **perspectiva**
police *adj.* **policíaco/a;** *n., m., f.* **policía**
politician **político** *m., f.*
politics **política**
pool: swimming pool **piscina**
poor **pobre**
population **población** *f.*
pork **cerdo;** pork chop **chuleta de cerdo**
portray: to do a portrait **retratar**
post office **correo, casa de correos**
pot **olla**
potato **papa, patata**
power **poder** *m.*
powerful **poderoso/a**
practice **practicar (qu)**
preamble **preámbulo**

prefer **preferir (ie, i)**
première: première performance **estreno**
preoccupied **preocupado/a**
prepare **preparar**
prescription **receta**
presence: in the presence of **ante**
present *v.* **presentar;** *adj.* **actual**
preserve **conservar**
pressure **presión** *f.;* blood pressure **presión arterial**
presumptuous **presumido/a**
pretty **bonito/a**
price **precio**
priest **sacerdote** *m.*
prince **príncipe**
princess **princesa**
private **particular**
probable **probable;** it is probable **es probable**
proclaim **proclamar**
professor **profesor(a)**
profound **profundo/a**
program **programa** *m.*
prohibit **prohibir**
promise **prometer**
promote **promover (ue)**
pronounce **pronunciar**
propose **proponer** *(like* **poner)**
provided (that) *conj.* **con tal (de) que**
province **provincia**
psychiatrist **(p)siquiatra** *m., f.*
psychiatry **(p)siquiatría**
pulse **pulso**
punctured **desinflado/a**
purple *adj.* **violeta**
purse **bolso**
put **poner** *irreg.;* to put in(to) **meter;** to put on *(clothes)* **ponerse;** to put out *(a light)* **apagar (gu);** to put up with **soportar**

Q

quality **calidad** *f.*
quarter: it's a quarter after (two, three . . .) **son las (dos, tres...) y cuarto;** it's a quarter til (two, three . . .) **son las (dos, tres...) menos cuarto**
queen **reina**
question *v.* **preguntar;** *n.* **pregunta**

quiet: to be quiet **callarse**
quite (a lot) *adv.* **bastante**

R

racket (*sports equipment*) **raqueta**
radio **radio** *m., f.*
railroad **ferrocarril** *m.*
rain *v.* **llover (ue)**; *n.* **lluvia;**
  rainstorm **aguacero**
raincoat **impermeable** *m.*
rather *adv.* **bastante**
read **leer (y)**
ready **listo/a**
real **verdadero/a**
realize **darse cuenta de**
really? **¿de veras?; ¿verdad?**
rear **trasero/a**; to the rear **al
  (en el) fondo**
reason **razón** *f.*; for that reason
  por eso
reasonable **razonable**
receive **recibir**
recently **recientemente**
reception **recepción** *f.*
reclining **reclinable**
recommend **recomendar (ie)**
record **disco**
record player **tocadiscos** *m. s.,*
  pl.
recorder: tape recorder **grabadora**; cassette recorder
  minigrabadora
red **rojo/a**
reduce **reducir** (*like* **conducir**)
reflect **reflejar**
refreshment **refresco**
refrigerator **refrigerador(a)**
  m., f.
regimen **régimen** *m.*
registration (fees) **matrícula**
regret **sentir (ie, i)**
rejoice (in) **alegrarse (de)**
relate **relacionar**
relative **pariente** *m., f.*
remedy **remedio**; home remedy **remedio casero**
remember **recordar (ue)**
rent *v.* **alquilar**; *n.* **alquiler** *m.*
repair *v.* **arreglar, reparar**
repeat **repetir (i, i)**
represent **representar**
representative **representante**
  m., f.
republic **república**
republican **republicano/a**
request **pedir (i, i), solicitar**

reservation **reservación** *f.*
responsible **responsable**
rest *v.* **descansar**; *n.* **descanso**
restaurant **restaurante** *m.*
retain **retener** (*like* **tener**)
return **volver (ue), regresar**; to
  return something **devolver
  (ue)**
reverse: on the reverse (side)
  al dorso
review *v.* **repasar**
rice **arroz** *m.*
rich **rico/a**
riches **riqueza** *s.*
ride: to ride a bicycle **montar
  (andar, pasear) en bicicleta**
right *adj.* **derecho/a**; toward
  the right **hacia la derecha;**
  on/to the right **a la derecha
  (de)**; to be right **tener razón;**
  right now, right away **ahora
  mismo**
ring **anillo**; engagement ring
  anillo de compromiso
rob **robar**
rock **roca**
roll (*bun*) **panecillo**; roll of film
  rollo de película
room **habitación** *f.*, **cuarto**; dining room **comedor** *m.*; bathroom **cuarto de baño**; living
  room **sala, salón** *m.*; waiting
  room **sala de espera**
root **raíz** *f.* (*pl.* **raíces**)
routine **régimen** *m.*
ruby **rubí** *m.* (*pl.* **rubíes**)
rug **alfombra**
run **correr**; to run over
  atropellar; to run into
  encontrarse (ue) con

S

sad **triste**
safety **seguridad** *f.*
sake: for the sake of **por**
salad **ensalada**
salary **sueldo**
sale **venta**; storewide sale
  liquidación *f.*
salesperson **dependiente/a**
salon **salón** *m.*
salt **sal** *f.*
same *adj.* **mismo/a**; the same
  adv. **igualmente**
sand **arena**
sandals **sandalias**

satisfied **contento/a**; to be
  satisfied **contentarse**
Saturday **sábado** *m.s., pl.*
saucer **platillo**
save **ahorrar**
savings **ahorros**
saw (*tool*) **serrucho**
say **decir** *irreg.*; that is to
  say **es decir**; to say bad
  (good) things about **hablar
  mal (bien) de**; you don't
  say! **¡no me digas!**
schedule **horario; régimen** *m.*
school **escuela**
scrambled: scrambled eggs (*Mexican style*) **huevos rancheros**
sculpture **escultura**
seal *v.* **sellar**
season **estación** *f.*
seat **asiento**; seat belt **cinturón
  de seguridad** *m.*
second **segundo/a**
secretary **secretario/a**
security **seguridad** *f.*
see **ver** *irreg.*
seem **parecer (zc)**
seldom *adv.* **raras veces**
selfish **egoísta**
sell **vender**
seller **vendedor(a)**
senator **senador(a)**
send **enviar, mandar**
sender **remitente** *m., f.*
September **se(p)tiembre** *m.*
serape **sarape** *m.*
serious **serio/a**
serve **servir (i, i)**
service: at your service **a sus
  órdenes**
set: to set (*a fire*) **encender (ie)**
seven **siete**
seven hundred **setecientos/as**
seventeen **diecisiete**
seventy **setenta**
several **varios/as**
shame: what a shame! **¡qué
  lástima!**
share *v.* **compartir**
sharp (*intelligent*) **listo/a**
shave **afeitarse**
shaver: electric shaver **máquina
  de afeitar**
shawl **mantilla**
she **ella**
sheet (*of paper*) **hoja**
shell **concha**
shirt **camisa**

shoe **zapato**; shoe store, shoe repair **zapatería**; tennis shoes **zapatos de tenis**

shopping: *v.* to go shopping **ir de compras**; *adj.* **de compras**

short (*height*) **bajo/a**; short (*length*) **corto/a**; short-term **a corto plazo**

shot (*injection*) **inyección** *f.*

shout *v.* **gritar**; *n.* **grito**; by shouting **a gritos**

show *v.* **enseñar**; *n.* **función** *f.*

shower **ducha**

sick **enfermo/a**

side **lado**

sidewalk **acera**

sign *v.* **firmar**; *n.* **letrero**

silver **plata**

since **pues; desde**

sing **cantar**

singer **cantante** *m., f.*

single **soltero/a**

sir **señor (Sr.)**

sister **hermana**

sit: to sit down **sentarse (ie)**

site **sitio**

six **seis**

six hundred **seiscientos/as**

sixteen **dieciséis**

sixty **sesenta**

size **tamaño**

ski *v.* **esquiar**; *n.* **esquí** *m.*

skiing **esquí** *m.*; water skiing **esquí acuático**

skin **piel** *f.*

skirt **falda**

sky **cielo**

sleep **dormir (ue, u)**; to fall asleep **dormirse**

sleepiness **sueño**

sleepy: to be sleepy **tener sueño**

slender **delgado/a**

slide: (emergency) slide **tobogán** *m.*

slowly **lentamente** *adv.*

small **pequeño/a**

smile **sonreír (i, i)**

smoke *v.* **fumar**; *n.* **humo**

snapshot: to take a snapshot **retratar, sacar una foto**

snow *v.* **nevar (ie)**; **nieve** *f.*

so *adv.* **así**; so much **tanto**; *adj.* **tanto/a**; so many **tantos/as**

soap **jabón** *m.*; soap opera **telenovela**

soccer **fútbol** *m.*

socialism **socialismo**

socialist **socialista** *m., f.*

socks **calcetines** *m. pl.* (*s.* **calcetín**)

sofa **sofá** *m.*

soft: soft drink **refresco**

softly **suavemente**

solicit **solicitar**

some **algún, alguno/a, algunos/as**

someone **alguien**

something **algo**

sometimes **a veces**

somewhat *adv.* **algo**

son **hijo**

son-in-law **yerno**

song **canción** *f.*

soon **pronto**

sorry: to feel sorry **sentir (ie, i)**; I'm sorry (about it) **lo siento**

so-so **así así**

south **sur** *m.*; South America **Sud América**

sovereignty **soberanía**

space **espacio**

spacious **amplio/a**

Spain **España**

Spaniard **español(a)**

Spanish **español(a)**; Spanish (language) **español** *m.*

spare: spare tire **llanta de repuesto**

speak **hablar**

spectator **espectador(a)**

speed **velocidad** *f.*

spend **gastar; pasar**; to spend the time (of day) **pasar el rato**

sphere **esfera**

spinach **espinacas** *pl.*

spirit **espíritu** *m.*

spite: in spite of **a pesar de**

spoon **cuchara**

sport *n.* **deporte** *m.*; *adj.* **deportivo/a**

spring (*season*) **primavera**

square: (town) square **plaza**

stamp *v.* **sellar**; *n.* **sello**

star **estrella**

start: to start (*a car*) **arrancar (qu)**

starting at **a partir de**

station: gasoline (service) station **gasolinera**

station wagon **camioneta**

stationery store **papelería**

statue **estatua**

steal **robar**

steering wheel **volante** *m.*

step **paso**

steward **auxiliar de vuelo** *m.*

stewardess **aeromoza, azafata, auxiliar de vuelo** *f.*, **cabinera**

stick **palo**

still *adv.* **todavía**

stock **surtido**

stockings **medias**

stomach **estómago**

stone **piedra**

stop *v.* **parar**; to stop (*doing something*) **dejar de + inf.**

store **tienda**; department store **almacén** *m.*

storm **tempestad** *f.*, **tormenta**; rainstorm **aguacero**

story: short story **cuento**

stove: electric (gas) stove **cocina eléctrica (de gas)**

street **calle** *f.*

stretch **estirar**

stroll **dar un paseo, pasear**

strong **fuerte**

student **alumno/a, estudiante** *m., f.*

study *v.* **estudiar**

style **estilo**

subway **metro**

such *adj.* **tal(es)**

suggest **sugerir (ie, i)**

suit **traje** *m.*

suitable: to be suitable **convenir** (*like* **venir**)

suitcase **maleta**

summer **verano**

sun **sol** *m.*

sunbathe **tomar el sol**

Sunday **domingo**

sunny: it is sunny **hace sol**

supper **cena**; to eat supper **cenar**

suppose **suponer** (*like* **poner**)

sure: *v.* to be sure (of) **estar seguro/a (de)**; it is sure **es cierto**; *adj.* **seguro/a**

surprise *v.* **sorprender**

surround **rodear**

sustain **sostener** (*like* **tener**)

swear **jurar**

sweater **suéter** *m.*

sweetheart **novio/a**

sweets **dulces** *m.*

swim **nadar**

swimming **natación** *f.*

symptom **síntoma** *m.*

T

table **mesa**
tablecloth **mantel** *m.*
tablet **pastilla**
tailor shop **sastrería**
take **tomar;** to take a walk **dar un paseo;** to take away **quitar;** to take a trip **hacer un viaje;** to take a photo(graph) **sacar una foto;** to take into account **tener en cuenta**
take off **despegar (gu)** *v.*
takeoff **despegue** *m.*
tall **alto/a**
tape **cinta;** tape recorder **grabadora**
tapestry **tapiz** *m.* (*pl.* **tapices**)
tax **impuesto**
tea **té** *m.*
teach **enseñar**
teacher **maestro/a**
team **equipo**
tear *v.* **romper;** *n.* tear(drop) **lágrima**
teaspoon **cucharita**
technician **técnico/a**
telephone **teléfono;** cordless telephone **teléfono inalámbrico;** by (on the) telephone **por teléfono**
television **televisión** *f.;* television set **televisor** *m.;* color television **televisor a (en) colores;** black and white television **televisor en blanco y negro;** television viewer **televidente** *m., f.*
tell **decir** *irreg.,* **contar (ue)**
teller: bank teller **cajero/a**
ten **diez**
tennis **tenis** *m.*
term: short- (long-) term **a corto (largo) plazo**
test **examen** *m.*
thank **dar las gracias;** thank you **gracias;** thank you very much, many thanks **muchas gracias**
that *adj.* **ese, esa; aquel, aquella;** *pron.* (that one) **ése, ésa; aquél, aquélla;** *conj.* **que;** that which **lo que;** that's right **eso es**
theater **teatro;** movie theater **cine** *m.*

their *poss.* **su(s)**
them *obj. of prep.* **ellos/as;** *d. o. pron.* **los/las;** *i. o. pron.* (to/for them) **les**
theme **tema** *m.*
then *adv.* **entonces, luego**
there *adv.* **allá, allí;** there is/ are **hay**
therefore **por eso**
these *adj.* **estos/as;** *pron.* **éstos/as**
they **ellos/as**
thick **grueso/a**
thin **delgado/a**
thing **cosa**
think **pensar (ie), creer;** to think about **pensar de, pensar en;** to think that **pensar que**
thirst **sed** *f.*
thirsty: to be thirsty **tener sed**
thirteen **trece**
thirty **treinta**
this *adj.* **este/a;** this one *pron.* **éste/a**
those *adj.* **esos, esas; aquellos, aquellas;** *pron.* **ésos, ésas; aquéllos, aquéllas**
thousand: a thousand, one thousand **mil** *m.*
thread **hilo**
three **tres**
three hundred **trescientos/as**
throat **garganta**
throne **trono**
through **por;** *prep.* **a través de**
thunder **trueno**
Thursday **jueves** *m. s., pl.*
thus **así**
ticket **boleto, billete** *m.,* **entrada, tiquete** *m.;* traffic ticket **multa;** one-way ticket **boleto sencillo;** round-trip ticket **boleto de ida y vuelta**
time **tiempo; época; vez** (*pl.* **veces**), **hora;** at times **a veces;** what time is it? **¿qué hora es?**
tip (*gratuity*) **propina;** tip (*given at Christmas time*) **aguinaldo**
tire **llanta;** spare tire **llanta de repuesto**
tired: to be tired **estar cansado/a**

tiresome: to be tiresome **ser cansado/a**
to **a**
toast **tostada**
tobacco **tabaco**
today **hoy**
toilet **inodoro**
tolerate **soportar**
toll **tocar (qu)**
tomato **tomate** *m.*
tomorrow **mañana;** until tomorrow, see you tomorrow **hasta mañana**
tonight **esta noche**
too *adj.* **demasiado/a;** *adv.* **demasiado**
tool **herramienta**
top: on top of **encima de**
topic **tema** *m.*
touch **tocar (qu)**
tourist *adj.* **turístico/a**
tow **remolcar (qu)**
toward **hacia**
towel **toalla**
toy **juguete** *m.*
trade *v.* **negociar**
traffic **tráfico;** traffic circle **glorieta;** traffic light **semáforo**
train **tren** *m.,* **ferrocarril** *m.*
transport **transportar**
transportation **transporte** *m.*
trip **viaje** *m.;* to go on (take) a trip **hacer un viaje**
triumphant **triunfador(a)**
truck **camión** *m.;* tow truck **camión de remolque**
true **verdadero/a**
trunk **maletero, baúl** *m.*
truth **verdad** *f.*
try **tratar;** to try to (*do something*) **tratar de** + *inf.*
Tuesday **martes** *m. s., pl.*
turn *v.* **doblar;** to turn around **dar vueltas;** to turn off (*a light or electrical appliance*) **apagar (gu);** to turn on (*a light or electrical appliance*) **encender (ie)**
twelve **doce**
twenty **veinte**
two **dos**
two hundred **doscientos/as**
type **escribir a máquina**
typewriter **máquina de escribir**
typical **típico/a**

U

umbrella **paraguas** *m. s., pl.*
uncle **tío**
under **bajo**
underneath **bajo; debajo de**
understand **comprender, entender (ie)**
understanding **comprensión** *f.*
unfortunately **por desgracia**
united: United States **Estados Unidos**
university *n.* **universidad** *f.;* *adj.* **universitario/a**
unless **a menos que**
unmarried **soltero/a**
until *prep.* **hasta;** *conj.* **hasta que**
up: to get up **levantarse;** to go up **subir**
upholstered **tapizado/a**
urban **urbano/a**
us *obj. of prep.* **nosotros/as;** *d. o. pron.* **nos;** *i. o. pron.* (to/for us) **nos**
use **usar**

V

vacation **vacaciones** *f. pl.;* on vacation **de vacaciones**
vacuum cleaner **aspiradora**
valley **valle** *m.*
value **valor** *m.*
varied **variado/a**
variety **variedad** *f.*
various **varios/as**
vase (*flower*) **florero**
vegetable **legumbre** *f.,* **hortaliza**
veil **velo**
velvet **terciopelo**
vendor **vendedor(a)**
very **muy**
veterinarian **veterinario/a**
victim **víctima** *f.*
view: point of view **perspectiva**
viewer: television viewer **televidente** *m., f.*
village **pueblo**
vinegar **vinagre** *m.*
violet *adj.* **violeta**
violin **violín** *m.*
visit **visita**
vitamin **vitamina**
volcano **volcán** *m.*
vote *v.* **votar**

W

wait (for) **esperar**
waiter **camarero, mesero**
waiting: waiting room **sala de espera**
waitress **camarera, mesera**
wake: to wake up **despertar(se) (ie)**
walk *v.* **caminar;** to take a walk **dar un paseo**
wall **pared** *f.*
wallet **cartera**
want **querer** *irreg.,* **desear**
war **guerra**
warm: to be (feel) warm **tener calor**
wash *v.* **lavar;** to wash oneself **lavarse**
washbowl **lavabo**
washer **lavadora**
watch **reloj** *m.; v.* **mirar**
water **agua** *f.* (*but* **el agua**)
waterfall **cascada**
wave (*water*) **ola**
we **nosotros/as**
wear (*clothing*) **llevar**
weather **tiempo;** what's the weather like? **¿qué tiempo hace?;** the weather is good/bad **hace buen/mal tiempo**
weave *v.* **tejer**
weaver **tejedor(a)**
wedding **boda;** wedding gift **regalo de boda**
Wednesday **miércoles** *m. s., pl.*
week **semana**
weekend **fin de semana** *m.*
weigh **pesar**
weight **peso;** weights (*equipment*) **pesas**
welcome: you're welcome **de nada**
well *adv.* **bien;** very well **muy bien; pues;** well, really! **¡vaya, vaya!**
well-being **bienestar** *m.,* **bien** *m.*
west **oeste** *m.*
what? **¿qué? ¿cómo?** what is (he/she/it) like? **¿cómo es?** what's up? what's new? **¿qué hay?**
wheel **rueda;** steering wheel **volante** *m.*

when **cuando;** when? **¿cuándo?**
where **donde;** where? **¿dónde?** from where? **¿de dónde?;** where (to)? **¿adónde?**
which? **¿cuál(es)?, ¿qué?**
while *conj.* **mientras**
white **blanco/a**
who? **¿quién(es)?**
whom? **¿(a, de, para) quién(es)?**
why? **¿por qué?**
widow **viuda**
widower **viudo**
wife **esposa**
will **voluntad** *f.*
win **ganar**
wind **viento;** it's windy **hace viento**
window **ventana**
windshield **parabrisas** *m. s.*
wine **vino**
winter **invierno**
wish *v.* **desear;** *n.* **deseo;** I wish! **¡ojalá!**
with **con**
withdraw (from) **alejarse (de)**
within **dentro de**
without **sin**
woman **mujer** *f.,* **señora**
wonderful **maravilloso/a**
wood **madera**
word **palabra**
work *v.* **trabajar;** to work on something **elaborar;** *n.* **trabajo;** work (of art) **obra**
worker **obrero/a; trabajador(a);** social worker **trabajador(a) social**
world *n.* **mundo;** *adj.* **mundial**
worried **preocupado/a**
worry *v.* **preocuparse (por);** *n.* **preocupación** *f.*
worse **peor**
worth: to be worth **valer** *irreg.*
worthwhile: to be worthwhile **valer la pena**
would: I would like **quisiera**
wound **herida**
write **escribir**
wrong: to be wrong **no tener razón; estar equivocado/a**

Y

year   **año**; to be _____ years
   old   **tener** _____ **años**
yellow   **amarillo/a**
yes   **sí**
yesterday *adv.*   **ayer**
you *sub. pron.*   **tú, Ud., Uds.,**
   vosotros/as; *obj. of prep.*   **ti,**
   vosotros/as; Ud., Uds.; *d. o.*
   pron.   **te, os; lo/la, los/las**;
   i. o. pron. (to/for you)   **te, os**;
   le, les
young: young man/woman
   n.   **joven** *m., f.*, **chico/a**; *adj.*
   joven
younger   **menor**

your *poss.*   **tu** (*fam. s.*), **vues-**
   tro/a (*fam. pl., Sp.*); **su** (*form.*)

Z

zero   **cero**

Index

About the Authors

Robert L. Nicholas is Professor of Spanish at the University of Wisconsin, Madison. His Ph.D. is from the University of Oregon; he has been at Wisconsin since 1965. His scholarly interests focus on the modern period of Spanish literature, especially the twentieth-century theater and novel, and he has published a variety of articles in addition to his books, *The Tragic Stages of Antonio Buero Vallejo* and *Unamuno, narrador*. Professor Nicholas has been the recipient of several research grants from the Graduate School of the University of Wisconsin and for years directed teaching assistants in the beginning Spanish course at the University of Wisconsin. More recently he has served as departmental chairman. He has authored or co-authored several high school and college Spanish textbooks, including *Motivos de conversación* and *¡Adelante!*

Alain Swietlicki grew up in Venezuela, but he came to the United States for his university studies. He has taught Latin American history, civilization, and literature at Kansas State University and the University of Missouri, Columbia. He also served as Director of Undergraduate Studies in Spanish at the University of Missouri before coming to the University of Wisconsin, Madison. In addition to teaching Spanish language classes at the universities listed, he has been a Spanish instructor for the Peace Corps, NDEA Institutes, and the University of Texas-Austin. He has extensive experience in translating and interpreting and has published an English translation of Ezequiel Martínez Estrada's *Radiografía de la pampa*. He currently teaches Spanish Applied Linguistics and the Teaching Methods course for graduate assistants in Spanish at the University of Wisconsin, where he also serves as the coordinator of the first-year Spanish Language Program.

María Canteli Dominicis, Professor of Spanish and coordinator of the Spanish division at St. John's University, New York, was born in Cuba and has been teaching college-level Spanish in the United States since 1961. She holds a degree of Doctora en Filosofía y Letras from the University of Havana and a Ph.D. from New York University. Professor Dominicis is the author of *Don Juan en el teatro español del siglo XX* and *Escenas cotidianas*, a textbook for intermediate-level conversation courses. She is coauthor of a number of college textbooks, including *Casos y cosas* (an intermediate conversation text), *¡En camino!*, and *¡Adelante!*

Eduardo Neale-Silva (d. 1989) received his Ph.D. from the University of Wisconsin and taught there for fifty-one years. The recipient of a John Simon Guggenheim Fellowship, the James Homer Herriott Professorship of Spanish, and several research grants from the Graduate School of the University of Wisconsin, he wrote many articles of literary criticism, including a biography of José Eustasio Rivera, *Horizonte humano*, and an exhaustive analysis of César Vallejo's *Trilce*. In 1987 he received the first prize in the essay category in the Letras de Oro contest sponsored by the University of Miami and the American Express Company. The award-winning book, published subsequently, is entitled *César Vallejo, cuentista*. For many years Professor Neale-Silva directed the University of Wisconsin's teaching methods course for graduate teaching assistants in Spanish. He was involved with many high-school and college textbook projects, including the first-year college text *Motivos de conversación* and the second-year college text *¡Adelante!*

Grateful acknowledgment is made for use of the following:

Readings *Pages 368–369* Excerpted with permission from "Armero's Inferno," *Reader's Digest*, November 1986. Originally appeared in *Paris-Match* 11/19/85, © 1985 by *Paris-Match*, 65 Champs Elysees, Paris, 8E France.

Realia *Page 206* Bustelo ad reprinted with permission of Tetley, Inc.; *217* Maggi ad © Société des Produits Nestlé, S. A.—Trademark Owners; *220* Fontainebleau ad reprinted with permission of Trafalgar Associates, Inc.; *265* Banco Santander ad © Banco Santander; *290* Sunsilk ad © Sunsilk; *295* General Optica ad reprinted with permission of Free Lens/General Optica; *315* cartoon © Ballesta/Quipos; *326* Fiat ad © Fiat; *334* cartoon © Antonio Mingote; *342* Pirelli ad reprinted with permission of Pirelli Armstrong Tire Corporation; *351* cartoon © Ballesta/Quipos; *380* cartoon © Ballesta/Quipos; *414* Memorex ad reprinted with permission of Memorex Telex N. V.; *460* Apple ad © Apple Computer, Inc.; *482* cartoon © *Tiempo*.